内藤虎

内藤湖南的中国学

钱婉约 著

九州出版社
JIUZHOUPRESS

图书在版编目（CIP）数据

内藤湖南的中国学 / 钱婉约著. -- 北京 ：九州出
版社，2020.3
ISBN 978-7-5108-8883-0

Ⅰ．①内… Ⅱ．①钱… Ⅲ．①中国学－研究 Ⅳ.
①K207.8

中国版本图书馆CIP数据核字(2020)第052269号

内藤湖南的中国学

作　　者	钱婉约　著
出版发行	九州出版社
责任编辑	周弘博
装帧设计	李婷婷
地　　址	北京市西城区阜外大街甲 35 号 （100037）
发行电话	（010）68992190/3/5/6
网　　址	www.jiuzhoupress.com
电子信箱	jiuzhou@jiuzhoupress.com
印　　刷	三河市兴博印务有限公司
开　　本	880 毫米×1230 毫米　32 开
印　　张	13.875
字　　数	306 千字
版　　次	2020 年 7 月第 1 版
印　　次	2020 年 7 月第 1 次印刷
书　　号	ISBN 978-7-5108-8883-0
定　　价	68.00 元

内藤湖南退官留影（采自《内藤湖南全集》第七卷）

退休后隐居处，京都南郊恭仁山庄（钱婉约摄）

目　录

下编

序　言

严绍璗

钱婉约博士大著《内藤湖南研究》，是我国学者首次对 20 世纪日本"东洋史"具有权威意义的学者内藤湖南（Naito-Konan）进行较为系统的学术梳理和学术解析的学术史专门性著作。

我国 20 世纪史学界中的老辈学者大多都知道内藤湖南这个名字，而当前治史学而留意于国外学术成果者也愈来愈留意于这位日本研究中国史的学人。但是，由于内藤湖南的史学体系庞大而复杂，我国人文学界至今真正知其事而论其学术者，或知其学术而论其人者，则仅有寥寥数位，其所言者也大都是断片心得。[1]钱婉约博士大著《内藤湖南研究》，作为我国学术界第一部研究内藤湖南的专门性著作，多少体现了我国人文学者对于"日本中国学"所积累的学术资源，已经有了新的认识，并开始了较为体系化的深入的采掘，以补益于我国人文学术的建设。

从日本近代中国学的谱系考察，内藤湖南是属于 20 世纪初期日本"中国学"创始者行列的学者。日本的"东洋史"是以"中国史"为主要研究对象的"泛亚洲史"。内藤在中国历史、中国文

---

[1] 自上世纪 30 年代以来，论述内藤湖南而稍具系统者，可以 30 年代周一良、80 年代夏应元和 90 年代初严绍璗为代表。

献学、甲骨金石学诸领域中，都极为活跃，并有相当的业绩与成果，由此而构成的"内藤史学"成为日本学术界对中国文化的研究从传统的"汉学"走向近代"中国学"的桥梁。当然，在内藤时代，在所谓"万国文化"（即世界文化）研究理念的刺激下，引领学术界把对中国文化的研究从日本近世以及近世之前的"汉学"的窠臼中挣脱出来，而重新组合成为"近代中国学"学术的，并不只是内藤湖南一人。这一学术转变过程大约历经了三十年左右，它是先后由至少两代新进学者掀起的一场"学术狂飙运动"而共同推进实现的。[1] 内藤湖南作为这一新学术中以"东洋史"研究为中心的学者，成为"京都学派"的奠基者之一，是其中不可或缺的成员。本书作者正是立足于对近代日本"中国学"发生的总体学术势态的深刻认识和对于这一学术谱系的全面的把握，展现了"内藤史学"丰厚多彩的内容，从"史实"到"理论"作了缜密的梳理和解析，从中所引导出的内藤的史学观念和方法论，便可为当今研究者的思考提供相应的有价值的材料和积极的因素。

本书特别注意到内藤湖南不是一个"学院派"学者。这位蜚声日本东洋史学界的学术巨擘，这位在世界著名的京都帝国大学主持"中国史讲座"整整二十年的教授，却只有中等师范的学历。他于 1885 年在日本海沿岸的秋田师范毕业之后，就步入社会。他所有的学业知识，没有确认的"导师"背景，完全是他个人的求知激情与坚韧的学术自学相糅合奋斗的成果。他在成就自己成为学者教授之前，先是在大学围墙外的操觚界（即新闻界），继而在

---

[1] 关于近代日本"中国学"的形成，有兴趣的读者可以参见严绍璗的《日本中国学史》（江西人民出版社，1991 年）。

政治界舞文弄墨，而此种营生，却也正是日本人文学界"学院派"学者所不为而特别被京都帝国大学的教授们所不齿的，此种"学院心理意识"一直延续至今。[1] 通观当今的日本"中国学界"，一个没有接受过完整的大学教育的人，一个不是一开始就在学术的圈子中致力于他的"从业生命"的人，几乎是不可能成为学界所承认的"中国学者"的。读者通过对内藤湖南个人生存经历的思考，可以体验到日本"中国学"形成时期所内含的"各路英雄聚会"的生命力，甚至可以扩展到对一般人文学科内在潜力的想象和判断。

本书对于内藤湖南一生与中国至为密切的关联以及此种关联与学术的连接作了精细的解读。日本传统的"汉学家"几乎都是闭门读书，自省体悟，偶有心得，辄记成篇。内藤与此很不相同，他经常往返于日本和中国之间，他是世界上第一个亲眼见到甲骨文并向国外报道的外国人，我推测他也是最早见到中国敦煌文献的两三个日本人之一。[2] 他在中国的人文氛围以及与中国诸多的

---

[1] 当今日本中国学界的主流学者仍然信奉"作为学者，就尽量少在大众媒体上抛头露面而应该潜心于学术"的宗旨，并以此律己和评价他人。1985 年我在国立京都大学人文科学研究所担任客座教授，日本夏普（SHAPP）技术本部中央研究所曾经来希望我在任期期满后出任该研究所"汉日语言学术"顾问，闻此讯息的京都大学诸教授劝导说："先生是学者，请千万不要涉足商界。"1994年我在担任日本文部省国际日本文化研究中心客座教授时，吉川幸次郎的关门弟子著名的小南一郎教授特地来看望我说："严先生在这个地方做研究，新闻电视会经常来请你发表各种各样的见解。请先生尽量少一点与他们接触。学者就是学者！过去吉川先生就是这样对我们说的，我们与先生非常熟悉，所以把吉川先生的话告诉严先生啊。"

[2] 这两三个日本人，指的是内藤湖南以及当时在中国办《燕尘》杂志和贩卖古书的田中庆太郎及其随从。详见严绍璗《日本中国学史》第六章《二十世纪初期中国文化遗物的重大发现——近代日本中国学形成的条件（下）》。

人事交涉中感受中国和中国文化，并以此而形成了成就他学术的"文化语境"。其中，他与罗振玉、王国维诸人的"至交"，成为他在学术上激发自身创新意识的重要因素。内藤湖南的此种思绪心路，多少体现了当时日本"中国学"的奠基者们正致力于把传统做学问的"文献实证"的观念与方法论推向了"文化语境实证"的观念和方法论，这是日本"中国学"作为一种学术而具备"近代性"价值的体现。或许对于内藤自己来说，这是一种在总体社会意识和学术大趋势中所表现的"无意识"的行为，但就其对学术史的考察来说，正是这些"无意识"和或许"有意识"的学术痕迹，成为他们造就一门新学术的轨迹，成为留给后世学人的遗产。[1]

内藤湖南在思想观念上是一个复杂的人物。他的学术观念无疑是以当时日本社会主流意识形态作为根基的，具有愈来愈发展的"民族主义"色彩和倾向。本书作者对于"民族主义"的价值和功能，没有在一般的评价意义上发表一些常见的空疏言论，而是在日本民族的文明历史发展的总趋势中对内藤湖南的思想观念加以评定。从19世纪的60年代到20世纪的40年代的八十年间，日本社会在生存形态的急遽的转型中，在工业文明的萌芽与传统

---

[1] 关于对日本"中国学"学术的认知与定位，我国学术界尚有不同的见解。1991年严绍璗公刊《日本中国学史》，把日本对中国文化的研究以明治维新为标志区分为"汉学"与"中国学"两个学术层面，后者以辩证法的否定形式与前者接续。1998年孙歌在《世界汉学》第一卷上撰文认为，由明治时代发端的对中国文化的研究称为"支那学"，自20世纪30年代由竹内好及其"中国文学会"开始对"中国当代文学"的研究便造成了"中国学"。2003年以来我国在日学人李庆先生出版《日本汉学史》（已经出版两卷），此书以20世纪日本"中国学"为对象而命之为"汉学"，从而把日本自古以来对于中国文化的研究，全部以"汉学"这一学术命名。

农业社会的冲突中，在本土文化传统与欧美多元思想观念的冲突中，日本社会的主潮思想历经内含近代性的民族意识觉醒，脱亚入欧和亚细亚主义的洗礼，国粹主义的兴盛与张扬，军事国家主义的狂热，达于法西斯主义的巅峰。期间虽曾有民主主义思想，乃至社会主义思想和共产主义思想的流布，却始终未成气候，并在与主流意识的较量中成为支流末节。内藤湖南的思想观念便是在这样的"文化语境"中形成，又作为"东洋史"学者通过学术阐述而展现于社会。

本书作者钱婉约博士，在中国学术史和日本中国学史领域中，都有相当卓越的造诣。二十多年前她在北京大学中文系古典文献专业本科学习期间，就曾编著《中国文化的历史命运》一书，显示了很好的学识基础和对学术的注意点，且有相当的影响。其间，她对日本中国学的关注和兴趣日渐提升。记得上个世纪80年代初，她到香港与祖父钱穆先生晤面归来，便给我送来她在香港书店里购买的关于国外"中国学"的论著。1994年婉约在日本国立京都大学人文科学研究所师从著名的东洋史学家狭间直树（Hazama-Naoki）教授，从事日本"中国学"研究，特别注重研究以狩野直喜（Kano-Naoki）、内藤湖南、桑原隲藏（Kuwabara-Jitsuzo)等为代表的"京都学派"的学术。此时我正在日本文部省国际日本文化研究中心担任客座教授，同处京都，眼见她整日忙于课题、查检文献、采访学者、调查遗存、参加"读书会"等，我们一起瞻仰过内藤湖南和他夫人的墓园，饶有兴趣地实地核实过罗振玉在京都百万遍的住宅等等。她为本课题的研究已经做了十余年的学术积累。回国后她在北京大学比较文学与比较文化研究所"东亚文化与文学关系"专业"国际中国学"方向攻读博士课程，并于

2000 年获北京大学"文学博士"学位。期间她先后出版了吉川幸次郎《我的留学记》（光明日报出版社，1999 年）与内藤湖南《中国史通论》下卷（社会科学文献出版社，2004 年）两部译稿，展现了她的原典实证的研究观念和方法论特征。二十余年的学术生涯中，婉约在学问上从不作如现在学界有些人用来讨生活的空泛恶心的"惊人"之语，更厌恶用学术来装神弄鬼的作秀，也正因为如此，2001 年国家宋庆龄基金会"孙平化日本研究奖励基金"曾授予她"学术研究奖"。她一直以原典实证的研究观念和方法贯穿于自身的学术之中，读过本书的人将会对她的治学观念和方法论有一个深切的体验。

在日本"中国学"领域中，本书是首次由一个中国学者全面审视一个具有相当权威意义的日本学者的学术，并在几乎相等的学术层面上表述中国研究者对这一份文化遗产的既言之有物又言之公允的学术判断。指出本书的这一基本价值是十分有意义的，因为以我在日本"中国学"领域中"从业"三十年来的体验，我们中国学界还没有过这样在"学科"意义上对日本"中国学"进行个案研究的专门性著作。从我国人文学界当前研究国际"中国学"（汉学）的实际状况而言，本书作为北京大学"20 世纪国际中国学（汉学）研究文库"的一种公刊于世，在"学科史"意义上也具有领先的意义，它多少表示了这一学科的学术，已经在一般情报资料的收集整理和编排报道，以及在原典文本译介的基础上，有可能进入了较为系统的"学科"的理论阐述的层面，与"学科史"研究一起，构筑成为一个新的研究群点。

或许会有人不同意这样的评价，他们认为学者们这样切实的微观学理的解析和研讨，"对制止帝国主义话语霸权，遏止美国侵略阿富汗和伊拉克，改善人类生态平衡等等，几乎没有什么用处，可以说没有什么意义，毫无价值"。[1] 此种把学术意识形态化，又把意识形态政治化的"老脚本台词"，因为根本没有触摸到"国际中国学"的学术内涵，因而也就不可能与我们在同一个学术层面上对话。我在这里之所以要把它记录在案，是为了说明像钱婉约博士等从事这一学术研究的过程中，他们确实有时候会受到此种污染学术精神的干扰，但他们始终坚持在这一领域中建立起可以与国际沟通的属于中国学者自己的"话语权力"，而这也正是在这一领域中从事实际研究的前辈学者，例如周一良、邓广铭、孙越生诸先生嘱托于我们，并希望在新的学术时代中能够逐步实践的宿愿。现在，《北京大学20世纪国际中国学（汉学）研究文库》以本书起始，在此之后，《津田左右吉研究》《吉川幸次郎研究》等专门著作也即将公刊，并将继续有对欧美中国学家的研究著作问世，从而，能够在国际中国学（汉学）领域中表述中国学者更加深入和系统的学术评判。正是在这样的意义上，中国学者在这样一个具有世界文化意义的学术领域中获得了真实的话语力量。

我曾亲眼见到婉约二十余年间治学的历程，作为婉约博士学位的指导教授，又先期读到了她的大著，诸多思绪发而为之序。

2004年5月初夏撰于北京西郊蓝旗营跬步斋

---

[1] 2004年4月，某单位在北京九华山庄举行学术会议，中国比较文学学会会长在会上针对我国"国际中国学研究"，发表了如上的讲话。

导论　中国学研究视野中的内藤湖南

一、汉学、东洋学、支那学及中国学

一般地，我们把国外对于中国历史文化研究的专门学问称为"汉学"。在世界汉学的学术领域中，日本的"汉学"，有其独特的一面。因为日本与中国在地域上同处于东亚，从文化发生的角度看，几乎可以说日本文化是在对于邻邦中国文化的吸收、扬弃和再造下发展起来的，它是属于以中国文化为中心的汉字文化圈的一员。由于历史上的这种特殊关系，使得日本对于中国文化的关注与研究与其他国家相比，不仅起源早、规模大、影响深远，而且还表现出与日本本国文化更为贴近甚至血肉相连的特性。即日本汉学不仅反映了日本人在文化、学术上对中国文化的研究，而且这种研究就其思想本质而言，在价值观念、道德标准、行为模式等方面往往都主动与中国文化趋同，甚至把中国文化的意识形态作为日本文化意识形态的主体。

日本汉学以中国典籍的东传为物质基础，经历了漫长的发展阶段，在6世纪中期圣德太子的时代及江户时代的三百年间，这种以中国文化为自己国家的意识形态的特性表现得尤为突出。圣德太子悉心学习儒家经典，并将儒家思想运用到他的政治活动中，相传由他制定的著名的《宪法十七条》就是依据《诗》《书》《论语》《孟子》等书的精神写成的。作为一种自觉的学术活动，日本汉学在江户时代臻于成熟。德川幕府把汉学中的朱子学推尊为"国家学术""官方哲学"，除此以外，还有阳明学派、古学派等颇具实力和特色的学派也活跃于汉学领域。这是近代以前日本汉学的基本情况。

明治维新以来，由于近代思潮的冲击，传统的价值观日益崩溃，与国家意识形态密切相连的日本汉学也发生了重大转折。对中国文化的研究不再以追随、趋同的方式作价值上的认同，而是以理性主义和实证主义的理念和方法为其学术向导。从这一意义上讲，这种研究与以往的"汉学"有着本质的区别，它真正成了一种对国外文化的学术性研究，构成了近代日本对于世界文化研究的一部分。因而，学术界便也出现新的名称，来指称近代以来对于中国文化的研究，以取代昔日的"汉学"一词，这就是"东洋学"或"支那学"之称谓。"东洋学"或"支那学"代表了在明治近代文化的氛围中成长起来的新型的中国文化研究。

一般地，"东洋"一词与"西洋"相对应，产生于西洋文化影响力渐次增大的幕府末期，本指与以欧美文化为代表的西洋相对应的东亚地域，如中国、日本、朝鲜等国，即以中国文化为中心的汉字文化圈内的国家。而"东洋学"之成为一种学术门类和学科名称，大概要比"东洋"这一概念的流行通用稍稍晚些，大致是以那珂通世的倡议设立"东洋史学"为前提的。明治以前，日本关于中国历史的教学和研究内容是包含在传统学术格局的经、史、子、集中的史部的。1894年，由于那珂通世等人的提议，在日本中学课程中设置了"东洋史"一门，将它与"西洋史"相对应，组成"世界史"教学的新理念。不久，"东洋史"又先后成为京都大学、东京大学史学科的学科门类，与此前后，出现了一批以"东洋史"为名称的历史教科书和著作。要之，"东洋史"（后亦广泛称为"东洋学"）的建立，反映了近代日本摆脱对中国文化的顶礼膜拜，把中国文化作为世界文化的一分子而作理性研究的学术转折。虽然，"东洋史""东洋学"这样的名称，尚是一个不够明确的、宽泛的学术概念，其研究范围除了对于中国文化历史，包括满蒙藏语言、历史、地理的研究外，还包括对于印度史、印度哲学、西域史、西域文化史、蒙古史、塞外史等的研究内容，[1]可以说是以中国文化为中心的、不包括日本在内的"东洋"各国、各民族诸种文化现象的综合研究。作为一个历史性的特定学术概念，它的兴起和发展，在一定程度上，还反映了日本在明治二十年代以后，民族意识、近代国家意识急剧上升，主张东洋思想要独立于西洋求发展，并与西洋相抗衡的思想状态。甲午战争以后，这种民族主义思想进一步膨胀，渐次变成为国权扩张主义思想。1890 年陆军大臣山县有朋提出了"国界线"和"利益线"的理论，提出要确保"国界线"，开发"利益线"，而满洲、台湾、朝鲜就首先被划在此"利益线"范围内。在这种现实政治的要求下，日本各界对东亚大陆的关心不断高涨。"东洋学"学科的确立并受到重视，就是以这样的社会政治背景为依托的。

在东洋史、东洋学成立的同时，一段时间内，中国历史又被称为"支那史"，有关中国的学问，被称为"支那学"。这是因为，众所周知，在过去的很长时间内，"支那"一词被广泛地作为中国的别称而使用。另一方面，学术界同时并存"东洋史"与

---

[1] 参见江上波夫《东洋学的系谱·序》，大修馆出版社，1992 年。

"支那史"、"东洋学"与"支那学"的概念，实际上也反映了当时在研究中国的学术圈内存在着两种不同的学术理念：大致而言，称"东洋史"者，主张世界史分为东洋史和西洋史，中国史作为东洋史的中心，是世界史的一部分，这派学者以白鸟库吉、桑原隲藏、矢野仁一、羽田亨等为代表；称"支那史"者，主张中国史、中国文学、中国哲学不应分开来研究，三位一体构成支那学，中国史研究是支那学的一部分。支那学相当于当时欧美学界的Sinology。这派学者以京都支那学会的成员为代表，有狩野直喜、内藤湖南、富冈谦藏、冈崎文夫等人。稍后，由这些人的学生辈所创刊的《支那学》杂志，比较集中地反映了这一时期支那学研究的成果。

总之，东洋学、支那学作为日本明治以后成长起来的近代文化学术，在世界研究中国文化的领域中，创造了与西方中国学性质相近的近代学术，取得了令世人瞩目的辉煌的研究业绩。

战后，日本思想学术界普遍开展对于扩张主义思想的清理和反省，"东洋学"由于与那场大东亚战争的内在牵连也开始进行反省；另一方面，1949年以来，日本接受了新中国关于放弃用"支那"一词来指称中国的要求，同年12月，在日本成立了"日本中国学会"，"支那学"遂逐渐成为死语。近十几年来，中、日学术界开始较多地使用"中国学"这一更具有严格学科意义的学术概念来指称具有近代性质的对于中国及中国文化的研究。这样，在日本近代研究中国历史文化的学术发展过程中自然生成的"东洋学"与"支那学"之实体及名称，被后人在作学术史回顾和总结时，归纳为"中国学"这一概念范畴。

笔者认为，这是学术史研究不断进步、趋于科学性的反映。

用"中国学"取代"东洋学"或"支那学"等历史名称，一则便于从横向把关于中国的研究与"东洋学"中关于其他地域的研究区别开来；一则也从纵向划出了具有近代性质的中国研究与明治以前传统中国研究的汉学的界限。

本书即在这种横向与纵向的定位上使用"中国学"这一概念，来探讨日本中国学视野中的内藤湖南。

二、作为学者的内藤湖南

内藤湖南（1866–1934），本名内藤虎次郎，今日本秋田县人，因故乡毛马内町位于本州北部十和田湖之南，而号湖南。在日本近代思想学术史上，他历经明治、大正、昭和初年，是那个时代具有开创性和代表性的中国学家。

内藤湖南的前半生为记者，在东京、大阪的主要报纸、杂志上任重要执笔人，以其对中国事务的精通和酣畅淋漓的文笔，成为明治中晚期日本新闻舆论界有名的文化及时政评论家。他对 19 世纪中叶以来中国的改革、中日两国间的关系等，抱有毕生的关注，对甲午战争、戊戌变法、辛亥革命、五四运动等重大历史事件都有过作为同时代人的敏锐洞察和作为历史学家的深刻分析。

1907 年，年过四十的内藤湖南，由新闻界转入学术界，受聘于新成立的京都帝国大学文科大学，[1] 以一名没有大学文凭的非科班出身人员，担当起建立甫始的京大东洋史学科的学术带头人。

---

[1] 京都帝国大学早期分设法科大学、医科大学、理工科大学、文科大学等，以后这些分科大学先后分别改为学部。

内藤湖南与狩野直喜等京都支那学家一起，创建了名震遐迩的日本中国学京都学派。20 世纪的 20、30 年代，是京大中国学的全盛时期，也是京都学派三世同堂的鼎盛时期。创设者的狩野直喜、内藤湖南、小川琢治是第一代元老，他们还在执教或刚刚退休；继后的武内义雄、本田成之、青木正儿、小岛祐马等人已经羽翼丰满，以支那学会和《支那学》杂志显示着第二代的声音；而吉川幸次郎、贝塚茂树等年轻一代，正在第一、二代导师的教育或引领下，纷纷踏上中国本土，做实地的考察和进修。在这一时期，中国学是京都大学引人注目的显学，吸引了大批大学生中的聪颖有志者投身进来，而在京大中国学的学术氛围中，内藤湖南正是令人景仰、望之弥高的导师，是研究领域、治学方法的引领者，对京都中国学的成长，起着关键性的示范和指导作用。具体地说，他的以"宋代近世说"为核心的中国历史分期学说，他的以"文化中心移动说"为代表的中日文化史论，他所开拓的中国边疆史地、满蒙史地、清朝史等研究领域，以及他所提倡的经世致用，注重原典实证等治学态度和方法，奠定了中国学京都学派的治学方向和学术特征，形成了影响深远的一代学风。

战后，情况发生改变。日本思想学术界普遍进行战争反思和清算，内藤中国学，特别是其中《支那论》《新支那论》等关于中国时政论述的部分，遭到了严厉的批判，被指斥为"用学术为日本帝国主义侵略助言"，其学术影响自然大大减弱。但是，同时及此后，仍不乏中国学研究者秉承其学统，进行着新时代下的中国学研究，也有部分学者为内藤湖南的学术思想辩护。特别是20 世纪 90 年代以来，内藤湖南似乎越来越成为学界关注的课题，以内藤湖南为中心的学术同人研究班和相关研究著述相继出现。

可以说，内藤湖南仍不失为"东洋史的巨擘"，日本近代思想家之一。

19世纪中晚期至20世纪上半叶，日本渐渐走上帝国主义的道路，而中国沦为被侵略和被殖民的对象。同时，中日两国文化学术在强弱、主从、输出与接受等相互关系上，也正好发生了一个对调或置换。今天，当我们回顾和认识这一惨痛历史过程，内藤湖南所代表的明治、大正年间的日本中国学，不失为一个意味深长的典型个案。以今天的视角看，内藤湖南的思想与学术，既具有与近代日本社会政治、中日关系密切相连的现实意义的一面；又由于他在学术方面深厚的学养和天才的识力，使他所构筑的"内藤中国学"的学术意义，具有超越时代、超越国界的深远的历史影响力。因此，开展对于内藤中国学的研究，足以让我们以一斑而窥全豹地了解当时日本思想学术界的中国研究和对中国的认识。另一方面，从中国人的立场与视角出发，展开对内藤湖南其人其学的研究，对于推动日本中国学史、中日近代思想、文化、学术关系史等研究领域的深入发展，也具有促进作用和重要意义。

三、内藤湖南研究回顾

这里首先主要介绍一下日本有关内藤湖南的研究状况。

从时间的顺序来看，日本关于内藤湖南的研究、评述，大致可分为四个时期。第一时期，在内藤湖南去世的当年和次年，即1934、1935年，出现了一批悼念文集、生平略历及著述目录的整理出版。有代表性的是《支那学》杂志于当年集辑的"内藤湖南

先生追悼录""内藤湖南先生略历"及"内藤湖南先生著作目录",[1]
此外,《书艺》《东洋美术》《支那学论丛》《史学论丛》等杂志也
刊发了相关内容的"悼念号"或"著作年表"。第二时期,战后不
久,即 40 年代中后期,对于内藤史学中有关侵略思想及殖民心态
的内容的反省与批判,及持相反意见者的具体研究工作。批判文
章以 1946 年原野四郎的《内藤湖南〈支那论〉批判》为代表,[2]
于此前后,内藤的弟子、后人们则开始了对于内藤身前遗作、讲
演稿的整理工作,一批内藤重要著作的单行本《东洋文化史研究》
(1936)、《清朝史通论》(1944)、《支那上古史》(1944)、《支那近
世史》(1947)、《支那史学史》(1949)相继面世。第三时期,以
《内藤湖南全集》的编辑、出版为契机,从 60 年代开始了较为全
方位的研究、评述。《全集》共 14 卷,从 1969 年到 1976 年由筑
摩书房陆续出齐。每卷之前有"月报",分别由两三位专家、学
人——大多为内藤的同事、学生、后人撰写,以随笔、散文的短
小形式,介绍亲身接触到的内藤生平事迹、治学作风,评论其史
学"本质"与"真相",或就内藤在"满洲学""金石学"等专科
领域的研究发表见解。这时期,除了出现一批内藤湖南研究的论
文外,还有了几部传记著作问世,即青江舜二郎《龙的星座——
内藤湖南的亚洲生涯》(朝日新闻社 1966 年,1980 年、1994 年又
由中央公论社重版、再版)、三田村泰助《内藤湖南》(中央公论
社 1972 年),以及可以作为名著导读的小川环树的《内藤湖南的
学问及其生涯》,见于《日本的名著》第 41 卷——《内藤湖南》

---

[1] 载《支那学》七卷三号,1934 年 7 月。
[2] 原野四郎:《内藤湖南〈支那论〉批判》,载《中国评论》一卷四号,1946 年 11 月。

（中央公论社 1971 年）。第四时期，80 年代中后期以来。反映了在新的经济、文化氛围中，对内藤学术再认识的探索。出现了一些论文与著作，主要论文有谭汝谦《内藤湖南的魅力及情、理、意、识》，[1] 专著有千叶三郎《内藤湖南与他的时代》（国书刊行会 1986年）、加贺荣治《内藤湖南笔记》（东方书店 1987 年），[2] 以及反映进入 21 世纪后，内藤湖南研究的最新成果——内藤湖南研究会编《内藤湖南的世界——亚洲再生的思想》（河合文化教育研究所2001 年）。

此外，如石浜纯太郎《东洋学的成立及发展》（萤雪书院1940 年）、宫崎市定《学习中国》（朝日新闻社 1971 年）、朝日新闻社编《日本的思想家》（1975 年）、五井直弘《近代日本与东洋史学》（青木书店 1976 年）、吉川幸次郎编《东洋学的创始者们》（讲谈社 1976 年）、江上波夫编《东洋学系谱》（大修馆书店 1992年）等著作中，关于内藤湖南的论述也占有重要的位置。

综合上述情况来看，日本的内藤研究，有以下特点：

一、资料搜集与整理工作做得比较好。内藤湖南关于中国史的主要研究著作，都是历年来在京都大学反复讲课时，不断增进、形成体系的，虽经本人在晚年精心梳理，但其身前一般都未能成书出版。内藤去世后，有赖他的高足弟子及也已成为中国学专家

---

[1] 谭汝谦：《内藤湖南的魅力及情、理、意、识》，载《亚细亚研究所纪要》，1983 年 6 月。

[2] 在史学界之外，80 年代初，日本地方上成立了两个民间性的怀念内藤湖南的协会，都叫"内藤湖南先生显彰会"。一是在内藤京大退休后晚年隐居地京都府相乐郡加茂町，一是 1980 年在内藤的出生地秋田县鹿角市。家乡的人们在成立"显彰会"之前，就常年积极地致力于保留内藤遗物、搜集内藤研究资料，奖励内藤研究等等纪念活动，发行《内藤》定期刊物，建立了内藤湖南纪念馆。

的儿子们的编辑、整理，得到了比较圆满的集辑出版。此外，内藤之子内藤戊申编有关于内藤研究的文献、著述目录，[1]反映了80年代之前的研究状况。另外，可以间接体现内藤知识兴趣与学问结构的内藤身前藏书，大部分以"内藤文库"的形式保存在日本大阪关西大学图书馆内，包括古籍文献、拓本资料、照片、书简等，其中典籍约三万二千余册。"内藤文库"的特色：（一）全面网罗了中国学中哲学、史学、文学方面的重要典籍，也有不少涉及佛教、美术的书籍。（二）内含许多善本，如明版本及各代抄本，某些可称海内孤本。另有章学诚手书挂幅和林则徐手书横额等珍贵文物。（三）许多书上有内藤的藏书印、自笔识语等，是窥见内藤学问、思想的一项珍贵材料。除"内藤文库"之外，内藤藏书还有一小部分藏在京都大学人文科学研究所、杏雨书屋及其他一些公家图书馆内，大致是他身前赠送或留存在那里的。

二、多景仰性的介绍、述评，少理性的批判、剖析。客观上，内藤湖南是京都学派的创始人，以其高深广博的学问、生动亲切的授课，在京都大学的讲坛上、研究室里"辉煌"了近三十年，培养出的弟子成为第二、第三代中国学研究的中坚力量。由于这样的地位和影响，加上师道尊严这样的儒学传统观念，使得其学术后辈写出的研究、评述文章，往往能提纲挈领，准确领会，深入发挥；但同时不免缺乏具有理论深度的探讨勇气，缺乏"入乎其中"之后"出乎其外"的广阔的心胸与视野。这样的代表作有：宫崎市定、贝塚茂树、小川环树、神田喜一郎、三田村泰助等人

---

[1] 内藤戊申：《内藤湖南研究文献目录》及其《补遗》，载京都《书论》第13、14号，1978、1979年。

的论文与著作。

三、注重生平活动及思想学术的时代性，忽视学术个案的深入分析及与中国学术界关联的揭示。当然，作为日本的研究者，他们的优势首先在于对本国历史文化及对内藤同时代社会状况的了解，他们主要是立足于近代日本的时代风云、文化学术，把内藤作为这一背景上的思想家、大学问家而加以研究的，从而将内藤定位于"开化的国民主义者"、[1]"独创的支那学者"[2]这样的位置上。在这样的研究中，"内藤"活动的舞台与研究者进行评论、施以价值判断的依据大致上始终只限于"日本"这一场景。相比之下，把内藤湖南作为"中国学家"，把他的学术放在汉学史、中国学史、中国史学史、中日学术交流史等等的学术范畴中来进行深入研究的，则显得相对薄弱，大部分论述仍只是停留在介绍与总结其成就的层次上。究其原因，一方面是研究者对于中国文化、学术史的把握存在局限性，另一方面，作为日本研究者本来也无意于从"中国"这一立场出发吧。

在美国方面，值得特别介绍的是傅佛果（Joshua A.Fogel）的专著《内藤湖南——政治学与中国学》一书。作者于70年代后期在京都大学人文科学研究所专攻内藤研究，以本书的初稿，获得美国哥伦比亚大学博士学位（1980年）。修改后，又于1984年在哈佛大学出版社正式出版。1989年日本出版了由井上裕正翻译的日文本。此书首次超越日本的视野，在中日双边政治关系、中日

[1] 贝塚茂树：《开化的国民主义者——内藤湖南》，载《日本的思想家》，朝日新闻社，1975年。

[2] 宫崎市定：《独创的支那学者内藤湖南博士》，载《学习中国》，朝日新闻社，1971年。

学术史的大背景上，分阶段论述了内藤在政治思想与中国学方面的成就与局限，欲造成一个全面而客观的"内藤形象"。

中国方面对于内藤湖南研究的状况，是与中国学术界对于日本中国学研究的落后状况相联系的。迟至1991年，中国才有了第一部这方面系统的总结性著作，这就是严绍璗先生凝结数十年心血的《日本中国学史》第一卷，他在本书的《我与日本中国学》一文中说："中华民族的文化弘扬于世界，当以传入日本时间为最早，规模为最大，反响为最巨。对于这样辉煌的文化现象，中国学者理应依据自己民族的文化教养，作出属于中国学者自身认识的主体性判断。"[1]1992年，中华书局陆续出版了《日本学者研究中国史论著选译》10卷。主编刘俊文在"编者识语"中说：

> 日本拥有世界上（除中国之外）最庞大的中国史研究队伍和最繁多的中国史研究成果，并在理论、方法及学风等各个方面都形成了自己独特的风格。其研究水平，就总体而言超过欧美，在许多领域中已与我国并驾齐驱，而在某些我们未遑顾及的领域里则独占鳌头，居于世界前列。令人遗憾的是，由于本世纪前半叶日本帝国主义的侵略和掠夺种下的民族仇恨，由于第二次世界大战以来中日两国长达二十多年的睽违隔绝，由于我们一些人至今潜存的某种盲目自大心态，我国史学界对于日本的中国史研究知之甚少，偶有所介绍亦不免狭隘片面。这种情形不但严重地阻碍了我们借鉴和利用日本的中国史研究成就'以石攻错'，提高自己的学术

---

[1] 严绍璗:《我与日本中国学》,《日本中国学史》第一卷,江西人民出版社,1991年。

水平，而且也使日趋频繁的中日两国学术交流缺乏实质性的内容而流于空泛，影响了国际中国史研究的深入发展。[1]

这种情况，由于这几年中国有关学者们的努力，有所改善。近年来，"国际汉学""世界汉学""汉学研究"日益受到学界有识之士的关注，同名的学术刊物持续出版有年，体现了研究者的努力和研究业绩的进展。这其中，日本的汉学研究、中国学研究是蔚为壮观的一个分支。2002年起，上海外语教育出版社陆续出版了李庆先生的《日本汉学史》三册，是日本中国学研究领域的新成果。

具体到内藤湖南这样一位重要学术人物，在中国学术界的研究还是很缺乏的。对于一般人来说，内藤湖南的名字曾见于50、60年代"外国资产阶级反动学者论中国历史"的批判资料集中，他与他的学生们的只言片语，成为当时所谓学术批判的靶子。[2]而真正意义上的学术研究，除了几篇综合评介其史学成就的文章外，对于其人其学的总体研究，尚十分缺乏。有关研究主要有：周一良《日本内藤湖南先生在中国史上的贡献》（1934年）、[3]夏应元《内藤湖南的中国史研究》（1981年）、[4]谭汝谦《内藤湖

---

[1] 刘俊文："编者识语"，《日本学者研究中国史论著选译》第一卷，中华书局，1992年。

[2] 参见中国科学院近代史研究所资料编译组编译《外国资产阶级是怎样看待中国历史的——资本主义国家反动学者研究中国近代历史的论著选译》一书，商务印书馆，1961年。

[3] 载《史学年报》第二卷第一号，1934年9月。

[4] 载《中国史研究动态》，1981年2期。

南的中日关系论》(1987 年)、[1] 严绍璗《内藤湖南与内藤史学》(1991 年)[2] 以及笔者《内藤湖南的中国行——内藤湖南与中国初论》《论内藤湖南的中国学研究》等数篇论文。关于内藤著作的汉译,除了前述的批判资料外,近年来商务印书馆出版了《日本文化史研究》一书,光明日报出版社出版了《两个日本汉学家的中国纪行》,其中包括内藤湖南的《燕山楚水》。另有夏应元先生主编、笔者参与翻译的内藤湖南《中国史通论:内藤湖南史学著作选译》,包括内藤的《中国古代史》《中国中古的文化》《清朝史通论》《清朝衰亡论》等著作,2004 年初由中国社科文献出版社出版。[3]

四、内藤中国学的特质及其意义

本书欲将内藤中国学放在中日两国近代政治、思想、学术发展的交界线上,以文献实证与解读为研究手段,通过历史与逻辑、学术与政治并行不废的论证,来揭示内藤中国学的学术特性和思想意义。

内藤湖南出生于明治前二年,去世于昭和九年,几乎与日本明治以后近代国家的发展壮大相同步,他的文化学术活动起于明治二十年,正是日本资本主义国家已逐渐确立并走向强大,跃跃欲试在东亚谋图振翅雄飞的时代;与此同时,中国在经历

---

[1] 载《日本的中国移民》,三联书店,1987 年。

[2] 严绍璗:《日本中国学史》第八章第一节,江西人民出版社,1991 年。

[3] 这里保留本书初版时所写的"内藤湖南研究回顾"之内容。本书初版后至今新的研究综述,参见书后附录。

了封建时代最后一个所谓"同光中兴"的回光返照后，虽有早期改良派、洋务派、维新派、立宪派、革命派等志士仁人的不断探索，改革图强，但总体国势不能不说是江河日下，愈益严重地陷入落后挨打的窘境。与此相应，在文化思想上，中日两国也经历了相互关系的"大置换"，即在明治以前，日本人对于中国和中国文化，始终是以一个接受者和得益者的身份，怀抱尊敬、景仰和追随的心态。中国文化成为日本人甚至日本国家的价值标准、道德准则、行为方式。这种传统的中国观，在明治以后日本人迅速欧化、文明开化、富国强兵的过程中，被逐渐打破。他们或是背弃和批判中国（如"脱亚论"中国观），或是居高临下，欲以拯救中国（如"兴亚论"中国观），总之，是把中国、中国文化作为憎恶、轻贱或是蔑视、拯救的对象。另一方面，中国近代留日热潮、聘请日本人教习、革命党人在东京的政治文化活动等等事实，又都意味着日本对中国的文化输出。日本成为中国近代学习西方、谋求富强之路上的一个重要引导者和参照者。

作为日本的中国研究者，内藤的客观身份和研究对象决定了他必定要处于这样一个历史特定的、中日双边互动的交界线上。中国文化及对中国文化的深厚修养与研究，在内藤湖南价值体系及感情世界中，占据特定的位置。正如内藤耕次郎在回忆父亲的文章中，曾谈到内藤为人处世时在情感上的好恶，有这样一小节：

　　厌恶的东西：愚钝的蠢物。迎合大众的进步文化人。信仰圣人的迂愚的道学家。细腻的日本画、岐阜提灯、静寂、[1] 古雅、[2] 茶、民间艺术。美国的机械文明。赶时髦、社交舞会。登山、体育。恋爱至上主义者。喜欢的东西：只要是中国的东西，什么都喜欢。[3]

在罗列了种种厌恶的东西——值得注意的是这些东西几乎涉及到了日本文化的精髓（如日本画、茶道、俳句的精神追求）与美国的代表性文化（如机械文明）——之后，喜欢的东西却如此简单、明快——"只要是中国的"！我们在内藤的自序和传记中，可以找到许多例子来为这句话作证。

正是由于对中国文化这份独特而深厚的理解和喜爱，致使内藤中国学能够充分肯定中国历史发展的主体性和独特性，认为像中国这样自发的、独立发展起来的历史、文化体系，才是世界史发展的自然样式，具有世界史上的"普遍性"意义；他的中国史研究和关于中国的评论，注重挖掘中国历史发展的内在脉络和规律，是在此基础上的对于中国历史文化的理解之论。从这一意义上说，内藤中国学是一种"把中国作为中国来理解"的中国学，是对于中国的"内在性的评判"。这使他有别于当时中国学界所普遍存在着的一种倾向：即以认同西方文化的价值观念、思想方法为前提，并将之视为一种普遍性的标准来指导一切学术活动，从

---

[1] 日文原为わび。这是日本茶道与俳句追求的理想境界之一，是反映日本人审美心理的重要概念，其含义要比汉译的字面意义更为丰富，大略包含安详、静谧、情趣等等。

[2] 日文原为さび，被称为是"芭蕉俳句的根本精神"，与上面一词相似，也是构成日本人审美心理的重要概念之一，有古老、古雅、古色古香、沉寂等等含意。

[3] 内藤耕次郎《人间湖南断章》之三，《内藤湖南全集》第六卷《月报》，筑摩书房，1972 年。

而，否定中国文化发展的主体性和特殊性。这方面尤以白鸟库吉、津田左右吉等东京学派的中国学家为代表，他们的中国学可以说是一种"无视中国的中国学"，或者说是对于中国的"外在性的评判"。

另一方面，内藤湖南从事中国学研究的出发点及终极目标，始终在于对日本民族及日本文化之命运和前途的深切关怀，这是牵动他情感至深处的毕生理念。他的记者经历、他的民族主义情感，以及他经世致用的治学理想，使得他比一般的中国学家更为注重对于社会政治的关怀、对于民族使命感的重视；他的学术研究也常常以预言未来、警醒时人、指导现实为己任。这构成了内藤中国学最基本的思想特质。因此，这样一个理解并喜爱中国文化的人，却终于在日本国权扩张主义的时代思潮中，与侵略中国的政治企图沆瀣一气，从而在本质上背叛了中国文化。当他的民族主义情感发展到无视乃至伤害中国的民族主义时，就滑向了超越民族主义的扩张主义。

这一独特的文化现象，在内藤湖南同时代的许多中国学家、中国文化爱好者身上都有体现。稍稍注意比较一下近代日本中国学家的中国观，就会发现，他们中的许多人都是对历史的中国，或中国的历史文化充满景仰与深情的，而对现实的晚清、民初的中国却不免带着蔑视与傲慢的心理，从而与那个时代日本对中国的侵略政治脱不了干系，甚至走上以自己的学术为侵略者助言的地步。同样道理，在近代中日交往关系中，那些在语言、风俗、经济、地理等等方面堪称是"中国通"的人物，也往往更易走上扩张侵略或为扩张侵略服务的道路。究其原因，一方面在于中日两国近代关系的"大置换"，在于中国无可否认的国力孱弱，在于世界帝国主义时代弱肉强食的强权理论。另一方面，也与那个时代日本中国学研究者个人思想品格缺乏近代性密切相关。正是在这方面，他们更多地表现出与传统汉学的接近，依附服从于政府意识形态，不能自觉地与政府疏离，充当社会的良知，始终保持独立、理性的批判精神。这是中国文化在近代的悲剧，也是近代日本中国文化热爱者、研究者的悲剧。

如何看待政治与学术的双重评判标准，是学术史研究者常常面临的一个问题。

由于中国传统学术精神的主流是"学而优则仕"，儒家知识分子的理想便是走上"修身、齐家、治国、平天下"的以学术谋政治的道路，致使学术与政治总是处于一种黏着状态。学术的最高理想和终极目标便是它的政治关怀乃至在现实政治中建功立业。这种学术传统在理论上被称为"内圣外王"，在治学态度上被称为经世致用。似乎只有对政治有益的学术（可以教化世道人心），才是好的学术。

近代以来，追求科学与实证的精神，提倡学术独立、学者人格独立，主张把学术从政治的附庸、社会意识形态的束缚中解脱出来，而进行客观的、以文献实证为手段，以揭示事实为目的的科学性的学术。这就是王国维所谓的"为学术而学术"。然而，由于传统思想的深重影响，加上中日近代社会政治的风云激荡，致使学者缺乏那种社会相对宁静、政治相对稳定的治学环境，科学性的学术只能是一种观念性的理想，或者是停留于方法论层面的贯彻，而学者的治学热情仍然与政治存在着各种形式的牵连。近代学者梁启超以倡导"史界革命""小说界革命"来为救亡图强助力，以至于在那个时代里，学术救国、科学救国成为知识分子的一种普遍信仰。在日本,虽然东京大学的中国学研究是在德国近代实证主义思想的直接培育下成长起来的,但被称为东京学派创始者的白鸟库吉,是一个热烈的天皇主义者,他自觉地以《教育敕语》作为自己从事教学与学术研究的方针;而历史理论学家池内宏乃至以记纪批判而违反出版法被捕的津田左右吉等人,也同样是天皇主义者。[1] 东京中国学的某些成员成为明治政府的高级文化参谋和高级文化官员;京都学派虽然是基于抵抗这种御用学术而发展起来的、以朴学精神为标榜、远离政治中心的实证主义学派,但内藤湖南在崇尚朴学精神、进行科学实证的同时,也接受了中国传统学术中经世致用的深重影响,观其一生,无论是早年以一个在野的时事评论员的身份对明治政府的批判也好,还是晚年以一个资深中国学学者的身份对于中日关系的指点评说也好,无不透露出对于社会政治的深深关怀。

文化是政治的多棱镜,通过时代变迁折射出多彩的流行色。近代日本中国学,作为一种文化形态,它与政治的关系,基本可作如是观。对于追求经世致用的内藤学术体系来说,更是这样。基于这样的原因,本书将"政治评判标准"引入内藤湖南中国学研究的视野,力求在对于内藤学术的具体评判中使学术与政治的双重标准并存不废,这也是对于前此内藤研究中所存在的某些偏向的反思。如日本学者往往更多注重其学术上的开创性意义,忽略其背后暗含的与日本帝国主义时代扩张主义相表里的政治色彩;中国学界则往往将之定性为帝国主义学者,而忽视对其学术体系的具体分析和全面研究。这样的"执其一端"无助于内藤研究的

---

[1] 参见五井直弘《近代日本与东洋史学》"前言",青木书店,1976 年。

健康发展和深化。特别是作为中国学人，既有责任从学术的领域梳理其学术成就的意义和价值，也应该不忘揭示其学术体系是依赖于日本帝国主义时代的政治大背景而形成的，并与扩张政治存在联系这一事实。

内藤湖南通过对于中国历史文化的学术性的研究，通过对于中国时事、中日关系的历史、现状和未来的观察分析，指出具有古老历史文化、在宋代就已进入高度发达的近世文明的中国，晚清以来已呈现衰弱之势；而秉承了东西文化精华的日本则年富力强，正显出方兴未艾的势头，从而证明了"中国文化的中心"已移至日本，日本及日本文化对于中国及中国文化具有帮助、指导和代为管理的资格和能力。本书揭示内藤的这些理论，在学术上，似乎具有历史依据，逻辑严明，但在现实世界中，却无可争议地与近代日本的扩张政治相表里。一方面，他的学术始终是与近代日本国家的"实力"相联系的。如在早期，因深感日本国力尚微，故提倡要以学术扬国威，并将之视为学者的天职；到后期，则以日本的"国力"优势为后盾，恣意设定所谓"造福于中国人民"的"国际管理论"，主张日本对于中国在政治、经济、文化、教育等方面实行全面"援助"和管理。另一方面，内藤学术的这些主张，事实上又为日本的扩张侵略提供了冠冕堂皇甚至是非常高雅的理论，就像战争期间日本所鼓吹的"大东亚战争是带领东亚民族反抗英美帝国主义、反殖民主义的圣战"一样。理论是苍白的，不管它如何地用学术来装潢门面，如何地动听、雄辩，关键在于看它在何种历史情境下、由谁提出，又是如何在现实政治中被实际利用的。因此，从政治学的视角看，内藤中国学在本质上属于世界帝国主义时代扩张主义的思想理论，是日本近代国权扩张政治在文化学术领域的折射。

本书十章分上下两编。

上编五章，从时代背景、学术谱系、来华访书、学人交往、汉诗史论五方面，揭示内藤湖南中国学确立的时代氛围、思想立场和学术传承等。指出内藤湖南以时事评论员的身份走上对于中国历史文化的研究，其毕生学术研究的思想立场，在本质上是与日本明治二十年代以来民族主义、国权扩张主义的时代思潮相一致的。展现了内藤湖南中国学关怀时政，注重经世致用的特性。新增来华访书、与中国学人关系、汉诗解析等章，从更为广泛的中日学人、学术交往的图景下，展开论述。

下编五章，具体阐释内藤湖南中国学在历史观、文化观、清朝史研究、晚清民国时事及中日关系等方面的基本思想，进一步展现其思想立场和学术特性。在内藤湖南的学术体系中，对于中国历史文化的研究与对于中国现实政治的评论，是互为表里的。内藤湖南对于中国古代历史的分期学说，既敏锐指出了中国自宋代起即已进入高度发达的近代文明，也为内藤湖南辛亥革命后无视中国内部改革自新的能力，蔑视中国主权的种种言论提供了历史依据。内藤论文化，以"中日文化同一论"为理论基础，注重民族的"年龄"特征，他的"文化中心移动说"与本世纪20年代日趋走上侵略的"亚细亚主义"文化观在本质上是一致的，即以文化使命的名义为政治上的国权扩张作理论张本。清朝史研究，在内藤湖南中国学研究中占有重要位置。一方面，它是内藤研究中国历史、考察中国当代政治的起点；另一方面，清朝学术中的经世精神与考据方法，对内藤中国学学风的形成深有影响。作为一个同时代人，内藤对中国近代政治状况的认识和评价，混杂着尊敬和同情、傲慢和蔑视的两极心态，在方法上，既有历史的分析、客观的论断，也不乏囿于个人和时代的局限，仅从日本民族感情、国家利益出发而无视中国主权的扩张论调。从早期的甲午战争论到晚年的五四运动论述，他的中国近代时事论所反映的思想实质呈现由左向右、日益退化的倾向。

最后一章分两个专题，揭示内藤学术与中国近代学术界的互动。第一个专题是内藤与中国古史辨派，对于中国上古历史的辨伪考证，是中日学术近代化过程中，在史学领域的一个共同表现特征。比较两国关于古史辨伪的先后、异同，对弄清中日近代学术史的某些问题，是有帮助的；第二个专题是内藤对于章学诚学术的发现和彰显。以章学诚为代表的浙东学派，在以乾嘉考据学为主流的有清一代，长期不为学界所重。民国初期，章学以其思想性价值凸现学术界，从沉晦走向昌明，在这一学术转折中，内藤湖南实有首创之功。章学资源的凸现，丰富了民国以来的思想学术界。

上编

三世书香研乙部，一时缟纻遍西洲。

—— 内藤湖南
《山庄除夕（丙寅）》

地势与人文相关，或因地势而形成人文，或因人文而形成地势。

—— 内藤湖南
《地势臆说》

第一章 "中国通"记者

——内藤湖南中国学的思想立场

一、近代日本的中国观

明治维新是日本告别传统、走向近代的起点。通过这场全面而深刻的社会改革，使日本免遭欧美列强的侵袭，并从封建的藩国体制过渡到资本主义近代国家，进而跻身于世界强国的行列。在此变革过程中，在思想文化方面最突出的转折就是：一方面，大力提倡学习欧美、学习西洋文化，包括追随它们的价值观念、行为方式等，一方面，深刻批判和极力摆脱传统思想观念的束缚，首要的就是对中国儒家文化的全面检讨和唾弃。可以说，这两个方面互为表里，代表了明治维新以来时代思潮的主流，即以西方近代文化观念和科学精神对国民进行思想启蒙，解除封建儒教文化对人民的禁锢。日本启蒙思想家福泽谕吉的文明观、"脱亚论"是这种主流思潮的代表。

但文化现象是复杂的，随着明治二十年代的到来，经过二十年的在政治体制及思想文化方面的欧化主义的改革，日本资本主义国家已逐渐确立并走向强大，在思想文化界，与上述主流思想相对立的另一种思潮呈现渐趋强大的势头。这就是立足于日本、立足于东亚，要求与西洋文化势力相抗衡的民族主义、亚细亚主义的呼声。一些民间知识分子，特别是站在明治政府的反对派立场的在野人士，提出反对全面西化，保存国粹，弘扬日本文化、东亚文化的主张。这代表了日本在近代国家形成之后，要求在思想文化上抵御外来文化的侵袭，确立自我认同，提高民族地位的追求。在对待中国文化、考虑中日关系时，这一思潮与"脱亚论"相反，往往强调日本与中国是同一文化阵营，具有共同的利益，因而，应该走中日合作、互相提携、共同振兴东亚的道路，表现出在思想根源上更多的与中国文化的贴近。他们爱好中国文化，热衷于研究中国文化，包括中国的历史和现状；在现实生活中，他们常常到中国去访问、考察，对中国的时事有敏锐的观察，甚至直接的参与。他们认为率先吸取了西方文化强大起来的日本，现在应该是回报中国，帮助中国摆脱困境、实行改革的时候了。

"脱亚论"的中国观

福泽谕吉[1]是近代日本启蒙思想家的重要代表人物。下级武士家庭的出身，早年丧父后的屈辱经历，使他深感封建旧制度、旧文化的腐朽及压制人性；他是幕末出洋考察，游历欧美，最早感受近代科学文化氛围的日本人之一，在亲眼看到西方的文明强大后，他立志致力于启蒙运动，向国人介绍和提倡西方近代科学、民主，传播自由、平等、独立之说。他的《唐人往来》（1862）、

---

[1] 福泽谕吉（1835-1901），日本启蒙思想家。曾在大阪的绪方塾学习兰学，于1858年在江户开设兰学塾。幕末时曾作为幕府遣外使节考察欧美各国，接受近代文明。维新以后，专事于以教育和言论进行启蒙活动，先后创立庆应义塾和明六社。受英国功利主义影响较深。对日本维新开化、接受西学有贡献。后期转为批判自由民权运动，提倡官民调和，积极支持政府的大陆扩张政策。

《西洋事情》（1868 - 1869）等旨在向日本介绍世界近代文明的概况，开阔国人的视野。继而，《劝学篇》（1872 - 1876）、《文明论概略》（1875）、《丁丑公论》（1877）、《民情一新》和《时事小言》（1881）等，则系统论述了他的启蒙思想与文明理论。二十年间，他的学术思想及他与"明六社"同人们的努力，对日本的文明开化，国力强大，走上独立之路；对日本人国民自我意识的觉醒与确立；近代道德观、智慧程度的提高，作出了重要贡献。

然而，正像历史已经明显表现的那样，东亚各国在迈入近代之始，在由传统向近代转型的过程中，意识形态方面都曾经经历过新与旧、东方与西方抉择的矛盾与冲突。福泽谕吉为代表的日本早期启蒙思想家，所选择的是对旧有的、以中国文化为主体价值观的东方文化的全面背弃。他的"脱亚论"代表了日本进入近代国家后，对亚洲、对中国观念的重大转折，即从传统的尊崇中国、学习中国文化而变为蔑视中国，唾弃中国文化，继而走向背叛亚洲，侵略邻国朝鲜、中国的道路。可以说，"脱亚论"是日本近代蔑视中国、侵略中国观念的始作俑者。

福泽谕吉把人类的文明进化区分为"混沌期""野蛮期""未开化期""文明开化期"四个等级，并把当时的全球划分为三个世界类型：第一类型是欧洲和美国，是文明地区；第二类型是中国、日本、土耳其等亚洲国家，是半开化地区；第三类型是澳大利亚、非洲等，是野蛮地区。他特别指出，日本是力图摆脱半开化而进入欧美型近代文明社会的代表，而中国是正从半开化社会倒退到野蛮之中的国家。这构成了他"脱亚论"中国观的理论基础。

在向日本国民进行西方新思想的启蒙时，他认为最大的障碍就是传统汉学所给予日本人的中国儒学思想观念。在他上述的早期著作中，包含了对中国传统思想、对日本儒学的最严厉的批判。这一思想观念最终导致他 1885 年发表《脱亚论》一文，在日本社会思想界掀起一股"脱亚"的风潮。

"脱亚论"的基本思路是：日本要追随西方国家，步入西方文明阵营，就要毫不犹豫地摆脱亚洲，唾弃中国、朝鲜这样的落后的"恶友"。他说：

> 我日本国土地处亚洲之东陲，……然不幸之有邻国，一曰支那，一曰朝鲜，……此二国者，不知改进之道，其恋古风旧俗，千百年无异。在此文明日进之活舞台上，论教育则云儒教主义，论教旨则曰仁义礼智，由一至十，仅以虚饰为其事。其于实际，则不唯无视真理原则，且极不廉耻，傲然而不自省。以吾辈视此二国，在今文明东渐之风潮中，此非维护独立之道。若不思改革，于今不出数年，必亡其国，其国土必为世界文明诸国分割无疑。
>
> 古人云"辅车唇齿"，以喻邻国相助。今支那、朝鲜于我日本无一毫之援助，且以西洋文明人之眼观之，三国地理相接，时或视为同一。其影响之事实已现，成为我外交上之故障甚夥，此可谓我日本国之一大不幸也。
>
> 如上所述，为今之谋，与其待邻国开明而兴亚洲之不可得，则宁可脱其伍而与西洋文明国共进退。亲恶友者不能免其恶名，吾之心则谢绝亚洲东方之恶友。[1]

---

[1] 福泽谕吉：《脱亚论》，载《时事新报》1885 年 3 月 16 日，《福泽谕吉全集》第 11 卷，岩波书店，1981 年。

可以说，这是日本近代史思想界与中国决裂的宣言书，是以欧美文明为师，蔑视中国，唾弃中国文化的极端体现。这一理论不久就变成一种社会思潮，并且与日本明治以来不断增强的追求国家利益，谋求国权、领土扩张的思想密切联系在一起，它以实现日本本国的最大利益为宗旨，以无视和僭越中国、朝鲜的主权利益为基础，终于导致了在政治领域把中国作为其"文明开化""富国强兵"的攫取物的侵略行径。

"兴亚论"思潮及相关的各种协会组织

从历史上看，日本毕竟是与中国有着悠久文化牵连的东亚国家，明治时代，知识分子中深怀汉学素养，敬重中国文化的人士也仍然大有所在。因此，东亚一体，中日不可分割的观念，在日本具有更广泛的接受层面。以这种思想倾向为基础，形成了一种与"脱亚论"正好相反的思潮，因为它们以"振兴东亚"、强调东亚的共同利益为口号，故一般称之为"兴亚论"，后来发展为亚细亚主义。这派思潮拥有广泛的信仰阶层，从政府官员、知识分子，到大陆浪人都有。这些人先后组织了不同的社团、协会，目的在于宣传自己的主张，扩张自己的思想势力，并且把关心中国、研究中国、帮助中国落实在具体的行动上。

1878年明治初年的"铁血宰相"大久保利通组织了日本第一个亚细亚主义的团体——振亚社，提出振兴东亚的口号。但不久因大久保利通被暗杀，振亚社活动也就未能实际展开。

1880年，包括大久保利通的儿子大久保利和在内的一部分政、军界人士，又组织成立了兴亚会，后改名为亚细亚会，是亚细亚主义的主要提倡者。他们宣称日中两国"辅车相依、唇齿相保"，要"挽回东洋之衰运",必在于"日清合作",在于促进日清文化交流。其主要发起者曾根俊虎(1847–1910)1873年曾来过中国,对中国有相当亲近的感情。为了抵御欧美对中国的侵略,他曾提出过种种日本帮助中国的设想和策略,其中包括先以日本人为对象开办中国语学校,培养人才。兴亚会成立之初,还受到过黄遵宪等人的唱和和支持。后来,它渐渐变成具有汉学修养的知识分子诗酒唱和的每月例会,由于内部矛盾,后归于东亚同文会。

1886年,荒尾精(1859–1896)受日本陆军参谋本部派遣到上海工作,荒尾精便在上海开设了一所乐善堂的分店,"乐善堂"是一家总部设在东京的药店,由岸田吟香与荒尾精合资开办。在上海开设分店后,一方面意在扩大贸易,援助中国人;一方面藉此为据点,了解中国,研究中国。1889年,当陆军参谋本部要召回荒尾精时,他干脆辞掉了军职,专意于乐善堂的经营,开展研究中国的活动。不久,又在汉口开设第二家分店,从事收集资料的工作。1890年,荒尾精、岸田吟香、根精一等人,成立日清贸易研究所,他们收集资料情报,撰写通讯报道,后集成《中国通商综论》2000多页,其中涉及关于中国改革的构想。

1898年,由近卫笃麿(1863—1904)组织的同文会与同类性质的东亚会合并,成立东亚同文会,宣扬"睦邻亲善",着意研究中国问题。为了便于对中国的实地研究,1899年该会在南京设立了南京同文书院,以培养懂得中国语、了解中国商务的人才为目的,后迁至上海,改名为东亚同文书院。1902年,在东京也成立了"东京同文书院",招收中国留学生。东亚同文书院1921年成为专门学校,1939年升格为大学,1945年关闭。同文书院的学生,每年暑假都要分别被派往中国各地,包括边区省份,作地理、交通、经济、政治、民风民俗等各方面的调查,各人据自己的调查所得写成调查报告,每年都形成一部"东亚同文书院学生修学旅行记"这样的中国历年情况资料集。东亚同文书院的毕业生,活跃在中国的各个方面,往往是日本在文化、经济、军事上侵略中国利益的先头兵。后文将讲到,内藤湖南在中国访书时,也曾得到过同文书院学生的帮助。

以上这些社团和协会具体宗旨虽然不尽相同,但基本立场和思想倾向是一致的,是"兴亚论"思潮的主要代表。这里之所以不用"亚细亚主义"这一更为普遍使用的术语,是考虑到后者的意义更为宽泛、历时更久,并在此后发展成为"大亚细亚主义",成为与所谓"大东亚共荣圈"互为表里的意识形态乃至行为指针。"兴亚论"属于"亚细亚主义"的范畴,是"亚细亚主义"早期的表现形式,且主要限于思想理论层面。他们的理论特点可以以樽井藤吉(1850–1922)提出的《大东合邦论》设想为代表。《大东合邦论》1885 年先以日文版出版,1893 年增补内容又出版了中文版。该书首先设定这样一种基本逻辑:即先将世界各国间的关系分为两种,欧洲是"异种族混合的社会",他们间的关系是"竞争",东亚是"一种族繁殖的社会",他们间的关系是"亲和"。在此逻辑下,中日韩三国如今面对欧美列强的威胁,就应该互相"亲和","同气相求""同类相依"。樽井藤吉并为三国亲和模式设定了具体方式:日本对朝鲜是"合邦"——所谓对等合并,建成新的统一国家"大东";对中国是"合纵"——这是中国战国时代的一个战略术语,指秦以外诸国联合起来,互相倚重,共同抵御大国强国的秦的威胁的一种战略。此处的"合纵",是指日本和中国的外交联合,通过联合,日本帮助中国实行开化,并承担指导中国进行改革的义务。通过这样的"合邦"和"合纵"，实际上是要实现其以日本为盟主的东亚三国"一体化"，使中国处于日本的势力范围之内。

"大东合邦"以东洋文化的传统精神忠信仁义、孝悌礼智等作为哲学基础，以东亚三国的共同利益为名义，在当时得到日本政界、思想界许多人士的拥护，甚至在中国也引起知识分子的关注。清朝第一任驻日公使何如璋、戊戌维新期间的康有为、梁启超以及时任翰林院编修的蔡元培，都曾先后阅读和评论过《大东合邦论》及其思想，他们的具体诠释虽不尽相同，但在很大程度上是接受和认同这种思想的。他们基本认为：在亚洲，日本与强大俄国不同，还不是中国的威胁，因此，幻想把日本作为可以联合的对象，通过中日"合纵"作为中国抵御欧美侵略，免遭分裂局势的一种可能性的选择。

1902年冈仓天心（1862－1913）在其《东洋的理想》一书中，提出了"亚洲一体"论，认为相对于西洋文化的竞争与自由，东洋文化的特色是爱与和平。主张东洋各国应该自觉地意识到东洋传统文化的价值，联合起来，组成一个"文化统一体"，以东洋的精神抵御西洋文化。而觉醒的日本正是这个文化统一体的领导角色。

"脱亚论"以西方价值为旗帜，蔑视和背弃中国；"兴亚论"以振兴东亚为己任，亲近和帮助中国。但从本质上看，两者的终极目标都是为了扩张日本的本国利益，前者以"脱亚入欧"加入列强行列为资本，后者以在东亚建立以日本为中心的亚洲新秩序为途径，殊途同归，成为日本日后实行国权扩张、实行"大东亚共荣圈"在理论上的先声。从表现形态来看，"兴亚论"比"脱亚论"更为纷繁、复杂,它以中国儒家的文化传统为哲学基础,具有一定的感召力;它以东亚三国共同的命运、利益为名义,也鼓舞过一批有志青年。在当时的日中交流和两国关系中,这些人怀抱着"中日文化同一体"的信念,在观察和研究中国的同时,作着中日两国命运与共的种种思考和探索。

内藤湖南正是以明治二十年代为社会舞台,在上述思想文化的氛围中孕育成长起来的知识分子。他之所以走上中国学研究的道路,他的学术所体现的思想立场,都与他所处的时代背景和所属的思想阵营、学术团体有关。

二、 文化民族主义的立场

明教社、政教社的民族主义思想

1866 年,内藤虎次郎出生于幕末南部藩鹿角地方毛马内町(即今之秋田县鹿角市十和田町之毛马内)的一个武士家庭。祖父内藤仙藏(天爵)、父亲内藤十湾(调一),对汉学、中医学均有修养,其父深受勤王思想影响,因崇拜吉田松阴(寅次郎)而给儿子取名虎次郎。虎次郎 5 岁读四书、二十四孝图,9 岁入新式小学,12 岁随父亲学赖山阳《日本外史》,13 岁首作汉诗,完成六年制小学,接受了良好的汉学教养。16 岁作汉文"明治帝御巡幸奉迎文"而初得文名,18 岁入明治时代新式教育的秋田师范学校中等师范科,20 岁毕业,这是内藤湖南全部的从学经历。师范毕业后,他遵照政府关于师范学校毕业生要在新式小学义务奉职两年的规定,在家乡的缀子小学校工作了两年,于 1887 年辞职赴京,他要在更广阔的天地里认识世界,施展自己的才能。从此,开始了他的记者生涯。

他先后在大内青峦的明教社，三宅雪岭、志贺重昂的政教社作社属杂志和报刊的撰稿人及他们的代笔。这时期是青年内藤思想、学术萌芽和逐渐展开的时期。

大内青峦（1845–1918）是当时日本佛教界的重要人物。明治以来，欧风渐盛，随着基督教文化势力的袭来，以及政府方面复兴神道教的操作，社会上出现"废佛毁释"的强烈倾向，大内青峦曾撰文指斥此乃"有伤国体"，坚持提倡佛教信仰自由运动。他主持的明教社以及机关杂志《明教新志》，是宗教界反对欧化主义，坚持民族主义立场的重要阵地。内藤在缀子小学时就表现出对佛教与国学的兴趣，他对于文章写作方面的天赋，也在家乡时就有过出色表现。[1] 所以，当他供职于大内青峦手下后，小试牛刀，很快就成为令大内青峦十分满意的得力主笔。稍后，大内青峦让他主持编辑《明教新志》的附属报刊《万报一览》，这是非佛教性质的综合介绍国内外新闻要事的半月刊。内藤接手后，新设"时事评论"专栏，这就更可以发挥他纵横论政的特长了。

大内青峦对青年内藤的影响，不仅在于宗教上的民族主义立场，也不仅在于提供《万报一览》的园地让他发表具有民族主义倾向的时论文章，更在于思想方法上的启发和引导。在明教社的三年中，大内青峦曾把自己十分推崇的江户时代的佛教大家及其著作介绍给内藤，如慈云尊者的《十善法要》，富永仲基的《出定后语》，普寂德门的《显扬正法复古集》等，这些人或是才华横溢

---

[1] 内藤童年有较好的汉学与国学根基，16 岁时，明治天皇巡幸东北，他受命作"明治帝御巡幸奉迎文"，以汉文写就，典雅有文采，在秋田地方赢得文章令名。

的宗教改革家,或是深思卓识的宗教史研究家。一方面他们引发了内藤对于本国民族传统思想和文化的景仰及探求兴趣,具体地说特别是对于江户时代的思想学术的研究兴趣,这些研究成果反映在稍后出版的《近世文学史论》及内藤去世后辑集出版的《先哲的学问》中。另一方面,这也影响了日后作为学者的内藤在历史观念和学术方法上的民族特色,特别是富永仲基在宗教史研究中提出的关于宗教起源的普遍原则——"加上的原则",被内藤誉为"对于研究没有历史记载的时代的历史,是再好不过的方法",[1]并在以后把这种方法运用于对中国先秦思想及文献的研究中。[2]

1890 年,内藤转入政教社机关杂志《日本人》的编辑、撰作工作。而实际上,在此之前,内藤就已由志贺重昂的介绍加入了政教社。

政教社成立于 1888 年,其主要成员三宅雪岭、志贺重昂、杉浦重刚等大多是毕业于东京帝国大学、札幌农学校的博士或留洋归国的知识分子。他们大多出生于地方小藩士族,不属于明治政府的萨摩、长州藩阀系统,在他们入明治新学校或留洋之前,在藩属汉塾中已打下了深厚的汉学、国学根基,然而,尽管他们东西学问兼通,却未能进入政府部门,而只是活跃于民间,在民间形成一种与政府抗衡的力量。由于明治以来,政府一直推行欧化主义政策,文化教育、生活风俗等各个层面,到处弥漫着唯洋风是拟、唯西人是仿的欧化主义风潮,其弊端在于沦为对欧洲文化盲目的、狂热的崇拜和肤浅的、机械的照搬。政教社的成立正是

---

[1]《大阪的町人学者富永仲基》,《内藤湖南全集》第九卷,筑摩书店,1969 年。

[2] 参见钱婉约:《关于以尧舜禹为中心的古史考辨——兼论日中近代实证史学》,载《原学》第六集,中国广播电视大学出版社,1998 年。

对这种欧化主义的反对。他们最初的思想是要反对浅薄的欧化主义，保存、维护日本固有的文化精髓，在宗教、教育、美术、政治等方面创造出"日本的"和"日本人的"特点。《日本人》就是他们发表这种思想言论的园地。1888 年 4 月 3 日《日本人》创刊，他们在创刊号上宣言曰：

> 当代日本乃创业之日本，其所经营虽错综凑合，然目前切迫之最重大问题，盖选择与日本人民之匠心及日本国土上存在之万物之围外物相适应的宗教、教育、美术、政治、生产制度，以裁断日本人民现在、未来之发展向背。吁嗟，值斯千载一遇之时机，以白眼冷视世事岂日本男子之本色？予辈虽自惭不肖，逢斯境遇，如默默叉手，则半世所得之学术将不知何用。……乃与同感者相计，发行以《日本人》为名称之杂志，以浇尽各自的抱负、满腔的精神。……[1]

一般把这种在文化上抵制外来势力的侵袭，要求保持并发展本民族固有的文化特色，在价值取向上坚持民族主义立场的思想称之为文化民族主义。

《日本人》及政教社另一报刊《东京电报》创刊之际，内藤尚在明教社，他即在《万报一览》上发表了《新杂志及报纸》一文：

> （政教社的）主义在于要使日本成为日本人的日本而非

---

[1] 转引自《解题：杂志〈日本人〉、〈日本及日本人〉之变迁——其言论及同人》，载《日本近代史料丛书》13。

西洋人的日本；……或曰应学德国，或曰应学英国，纷纷喧争，其为模仿主义则一也；……呜呼！日本非德国、非英国，日本就是日本，日本有与日本国相当的政体，与日本国相当的产业，日本人有与日本人相当的教育，与日本人相当的宗教、美术、工艺。在此《日本人》与《东京电报》创刊之际，我们不能不有凤鸣朝阳之感。[1]

可以看出，内藤表述的思想大旨与上引创刊号上的宣言之文如出一辙，并且被内藤写得更为鲜明而富有感染力。

内藤在家乡时，南部藩鹿角地方流行的是江户儒学的折衷主义学派，后来他的祖父内藤天爵在批评折衷主义学派的同时，强调实学，讲求学问的实用性，如让其子即内藤的父亲内藤十湾在学习汉学的同时，还要习剑学医等。内藤是在此学风环境和家庭背景中成长起来的。他还特别受到父亲十湾的教育影响，十湾尊重吉田松阴，具有勤王思想；又曾让内藤攻读具有民族主义思想的《日本外史》；十湾曾作为佐幕侧的军队参与"戊辰之役"，与官军激战而战败回归故乡。由于武士身份的取消，十湾家臣的身份也被剥夺了，家庭经济随之跌落，内藤亲身经历了这种由明治萨长藩阀政府给旧士族家庭带来的巨变。这些学风的影响和家庭的巨变，使得内藤在上京前就有了较明确的民族主义思想倾向和对于政府的批判态度。这是内藤到东京后，很快便能与大内青峦、三宅雪岭等文化民族主义者在思想上一拍即合，甚至互为增益的原因。

---

[1]《新杂志及报纸》，《内藤湖南全集》第一卷，筑摩书房，1970年。

这期间，内藤与政教社的年轻人长泽说、畑山吕泣等人一起，经常用"魍魉窝同人"的共同笔名发表文章，批评明治政府，表明他们对于日本文化及日本国发展前途的思考与倡言。

代笔写《真善美日本人》

1891 年初，由三宅雪岭口述，内藤与长泽说代笔，写成《真善美日本人》一书，本书是从文化学术的立场向世界阐述日本人及日本文化特点的文化民族主义的典型之作，其开首即曰：

> 为自国尽力即为世界尽力，发展民族的特色即裨益人类的化育，护国与博爱奚冲撞之有？

全书共分五章，分别为日本人的本质、日本人的能力、日本人的任务一、二、三。在"日本人的本质"中，认为迄今为止日本人的特质当以真善美为极致；在"日本人的能力"中，它纠正了历来低估日本人能力的陈说，指出如发挥得好，日本人种是优于亚利安人种的，告诫日本人不要盲目崇拜欧美人；至于"日本人的任务"，就是要发扬真善美以达成圆满幸福之域。所谓真，就是要增设博物馆、图书馆，完备学术研究机构，向亚细亚大陆派遣学术远征队等，以增进"对东洋新事理的探求"；所谓善，就是要坚持正义，维持正义，以抵御欧洲列强对亚洲的压迫，为此不得不增强国力，殖产拓业，扩张军备；所谓美，就是要重新认识日本古代美术的优秀性，并把日本古代美术的特点归纳为"轻妙"这一概念，目前应该要凸显日本"轻妙"这一独特的美学概念，而化成外来美术种种。总之，作为人类一员的日本，应发挥真善美的国粹,对人类幸福作出贡献。

全书署名为三宅雄二郎(即三宅雪岭)述,但正如本书例言所指出的,其中第二章"日本人的能力"就是挪用了内藤 1891 年 1 月 6 日已发表的《新年论日本人的地位》一文,另据笔者对照,第三章"日本人的任务一"中,也有不少内容是与稍前的 1890 年 12 月 23 日内藤所发表的《亚细亚大陆之探险》一文相同。可以说,全书是在总体遵照三宅的思想大旨,部分借用内藤现有论文的基础上,由内藤、长泽说执笔组织写成的。

稍后两月,仍由内藤与长泽说代笔,为三宅录著了《伪恶丑日本人》一书,1891 年 5 月出版。它与《真善美日本人》相表里,提出为了弘扬国粹,必须自审与改造日本人的负面因素。所谓"立真不可不破伪","扬善必须除恶","褒美一定要灭丑"也。"伪"指责了学界与学者为了"保身"与"入世",堕落为商人、官僚的习气;"恶"指责绅商推进日本的西欧化,破坏了传统"士族之风尚美德";"丑"借喻日本人汲汲模仿欧美的形象。这种揭露日本人和日本社会种种弊端和丑恶的言论,显示了政教社在野的批判精神。

政教社曾因志贺重昂著文提倡"保存国粹"而被后人称为"国粹主义"学派,在这里,我们可以看出,所谓国粹主义学派,其对于"国粹"的态度,与其说是面对欧化风潮怀着民族危机心态的"保存",不如说很快就由自尊偏向到自傲、自大的"国粹优越论"及"国粹显彰论"。三宅雪岭自己就曾表白过:

> 《日本人》杂志初发行时,称国粹保存,此乃危急之时,不久就知其误,改为国粹显彰。不止于保存,而要发扬日本

民族之特长，促使其进步。……[1]

如果说，在外来文化的风潮袭击下，要求保持和营建民族文化的特殊性，以此来抗衡外来文化，是民族自救与民族自尊的话，那么，激越地张扬本民族的优越性，乃至高谈人种优越论等，就已超出了"保存国粹"的文化民族主义的界限，而走向扩张主义的险地。在较长时间内，在笔者的意识中，民族主义是与救亡保种、爱国主义相一致的正面思想倾向，本课题的研究促使我反思关于民族主义的问题。20世纪以来在世界范围内特别是在东亚弱小民族的民族独立过程中，民族主义曾经起到过促进民族觉醒、促进殖民地独立、重造世界和平新局面的作用。而几乎同时或稍后，它所隐含着的，甚至既已呈现的或封闭锁国、或扩张侵略的负面因素，则长期为研究者所忽视。关于这个问题，这里暂不作详述。

值得提出的是，在《真善美日本人》书中，特别是在挪用内藤现成之文的部分，已呈现出内藤史学的若干学术端倪。首先，我们可以看到，全书中关于日本文化的概念，虽然总体上都是以日本民族为对象论述的，如真善美的特性，是遵照了三宅雪岭的大旨，但在录用内藤论文的第二章中，论及日本人的人种问题，说日本人属于蒙古人种，而蒙古人种的文化传统则是从古代中国黄河文明发展而来以及于今日的清朝的文化，作者把日本所属的蒙古人种与欧洲所属的亚利安人种相比拟，说周公可比伯里克利、

[1] 三宅雪岭：《悼内藤湖南》文，转引自三田村泰助《内藤湖南》中公新书，1972年，第117页。

齐桓公不让亚力山大、孔丘与苏格拉底同时,秦始皇犹凯撒、魏武帝与彼得大帝、隋炀帝与路易十四、李世民与拿破仑等亦正相应。可见,日本与中国是同属于产生了周公、孔丘、李世民的中国文化的。这种关于人种起源、文化起源上日中同一的论说,在内藤以后的论著中经常提及,即所谓"日中文化同一论",而其思想端倪于此即初步显现。其次,第三章"日本人的任务一",旨在论述了为了探究"东洋新事理",日本要完善学术机构,建立日本的东洋学。书中说:

> 我国与支那为相同人种,并假借其文字使用千余年,以至于视其为我国之文字亦无不可,况德川氏之文化皆汉学之流,读解支那书,作支那辞章,几不在其土著之下。故全面了解支那文明之趣旨,而传之于全世界,极为易事。邦人苟先以支那开端再延及旁近诸邦,去探究东洋政治史、东洋商业史、东洋工艺史、东洋哲学史、东洋文学史,诸如地志、风俗志、动植物志,又如豪杰之事、名家之事、大变动之事等等,若以崭新的笔锋叙述之、描写之、批判之、探究之,则其于世界之勋业,庶几可尽"真"之道。[1]

这是内藤涉及东洋学建立的最早论述。他以后走上学术之路,研究东洋史,可以说正是为了尽此"日本人的任务"。

---

[1]《真善美日本人》之第三章"日本人之任务一",载《明治文化全集》第23集"思想篇",日本评论社,1967年。

三、中国文化研究的起步

中日艺术文化的初步涉略

1893 年，内藤辞别政教社，跟随高桥健三离开东京，来到大阪，入大阪朝日新闻社，成为大阪《朝日新闻》的重要撰稿人。在内藤的人生道路上，高桥健三与上述内藤十湾、大内青峦、三宅雪岭一样，是具有重要影响意义的人物。

高桥健三（1855－1898）是一位致力于把西欧美术介绍给日本、具有西方文化素养的美术家，同时，他又是坚持日本民族文化立场，特别是坚持日本传统美术特色的民族主义美术家。他对于明治政府的欧化主义也是持批判态度的。1892 年底，他调入大阪朝日新闻社，成为大朝的实际主笔，当时，他正需要一位得力的秘书，由于《我观小景》[1] 的精彩文笔而受到陆羯南赏识的内藤，就由陆羯南推荐到了高桥健三身边。

高桥健三对于日本传统美术的稔熟与学养，也增进了内藤在这方面的兴趣与研究。1893 年 6 月，高桥健三促成内藤作了一次奈良之行。被称为日本"南都"的奈良，有法隆寺、药师寺、正仓院等"上代开化之宝库"，对日本佛教本已抱有兴趣与相当研究的内藤，得以徘徊于"宝库"之间，对于日本佛教的建筑艺术、雕塑造型艺术、音乐艺术、书法艺术有了更真切的感悟。这些对于佛教艺术美的感悟，又启发他去探求与研究日本文化及其与中国文化的关系等问题。

---

[1]《我观小景》是内藤与田山吕泣为三宅雪岭代笔的又一著作。

如由于对"雅乐"的兴趣，推及"唐乐东传"之史迹，继而论及唐代文化的特点，内藤认为：六朝衰世，政治上出现无所顾忌的局面，政治的软弱有利于西域文明的大量输入，景教在唐初确立，胡乐也空前发达，形成唐代文化的创造性特点。

又如对于书法的论述，内藤认为：中国书法的正统由王羲之发端而到唐初完成，但宋以后渐失其统，及至明清，更是丧失殆尽。而在日本，一直秉承中国书法的正统技法，只是在江户中期以后，受到明清恶习之传染。但如从现在起恢复古法，日本书法是可以胜过中国的。

这些关于日中艺术文化的研究心得，反映在他的早期论著《近世文学史论》《泪珠唾珠》及《燕山楚水》中。

高桥健三还是一位具有历史主义意识的民族主义者，他推崇中国的刘知几，提倡治史要有"才、学、识"，而尤以"史识"最为重要，因为历史研究必须有识断，能知往鉴来，对现实社会有帮助，这些对于内藤的历史观念的形成也是有影响的。内藤日后对中国史学史中以司马迁、郑樵、刘知几、章学诚等一脉相承的史家特别地推崇，强调学术要具有实用性，蔑视闭门造车的迂腐学者等观念，与此亦不无关系。

甲午战争与所谓"天职说"

内藤在大阪朝日新闻社期间最重要的事件当然是发生了中日甲午战争。

进入19世纪90年代以来，日本海外发展的政策得到全国各阶层的支持。殖民地的获得，可以解决国内人口过剩并向海外提供有能力的人才，藉此构筑起抵御西欧侵略的防护网。在这种社会背景下，思想言论界的知识分子，越来越热衷于谈论所谓日本的前途与天职，他们把日本的命运与亚洲联系在一起，认为日本的天职就是对亚洲各国负有使命。从知识分子的意识出发，对日本前途的思考是与对于中国文化的评价联系在一起的，即如何面对这个曾经赐福过日本，如今又老大落后的邻国——中国，如何看待中国传统文化、中国国民性？中国今后将往哪里去？日本文化与中国文化的关系如何？这些问题越来越不容忽视地摆在了探求日本出路的知识分子的面前。

内藤湖南对于中国历史文化的关注和研究，即始于此时。甲午战争期间，内藤写了一系列重要文章，这里分析其中重要的三篇，以见其当时的主要思想。

1894 年 8 月，在甲午战争刚刚爆发才三个星期时，内藤发表了《所谓日本国的天职》一文，阐述他对当时战争的看法及日本于此应尽的天职。首先，他批驳了武力占领说。针对当时日本国内叫嚣要吞并中国的狂热观点，内藤指出，这种观点不仅有碍东亚和平，而且也是对于日本防卫西欧侵略力量的削弱。日本不能靠着这些仅有的"人口劳力资本"去使中国殖民化，因为中国的风土对一般日本人来说是难以忍受的"险恶"，而且让四万万中国人去说日本语也是不可能的事。其次，他驳斥了中国守旧停滞说。从福泽谕吉的"脱亚论"出台以来，中国在当时日本人心目中的形象是因循守旧，不思改革，是亚洲落后的代表，是日本"东方的恶友"。而日本则是亚洲唯一可以代表西洋新文明的强国。因此，当时的言论认为，日本责无旁贷，应以进取的新文明来警醒落后的中国，使之趋于进步。另外，基督教思想家内村鉴三[1]也于1892年曾写过《日本国的天职》一文，认为日本从地理位置来说是处于西洋与东洋文明之间的一块飞石，所以，它应该是"共和的西洋和君主的支那"之间、是"基督教的美国和佛教的亚洲"之间的媒介者，因为"东洋国民中只有日本人能了解欧美文明，而文明国民中又只有日本人具有东洋思想"，因此，日本国的天职就应该是作东西洋之间的媒介，把"器械的欧美"介绍给"理想的亚洲"，以进取的西洋来开化保守的东洋。[2]对这些言论，内藤作了反驳。他指出：中国自汉番西域之开化，到明末利玛窦来华，到今日之向西洋派遣留学生，何守旧之有？何落后之有？何须必待我日本之媒介而进步乎？虽然现在中国国力不盛，呈现衰态。另一方面，因为日本是承袭了中国文化，对中国的制度、习惯最为了解的国家，值此中国实行改革之际，只有与中国同属一个文化体系的日本，才能在理解中国制度、习惯的基础上，来促使实行中国的改革，以达成中国文化的复兴。因此，在文章的结尾处，我们可以看到这段有名的"日本的天职说"：

> 日本的天职就是日本的天职，它不在于中介西洋文明，传之于支那，使其在东洋弘广，也不在于保全支那的旧物，售之于西洋，而在于使我日本的文明，日本的趣味，风靡天

---

[1] 内村鉴三（1861–1930），基督教徒、宗教家、评论家。札幌农学校毕业后，曾留学美国。1891年在第一高等中学任教时，因拒绝《教育敕语》的礼拜仪式，被免职。后在任《万朝报》记者期间，因批判足尾矿毒事件，反对日俄开战，主战非战论，与幸德秋水、堺利彦等人一起辞去《万朝报》之职。以《圣书之研究》杂志倡言和平。

[2] 内村鉴三:《日本国的天职》，载《内村鉴三全集》第一卷，岩波书店，1981年。

下，光被坤舆。我国为东洋之国，而东洋诸国以支那为最大，故欲为之，不得不以支那为主。[1]

可以看出，内藤的天职说与盲目的对外强硬主义者的"武力占领说"有本质的不同，也区别于欧化主义者的"媒介说"，虽然他们立论的出发点同样是为了日本国的利益。但内藤在这里表现出一种文化史的视角与观念，即他能够认识到：一方面，从文化发展的历史看，中日文化是同源的，属于同一中国文化体系；另一方面，从横向看世界文化，文化又是多元的，西洋文化绝非唯一优秀的文化，以中国为中心的东洋文化是可以抗衡西洋文化的。值此之时，日本应该尽己之天职，来代替中国实现中国文化的复兴。

甲午战争的胜利，激励了内藤的民族情绪。在稍后的 1894 年 11 月，内藤又发表了两篇文章。一是《地势臆说》，其开篇即曰：

地势与人文相关，或因地势而形成人文，或因人文而形成地势，小至于都邑的盛衰，大至于邦国的兴废，民物的丰歉，海外的隆污，征其往而推其来，比龟卜数术更为显著。[2]

以下即以中国历史上文明中心由洛阳而长安而燕京的发展移动来论证这种影响。如中国文明最早发源于九州之冀、豫二州，即以洛阳为中心的文明。

---

[1]《所谓日本国的天职》，《内藤湖南全集》第二卷《燕山楚水》，筑摩书房，1971 年。

[2]《地势臆说》，《内藤湖南全集》第一卷《近世文学史论》附录。

禹贡九州，其开化之源泉，由冀、豫二州间发生，盖得益于黄河之利也。尧都平阳，舜都蒲阪，禹都安邑，皆冀、豫之地。殷都亳，豫州之地也，因避水祸，迁相迁耿，复归于亳，总之，都不出于此二州。周虽兴于西鄙镐，但仍以洛阳为天下之中心，朝会诸侯，二州所发之文明，郁郁乎告大成。[1]

到战国末，洛阳"地气尽、人力衰"。于是，入西汉后，长安文明代之而兴起，直至唐末，形成中国历史上有名的"长安繁荣"。而"唐末之衰残"亦正是因为长安之地"王气将歇"。

长安之后中国的文明中心是燕京，但燕京之与洛阳、长安文明之不同处在于，它是靠了东北之地气形胜而形成的政治中心。至于文化中心，从长安衰落后，就越来越聚集于以虎踞龙盘的六朝故都南京为中心的江南，江南是宋以后中国人文之渊薮。这样就形成了宋以后中国"政治中心在北，文化中心在南"的两股势力，至于北方之中心是否能持续在燕京，内藤含混地暗示疑意说：

满洲之地，颇称膏腴，……满洲之河流，其荦荦大者，皆背南而向北，其地力人文，果真是否集中在燕京，尚是个不得不讨论的问题，尤其是如果东北的铁路交通建设好后，一旦风气渐开，地气愈益倾向东北，而燕京之力又愈益难以控制江南，支那的势力就这样呈两分之趋势。[2]

---

[1] 内村鉴三：《日本国的天职》，《内村鉴三全集》第一卷，岩波书店，1981年。
[2] 内村鉴三：《日本国的天职》，《内村鉴三全集》第一卷，岩波书店，1981年。

这篇文章的重要性在于，第一次表述了在内藤史学中占重要地位的"文化中心移动说"理论，使我们能看到促使这理论形成的思想背景和学术渊源。文章首先引述、评论了中国历代历史地理学家赵翼《长安地气说》、顾祖禹《燕京论》《扬州形胜论》、计东《筹南论》、章潢《南北强弱论》等文，在得到他们关于地气盛衰与人文兴替的学术思想启发的同时，提出了他的"文化中心移动说"。他揭示中国历史变迁的历程是：文明中心由洛阳至长安而分成两途，政治中心在燕京，文化中心则在江南。因此，文化的发展不一定与政治相一致，它有其独立的发展性格，并随着地气的盛衰、人文的聚散而不断移动。这与此前习惯以王朝更替、政治治乱来论述中国历史有所不同，体现了内藤中国学以文化史观念为本位的学术特色。其次，他强调指出宋以后中国政治、文化中心的南北分途，并把东北满洲与华北燕京相提并论。虽然没有明确指出，却在强烈暗示今后中国北方的满洲将代燕京而兴起。联系到甲午战争前后日本对中国东北的扩张野心，就不难看出在这种社会思想背景下内藤之特别重视满洲的现实原因了。

一周后，内藤又发表《日本的天职与学者》一文，进一步论述"文化中心移动说"的相关理论及日本在时代现实中的使命问题。其论旨概而言之，有以下几点：一、用幼、壮、老之人生阶段来比喻不同民族国家之强弱，大意为：稚弱民族如人之婴幼，脾胃嫩弱，消化能力有限，对疾病、麻醉毒品之类更是无以抵抗，若勉强使之介入强大民族之林，必"不堪于强壮国民所能胜任的社交之复杂，思虑之纷错"而有灭亡之危险。强健民族如人之壮年，脾胃强壮，消化力旺盛，嗜欲旺盛，但如果"取此茹彼，也未尝不会伤及其体"。及至老境，嗜好偏于定一，拒绝异种文明，因而也有损于保存自己的"元气"。这里,作者隐含着日本是强健民族,中国是走向老境的民族之意。二、文化中心移动时的承继关系是"后之中心必因承前之中心而有所损益,前者的特色或有所丢失,后者以新的特色代之,而各宜其时,以维持人道与文明系统的万世不歇"。三、关于"日本的天职"与"学者的使命",内藤说,"文明之中心,今又将有大移动,识者实早已了解其间要领,此乃日本将接受大使命之际也。"至此,内藤终于明确地告诉人们,文明中心将移至日本。于此之时,学者的使命,如上述"日本人的任务一"一节中所述的,应责无旁贷,开赴亚细亚大陆探险,收集学术新资料,在学理方面开创出东洋新局面。"清平之世之臣民,光耀国威者,莫若学术",值此战事大进之时,值此日本的"威力""国民之意气"空前勃兴之今日,日本将"成就东方之新极致,以取代欧洲而兴起,新的坤舆文明之中心,岂不在反掌之间耳?"[1] 日本不仅要在东亚成为东洋文化的中心,而且将在世界成为"坤舆文明之中心",其得意张狂之心态溢于言表。

以上三文,可以说是内藤受到甲午战争的刺激与鼓励,试图从文化学术的角度来探索日本的天职与前途,以及日中关系的转型等问题。这是当时日本人所面临的迫切的时代问题,也是知识分子最热切关心的问题。正是从本民族的前途与利益出发,从天职的责任感出发,使他越来越集中地去思考并展开论述关于中国历史文化的发展变迁等问题,从而形成"文化中心移动说",初步显示以文化史观念为本位的内藤史学的基本特色。另一方面,由于内藤史学滥觞于日中战争期间"战胜国"的社会时代背景,致

---

[1]《日本的天职与学者》,《内藤湖南全集》第一卷《近世文学史论》附录。

使本来具有强烈民族主义倾向的内藤思想，从 80 年代后期的文化民族主义发展到 90 年代中期由于对本民族文化抱有傲慢自大的狂妄心态，而走向文化扩张主义。可以看到，在他关于中日文化关系的论述中，中国不知不觉变成了一个抽象的概念，它似乎不是一个拥有主权与国民的国家，而只是一个产生过"中国文化"的承载体，它可以随意任日本"以支那为主"来尽己之天职，来干预、支配中国。在这一点上，作为在野的、反政府的新闻界自由言论者的内藤湖南，以其天职说的"自由言论"与政府的殖民主义政策形成了呼应。在战后的思想反省中，内藤史学被批判为"用学术为帝国主义侵略制造理论依据"。虽然也有不少研究者为之辩护，但大都或不得要领，或显然是无原则地为师回护。后来，美国东亚文化研究家傅佛果在其论著中指出：

> 对于把内藤湖南的"天职说"批评为帝国主义性的见解，许多研究者都试图为之辩护，但为内藤辩护的人们，不是把内藤看作是一个只有 28 岁的年轻人，而是把他视作感性得到充分磨炼的圆熟的晚年内藤的形象。从今天的视角来看，这确实涉及相当复杂的问题，但不可否认，这些论述中的湖南的主张，有许多方面不得不说是不负责任的。[1]

应该说，内藤的"天职说"反映了甲午战争后日本全国上下普遍存在的对外扩张的思想倾向。在日本走向帝国主义的道路上，

---

[1]〔美〕J·A·傅佛果：《内藤湖南——他的政治学与中国学》（《内藤湖南——ポリテイックスとシノロジ－》），井上裕正译，平凡社，1989 年，第 81 页。

28岁的激情青年内藤湖南未能保持清醒的理性和独立的良知，因而，也未能站在彻底地反政府的立场上。这样说，并不是为内藤湖南作什么"辩护"，更不是要放弃对内藤作应有的责任追究。正相反，我认为，只有通过这样把时代背景与个人思想发展理路相结合的分析，才能更真切地了解并揭示这种文化扩张主义的真相及危害性。其意义还在于，以此个案为例，作为历史的一面镜子，可以警戒人们警惕任何民族、任何时代以民族主义为发端而可能出现的扩张主义、殖民主义的动向。

1896年，内藤经历了人生中唯一的一次短暂的政治生涯。由于高桥健三出任新成立的松隈内阁的书记官，作为秘书的内藤也随之返京，入明治政府的新内阁工作。他的主要工作是协助高桥健三为新内阁起草政纲，他们反对前内阁压制言论的做法，提出保证言论、集会、出版自由，登用民间人才等等方案。然而，这些理想在大臣的讨论中就得不到通过。后来，"新内阁政纲"出台，他们的草纲被改得面目全非、难觅初衷。次年初，松隈内阁总辞职，内藤也随高桥健三离开了明治政府。这只有三个月的政府工作经历是内藤离政治权力中心最近的时期，也正由于这次与政府的冲突及参与政治的受挫，使他从此对政府内部的工作有了强烈的嫌恶感，更坚定了他作为在野自由主义分子的决心。

四、走上中国学专家之路

最早的三部著作

从1897年到1900年，内藤湖南前后服务于两个旨趣完全不同的报社。前者是台北的《台湾日报》。台湾是甲午战争后日本新获得的殖民地,《台湾日报》旨在为日本对台湾的殖民统治献计献策。内藤在任职的一年内,留下了对台湾进行政治统治、文化融合的种种建议和论说;后者是当时在全日本颇有影响的、倾向于自由主义的《万朝报》。当时在报社先后任职的有反对帝国主义的社会主义者幸德秋水、堺利彦,有人道主义者基督教人士内村鉴三等,内藤湖南的民族主义立场与社会主义及人道主义思想自然不同,但他关于批判明治藩阀政府、倡议社会改革等方面的文章,与报社的宗旨是一致的。

内藤记者生涯中任职时间最长的是大阪朝日新闻社,第一次是 1894 至 1896 年,第二次是 1900 至 1906 年,前后共九年。大阪朝日新闻社与政教社在人员关系、思想立场上都有相当大的联系,内藤在政教社时的前辈三宅雪岭、志贺重昂、杉浦重刚等人是《大阪朝日新闻》的客座论说员,政教社的发起人今外三郎、高桥健三等人,分别是大阪朝日新闻社的职员和客员(实际主笔),内藤湖南最初就是以高桥健三秘书的身份入大阪朝日新闻社的。明治三十年代《大阪朝日新闻》的文艺栏及副刊,几乎全是由内藤湖南及其好友正冈子规的友人及高足撰写编成的,其主要倾向是“国权扩张主义”,是对外的强硬态度。在关注日本命运及内外关系的同时,大阪朝日新闻社对国民文化素质的培养和提高国民的精神境界,也颇为重视,经常主办学者、文化人的公开讲演及各种文化学术活动。因此,内藤湖南在入京都大学之前,就在此与那珂通世、小川琢治、狩野直喜、富冈谦藏、白鸟库吉、桑原隲藏等近代中国学家有了或多或少的交往,造就了内藤湖南学者型记者的形象。

1897 年是作为记者的内藤在学问上丰收的一年,他出版了他最早的三部著作，分别为一月出版的《近世文学史论》、六月出版的《诸葛武侯》《泪珠唾珠》。

《近世文学史论》是作者 1896 年在大阪《朝日新闻》上分三十四回连载的题为《关西文运论》的结集。题为"文运"或"文学史"，其实并不是只论文学，而是综论日本江户时代的包括儒学、国学、小说、戏剧、美术、宗教在内的文化变迁的历史。书中阐述了日本近世三百年间本来产生于关西的文化渐次移向新的文明中心——德川幕府所在地——江户，而关西本身也仍然继承着文化传统。这是内藤运用"文化中心移动说"对日本近世文化变迁的分析研究，反之，也可以说研究日本近世文化史的发展变迁的事实也印证和发展了他的"文化中心移动说"。此书"序论"篇分"文明与风土""文明与时代""文明、风土所交织形成的文化集合的中心""文化中心移动"等小标题，进一步阐述了文化与风土、时代的关系及文化中心的形成与移动，如说：

> 文明是民族的英华，是风土的果实，与时代相适应而盛开花朵。正如春天有樱、桃、杏、李，初秋有桔梗、败酱、胡枝、紫菀等，或与风土相适应而生长发育，如炎热之地椰树、榕树成荫，积雪之处松、柏、桧、杉苍翠。[1]

以此为例，说明文化的历史就是这样"以时代为经，以风土为纬，交错变化"形成的"璀然之美"。文明发展的每一阶段都会因这时代之经和地势之纬而形成人文荟萃的"集中之所"，这就是"文明

---

[1]《近世文学史论》"序论"，收入《内藤湖南全集》第一卷。

的中心",并又因时代与地气之改变而造成中心的移动。这"是在世界范围内看也具有没有例外的普遍性的,所以把上述作为一般原则放在卷首"。[1]

《诸葛武侯》是内藤发表的第一本关于中国历史的专著,当时他正处于在明治政府工作受挫后,思想与职业都面临转向之时。1897年4月他受聘将去《台湾日报》工作,《诸葛武侯》一书就是他在去台湾之前的空隙中用三个月时间写成的。"归隐"民间后,他要全心全意地、切实地履行他自己所倡导的"建立东洋学""亚细亚大陆探险"的主张。以中国为研究写作对象,工作地点选择去中国台湾,都反映了他的这种思想倾向。至于在中国历史中,为何选择充满矛盾斗争的三国时代的乱世英雄诸葛亮,则可以从他书中的行文论述去体会。首先,这并不是一部单纯的个人传记,作者的笔墨显然更多地落在对三国时代的总体论述上,关注世运的变迁。如说:"世运之转移,治平之日,大抵每三五十年为一变化期,动荡忧乱之际,则十年、十五年就面目全非,以致旧物荡然无存。"其次,他指出:魏、蜀、吴三国力量强弱之对比,是年龄之对比,如赤壁之战吴、蜀胜利的原因,就在于孔明、周瑜、鲁肃三少年与老者曹操之力量的对比。他引用好友畑山吕泣的话说,"凡所谓更始革命,一切世局的动荡,都只是少者与老者之争耳。"认为在一切动荡忧乱之世,只有少者能洞察时事,把握时机,而老者难以适应,处于劣势。暗示了作者作为年轻人对日本未来的自负,以及作为年轻的日本对亚洲未来的自负。[2]

---

[1]《日本的天职与学者》,《内藤湖南全集》第一卷《近世文学史论》附录。
[2]《诸葛武侯》,收入《内藤湖南全集》第一卷。

《泪珠唾珠》是作者1887-1897年间在报纸、杂志上所发表文章的自选集,大抵为短小精悍的学术小品文,如读书偶得、旅行杂感、书林掌故、人物品评、隽语警句等,"由此大致可窥得作者早年的智慧、思想和文藻之一斑"。[1]

三书的出版,虽然只是内藤个人事业发展阶段上的自然结晶,但从对学术界的影响来说,却是他学者形象的一次集中亮相,由此,也引起更多学界识者的注目。特别是《近世文学史论》,"此书一出,著者之名声一时扬起,被当成当时的名著"。[2]

中国学专业之确立

内藤很早就表现出比一般记者、杂志撰稿人更多、更强烈的读书为学的倾向,这里引述一位内藤好友的回忆。

（刚到东京时）君（指内藤）的住处常是友人连绵而来集中的地方,夜晚特别来客群集而不能读书。于是,君改变作息时间,常常是从夜晚客人散去后的12点开始用功,到3、4点结束,然后到次日11点左右起床。……那时的内藤从年龄来说、从境遇来说都可称为普通一般的学生时代。在他微薄的工资中,要负担外甥的学资,还要减去像我们这样的恶友相邀一起去澡堂、去荞麦店所需的费用,此外,君便节约再节约,不息地每月购入数册书籍。当时,君有多方面

---

[1]《内藤湖南全集》第一卷"后记"。

[2]〔美〕J·A·傅佛果:《内藤湖南——他的政治学与中国学》,井上裕正译,平凡社,1989年,第81页。

的兴趣，他的报社工作自然是以政治为主，而他对宗教、文学、美术、演艺等方面也都有兴趣，所以购入之书真可谓多种多样。……君的藏书在明治三十年（1897）左右已达五六千册。[1]

可惜这些书都毁在了 1899 年 3 月的那场火灾中。那是内藤在东京小石川区江户川町的住宅的邻居家发生火灾而延及的，顷刻之间，这些花了十几年心血积攒起来的各类图书，包括内藤的手稿，都变得片纸不留。这对于一个爱书的人意味着什么是可想而知的。

为了帮助他从失书的悲哀中解脱出来，朋友们热心相助，促成了他向往已久的中国旅行。那时，一个日本人到中国来旅行并没有现在这样方便。譬如此次，他的工作单位万朝报社提供的方便是放假三个月，并预支三个月工资——200 日元，及旅行补助 200 日元，此外，内藤得到了同乡友人榊田清兵卫好意相助的 400 日元，又从大阪商船公司借贷 100 日元，一共凑集起 900 日元才得以成行，这 900 日元相当于内藤一年的工资。

中国是他精神上向往已久的文化故乡，有他往昔在汉籍上久已熟悉了的地理人文、名胜古迹。同时，中国也是现实中与日本有着重大关系的亚洲最大邻邦，日本正欲在此尽己之"天职"。中国旅行是否正是内藤所提倡的"亚细亚大陆探险"呢？

这三个月中，内藤走访了北京、天津、上海、南京、苏州、武汉、杭州等地，广泛考察了当时中国的政治、经济、文化教育、

---

[1] 转引自三田村泰助：《内藤湖南》，中公新书，1972 年。

地理、风俗、学术学风等。他曾在中秋节于北京古城墙上观月，又骑马上八达岭远眺长城内外，他也曾泛舟西湖、踏青姑苏。所到之处，赞美风光景物，考证古迹名胜，评论风土人情，并时而抒发一些今昔对比、日中比较的议论感叹。当时正值戊戌变法失败后不久，他经天津报界日本同人之介绍，与天津、上海等地的维新人士、学者进行了亲切的交谈，这些人有：严复、文廷式、张元济、罗振玉、王修植等。他们交换了对中国时局的看法，内藤是同情和支持中国的维新变法的，他举出日本维新以来的经验、教训，希望中国能吸取有益之处，并记取前车之鉴。内藤还与罗振玉、文廷式等人结下了学术友谊。他们互赠书籍，交流学术信息，如他与罗振玉交谈的多关于金石学和历代书法，罗振玉将自己早年的著作《面壁经舍杂文甲乙编》《读碑小笺》等四册书送给了内藤，内藤回赠了《近世文学史论》以及其他十余种日本古代书法名作的拓本或帖本。这次旅行之所见所感，曾在《万朝报》上连载，后来整理成《燕山楚水》（别名《禹域鸿爪记》）出版。内容包括：一、禹域鸿爪记，按行程记录所到各城市之见闻及人物笔谈；二、鸿爪记余，采风式地记录中国各地的风俗人情、人文特征，如论中日风景概观、中国的招牌、中国画的南北宗、中国人之笃学等；三、禹域论纂，是关于中国时事的一组论文，如前面提及之《所谓日本的天职》即收在这里，还有论中国改革之难易、日本在中国的领事官、中国内地之航运等。此书以对中国历史、地理、文化的深厚学养和对现实中国广泛的反映以及敏锐的观察力、批判力，增进了内藤中国学专家地位的确立。许多年后，大学东洋学专业的学生来中国修学旅行，都必须事先读读这部中国历史文化之旅指南。

一场火灾使内藤失去了所有的藏书，那主要是关于国学、日本文化、艺术的书籍，这些资料的失却，客观上推动了他彻底转向中国学；而半年后的中国旅行，更切实地激发了他真正专心研究中国学的兴趣与决心。而事实上，1899年以后他发表的研究论著，就全都是关于中国的了。因此，这火灾和中国旅行似乎是一种标志：即告别以往的杂学，真正走上中国学研究之路。

这时距1907年内藤出任京都大学文科大学东洋史讲座教授还有七八年历程，这期间他一直任职于大阪朝日新闻社。他始终表现出对中国的政治、学问的兴趣。他也不是没有犹豫过是否要归隐学界，但他性格中关心政治、关心现实的倾向仍是并且一直是十分强烈的。当狩野亨吉招聘他出任东京第一高等学校教师时，他也曾向大阪朝日新闻社提出过辞呈，但大阪朝日新闻社不愿放弃这一报界能手，并且许诺保证每年让他去中国旅行考察一次，给予假期和特别补贴。这显然是投内藤所好的挽留条件，于是，内藤也就真的放弃了辞职的意念。这以后，虽然并非真的每年一次，他又于1902年、1905年、1906年分别到过中国的东北、上海、京津等地。这一方面是以日俄战争的国际风云为背景，内藤受外务省委托来中国东北作间岛问题之调查；一方面也促成他开始对于中国东北所藏满蒙珍贵史料的调查、收集（巧取豪夺）与研究。无论从政治上还是在学术上，进入20世纪的内藤湖南已是一个真正的、成熟的中国学专家了，这时他34岁，正已过了所谓的"三十而立"之年。

从1887年的初次上京，到1899年《燕山楚水》之出版，这期间，内藤学术中的"日中文化同一论""文化中心移动说"等理论，以及他以文化史为本位、在治史观念上注重社会实用性，在研究方法上注重民族特色以及注重对研究对象的资料实证和实地调查等特征也都已基本形成,这是内藤中国学在学术上的独特性和创造性之所在,也是他日后成为京都学派创始者的学术实力和个人魅力之所在。

二十年新闻记者、时事评论员的身份,使得他对社会政治始终怀有相当的热情、敏锐的观察和独立的思考,甚至可以说他对于中国历史文化的研究与他对于当代日中社会政治的关怀是互为表里的,它们是内藤作为一个中国学专家的不可分离的两翼。他自己也曾多次表明:他的学术研究是以洞察历史、指点现实和预见未来为志向的,他平生最看不起那种埋头书案,只做琐屑的学问的所谓学者。因此,他的中国学的思想影响就不仅限于学术界,而且对于他那个时代日本人中国观的形成,对于日本的对华政策等,也产生过确实的影响。这一方面体现了内藤中国学所具有的时代魅力;一方面也造成了内藤中国学的复杂性,导致了他与那些以学问为目的的纯粹的专家学者的不同。然而,那个时代的日本正处于逐渐走向东亚扩张,走向给东亚邻国人民,也给本国人民带来灾难的险恶时代,内藤中国学的社会关怀及时代魅力越深,其学术意义的社会负面影响也就越大,这是一个不能超越时代的入世型学者不可避免的悲剧境地。

第二章　京都学派的缔造者

——内藤湖南中国学的学派特色

一、京都学派的学术定位

京都学派概念之由来

论及日本中国学的学派问题，日本学界大都习惯地以东京大学、京都大学两大最早的帝国大学为地域性阵营而分为东京学派、京都学派。追溯历史来看，东京大学是近代日本最早的帝国大学，创设于19世纪70年代。二十多年后，京都大学才继后成立。京都大学的建立，本来即是要在关西建立一个与东京大学不同学风的第二帝国大学，意在打破全国只有一家帝国大学的唯我独尊的局面，创立一个与东京大学不同学风、不同理想的竞争者，以促进学术进步。当时持这种主张的，在政府方面有文部大臣西园寺公望，在民间方面有内藤湖南。当时内藤湖南是大阪朝日新闻社的记者，他曾在1901年8月间连续写了三篇文章，在报纸上呼吁要在关西建立京都大学文科大学，以抑制东京大学一家独霸的局面。他还指出：东京大学地处首都，教员及其学术思想与政府关系十分密切，与此相对，京大文科要成为养成具有学术独立精神

的"朴学之士"的中心。[1] 因此，京大在创立之初，尤其是文科
大学，在课程设置、人员聘请、教学方法等方面，都努力创造一
种与东京大学文科大学不同的独特的体制。[2] 具体说来，东大由
于是日本的第一帝国大学，从教学体制到教员配置都大量倚重西
方教育模式，尤其是仿效德国的高等教育体制，并大量聘用外国
人教师，如文科大学的史学科，就是在兰克学派的弟子德国人教
师李斯的一手培育下创设起来的。所以，东大学风"流行的是追
求洋气十足的西洋学问"。[3] 相对应的，京大的创立晚了近二三十
年，它一方面有能力尽量依靠本国人自己的力量来办事，如京都
大学创设时，外国人教师极少，即使是西洋文学科也全部由日本
人担任；另一方面，由东大培养出来的毕业生，有一些与母校意
见不合、学风不合的学生，就来京大应聘，突出的例子如西田几
多郎，作为近代著名哲学家，他的学术便是在反对其老师井上哲
次郎学说的基础上，在京大任教过程中发展、成熟起来的。另外，
与东大教授必须是帝国大学毕业生或留洋博士这样的苛刻条件不
同，京大文科大学不拘泥于此，采取"求遗贤于野"的态度，聘
请了如新闻界名记者内藤湖南，文学界幸田成行等。这些因素埋
下了京大学风不同于东大的基础。京大文科大学从 1906 年成立以
来，聚集了各学科的优秀学者，如中国学方面的狩野直喜、内藤
湖南，日本史方面的内田银藏，哲学方面的西田几多郎，哲学史

[1] 参见《京都大学的文科》《关西的文化与京都大学》《京都大学与朴学之士》等
　　文，《内藤湖南全集》第三卷，筑摩书房，1971 年。
[2] 参见《京都大学文学部五十年史》，京都大学文学部 1956 年编。
[3] 户川芳郎：《汉学·支那学·中国研究》，载《中国中日关系史研究会会刊》四，
　　1990 年。

方面的朝永三十郎，美学方面的深田康算，当时他们都正处于学术创造力最旺盛的时期，在各自的领域内各有卓越的建树，交相辉映，形成京大注重学术研究的独特学风。在这种独特风气中形成的中国学研究，就是本章要论述的中国学京都学派。

这里需要补充说明两点：一、京都学派有时也是一个更广义的概念，它包括 20 世纪以来京大中国学以外的哲学如西田几多郎、经济学如河上肇等人的学术体系。如 1932 年户坂润在《经济往来》上发表的一篇题为《京都学派的哲学》的文章，这里他把昔日在京都大学文科大学的学风中形成的以西田几多郎为主的哲学团体命名为"京都学派"。[1] 本文只取狭义的京都学派之含义，即中国学领域的京都学派。二、与京都学派相比较而言，就有了东京学派。但实际上，在京都大学成立并形成京都学派之前，无所谓东京学派，因为它是唯一的存在。只有出现了一个迅速成长的新对手——京都学派，才有必要确认"东京学派"的名称和意义。所以说，从学术的发展上讲，自然是先有东京学派，后有京都学派；从学术史概念的生成上讲，则是先有京都学派之名称，相应地才产生东京学派之名称。

京都学派这一概念，现在在日本学界较多使用。以《东洋学的系谱》一书为例，本书由江上波夫主编，主要由目前活跃在中国学界的重要学者执笔撰写，分两集，先后由大修馆书店于 1992 年及 1994 年出版。第一集收录了从那珂通世以来，包括林泰辅、市村瓒次郎、白鸟库吉、内藤湖南、服部宇之吉、青木正儿、石田干之助在内的二十四人，第二集收入了藤田丰八、宇野

---

[1] 参见刘及辰《京都学派哲学·序》，光明日报出版社，1993 年。

哲人、池内宏、盐谷温到神田喜一郎、吉川幸次郎等二十四人，这四十八人，可以说是日本近代最杰出的东洋学家。该书以列传的形式，介绍每一位学者的学术发展道路，评价其学术成就及学术特色，可以说是一幅日本"东洋学"界巨擘的群像图，反映了当代日本中国学界对近代"东洋学家"的认识和评价。该书就经常使用"京都学派"这一概念，如书中明确指出：狩野直喜是"日本代表性的支那学者，他与京都大学的同事内藤湖南、桑原隲藏一起，形成了京都学派，并培养后进"。又说"在日本继承湖南的宋代以后近世说的京都学派，与与此相对的东京大学马克思主义学派（即历研派）宋代以后中世说，进行了常年论争，但在国际上的影响，似乎以京都学派的方向占优势"。[1]

京都学派的教学机构和学会组织

任何在学术史上可以称之为学派的，大致都以一定的地域、时间为活动范围，有一定的团体或组织为活动基础，并有影响卓著的创始人及学术领袖，呈现出大致统一的性格和学风。当然，一个具体的学派并不一定具备以上的所有要素。

日本中国学的京都学派，就时间上说，从京大文科大学1906年成立起，到第一代学者定年退休的20年代中后期，是其黄金时期。从地域上说，当然是以京都大学文学部的中国学师生为大本营，也包括从东大毕业后长期在京大执教研究的人，以及在京大学风中陶冶培养起来，毕业后把京大学风带到其他地方去的人。

京都学派的具体教学机构和学会组织，主要有以下几项：

---

[1] 江上波夫：《东洋学的系谱》"狩野直喜篇""内藤湖南篇"，大修馆出版社，1992年。

一、京都大学文学部。

1897 年，明治政府文部省发布关于成立京都帝国大学法、医、文、理工四个分科大学的敕令，其中文科大学迟至 1906 年才正式开学，当年只哲学科成立，次年 9 月史学科成立，又次年文学科成立。文科大学于 1919 年改为文学部。文科大学成立初期，有关中国学的主要专业和教员有：

支那哲学：狩野直喜、高濑武次郎、小岛祐马、武内义雄

支那史学：内藤湖南、桑原隲藏、矢野仁一、羽田亨、冈崎文夫

支那语学和支那文学：狩野直喜、铃木虎雄、青木正儿

人文地理学：小川琢治

考古学：滨田耕作、富冈谦藏

这些专业设置的特点是：（1）把中国哲学、历史、文学分成三个独立学科，改变了东京大学把中国学统归于汉学科的做法，体现了近代学术的分科意识，奠定了京都学派中国学研究的基本规模和发展方向。（2）首设人文地理学科，并把它设在历史科之下，强调了史学和地理学的互为辅助作用。（3）在日本建立了第一个考古学专业，用西洋最新的考古学方法作东亚考古学调查，并培养了第一批日本考古学专业人才。

二、支那学会与支那学社

1907 年，由上述与中国学有关系的主要教员以及他们的学生及相关同人组成支那学会。它是一个并无任何规章制度的自由性组合，每月一次例会，每年举行一次公开讲座。据 1936 年刊行的《支那学会 30 周年纪念册》统计，三十年间共举行了 160 多次例会和 27 次公开讲座。它在当时极具权威性，受到国内外学者的注目。

1918 年 5 月京都大学支那学会毕业生师生合影 [1]
前排左起：富冈谦藏、高濑武次郎、桑原隲藏、狩野直喜、铃木虎雄、内藤虎次郎、羽田亨、久保雅友
后排左起：丹羽正义、神田喜一郎、佐藤广治、那波利贞、桥本循、崎山宗秀、横地得山、冈崎文夫、松浦嘉三郎、
圆圈内左起：西村时彦、今西龙

　　1920 年，在大正民主主义，尤其是中国五四新文化运动的鼓舞下，原来支那学会的一批年轻学者如青木正儿、小岛祐马、本田成之等人，发起成立支那学社，并出版学会杂志《支那学》。他们欲在中国学研究中倡导一种新的学风，即在继承支那学会原来的学风基础上，在思想方法上更具革命性和批判性，表现出对中国古典和日本汉学的批判态度，以及对以西洋文化为旗帜的中国新文化运动的礼赞和对中国现实与未来的强烈关心。老一辈支那学者对支那学社和《支那学》，是既有保留意见又予以扶持的，内

藤湖南的许多重要论文都发表在《支那学》上。可以说,《支那学》表现了京都学派第二代学者新的学术追求和生命力。

三、东方文化学院京都研究所、东方文化研究所、人文科学研究所

1923 年,日本迫于欧美等国纷纷把庚子赔款反归于中国,用于教育文化事业的事实,颁布了《对支那文化事业特别会计法》,表示决定用庚款办以下三项事业:(1)在中国办教育、学艺、卫生、救恤等文化事业;(2)对居留日本的中国国民实施与前项相同的事业;(3)在日本办有关研究中国问题的学术事业。[1] 所以,在中国先后成立了北京人文科学研究所(1926 年)和上海自然科学研究所(1931 年);在日本,由东京、京都的中国学学者共同商议成立了东方文化学院,分设东京研究所(1933 年)、京都研究所(1929 年)两个研究机构,分别以服部宇之吉、狩野直喜任所长。京都方面有内藤湖南、狩野直喜、高濑武次郎、松本文三郎、桑原隲藏、小川琢治、矢野仁一、新城新藏、石桥五郎、新村出、铃木虎雄、滨田耕作、小岛祐马、羽田亨任评议员。由于京都方面遵照创设宗旨,坚持对中国历史文化的研究,东京方面则逐渐倾向于对现代中国的研究,两所遂有分离独立之议,终于在 1938 年分离。东京仍以"东方文化学院"为名,京都改为"东方文化研究所",下设"经学文学、宗教、天文历算、历史、地理、考古学"等六个研究室,以松本文三郎为所长。作为会报,《东方学报》以东京版、京都版分别出版,每年一期。此外,由京都东

---

[1] 黄福庆:《近代日本在华文化及社会事业之研究》之第三章"日本庚款的处理政策",第 2 版,台湾中研院近代史研究所专刊(45),1997 年,第 116 页。

方文化研究所编撰的《东洋史研究文献类目》，分类收录前一年日本、中国、欧美各地刊行的有关中国学研究的论著目录，每年一册，逐年发行，后改名为《东洋学文献类目》，一直延续至今，成为世界各国中国学研究者乐于利用的重要目录。1945年战争结束，由于"东方文化学院"和"东方文化研究所"都属于日本外务省拨款下的研究机构，与许多战争中成立的其他机构一样，随着战败也宣告解散。东方文化研究所并入京都大学人文科学研究所，东方文化学院并入东京大学东洋文化研究所，成为文部省属下的大学内的专门研究机构。京都大学人文科学研究所及其附属的东洋学文献中心，作为京都学派辉煌历史的继承者和发展者，成为战后京大中国学研究的主要阵地，并且也成为同时代欧美同行瞩目的世界中国学重镇之一。

除上述以外，还有以下三种并非正式组织、但不定期进行聚会的学术活动方式，这就是读书会、内藤家的沙龙、陈列馆地下室。读书会通常是每隔一段时间定期召开，参会者就事前选定的有关中国史的某一文献进行断句和阅读，在此基础上，作读书心得的交流和讨论。读书会最早阅读的史籍是《史记》。这一形式被京大文学部长期延续维持着，至今，人文科学研究所仍有与读书会宗旨相近的每周一次的"研究班"活动。其次，是每周二晚上在内藤家的聚会。在座的有教官、学生、记者、政治家、实业家等等，话题围绕东洋学，你言我语，自由活泼。有时内藤会展示自己新获得的书籍、文献，发表他近期研究的新见解等。当然，也少不了关于中国时局或中日关系的议论等。第三是陈列馆地下室，陈列馆地下室是"史学科"设置的，老师们常常把与自己近期课堂上所讲内容有关的珍贵书籍及文物展示在那里，因而，那里就往往成为师生们聚会的地方，是学生们课余乐于奔赴的地方。这些学生中如神田喜一郎、宫崎市定、青木正儿、梅原末治等人，后来都成长为中国学研究的第二代骨干。他们的回忆录中，都曾专文怀念过"陈列馆地下室"。以上三项，对京大支那学的教官和学生深有影响，是形成京都学派学风的重要活动场所。

二、京都学派的学术特性

由于战争的影响，特别是战败后，日本在包括文化学术在内的社会意识形态的各个领域都发生了重大变化；另一方面，1949年以后新中国的成立和发展，也在客观上改变了日本中国学界战前普遍存在的以"中国停滞论"为代表的中国观，中国学研究领域在反省和重建的努力中，从 60 年代后期起，踏上了新的发展历程。

这里以 1906 年文科大学成立到 1945 年战争结束为界，对这近四十年间京都学派的学术特性作若干辨析。

把中国作为中国来理解

京都学派之前，关于中国的代表性研究是江户汉学和明治以来东大的"东洋学"。有论者指出，江户汉学虽推崇宋明理学，并使朱子学成为幕府的官学，但这实际是借中国的学问来建立日本自己的学问体系，是一种以自我为中心的、完全日本化的汉学。[1]

---

[1] 参见沟口雄三《日本人视野中的中国学》第五章"研究中国的方法"，李甦平等译，中国人民大学出版社，1997 年，第 89~97 页。

中国在江户汉学者眼中只是一个被有目的地摘取而改造利用的对象，而不是被认真研究和认识的"客体""异文化"。明治以后，东京学派的学者们，由于他们的学术是根据欧洲近代学术而建立起来的，特别推崇实证主义的学风，在这种以西洋为标准、追赶西洋的学术努力中，中国虽然从江户汉学的利用对象还原为学术研究的"客体""异文化"，但这个"客体"又多少成为推崇西洋文化者所蔑视和批判的对象，当时有所谓"蔑视东洋的东洋学者"的说法。结果，中国又变为一个纯粹的、静止的"文本"，而从历史文化积淀和丰富现实世界中被剥离开来。江户汉学也好，东京学派也好，都是眼中没有中国的中国学，这严重妨碍了他们在感性与理性并行不废的基础上对中国的真正理解。

京都学派采取了"把中国作为中国来理解"的态度，即承认中国历史发展的主体性，依据中国文化发展的内在理路来认识和理解中国。主要反映在：

一、对汉学有深厚的修养，鼓励多了解中国学术界。狩野、内藤等创始者们，自身有坚实的汉学根底，对中国学术，尤其是清代学术有深厚的修养和兴趣。如狩野最爱读的是王应麟的《困学纪闻》和顾炎武的《日知录》，他长期在文学部开设"清代经学""清代学术沿革史"等课，认为清代乾嘉学是与近代科学精神最接近的学问。狩野认为："研究中国学问当务之急首先是从日本式的兴趣如语言表现上的俳句式的兴趣中脱离出来，还有一个需要禁忌的是粗略地阅读日本人写的汉文汉诗，而应该用中国人自身的解释方式去攻读中国原典。"[1] 内藤湖南最为推崇清代的浙

---

[1] 吉川幸次郎：《桑原博士与我》，《桑原隲藏全集》，第三卷，《月报三》，岩波书店，1968年。

东学派，他慧眼识珠，在章学诚学术被长期冷落连中国学者也未加重视的情况下，编撰《章实斋先生年谱》，给章学诚以高度评价。[1] 内藤湖南本人的史学思想在某些方面可看到章学诚史学理论的影响。[2] 内藤湖南在 1911 年 8 月那篇有名的《支那学问的近状》文章中，介绍了中国近三百年来以至最近的学术情况，指出"现在日本的汉学与中国人之间流行的汉学相比，时间上迟了短则七八十年，长则一百年以上。"他感叹道，如果是西洋学问，日本人总是尽量了解最新状态，积极引进，假如当下引进的是一百年前的西洋学问，一定会被目为落后于时代。那么，为什么关于支那的学问是百年前的就不在意呢？内藤湖南继而说：

> 我希望做支那学问的人，至少要了解支那现在学问的状况，……把对于西洋学问的兴趣，同样地用在对于支那思想上，这对于学问的进步，一定是有益的。[3]

即使是一般被认为不大重视中国学问的桑原隲藏，其实也对中国社会有相当的了解，其论文也有论及中国时事的，如关于"黄祸论"、关于"孔子立为国教"、关于"五四运动"等问题，都发表过见解。在治学方法上，他一生爱读赵翼的《廿二史劄记》，他的某些研究可见赵书的影响。[4]

二、重视对于中国的实地考察和实际接触。如狩野曾留学中

---

[1]《章实斋先生年谱》，《内藤湖南全集》第七卷，筑摩书房，1970 年。
[2] 参见钱婉约《章氏遗书与章学诚年谱》，载《武汉大学学报》，1996 年第 5 期。
[3]《支那学问的近状》，《内藤湖南全集》第六卷。
[4] 贝塚茂树：《桑原隲藏全集》第一卷"解说"，岩波书局，1968 年。

国，内藤也是早在新闻界工作时就几次到中国，表现出强烈的对
中国的观察兴趣和研究倾向。入京大执教后，更是多次到中国实
地考察，调查收集有关资料。小川、富冈、羽田等也多次前往中
国，作学术调查。据吉川幸次郎回忆，20、30 年代京大与中国学
相关专业的毕业生，原则上都被派往中国留学，有各种奖学金保
证这项事业的进行，这成了一种传统。如佐藤广治、吉川幸次郎、
木村英一、小川环树获上野奖学金，小岛祐马、仓石武四郎获文
部省奖学金，还有水野清一等人获东亚考古学会的奖学金，这些
人先后来中国留学，后来成为京都学派的第二、第三代中坚力量。
吉川幸次郎说，留学的最大收获是懂得了中国人的价值观，在学
术范围内来说，就是知道了中国人推崇什么学术，看不起什么学
术，对此取不取同调是另外一回事，至少我是在认同这样的价值
下而开展自己的研究的。[1]实地考察与留学，为京都学派的学者
用与中国人一样的感受方式、思考方式去理解中国提供了切身的
感性的认识基础。

　　三、较多地保持与中国学者的联系与交流。在明治以来日本
总体上蔑视中国的思想风气中，京都学派的学者较多地保持与中
国学术界的交流与联系。一个最为人乐道的事实就是辛亥革命后
罗振玉、王国维的避居京都，给新生的京都中国学研究增强了"中
国式"的学风倾向，——罗、王的移居京都，本身很大程度上就

[1] 参见吉川幸次郎《我的留学记》之"留学所得收获"节，钱婉约译，光明日
　　报出版社，1999 年，第 77—80 页。

是由内藤、狩野等人的积极筹划促成的。[1] 内藤湖南与罗振玉初识于 1899 年的上海，后又多次在上海见面，他们谈论金石拓本、历代书法，互赠著作与日中文物。两个异国同龄人的学术友谊维持了四十年，直到生命的终止。罗振玉在内藤湖南去世当年为内藤湖南的《满洲写真帖》作序时，称内藤湖南为"抱经世之略，广学甄微，无艺不综，尤精于乙部。交友遍天下，嗜学问愈饥渴，爱友朋如性命"。[2] 内藤湖南与沈曾植、文廷式、刘鹗、夏曾佑、曹廷杰等人也长年有学术交往，他曾与文、沈讨论满蒙史的问题，特别是关于《蒙古源流》一书的考辨。他对夏曾佑的著作多有褒奖，曾多次向学生推荐夏的《中国历史教科书》；他称赞曹廷杰是"精通吉林掌故之第一家"。[3] 狩野因东方文化事业总委员会的事务，与柯劭忞、王树枏、江翰、王式通等人有接触。当然上述这些人，在政治立场上多是守旧的，所谓清朝遗老。到了第二代学者、第三代学者，则更多地与中国新一代学者如胡适、钱玄同、鲁迅、周作人、黄侃等交往。《支那学》创刊号上刊有青木正儿写的介绍以胡适为中心的文学革命的长文，并且一出版就由青木正儿寄赠胡适。此后，青木与胡适两人长期有通信往来，胡适小说考证及青木戏剧研究中的某些最初的发想就得益于他们之间的互

[1] 罗振玉《集蓼编》有曰"武昌变起，都中人心惶惶，……旧友京都大学教授内藤（虎次郎）、狩野（直喜）、富冈（谦藏）诸君书来，请往西京，予藏书稍多，允为寄存大学图书馆，且言即为予备寓舍。予乃商之亡友藤田（丰八）君，藤田君为定计，应诸教授之招。"载罗振玉《雪堂自述》，江苏人民出版社，1999 年，第 39 页。

[2] 罗振玉《满洲写真帖·序》，《内藤湖南全集》第六卷。

[3]《近获之二、三史料》，《内藤湖南全集》第七卷。

相启发。[1]

实证主义的治学方法

以上所谈主要是就京都学派对于中国的态度而言，这里再谈谈京都学派的研究方法，即实证主义的治学方法。关于京都学派实证主义学术特点，严绍璗先生已多有论述，他在1991年出版的《日本中国学史》中，就以"实证主义学派"来概括京都学派的特点，指出："这一学派在对中国文化的研究中，强调确实的事实，注重文献的考订，推行原典的研究。"[2]并说实证主义的创始人狩野直喜"引进实证主义观念，并且使它与中国清代考据学结合，从而构架起了从传统汉学到近代中国学的桥梁，——这一学派无论在数量与质量的要求方面，都远远超越传统汉学（指原书前文述及的古义学派）中的实证概念，而具备了新的内容和新的形式"。[3]其后，严先生又在《汉学研究》上著文进一步论及实证主义的中国学研究。[4]这些论述可谓"贤者识其大"，定基调于前，但笔者认为对京都学派的实证主义方法，尚可作进一步分析论述。

注重文献收集与考证，以确凿的史料来求证历史事实和客观知识，这种实证、求真的精神和方法，在一定程度上，可以说是任何国家、任何学术近代性萌芽的标志之一，日本中国学也不例外。

---

[1] 笔者手中存有胡适、周作人、王古鲁、赵景深、傅芸子等中国学者给青木正儿通信的若干复印件，反映了青木当时与北京、上海学界的广泛交流，是很有意思的学术资料。
[2] 严绍璗：《日本中国学史》，江西人民出版社，1993年，第373页。
[3] 严绍璗：《日本中国学史》，江西人民出版社，1993年，第374-375页。
[4] 严绍璗：《20世纪日本中国学的实证主义研究》，载《汉学研究》第一集，中国和平出版社，1996年。

东京大学方面，一则由于执掌史学科的外国人教师李斯传播兰克史学，再则重野安绎等史学会的学者考证国史史料，甚至有"抹杀论"之争，[1] 使得身为弟子的白鸟库吉等人一走上中国史之学术道路，就具有了明确的实证主义精神。正如津田左右吉在《白鸟博士小传》中说："（白鸟）博士大学毕业后，还经常精读兰克的著作，以严密的史料批判和精细的考证，探明诸事实的真相。……"[2] 白鸟对中国上古史提出的"尧舜禹非实在论"即是他文献考证和批判精神的体现。那么，京都学派的实证主义有哪些特点呢？

首先，与东京学派实证主义精神主要来源于德国兰克学派不一样，京都学派则更多地由清代乾嘉考证学发展而来，与中国学术相关联。由于罗振玉、王国维的辛亥避居日本，带去甲骨文新文献等实际因素，使传统的乾嘉考证学发展到近代以"二重证据法"为特征的实证考据。"二重证据法"是陈寅恪在王国维身后对其学术的总结，原文为：

> 其学术内容及其治学方法，殆可举三目以概括之者。一曰取地下之实物与纸上之遗文互相释证，凡属考古学及上古史之作，如《殷卜辞中所见先公先王考》及《鬼方、昆夷、猃狁考》等是也。二曰取异族之故书与吾国之旧籍互相补正，凡属于辽金元史事及边疆地理之作，如《萌古考》及《元朝秘史之主因亦儿坚考》等是也。三曰取外来之观念与固有之材料互相参证，分属于文艺批评及小说戏曲之作，如

---

[1] 参见钱婉约《关于以尧舜禹为中心的古史考辨》，载《原学》第六辑，中国广播电视出版社，1998 年。
[2] 津田左右吉：《白鸟博士小传》，载《东洋学报》第 29 卷第 3、4 号，1944 年。

《红楼梦评论》及《宋元戏曲考》、《宋大曲考》等是也。[1]

这里所说的注重将"地下之实物""异族之故书"及"外来之观念"这三方面与中国固有文献资料的互证，就是所谓的"二重证据法"。这三方面的互证，在京都学派中都有所运用和体现。也就是说，京都学派的所谓"考证学"，十分强调要发现能与原有的文献资料相印证的新实物和新文献，如甲骨、金石文、古碑、铜镜等，否则，就不是理想的考证学。京都学派历来注重对地下遗物和异族文字新史料的发现与利用，以内藤湖南为例，他曾多次来中国收集资料。1905 年在沈阳故宫崇谟阁发现了大批尘封多年的满蒙文重要史料，为了能够研究和利用这些史料，他一方面补学满文、蒙文，一方面通过官方交涉、私人贿赂等多种手段，终于在1906、1912 年得以入宫，分别拍摄下《满文老档》《五体清文鉴》以及《汉文旧档》《蒙古源流》等满蒙史研究的重要史料。内藤湖南在1910 年写下的《东洋史学的近状》一文中，一一介绍了近年来日本东洋史学界发现的有关中国、朝鲜的新史料及遗物，如满铁公司发现的朝鲜史料、在满洲发现的古碑、古镜、古瓦以及在北韩会宁发现的有天王文字的古瓦等等，内藤讲述了这些史料、实物的研究价值，并预言说，这些遗物的整理、研究，将使东洋史学有重大进展。[2] 京都学派对敦煌文物的持续不断的追踪调查和研究（后来东大方面的学者也加入），在造就了令日本人自傲的敦煌学外，其更深刻的意义超越了敦煌学本身，在于为中国学实证主

---

[1] 陈寅恪：《王静安先生遗书序》，载《金明馆丛稿二编》，上海古籍出版社，1980 年，第 219 页。

[2]《东洋史学的近状》，《内藤湖南全集》第六卷。

义研究提供了崭新的方法论启示。这在严绍璗先生的书中有详细论述，请参见原书，这里不再赘述。另外，继王国维之后，青木正儿、吉川幸次郎等人的中国戏曲史研究，则属于上述之第三方面。

其次，处理材料重归纳、轻演绎。科学研究在分析材料时，不外乎有归纳和演绎两种方法，京都学派显出重归纳、轻演绎的倾向。如前所述，京都学派注重尽可能地收集相关史料，尤其是新发现的文物材料和异民族语言文字的文献，然后排比、归纳，得出信实可靠的结论，所以学问的程序是发现材料——文献考订——归纳——结论，其关键在于材料的"发现"。借用中国校勘学的术语来说，是优于对校、他校而欠缺理校。理校是一种演绎的过程，即从现有的材料出发，深入挖掘，由思考者、研究者通过思维演绎而推断出新的结论。可以说，演绎法是一项更需要研究者功力与识见的"创造"活动、"发明"活动。做得不好，容易滑入妄下结论、"信口雌黄"的险地。在乾嘉学者中，也只有某些大家才能够成功做到。京都学派的重归纳、轻演绎，一则表现了他们十分精审、谨慎的治学态度，一则也可见外国学者对于中国文献的掌握、理解力的局限性。

再次，研究选题重个别史料，忽总体把握。这一学术特点在日本中国学界有一定的普遍性，不仅限于京都学派。其学术研究在对于某一时代的具体事件、某一事件的具体时间或是某一人物、某一制度这样个别的专题研究时，显示出精湛的考据水平和学术功力，获得了堪向世界夸耀的高水平研究成果，以几位中国学名家凝结了多年心血的博士学位论文为例：桑原隲藏《宋末提举市舶西域人蒲寿庚的事迹》、武内义雄《老子原始》、羽田亨《关于唐代回纥的研究》、仓石武四郎《段懋堂的音学》等就属于这样的研究。当然，论者并不否认学术研究可以有以微见著，以小见大的意义；另一方面，学术大家们也并非绝无统观全局的宏论大著，但总体而言，学者们对于所研究的领域如中国文学、历史、哲学的总体把握并不重视，甚至在观念上有否定的倾向。如桑原隲藏一生强调"科学的历史学"，其著作以确凿的实证向学界提供了"颠扑不灭"的结论。他说"历史学就是不断确定事实的工作"。[1] 那种对于研究对象整体性的认识或判断，被认为只是主观的议论，不具有学术意义而被排斥在"研究"之外。又如内藤湖南，一贯重视学问要有思想性，主张史学家应该是一位由历史的经验推断现实发展的预言家，他曾经常在报纸上发表自己对中国晚清时局、中日关系的见解和预测。但入京大后就不再多作预言高论，除分别在 1914 年和 1924 年发表了《支那论》和《新支那论》外，几乎全力偏转于纯粹的考证研究，如《卑弥呼考》《尚书稽疑》《尔雅的新研究》《易疑》《禹贡制作的时代研究》等一连串的论文相继刊出，显示出内藤以考据为学问的倾向。

三、内藤湖南与京都学派

　　内藤湖南从 1901 年在大阪朝日新闻社倡议设立京都大学，到他就职于京都大学文科大学，执掌"东洋史第一讲座"，与狩野直喜等人一起，领导和示范一种独具特色的学术风格，足见内藤湖南对于京都学派的成立与发展，具有开山性贡献和作为核心人物的重要地位。从另一角度说，内藤学术也正是以京都大学文学部

---

[1] 宫崎市定:《桑原史学的立场》,《学习中国》,朝日新闻社,1971 年。

为学术基地，在京都学派学术氛围的涵泳滋养下，以及在与同行的同气相求、共同切磋下，才得以构建并完善起来的。

从学风特色上看，内藤湖南的学术旨趣和治学特点，直接影响和造就了京都学派上述的学术特性，但这一学派的共同特性并不能涵盖内藤湖南中国学的全部个性特色。如内藤中国学最基本的思想特色之一的经世致用精神，在京都学派的学风中体现并不突出，甚至是有背于京都学派崇尚学术独立、崇尚"实证主义"的学风的。内藤当年在批评东京大学与政府过于贴近的学风时，也一再强调京都大学文科要成为"朴学的中心"。可以说，以学者的身份关怀时代政治，欲以自己的学术干预或指导现实社会的入世精神，是内藤湖南不同于一般京都学派学者的地方，也是他学术思想的复杂之处。

从学术内容上看，内藤中国学的几个主要方面，对他的学生辈产生了规定性和框架性的影响。如在对于满蒙文献的搜集、整理和研究方面，在对敦煌文物的调查方面，在对甲骨文的研究、利用方面，内藤都有首创之功。打个比喻说：他的弟子或再传弟子们正是在他开拓的这些学术田地上，深耕细耘，播撒自己的作物，浇灌自己的学术果实。后文将述及在内藤之后，鸳渊一、三田村泰助、今西龙等人在整理、标点、翻译满蒙文献方面，羽田亨、神田喜一郎等人在敦煌文献的研究方面，贝塚茂树在甲骨文研究方面，都作出了令世人瞩目的贡献。内藤所创设的关于中国历史文化的一些基本观念或概念，宏观的如"宋代近世说"的理论、具体的如"加上原则"的方法，也都对他后世的学生如宫崎市定、武内义雄等人的学术产生过深刻的影响。

第三章　"收来天壤间孤本"

——内藤湖南中国学的本土体验

内藤一生曾十次来过中国，旅迹遍及华北、东北、长江流域的所有主要大城市，像北京、天津、沈阳、上海、南京、苏州等地，则是屡次游历。中国，有他往昔在汉籍上久已熟悉了的名胜古迹，是他精神上向往已久的文化发祥地。"故旧当年空鬼籍，江山异域久神游"（《燕山楚水·游清杂诗》），他凭着汉学家的学者素养及新闻记者的职业敏感，所到之处，赞美风光景物，考证古迹名胜，评述士风人情，时而抒发一些今昔对比、中日比较的议论感叹，或浅吟低唱，或慷慨高论，无不涉趣成文。近百年后读来，仍觉饶有兴趣，时获启发。

本章即从内藤与中国的实际接触——"中国旅行""中国访书"为抓手，以各次旅行的"纪行文""旅行日记"为主要依据，来梳理内藤在中国的主要活动——特别是访书活动，在此基础上分析、研究这种本土体验对内藤中国学形成的意义。

要而言之，内藤湖南在中国的经历：一、使他获得了对于研究对象的实际体察和认识，二、中国旅行的重大内容之一是访书、收集史料，满蒙史料、敦煌遗书等等，为内藤在京都大学开拓满蒙史研究奠定了资料基础。三、与中国学者的交流，使他对中国本土学术研究的进展有及时的了解，并对中国学者的治学倾向有一定的洞察。特别是与罗振玉、王国维的交往，为日后他们在京都共同应用"二重证据法"的研究方法，用新出世的甲骨文、金文资料研究中国上古史，奠定了基础。

> 白首名场甘伏雌，抱残守缺慕经师，
> 收来天壤间孤本，宋椠珍篇单疏诗。

> 千古师儒费句梳，说文解字许君书，
> 购将宋椠兼唐写，高揭楣匾汉学居。

> 零残盲史王朝写，前辈收储手泽存，
> 细校尤宜博多板，古香绕笔烂朱痕。

> 奇篇只合属吾曹，岂许老伶论价高，
> 史记并收南北宋，书生此处足称豪。[1]

以上是内藤湖南书赠田中庆太郎的《恭仁山庄四宝诗》，恭仁山庄是内藤晚年退休后的隐居处，他藏书于此，耕读于此，在此接待日本与中国的鸿儒博识之人。四首七绝诗分别记述了他三万余册古籍善本藏书中最为珍稀的四种宝籍：宋绍兴九年刊《毛诗正义单疏本》、唐写本《说文解字》木部残卷、日本平安朝写本《春秋经传集解》残篇及北宋刊本《史记集解》残本。今天，我们吟咏

---

[1]《恭仁山庄四宝诗》,《内藤湖南全集》第十四卷《湖南诗存》,筑摩书店,1976 年,第 295 页。

这些诗篇，那种淡泊功名、忘情书卷的书生情怀，那种坐拥千古孤本、堪抵南面君王的自得自负之情，似乎仍然溢于诗外，扑面而来。以上所咏及的四种珍本，都被日本文部省确认为"日本国宝"级重要文物。[1] 其中除了平安朝写本《春秋经传集解》残篇外，其他三种均为堪称稀世珍宝的中国古籍善本。以下，对内藤湖南中国访书，做一个比较全面的梳理介绍，并对与此相关的中日学术界交流交往的前尘往事，做一些思考和分析。

一、中国行概述及对赴中国学术调查的倡议

（一）中国学家的来华访书

近代日本中国学家来华访书，作为一种普遍性的学术活动，开始于 1894 年甲午战争之后。

一方面，甲午战争的胜利，使得日本举国上下普遍加强了对中国的关注，一批敏锐的观察家或文化人、一些时代的弄潮儿，开始踏上中国的土地，在政治、商务、文化学术等各个方面，考察并寻求在晚清中国发展和渗透的机会；与此同时，中国国内赴日留学、取径日本学习西方的思潮也日益兴起，这也呼应和加强了中日的双向交流和合作。以这样的时代局势、文化变迁为背景，日本学人来中国学术访问和调查，在进入 20 世纪后，逐渐形成了一定的规模性。

另一方面，日本近代学人的中国访书，在学术理路上，是与

---

[1] 这四种"日本国宝"级珍贵典籍，目前收藏于大阪武田家族的"杏雨书屋"。

日本中国学的学风特征密切相关联的。近代日本对于中国的研究，是以从传统汉学向中国学的本质性转变为起步的，在研究方法上，他们开始把中国当作一个客体，一个相对于本国文化的"他者"来看待，崇尚通过对于原典文献的客观实证和严密解析，展开对于这个"他者"的批判性研究。在这样的新型学术倾向下，早期的中国学家们，都十分注重对于中国的实地踏查：包括亲自到中国进行文献调查、地理及考古考察，以及与中国学术界、书业界的实际交流，还包括派学生赴中国修学旅行、感受中国，派青年教师留学中国进行语言和专业的进修等等。这种中国学研究的学风特征，大致来说，也是发端于甲午战争以后的 90 年代中后期，[1]特别是进入 20 世纪后，由于京都大学的成立，形成两大帝国大学的双峰并峙的学术局面，京大支那学更加强调与研究对象中国的密切接触，"到中国去感受中国"成为更加持之有恒的惯例，并一直延续到中日战争结束。

（二）内藤的十次中国行

内藤湖南的中国访书，起始于他做京都帝国大学教授之前的记者时代，虽然当时作为报社记者的他，尚不是学界一员，但可以说他已是一位具有敏锐学术眼光的学者型记者。从 1899 年第一

---

[1] 早期赴中国的中国学家，仅举两三例管窥：1897 年藤田丰八到上海，结识罗振玉，合作进行介绍日本文化和普及西学的文化教育活动；1899 年服部宇之吉被文部省派往清国留学，因义和团事件而废止，三年后，成为京师大学堂师范馆总教习；1900 年田中庆太郎到北京访书，由此确立了自己在东京开设汉学书店的志向和事业。

次到中国开始，他就与分散收藏在中国官、私各处的中国典籍结下了不解之缘，了解打探、借观翻拍、复印购买，必欲携归日本而后安、而后快。回到日本，又对之进行整理、解读、研究。可以说，内藤与中国书籍的深深情缘，一直维系到他生命的终止。因此，内藤中国访书，无论就其内容上兼具理论倡导与亲自实践，途径上既有国家委派又有个人私往，还是就其访书的涉及之广、历时之久，都可以说，是近代日人来华访书现象中一个极具代表性意义、产生了重要影响的典型个案。更为他个人展开中国研究提供了重要的本土体验和文献基础。

以下首先把内藤一生中十次来中国的时间、经由地及活动概况，列表概述如下：

序次	时间与目的	经由城市	主要活动	纪行文或日记
1	1899.9–11 私人考察旅行	天津、北京、上海、杭州、苏州、武汉、南京、	初次领略中国文化古迹，了解中国现实状况；结识严复、文廷式、张元济、罗振玉等人。	《燕山楚水》《乙亥鸿爪记略》
2	1902.10–1903.1 私人考察旅行	旅顺、哈尔滨、奉天、营口、北京、天津、上海、南京、宁波、余姚	会严复、刘鹗、沈曾植、夏曾佑、曹廷杰、罗振玉、汪康年、李盛铎等人；北京采访肃亲王、张百熙。江南访书；奉天黄寺见明金字写本蒙文《大藏经》。	《游清记》、《游清记别记》、《游清杂信》、《禹域鸿爪后记》（又称《清国再游记要》）

3	1905.7–1906.1 受外务省委托考察奉天行政与学术	大连、营口、奉天、(大里武八郎随行)	奉天故宫发现《满文老档》《满洲实录》《三体蒙古源流》《五体清文鉴》《汉文旧档》;拍摄《汉文旧档》、蒙文《蒙古源流》;获得满蒙文《大藏经》;拍摄满洲史迹照片百余张。	《游清第三记》、《奉天宫殿所见图书》《烧失的满蒙文藏经》《奉天满蒙番汉文藏经解题》
4	1906.7–11 受外务省委托调查间岛问题	奉天(大里武八郎、稻叶君山随行)	拍摄满文《蒙古源流》《盛京全图》等书;增拍《满洲写真帖》;买书。	《韩满视察旅行日记》
5	1908.8–10 受外务省委托调查间岛问题	吉林延边地区(即间岛)、大连(大里武八郎随行)	考察吉林历史、地理情况及日本统辖间岛的情况;学术调查,增拍《满洲写真帖》。	《北韩吉林旅行谈》《北韩吉林旅行日记》
6	1910.9–10 受京都大学委托调查敦煌文献及内阁文书	北京(与狩野直喜、小川琢治、富冈谦藏、滨田耕作同行)	掠得部分敦煌佛经;拍摄部分内阁大库文书。	《目睹书谭·清国派遣教授学术考察报告》

7	1912.3–5 受京都大学委托赴奉天故宫拍摄文献	奉天、大连（富冈谦藏、羽田亨同行）	完成《满文老档》《五体清文鉴》的全部拍摄；抄录《四库全书》部分珍本。	《目睹书谭·奉天访书谈》《奉天访书日记》
8	1917.10–12 私人考察旅行	青岛、济南、兖州、南京、上海、杭州、苏州、汉口、长沙、岳阳、北京	登泰山、诣孔庙；北京见书画名品，会政界要员、学界硕儒。	《支那视察记》
9	1918.10 应邀出差	奉天	为满铁读书会巡回讲演，会面张作霖，参观奉天故宫。	
10	1933.10 应邀扶病赴奉天	奉天	出席"日满文化协会设立"大会。	

通过这张表格可以看到，十次中至少有六次，即1902、1905、1906、1908、1910、1912年这六次，是以访书为主要目的和主要内容的，也有相应的收获。而内藤访书活动的重心是在奉天，奉天即今沈阳，上述六次中除了1910年之外的五次，主要是考察奉天，在奉天故宫的各个宫殿以及奉天黄寺、北塔等各寺庙调查寻访满蒙史料。这里所说的"满蒙史料"，应该是指我国东北地区所存包括满文、蒙文、汉文、藏文等各种文体在内的一切有关满蒙民族历史的宗教文献、档案史乘等。对于这些史料文献的

搜求和研究，在日本近代中国学中曾经是一个热点，而内藤湖南正是这个领域的最先探索者和开风气者，具有开创性地位。

（三）对于赴中国学术调查的提倡

内藤中国访书，不是偶然的、顺便的、借机进行，而是很早就有意识地专门提倡，有一定的理论主张。这大概一则缘自他新闻记者网罗搜求的职业之本能，更出于他学者型人才（之后做了教授更不必说）对于中国历史文献、典籍版本知识的熟悉程度和敏锐眼光。[1]

早在明治三十四年，1901 年 3 月，他就在《大阪朝日新闻》上发表《应向支那派遣奇籍采访使》一文，介绍中国国内因为义和团运动典籍散失的情况，提醒文化学术界关注如《永乐大典》以及蒙古文《元朝秘史》、宋本《修文殿御览》[2] 等中国珍本奇籍的动向，并提请学术界应该关注如文廷式、[3] 盛昱、[4] 李盛铎 [5] 等博

---

[1] 内藤湖南对于中国古籍版本的鉴别能力，在日本中国学界有口皆碑，人们把他与田中庆太郎、岛田翰并称为最懂中国古籍版本的三位专家。

[2]《修文殿御览》，北齐祖珽编，360 卷，一般被视为中国最早的类书，是《太平御览》的祖本。仅有残卷存世。

[3] 文廷式（1856—1904），字道希，号芸阁，江西萍乡人。光绪十六年（1890）进士，一甲第二名即榜眼，授翰林院编修，侍读学士，为戊戌政变的中坚人物，变法事败，他几遭不测，逃往日本。回国后穷愁潦倒，诗文研读度日，卒于萍乡。

[4] 盛昱（1850—1899），字伯羲，肃武亲王豪格六世孙。光绪三年（1877）进士，改庶吉士，授编修，历官祭酒。学问广博，富藏经史诗文金石书画，著有《郁华阁遗集》及《雪屐寻碑录》传世。内藤著有《盛伯羲祭酒》及《盛伯羲遗事》二文，在《内藤湖南全集》第七卷《研几小录》。

[5] 李盛铎（1895—1934）字曦樵，一字椒微，号木斋，光绪十五年（1889）进士，历任翰林院编修、国史馆协修等。为著名藏书家、版本学家、目录学家，曾任出使日本大臣，与岛田翰有交往。李盛铎木犀轩始于曾祖辈，藏书十万，李氏编有《木犀轩藏书旧本书目》《木犀轩宋本书目》《木犀轩元版书目》等。

学、多藏书的中国官僚学人。[1] 同年 8 月，他又在《日本人》杂志上，发表《应向支那派遣书籍采访使》文，标题一字之差，表达了相同的主旨。文章首先介绍了中国自秦始皇焚书以来，两千多年间，由于战乱兵祸、天灾人事，造成历次书厄，给中国典籍带来的灾难和损失。行文不仅历数兰台、石室、辟雍、东观、宣明、鸿都等历代皇室藏书处的典籍聚散流变，而且对《汉书·艺文志》《隋书·经籍志》《崇文总目》《中兴馆阁书目》《天禄琳琅书目》以及谢灵运、王俭、谢朓、任昉、阮孝绪等等官、私各家书志目录十分熟悉。[2] 而全文落笔之重点，意在提请注意在中国动乱之际，殃及文物典籍之时，日本政府和学人应有相应的警觉和作为。文中特别提到，据 7 月间《中外日报》[3] 的报道，在八国联军攻陷北京城之后，京中内廷珍藏历朝实录之各处，除国史馆外，遭严重洗劫，西人有夹带《太宗实录》满、汉文本，欲携归本国，入藏博物馆等消息。藉此，内藤提出：

> 中国书籍对于东洋文物而言，不用说，是其中最大、最重要的部分，而其邦变乱无常，灾厄波及文物如此。其古

---

[1] 1901 年 3 月 11 日《大阪朝日新闻》之《应向支那派遣奇籍采访使》，《内藤湖南全集》第十二卷《目睹书谭》，筑摩书房，1970 年，第 291–293 页。

[2] 1901 年《日本人》144 号《应向支那派遣书籍采访使》，《内藤湖南全集》第十二卷之《目睹书谭》，第 294–298 页。

[3]《中外日报》，前身为《时务日报》，1898 年 5 月 5 日创刊，同年改名为《中外日报》，汪康年主编，宣传维新思想，记载中外大事，评论时政得失。

籍之残缺,往往我邦存而传之。《佚存丛书》,[1]《古逸丛书》[2]
之所收,可见一斑。于今,为东洋文物着想,防止支那书籍
之散佚,将其副本收藏我邦,实乃最善之策。故此,为了东
洋文明事业之最要者,余欲倡议:我国政府应向支那派遣书
籍采访使![3]

　　1902 年 3 月,内藤又作《支那的学术性调查》,在更大范围
内,再次强调赴支那调查的必要,并引导国人进一步思考实施支
那调查的方法和态度。他以德国人李希霍芬 [4] 在中国的科学考察
为榜样,提醒日本人不能只停留在草莽豪杰般不畏艰险的探险侦
察上,而应该具有"科学的知识"和"实验的精神",进行学术性
的调查和研究。[5]

　　可见,在内藤眼里,到中国去学术调查,关注晚清中国动乱
中古籍珍本的动向,不失时机地获得而收归日本藏有,是应该视

[1]《佚存丛书》,日本宽政年间林衡(述斋,1768–1841)编,收入中国已散佚失
　　传的古籍 17 种,共 110 卷,于 1799–1810 年间陆续编辑出版。乾嘉时期回传
　　中国,民国年间有上海涵芬楼、商务印书馆等刻本,1992 年扬州广陵古籍刻
　　印社影印再版。
[2]《古逸丛书》,黎庶昌(莼斋,1837–1897)编,出使日本期间,收集中国久已
　　绝迹之古逸残本十多万卷,精选 27 种 186 卷或计为 200 卷,于 1884 年东京
　　使署初刻,后有二编、三编之续。
[3] 1901 年《日本人》144 号《应向支那派遣书籍采访使》文,《内藤湖南全集》
　　第十二卷《目睹书谭》,第 297 页。
[4] 李希霍芬(Richthofen, Ferdinand von, 1833–1905 年),德国地理学家、地
　　质学家。多次到中国考察地质和地理。曾任波恩大学、莱比锡大学和柏林大
　　学教授,柏林大学校长,著有《中国》等著作。
[5] 1902 年 3 月 24 日《大阪朝日新闻》之《支那的学术调查》,《内藤湖南全集》
　　第三卷,第 413–414 页。

作一项政府的时代文化策略来重视的。熟知中日典籍交流往事的内藤，目睹晚清文运衰颓、书厄再作的事实，其潜意识中，或正欲以日人当下的积极赴中国访书搜书，为将来之再编《佚存丛书》，居功于中国文明乃至东洋文明而兴奋不已！

这些报纸社论均发表在其第一次中国行之后，第二次赴中国全力展开访书活动之前。此后，他在一次次中国旅行中，无论是官方委任还是私人旅行，无不竭精殚智、排除困难、孜孜以求于文献消息，实与上述思想主张密切相关。

二、对于满蒙文藏经的寻访

（一）1902 年的初访

内藤 1902 年 10 月到 1903 年 1 月的第二次中国行，是首次到满洲，这次他是作为大阪朝日新闻社的通讯记者而来的，目的是考察俄国控制下的满洲经营状况。从他一路上发回报社的《游清记》、《游清记别记》（对肃亲王、张百熙、张翼的采访记），可以看到内藤在中国丰富的日程安排，其中对于中国政治、经济、交通、风俗、历史以及日人在满洲状况等诸多方面的关注和评论，显示了新闻记者广泛而敏锐的观察意识和自觉的批评意识。这些报道是作为报社记者的正职。而内藤的特殊在于，作为一个学者型记者，他念念不忘的是对于新踏入的满洲土地上重要史籍资料的寻访，这在他的《游清杂信》以及私人日记《禹域鸿爪后记》（又称《清国再游记要》）中，记得很清楚。其中关乎寻访满蒙史料的记事，摘要如下：

（1）1902 年 10 月 22 日：访奉天府学教授王者馨。

（2）1902 年 10 月 23 日：与川久保、清水二氏谒昭陵，在御花园长宁寺观清太宗文皇帝御用弓矢。访黄寺、[1] 诣关帝庙。与一僧相约：明日来观满蒙二藏。归途，逢白大喇嘛，又相约观后楼之蒙藏。

（3）1902 年 10 月 24 日：上午王者馨父子与安部（道明）氏同来，前田（鹤之）氏亦来。与川久保、清水二氏往黄寺后楼访白大喇嘛，登其楼上观；又引至别处，见蒙文藏经。辞别后楼，至关帝庙，会见得大喇嘛，在昨日相约的僧人引导下，观黄寺藏经之蒙文藏经和满文藏经。

（4）1902 年 11 月 5 日：与西村博氏同往书肆"宝森堂"购书。

——《全集》第六卷《旅行记》之《禹域鸿爪后记》

（5）此行最幸运者，乃为在奉天发现了东洋学上非常的宝物（只是没有到手）。

（6）奉天的宫殿由于俄军的严密防禁，未得一见。

——《全集》第四卷《游清杂信·自营口 10 月 26 日》

由于当时俄国人实施着对于奉天故宫的严密监管，致使内藤湖南此行并没有能够进入对于满蒙史料具有最关键意义的故宫宫殿。因此，他们只是在奉天城内的黄寺、长宁寺、关帝庙、太平寺等处，观清朝帝室遗物和寻访各体大藏经的珍贵版本。

---

[1] 黄寺，又名实胜寺，皇寺，是清太宗皇太极征服察哈尔汗国后，为纪念胜利并收藏宗教战利品而建的皇家寺院，在盛京西郊。

因为自日本临出发前，佛经专家高楠博士[1]曾特别嘱咐内藤，清朝翻译刊刻的"满文藏经"，在奉天收藏，请务必留心关注。这就是上述（2）、（3）条所见，内藤特别打探和寻访各寺所藏藏经的缘由。被内藤称为"东洋学上非常的宝物"，指的就是他 10 月 24 日在黄寺所见用金字书写的明代写本《大藏经》，当时他称之为金字"满文大藏经"。而实际上，此时，内藤尚不懂满文和蒙文，不能辨识两者的区别。这部被他称为金字"满文大藏经"的，实际上是"蒙文大藏经"。[2]

可以说，这次内藤奉天访书是尝试性的初探，开启了他在学术上关注和研究满蒙资料的序幕。

（二）1905 年的重大收获

1905 年 3 月上旬，日俄战争经过奉天会战后，日军已基本上翦除了俄军在东北的势力，全面取胜，遂在奉天设总司令部，[3]实际上控制了中国东北的局势。

3 月 30 日，内藤湖南及时在《大阪朝日新闻》上著文，介绍奉天历史遗址、文物宝藏、珍贵典籍、各寺藏经等等情况，阐述其所具有的重要学术价值，提醒并呼吁学界应重视赴奉天的学术调查：

---

[1] 高楠博士：即高楠顺次郎（1866–1945），佛教学家，著名的《大正新修大藏经》及《南传大藏经》的发起和主编者。

[2] 此行学术寻访，使内藤感到满、蒙语知识的重要，随后访问北京，在琉璃厂购买了有关满、蒙文的书籍，归而自学。这可视为内藤研究满洲史的开端。

[3] 当时日军在沈阳，总司令部外又有"军政署"，1906 年后撤销，后代之以"关东军司令部"及"关东都督府"。

占领奉天，意味着掌握了东三省政治的中枢，同时，也意味着打开了东洋学术的宝库，这应该引起我邦学者的深重注意。……随着奉天宝库的开启，开展满洲史料的探检，该是最有意义和富有趣味的事业。这是作为学者能够与赫赫战功的我军相比附的事业，也是我辈不得不奋发有为的所在。[1]

文章刊出的次日，内藤湖南即上访东京，一方面将此文分发给东京大学的相关学者，同时走访拜见东京大学及文部省要员，游说并寻求赴满洲学术考察的赞助。在东大和文部省方面受阻后，又联系外务省，终于在 6 月初，得到陆军省颁发的渡航许可证及旅行调查赞助费，满洲行得以成行。

7 月 4 日，内藤从日本出发，经大连、旅顺、营口，7 月 29 日到达奉天。此行因有陆军次官石本新六签署的许可证及 11 月满洲军总司令部签署的通行证这两道护身符，内藤十分便利而从容地进行了奉天图书宝库的访察和著录。其间还到旧兴京、永陵等地方作考察、拍摄。访书下榻地即为黄寺附近驻扎日军的卫兵宿舍。

这次的主要活动和收获：一是从 7 月 29 日至 8 月 23 日，关于奉天寺庙各体藏经的调查和获取；二是 8 月 24 日至 9 月 13 日的故宫文献调查和获取。内藤在《游清第三记》中，以日记的形式，对此进行了逐日记载。当时并未发表，之后被收入《全集》

---

[1]《东洋学术的宝库》，1905 年 3 月 30 日《大阪朝日新闻》,《内藤湖南全集》第四卷，筑摩书房，1971 年，第 177–178 页。

第六卷之《旅行记》中。

这里先看寺庙藏经调查获取之经过:

7月30日:上午访福岛少将,[1] 呈示我等此行调查预案的文书。将军为所动,因约下午四时黄寺见。又见古川少佐,少佐见黄寺附近卫兵宿舍的上野大尉,谈为我借宿事,预计明日可告妥。午后雨,四时至黄寺门外等候,少将冒雨至,中岛比多吉翻译官陪同,引见掌印喇嘛什尔布札木末,将我二人详细介绍给喇嘛。

7月31日:(雷雨)访古川副官,言借宿卫兵宿舍事待设备一齐即可移宿。

8月1日:至黄寺访喇嘛。

8月2日:(卫兵宿舍)必备品略备,下午,雇大车,移宿卫兵宿舍。

8月3日:访福岛少将,出示最近所买《盛京典制备考》《奉天舆图表》各一部,相商调查方针。

8月5日:第二封家书至,内有宫内大臣田中光显 [2] 7月14日电报。至黄寺东佛殿调查诸经。

8月6日:访福岛少将,就田中子爵电报事咨商之。

8月7日:访黄寺后楼白大喇嘛,三年前的旧识,喇嘛

---

[1] 福岛安正(1852–1919),日俄战争时任满洲军参谋,战后任关东都督,为当时满洲占领军最高长官。

[2] 田中光显(1843–1939)伯爵。明治政府成立后,历任军、政、文化界重要职务。时任宫内省长官。后来,岛田翰撺合皕宋楼之事,也是首先向此人进言,才最终促成岩崎弥之助购入皕宋楼藏书。

大喜。

8月8日：白大喇嘛来访，观黄寺风景照片及其藏经，又就御花园及北塔观览事咨商之。

8月9日：往后楼又访白大喇嘛，观其所管太平寺藏经。什尔布札木来来访。

8月10日：什喇嘛至，与大里氏、上野大尉一起，……访大喇嘛，告知欲访御花园及北塔。因借大喇嘛马车及一寺僧作向导，先至御花园，……观本殿所藏藏经。事毕，赴北塔，殿堂甚残破，……满文藏经残破之纸屑，狼藉一地。为之一叹，将其稍完整者运回军政署。

8月12日：再访黄寺、后楼及太平寺。

8月14日：作《奉天藏经略解题》。……访福岛将军，赠《解题》一通，且咨商今后调查的顺序。

8月23日：下午，观万寿寺，观其所藏明清二藏。[1]

以上是与访书得书直接相关的日记资料，不避冗长地翻译摘录于此，可得当年调查之概观。

参照1924年《烧失的满蒙文藏经》一文，我们对藏经调查过程和收获，可小结如下：

一、调查的诸方进展，一方面借助和仰赖驻满最高长官福岛安正少将及其部属的直接支持和援手；另一方面，得到国内宫内省长官田中光显的授意，内藤诸文几处毫不回避地说：田中大臣因高楠博士进言，授意我关注奉天的满蒙文藏经，又委托驻满日

---

[1]《游清第三记》，《内藤湖南全集》第六卷《旅行记》。

军总司令部设法将满蒙文藏经弄来日本。

二、与黄寺的最高住持"掌印达喇嘛"、其次的白大喇嘛等交涉过往，在访书和观书上，得到他们的重要指点和借览。

三、藏经调查成果：

1．作成《奉天藏经略解题》，计有：

黄寺所藏：

《金字蒙古文藏经》写本一部百余函

《满汉蒙番四体合璧大藏全咒》刻本五部

《蒙古文藏经》一部百余函

《西番文藏经》[1]（甘珠尔、丹珠尔）一部百六函

《西番文首楞严经》二部

太平寺所藏：《蒙古文藏经》一部百八函

长宁寺所藏：《西番文藏经》一部百七函

北塔所藏：《满洲文藏经》残缺本

万寿寺所藏：《明北藏全部》康熙年间刻印、《清龙藏全部》雍正年间刻印[2]

这份奉天各寺所藏藏经清单，是内藤授命之后向上交差的成果之一，他把这份目录解题及时上交了福岛和田中。

2．获得北塔的《满文藏经》和黄寺的《金字蒙古文藏经》。

---

[1] 内藤著录中之"西番文"即指藏文，因清朝往往称西藏及藏语为"西番""西番文"。

[2]《北藏》即《明永乐北藏》，与《明洪武南藏》《明永乐南藏》相对应，北藏在万历、康熙年间有重印。《龙藏》一般指《乾隆版汉文大藏经》，简称《乾隆藏》，泛称《清藏》，因经页边栏饰以龙纹故称《龙藏》。它以明《北藏》《南藏》为底本，又出于政治目的增入明清著名僧人语录、杂著，撤出《出三藏记集》等重要典籍。因开雕始于雍正十三年，刻成于乾隆三年，故内藤称为"雍正年间刻印"。

虽然高楠博士在内藤1902年中国行那次就嘱咐他关注满文藏经，但内藤却未能有所发现。那部被他称为"东洋学上非常的宝物"的金字藏经，原以为是满文的，其实却是蒙文。所以，此次在北塔发现并捡得《满文藏经》，既是意外，更是如愿以偿。原来，北塔寺在日俄战争时曾作为俄军宿营地，士兵将《满文藏经》散铺于屋内作床褥，甚至作焚火之用。因此，内藤他们到北塔时，看到的是狼藉一地、残破不堪的《满文藏经》。故而意外便利地将之捡回军政署保管。

那部1902年已令内藤发出"东洋学上非常的宝物"，"可惜没有到手"的感叹的金字藏经，此次终于"到手"。而"到手"的经过，却不是内藤个人力量所能达到的。日方得到此物的真相，似乎有点扑朔迷离，不甚明朗。从内藤的记载来看，是有前后矛盾之处的。我注意到：在内藤1905年当年写下的日记《游清第三记》（整个在华期间有缺漏）中，并没有记载金字本藏经"到手"之事；而在1924年《烧失的满蒙文藏经》中，有记载如下：

> 我11月5日开始往兴京、永陵地方作史迹探检旅行，17日回到奉天，其间满洲军总司令部正准备撤去。从黄寺听说，军政署的中岛翻译来，以福岛将军的名义借走了金字藏经，恐怕是没有归还之期了。但第二年的1906年8月，我第三次往奉天考察时，军政署尚存此金字藏经，且残缺的满文藏经也还在署中收藏着。[1]

---

[1]《烧失的满蒙文藏经》，《内藤湖南全集》第七卷《读史丛录》，第433页。

可见，是福岛将军派人到寺里"借走"的，而且并没有归还，但也绝没有买下这一说。而到了1927年所写《奉天满蒙番汉文藏经解题》之"附识"中，却又记到：

> 解题中所记《金字蒙文藏经》，在满洲军总司令部撤去之时，福岛中将遣翻译官中岛比多吉到黄寺，将宫内省送来之五千元金给管掌达喇嘛什尔布札木束，将之买下。[1]

如此看来，又是由宫内省出资5000元，委托军部向黄寺掌印喇嘛买下的。

这两部藏经，在1906年军政署撤离时，"满文藏经送东京参谋本部，而金字蒙文藏经，则归宫内省，并委托东京帝国大学保管，因此，参谋本部也将满文藏一并交送东大保管"。[2]可惜的是，如此费尽周折，或于战火中抢救出来或"借来"（一说5000元买下）的两部珍贵藏经，却终未逃过1923年东京大地震的火灾，香消玉殒于异邦。

三、对于奉天宫殿档案资料的获取

奉天宫殿即清初皇宫，又称盛京皇宫，清入关后，称"奉天行宫"，今为沈阳故宫博物馆。它始建于1625年，1636年建成，

---

[1]《奉天满蒙番汉文藏经解题》，《内藤湖南全集》第十二卷《目睹书谭》，第46−47页。

[2]《奉天满蒙番汉文藏经解题》，《内藤湖南全集》第十二卷《目睹书谭》，第46−47页。

在其后的乾隆、嘉庆朝又有增建（见图）。

首先介绍一下故宫布局及与藏书有关的各个宫殿。中路正门为大清门，大清门往北，依次是"崇政殿""凤凰楼""清宁宫"。大清门内东路依次是太庙和飞龙阁，西路是翔凤阁。二阁分别收藏清帝御用的铜器和古镜，也收藏供皇帝随时御用的各种文献资料、文字辞典等，还有藏品目录、地图谱牒、帝王肖像等等。崇政殿的右侧"东七间楼"是瓷器库，左侧"西七间楼"是书库，清宁宫为后宫，其东侧为"敬典阁"，收藏清帝及皇族的系谱和玉牒；西侧为"崇谟阁"，保存清太祖、太宗以及之后历代的实录和圣训。崇谟阁再往西，就是《四库全书》北四阁之一的"文溯阁"。

（一）1905 年的全面调查和著录

内藤第一次进入奉天故宫是 1905 年。那一次，在完成满蒙文藏经的调查后，从 8 月 24 日起的二十天里，内藤拿了军政署开具的"拜观宫殿"许可证，几乎每天逐一流连于故宫内各个宫殿楼阁内，探查其中的宝物、字画、档案、书籍。此时，内藤对满语、蒙语已有了基本知识，这是他此行在文献上能有重大发现的前提。发现的重要图书资料有：

翔凤阁：

《蒙古源流》蒙、满、汉三体精刻本

《西清续鉴》甲乙编

《五体清文鉴》六套三十六册

《清文开国方略》四套 32 册

《旧清语》，十四册

《皇清职贡图》四卷写本

《蒙古律例》

满文、汉文各种地图 10 多种

崇谟阁：

《汉文旧档》

《满文老档》300 册精抄本

《太祖实录战图》（又名《满洲实录》）二套八册

敬典阁：

玉牒、实录、圣训等

清帝肖像图画、高宗纯皇帝行乐图等

值得一提的是，此行的 9 月初，内藤在奉天遇到东京大学东洋史学者市村瓒次郎、伊东忠太一行，他们带东大的研究生来开原视察，同时也接受田中光显的授意，调查满蒙文藏经，对于这位东大教授专家，内藤很有捷足先登的自豪。他借福岛将军的口，告诉市村"这方面的调查内藤已经做完，且结果也已报告给田中大臣，不必重复工作"。但内藤还是带着后来者市村，去见黄寺的达喇嘛，使市村得见诸种藏经，并据此写报告上报田中宫内大臣。[1]

此次宫殿调查的收获：

1. 内藤对上述资料进行一一著录、提要。2. 对其中《汉文旧档》全部晒蓝图制版而归，拍摄了《蒙古源流》的蒙文部分。3. 内藤还与《朝日新闻》的摄影记者大里武八郎合作，拍摄了奉天、永陵方面的重要史迹，包括珍藏上述史籍的宫殿的照片 100 张，每张附有内藤的解说文字，1908 年辑集出版为《满洲写真帖》，

---

[1]《烧失的满蒙文藏经》,《内藤湖南全集》第七卷《读史丛录》,第 433 页。

后又于 1935 年出版增补版，增加了 1906、1908 年增拍的部分。

（二）1906 年、1908 年的补续工作

1906 年、1908 年，内藤两次受外务省委托，赴满洲调查间岛问题。

间岛是指吉林省所辖延吉、汪清、和龙、珲春一带朝鲜族的居住区，朝鲜习惯称此地为"间岛"。光绪年间 1882 年归属吉林省延吉厅，清、韩之间为此地的属权问题有纷争。日俄战争后，日本掌握了朝鲜的内政、外交大权，设韩国统监府，外务省强行认为间岛应属于朝鲜，于 1907 年 8 月派兵进驻间岛，设立军政机构临时派出所，实行了对间岛的实际占领。在这种情况下，内藤两次被委派到间岛作调查。一次是 1906 年，此行主要是作历史文献调查，他在韩国京城滞留了一个多月，拍摄了 1881–1904 年以来清韩间有关间岛的往复文书一百多通，集成《间岛问题调查书》五册，交日本外务省。第二次是 1908 年，间岛事端已起，日本面对清政府的反对和当地人民的抗议，不得不采取对策，于是派内藤再次实地调查，确认对间岛的殖民化是否确有价值。后内藤作成《间岛问题私见》的调查报告。1909 年，中日政府对间岛问题进行谈判交涉，签订《间岛条约》，日方不得不承认间岛是中国的领土，而退出侵占地区。据称，日方在与中国谈判、签订《间岛条约》时，便主要依据了内藤的《间岛问题私见》。

对内藤来说，两次间岛调查，都是他获得资金和时间，继续作满洲学术调查的好机会。利用公务之便，内藤再次访黄寺，入崇谟阁、文溯阁。抄录或拍摄了《蒙古源流》的满文部分、《西域同文志》、《旧清语》等文献资料；又拍摄《满文长白山图》、《盛

京全图》等重要舆图。其中，满文《蒙古源流》的借阅与拍摄，曾遭到崇谟阁看守人的拒绝和盛京将军赵尔巽的反对。内藤声称《蒙古源流》是调查间岛问题的关键资料，并让当时的日本外相直接照会日本驻奉天总领事，又由总领事以外交手段贿赂赵尔巽，才得以达到目的。这样《蒙古源流》的满、蒙文两种本子就都到手了。

（三）1912 年获取《满文老档》与《五体清文鉴》

1912 年初，清朝覆灭，民国政府成立，奉天故宫内的所有藏品，既成了前朝遗物，有可能会整理或挪移到他处。特别是相关档案文献资料等，按历朝惯例，将成为国史馆编辑前朝历史的资料，收存起来。富有历史洞察力和学术眼光的内藤，应该是意识到了这一点。此时，他已是京都大学东洋史第一讲座教授，应该正是在他的提议下，京都大学派遣他和当时尚是京大讲师的富冈谦藏、羽田亨，专程赴奉天故宫。目的很明确，就是尽快下手，对于故宫中所藏他认为最有价值的资料，进行实质性获取：用拍摄照片的方式，将它们一页页带回日本。内藤预定的目标是崇谟阁内的《满文老档》《太祖实录战图》，因为羽田亨懂得维吾尔语，又临时加上对于翔凤阁内《五体清文鉴》的关注。

从 3 月 23 日到达奉天，至 5 月 17 日离开，经过八个星期富有效率而不乏波折的艰苦工作，拍下了《满文老档》与《五体清文鉴》，而计划中的《太祖实录战图》未能拍成。

这次的情况不同于日俄战争战火刚刚平息，日军全面控制着奉天城的 1905 年，用内藤的话说，奉天故宫对于先皇遗物，采取谨慎保护的态度。所以，内藤到达后，先是由领事馆与奉天都督赵尔巽交涉，经过几次征求，好不容易在一周后，终于得到赵都督的回信：同意看书之事，请尽可能给予方便，因为之前就打过交道，内藤又以多年前旧相识的个人身份，送了赵尔巽和手下的奉天外务使孙葆缙[1]很重的厚礼，这样公私夹击，才得以进入宫殿，借书并拍摄。

在宫殿里进行文献拍摄工作，可以说是前无古人的开创性行为。具体流程是：

1. 在奉天城里的照相馆请来摄影师二人，加上内藤本人、羽田亨，还有一位同文书院的毕业生，组成五人摄影小组。

2. 运来故宫围墙外一间巡警值班室用的活动小房子，在崇谟阁门前，改装成一间"暗室"。

3. 由内藤在阁内辨识书籍资料，将一卷卷文档取出，照相馆的两位及同文书院毕业生共三人，负责一页一页地拍摄，羽田亨则整日在暗室里为相机替换胶片、洗印胶片。

4. 这样的流水作业，从 4 月 12 日开始，到 4 月 25 日，首先完成了《满文老档》的全部拍摄。共计拍了 4300 张胶片，平均每天拍摄三四百张。

工作到这里，可谓一切顺利。之后，内藤应邀到大连满铁总部，做了一场关于《满文老档》的学术演讲，同时，向满铁借钱600 元，凑齐为买下一步拍摄《实录战图》所需胶卷的资金。可是，回到奉天，情况就有了变化。宫中拒绝继续出借资料和拍摄，

---

[1] 孙葆缙，福建福州人，举人。光绪三十一年任奉天外务司总办，民国元年任奉天外务使。此次奉天故宫拍摄史料事件中，与内藤作种种周旋，相助及相拒的"孙外交官"即是他。内藤文中写作"瑨"字，误，内藤又曾作《书孙幼谷寿言册后》。

内藤想向赵尔巽和外务官求情，对方并不见面。经多方周旋，仍不见效，5月1日，外务使孙葆缙函示：拒绝全部拍摄要求。内藤曾记到：

> 至于《满文老档》到底写了什么，是本什么书，中国的官吏们本来完全不知道，即使总督大概也不清楚，只知道是用满文写的书籍而已。但日本人却为此特地进入宫中，埋头拍摄，才知道大概是很贵重的东西，就不能再放任不管，所以，就急剧改变了态度。[1]

由于在拍完《满文老档》之后，已经借出了《五体清文鉴》，他们遂用准备拍摄《实录战图》的胶片，在秘密状态下，紧急赶拍《五体清文鉴》，在十天的时间里，拍完了全书的5300张照片。他们又锲而不舍地再三请求，终得再次借出《满文老档》，把4300张照片中检查胶片时发现拍坏的200多张，匆忙地在一天中翻检补拍。中方的原则是已经拍了的，允许再借出补拍，而一切新的资料不再借出，所以，本来计划中的《太祖实录战图》，便没拍成。

除以上拍摄外，还雇佣中国人，由富冈谦藏主持，在文溯阁选择、抄录了《四库全书》中《礼部志稿》等一部分珍本。[2] 奉天文溯阁，是著名的《四库全书》皇家御用北四阁之一，乾隆四十八年入藏，抗战期间归伪满国立图书馆接管，后由东北人民

---

[1]《奉天访书谈》，《内藤湖南全集》第十二卷《目睹书谭》，第315页。
[2]《内藤湖南全集》第七卷《读史丛录》中有《礼部志稿解题》一文，介绍此书的内容和价值。最初发表在1916年《史林》。

政府收回。1966 年，文化部决定将文溯阁本《四库全书》移交甘肃省图书馆代管，保存于新建的专库中，至今完好无损。文溯阁本与台北文渊阁本、北京文津阁本并列，是七套《四库全书》中幸存且保存完好的三套。

四、在北京的学术调查

（一）关于敦煌文书

日本最早获知中国发现敦煌文物是在 1909 年秋。

自 1900 年王道士发现敦煌藏经洞之后，很长时间内，并没有引起中国学界和官方的注意。直到招徕了 20 世纪初一些欧洲赴中亚细亚探险的"探险队"。1907 年、1908 年英国人斯坦因和法国人伯希和先后来到敦煌，从王道士手中低价获取了大量经卷精品。这些探险者中，伯希和可谓内行，还懂得汉语，当时，他是法国设在河内的远东博古学院的教授，1908 年 10 月，他携带经他精心挑选而获得的经卷悄悄经过北京，回到河内，又将经卷由河内运往了法国，保存于法国国民图书馆。这时中国人对此事尚毫无知晓。1909 年 5 月，伯希和再次来到北京，为法国国民图书馆购买汉籍，随身携带部分敦煌经卷，将在北京裱糊。滞留北京期间，伯希和在其寓所向在北京的部分官僚士大夫如罗振玉、柯劭忞、江瀚、董康、蒋黼等学者及学部侍郎宝熙、祭酒徐枋等展示了他的敦煌精品，目睹者无不叹为观止。至此，中国学术界才获知国宝的流失，引起了对敦煌文物的关注。

在这些首批目睹者之内，有一位日本人，即东京著名的汉籍书店文求堂老板田中庆太郎，当时，他正住在北京，也慕名拜访了伯希和。他十分敏锐地把自己亲历的这一学界大事写成《敦煌石室中的典籍》一文，刊载在 1909 年 11 月的《燕尘》杂志上，这是一份在北京出版的日本杂志。日本国内获知敦煌文物的面世，就是通过这篇报道，以及与内藤湖南、狩野直喜等京都大学教授多有联系的罗振玉。

1910 年，由于时任学部官员罗振玉等人向上奏书，清政府决定把敦煌劫余文献，收归学部，移交京师图书馆保存管理。同时，内藤湖南通过罗振玉得知了这一消息。同年 9 月，京都大学不失时机地派遣内藤湖南教授与狩野直喜教授、小川琢治教授、富冈谦藏讲师、滨田耕作讲师等五人，到北京来调查敦煌遗书以及内阁大库文书。

但是，这些劫余文献，在运往北京途中，又遭中国大小官员人等的盗窃，损毁程度相当严重。内藤一行所见到的，只是一些佛教经卷，他们于全部的五六千卷佛教写经中，随机"翻阅了近八百卷，其中七百卷一一写下了目录"。这些经卷虽然大多数都是世间通行的法华经、维摩经、金刚经、最胜王经、般若经等，但内藤他们还是发现了一些"目前大藏经中全已失传的东西"。如：

相好经

首罗比尼经

佛说咒魅经

般若第分中略集义

浮名经关中疏

报冥传等等

六朝、唐代的写经可谓珍贵古老，从书法上看，也十分精彩，内藤他们发现，其中有不少写本与日国东大寺的愿经等类佛经十分相似，他们"对其中最接近愿经的部分，拍了照带回日本"。另外，他们从敦煌历代佛经的字体演变中，发现了这样一个现象，即唐以后写经的字体渐渐远离中原风格，而具有本地的、当代的特点，这与日本佛经到藤原时代以后，几乎脱离了中国的影响，呈现出本国风格，是同样的发展趋势。[1]

1911年2月11、12两日，在京都帝国大学第九教室举办了"清国派遣员报告展览会"，向社会公开展览派遣团五人带回的文物典籍，同时举行演讲报告，给每一位来参观、听讲的与会者发放《京都帝国大学文科大学清国派遣员报告展览会目录》的小册子。《大阪朝日新闻》还用两整版的篇幅全文发表了演讲记录。可见当时学术界和社会的重视程度以及由此引起的社会关注，对日本刚刚兴起的敦煌学研究起到了推波助澜的作用。

（二）关于内阁大库文书及其他

内阁大库的文书，在当时尚是清王朝宫廷档案的一部分，还包括前朝移存下来的宋、元、明档案，应该是秘藏，而不属于公开流通的图书文献。我们并不知道作为外国学者的内藤他们，是怎样获得清廷官员的许可，进入内阁观书、探得虚实的。但通过内藤一行的考察报告可以知道，当时内阁的古书处于毫无整理的状态：

> 我们去看的情形是：把允许我们一行阅览的部分，连箱子一起搬出，向我们打开，这时，包括给我们看的人和我们

---

[1]《清国派遣教授学术考察报告》，《内藤湖南全集》第十二卷《目睹书谭》，第190-191页。

这些要看的人，都不知道将打开的箱子里面是什么内容。[1]

他们对其中的宋元版珍贵图书典籍，倍感关注，内藤特别著录的有：

宋版元印《魏书》

元版《宋史》

元版《辽史》

元版《金史》

元版《两汉诏令》

《元史稿本》

《元史》明初进呈本

钦定《三礼义疏稿本》

《永乐大典抄录本》

《大清一统志稿本》

引起他们注意的，还有明清地图，特别是康熙朝由传教士绘制的中国舆图，如：

明代《雁门关、宁武关边垣图》

明代《东路边垣图说》

明代《甘肃镇战守图略》

清汉文《甘肃图》

《浙江五府分图》

明《直隶全图》

---

[1]《清国派遣教授学术考察报告》，《内藤湖南全集》第十二卷《目睹书谭》，第191页。

明《西域图》

《大清一统舆图》

对于这些地图的技术先进程度和准确性方面，内藤给予很高的评价，并"对兴安岭地区、喀尔喀地区、哈密地区三幅分图，拍照带了回来"。[1]

五人教授团分别属于历史学、考古学、文学等分科，因此，1910年的北京之行，还进行了其他方面的学术调查和书籍搜购。如为研究北京城自古以来的沿革，踏查了不少京郊古寺古碑，特别是对于京郊悯忠寺（建于唐朝，即法源寺）内的所有古石碑作了拓本；又如对于甲骨片、钱范、古印、铜镜、封泥等古文物的关注、收集；还悉心搜购以往一向不为正统文人学者关注的小说戏曲类文献，如《新编五代平话》、《钦定曲谱》14卷、《九种曲》等。此外，作为历史地理学家的小川和考古学家的滨田，还去了洛阳龙门，去了满洲，考察那里的地质地貌、历史遗址、文物遗迹等。

五、访书所获文献价值举隅

（一）满蒙文藏经

大藏经又称藏经、一切经、契经或三藏，是佛教典籍丛书的总称，内容包括经、律、论。早期的梵文经典只剩下少数零散贝叶本或纸写本存世，全部三藏已难窥全貌。现存的大藏经，主要有汉文、藏文、蒙文、满文、西夏文、日文和巴利语系等系统。

---

[1]《清国派遣教授学术考察报告》，《内藤湖南全集》第十二卷《目睹书谭》，第192-193页。

汉文译经是梵文佛经之外藏经中最早的，从曹魏时期的朱士行、东晋法显开始，中国人就开始了西去取经、携回译经的活动，除唐以前各种写本抄本外，房山石经始于隋，大型雕版刊刻藏经始于宋代《开宝藏》，后世历代多有增补刊刻。

藏文大藏经初修于 7 世纪松赞干布时期，8、9 世纪渐成规模，由梵文、汉文藏经译出，其中佛说的经、律、密咒称为"甘珠尔"；佛弟子及祖师的著作称为"丹珠尔"。蒙文大藏经始刻于元大德年间，由西藏、蒙古、回鹘和汉族僧众，将藏文大藏经译为蒙文，在西藏地区雕造刷印，也分甘珠尔、丹珠尔；之后的明万历年间、清康熙、雍正、乾隆年间均有增补重刻。

以下就 1905 年获取的两部藏经，简单介绍其内容价值。

《满文大藏经》的翻译刊刻在清朝乾隆年间（三十七年至五十九年，即 1772–1794），在当时，它是被作为与《四库全书》的撰修、"十大武功"的建立同样重要的大业绩。关于它的刊刻缘起，礼亲王《啸亭杂录》及王先谦《东华续录》中有记载，乾隆帝特作《清文翻译全藏经序》也专门述及，这在内藤文章中都有所提及。《满文大藏经》共 108 函，收佛教经典 699 种，2466 卷，除经页外，由内层上下护经板、内经衣及外层护经板、外经被装潢而成，当时一共印刷、装帧了 12 套，它是自古及今唯一的一部满文藏经，在佛教译经史上和清朝文化史上占有重要的地位。在佛教经义上，汉文佛经一般语义深奥，而满文藏经翻译时用白话，语义浅明易解，有助于帮助理解汉文经典；在语言文字上，由于满文藏经的翻译过程中，创造了不少新的满语词汇，扩展和拓深了满语的语义，为满语语言研究保存了重要语料；另外，《满文大藏经》是乾隆盛世的产物，内中几十幅精美的版画插图以及豪华堂皇的装潢，代表了清朝内府书籍雕版印刷和装潢的最高水平。[1]

这 12 套《满文大藏经》流传至今者，已不知几何。可以明确的是，目前北京故宫博物院和台北"故宫博物院"合藏一套，分别为北京藏 76 函，台北藏其余 32 函。另外，据各种目录知，法国巴黎图书馆收藏一部，承德避暑山庄殊象寺曾收藏一部，承德避暑山庄喇嘛庙普陀洛山室藏一部，拉萨布达拉宫藏一部，内藤湖南发现和拯救出来的一套，也曾记录在日本的目录上，1923 年烧毁。[2] 可喜的是，当年的经版尚存北京故宫，故宫紫禁城出版社用当年经版，依经卷补入部分残缺经版，于 2002 年再版重印了乾隆版《满文大藏经》，共刷 20 套，使一向为世人罕见的《满文大藏经》能够在现代再次面世，供有关人员观览和研究。据故宫博物院副院长朱赛虹女士见告，目前已卖出 2 套。

关于金字蒙文藏经，内藤考订说，据《盛京通志》及黄寺"莲华净土实胜寺碑记"记载可知：皇太极征察哈尔汗国时，得到察哈尔汗国之三宝物，即佛像、金字经、传国玺。乃建实胜寺于盛京西郊，作为征服察哈尔之纪念，并储藏三宝物于内。佛像即护法嘛哈噶喇金佛像，为忽必烈时用千金铸造，金字经即明写本蒙文藏经。1634 年，察哈尔汗国蒙古喇嘛默尔根见大势已去，乃携金佛像和金字经来奔满清。[3] 但对于这部金字经的具体情况，并没有更多解释说明。据笔者翻阅相关文献可知，1628–1629 年，察哈尔部林丹汗曾命人翻译完成 108 函《甘珠尔》，做成《蒙古文

---

[1] 参见翁连溪《乾隆版满文〈大藏经〉刊刻述略》，载《故宫博物院院刊》2001 年 6 期。

[2] 参见朱赛虹《读乾隆〈清文翻译全藏经序〉》，载《紫禁城》2001 年 4 期。

[3]《烧失的满蒙文藏经》，《内藤湖南全集》第七卷《读史丛录》，第 436–438 页。

手抄金字甘珠尔》，黄寺所见被内藤称为"明手写本"的金字经，不知是否应该就是这部《甘珠尔》。若是，那它完成之后没过几年，就因汗国亡灭而落入满清之手。康熙年间曾因国朝有吐蕃特文（即藏文）《甘珠尔经》经版而无蒙古文《甘珠尔经》经版，而发起木版刊刻《蒙古文甘珠尔经》，于1720年全部完成。[1]笔者推测，此金文经应该曾是这次刊刻的重要底本。《蒙古文手抄金字甘珠尔》因其金字而手抄，是蒙文藏经中最珍贵的版本之一，又成为后来清朝历次刊刻《蒙文经》的底本。其文物和文献价值很高。

（二）满蒙史资料

这里首先介绍一下拍摄下的《满文老档》与《五体清文鉴》。

满族的先人女真族在12世纪就创制了女真文字，到明代后期女真人放弃了女真文，而改用蒙古文。随着建州女真的不断强大，为了适应新的历史时代的发展，需要创建新的文字。明万历二十七年（1599）努尔哈赤命额尔德尼巴克什（1580–1623）、噶盖札尔固齐二人创制新的文字，这就是老满文，又称"无圈点满文"。因为老满文完全采用蒙古文字的拼法，许多地方不够准确，人名、地名也多有相混之处，一些辅音区别不开来。于是，天聪六年（1632）皇太极又命达海巴克什改进老满文，增加了一些新的拼读规则，并用加圈、加点的方法区分辅音，这就是新满文，又称"有圈点满文"。新满文使满文得到了进一步完善，成为在清代广泛使用的文字。

---

[1] 参见李保文《关于康熙版蒙古文〈甘珠尔〉经的刊刻》，载《故宫博物院院刊》2002 年第 5 期。

《满文老档》是满文创制以来的第一部历史文献，共 180 册，以编年体的形式记载了从明万历三十五年（1607）至清崇德元年（1636）之间满清开国的历史大事。《满文老档》还从多方面反映了满族早期的社会历史生活，如社会组织、八旗制度、法律规范、风俗习惯、宗教信仰等。《满文老档》是用老满文文字写成的，由于老满文使用的时间较短，用老满文记录的满文文献也就比较少，因此，它在研究满语文方面也有重要的价值。由于新满文的创设，《满文老档》后来又有了新满文本，因此有无圈点本、加圈点本两种文本，但内容基本是相同的。乾隆四十年（1775）和四十三年（1778）分别对原本进行过整理、重抄，包括新、老满文本各一套。内藤于崇谟阁见到的即是乾隆年间的誊抄本，内藤说它纸质崭新，抄写认真。内藤拍摄了乾隆四十三年重抄本中的加圈点本的全部，共 4300 张胶片。他说：

> （《满文老档》的价值）如果不是在研究了四五年之后，不是把它通读了一遍之后，是不可能详说的。但肯定极具价值。单就篇幅来看，太祖一代的实录，满文、汉文的同样都只有 8 卷，而《老档》则有 20 卷、81 册，是实录的十倍。……对此充分研究，一定能发现许多实录没有的史料。……关于满洲的史料，恐怕再没有比这个更精密的东西了，可以说它是有基本史料的地位，在历史上有非常的价值。[1]

---

[1]《奉天访书谈》，《内藤湖南全集》第十二卷《目睹书潭》，第 304 页。

可以说，内藤是包括中国学者在内最早注意到《满文老档》史料价值的学者。《满文老档》被拍摄带回日本后，收藏于京都大学文学部，另有副本藏于日本满铁调查部白山黑水文库。在二三十年代，由内藤的学生今西春秋、三田村泰助、鸳渊一、神田喜一郎等人利用和整理，其中今西春秋先独立致力于翻译，于1933 年出版日文、满文对照本，题名《满洲实录》。战后，日本成立了《满文老档》研究会，由文部省出资，进行集体日译，从1955 年到 1963 年，出齐全部七册。参加翻译的神田喜一郎、和田清、神田信夫等，都成为东洋史的著名学者或满学的专家。神田信夫在 80 年代访问沈阳故宫博物馆亲睹《满文老档》时回忆说：

> 先生在崇谟阁这栋楼中发现《满文老档》，……是清朝史研究史上值得记一笔的大事。……我长年研究《满文老档》，曾根据湖南先生拍回的照片参加过翻译工作，追本溯源，再一次深感先生的学恩。[1]

在中国，《满文老档》的翻译，最早是由满人学者金梁[2]组织满、汉学人进行翻译，于 1918 年译成汉文，但卷帙过多，校勘未

---

[1]《沈阳忆湖南先生》，载神田信夫著《满学五十年》，刀水书房，1992 年。

[2] 金梁（1878-1962），满洲正白旗人。1904 年进士，历任清内廷中书、京师大学堂提调、奉天旗务总办等职，民国后，历任奉天省政务厅长、内务府大臣、东三省博物馆委员长。负责典守奉天皇宫文物，主管奉天故宫博物馆内一切事宜。他于 1908 年录副本《满文老档》，是中国学者中较早注意并保护故宫文献、文物的学者，除组织翻译《满文老档》外，还曾编有《盛京故宫书画记》《奉天古迹考》等。

精，1929 年择要以《满洲老档秘录》上、下编付印，不及全书的二十分之一。其余部分，在 1933–1935 年陆续在《故宫周刊》上刊出。直至 1990 年，才又由中国第一历史档案馆、中国社会科学院历史研究所译注，中华书局出版了新版本的《满文老档》。

《五体清文鉴》，是清朝时期满、藏、蒙古、维吾尔、汉五族文字对照的辞书。由康熙敕修，至乾隆年间陆续成书，计 6 函，36 册。是满语辞书中独具特色，收词数量最多的一种。该书最早是满、汉文对照，后加入蒙文、藏文，最后又加入维吾尔文，完善为《五体清文鉴》。此书只以抄本传世，黄缎面，宣纸墨笔抄写，藏于北京及奉天的宫廷中。它不仅是满语研究的重要文献，而且涉及清代其他主要的民族语言，古代藏语、蒙古语、维吾尔语的发音、词汇情况在书中记载得很清楚，通过古今语言的对照，可资进一步看清民族语的发展变化过程。行家认为，其中关于维吾尔文的记载部分最为珍贵。该书按天文、地理、制度、风俗等内容细分为 35 部，包括了清代当时许多民族政治、经济、文化、风俗习惯、宗教信仰、地方出产等多方面的内容，因此，又具有历史研究上的重要价值。在内藤之前，日本已有了满、汉《清文鉴》，满、蒙、藏、汉《四体清文鉴》，此次拍摄，使日本拥有了最全备的《清文鉴》。在中国，1957 年，民族出版社曾用故宫重华宫藏本出版过影印本。

另外，如 1905 年获得的《汉文旧档》，六大册，是清太宗天聪、崇德年间的汉文官方文书，包括各项稿簿、朝鲜来书、奏疏簿等，保存了因涉及忌讳而在日后编成的《清实录》《东华录》中所未收的文书，其所记载多与沈阳等地的石刻及朝鲜之记载相符合，对于考察清入关前政治、外交大事的真相，是重要的史料。

又如 1905、1906 年先后拍摄的蒙文、满文本《蒙古源流》，其汉译本收入《四库全书》，书坊间也多有刻本。而其底本蒙文本《蒙古源流》，则不多见。为蒙古人萨囊彻辰撰，清康熙元年（1662）武英殿本。蒙文书名原为《印度、西藏、蒙古诸罕统之源流》，是 17 世纪蒙古编年史中最珍贵的一部历史文献，后世将它与《元朝秘史》《蒙古黄金史》合称为蒙古族三大历史著作，也是蒙古族重要的宗教史文献。乾隆四十二年（1777）译为满文，乾隆五十四年（1789）译为汉文。之后以汉文本流行。1905 年，内藤在翔凤阁见到蒙、满、汉文三体《蒙古源流》的官修本，印制精美上乘，足证坊间汉文流布本之讹误及删改。

还有从文廷式处得到的复印本《元朝秘史》，原名《蒙古秘史》，是 13 世纪蒙古族最早的官修历史文献，记载蒙古族的起源和成吉思汗、窝阔台汗时期的历史。原文是畏兀儿体蒙古文，撰者不详，已佚。现存为明四夷馆汉文本，明初翰林译员用汉字音译蒙古语原文，并逐词汉译旁注，分段节译。题名《元朝秘史》。[1]文廷式曾是清末大贵族官僚盛昱的门客，此书为盛昱旧藏，影印两份分赠文廷式和李文田。后李文田撰《元秘史注》十五卷，是《元朝秘史》最早的译注本，对书中所述地理、年代、人名、史实等均详加考证。而文廷式本因誊写赠送内藤湖南，内藤又复印副本赠送正热衷于蒙古史研究的东洋学家那珂通世。此后，那珂通世化了三年辛苦，将此书翻译成日语，并广泛参阅汉文、西文的有关书籍，施以注释，另取名为《成吉思汗实录》。此书出版后，

---

[1]《蒙古秘史》1989 年被联合国教科文组织列为世界名著。据 2008 年 4 月新华社报道，蒙古国出版了传统蒙古文、新蒙古文和拉丁文三种文字编撰的《〈蒙古秘史〉词典》。

被学界中人视为日本乃至世界性元史研究的重要著作。

在前后二十多年的岁月中，内藤殚精竭虑，多方搜集、复制或购买，收藏的满蒙珍贵史料汗牛充栋，遂在内藤的主持下，由其学生进行标点、解题，编印成《满蒙丛书》，从 1919 年到 1921 年，以每年 8 册的规模，三年共出 24 大册，计收满蒙史料 97 种。[1] 成为日本中国学早期满蒙研究的重要资料库。

六、访书的学术意义

以下，就内藤湖南中国访书活动所具有的学术意义和文化特点，略陈管见。

第一，访书所关注的书籍对象，从内容种类上说，与中国相比，具有学术上的领先性；在日本国内，具有拓荒和开启学术新领地的独创性。

明治中后期起，随着东京大学、京都大学的相继成立，日本近代学术渐趋成熟和发展，受到西方文化学术思潮的影响，学术界呈现出注重文献搜集和考辨的实证主义治学方法，注重实地踏考的考古学、历史地理学的兴起，重视古代小说、戏曲类研究等新动向，在这方面，日本大约早于中国二十年。1877 年东京大学成立，以此为标志开始了近代学术的步履；而在中国，文化风气的扭转要迟至 90 年代末的戊戌时期，而学术上的与西方沟通，输入新学理和新方法，则更晚至五四时期。因此，内藤湖南的清末民初访书，以及所带动的同时代日本中国学教授和年轻教员、留学生们在中国的

---

[1]《关于满蒙丛书的刊行》，《内藤湖南全集》第十二卷《目睹书谭》。

访书活动，就体现了领先于中国人意识的学术眼光。

如对于满蒙史料、敦煌文献、内阁大库文献的搜求，对于北京、满蒙的史地调查以及对于甲骨文、金石铭文等的追踪寻访，在当时，无论在中国还是日本，都是为数极少的学者之间的事情，特别是满蒙史料，几乎是在无人知晓其内容和价值的情况下，开始关注和研究的。他本人对于满清历史的研究，往往能在某一具体问题上，发前人之所未发，如《清朝初期之继嗣问题》一文，于30年代初被中国明清史专家谢国桢译成中文，其清初满洲异族不同于中原汉族的"末子继承制"成为清史研究中不易之定说。又如对于"阙特勤碑"、对于"奴儿干永宁寺碑"的研究，都是独步时人。在上述这几个学术领域，内藤对他的学生辈产生了规定性和框架性的影响。在内藤之后，如鸳渊一、三田村泰助、今西龙、神田信夫等人在整理、标点、研究满蒙文献方面，羽田亨、神田喜一郎等人在敦煌文献的研究方面，贝塚茂树在甲骨文研究方面，都作出了令世人瞩目的贡献。于此可见内藤的开创之功。

民国时期一位中国学者曾经论道：日本中国研究的发达，得益于三方面的因素，即"以清朝三百年之考据学为基础，而参用欧美式之科学的研究法，加以前人未睹之新资料相继发见"。[1] 这三方面因素的概括应该说很有道理。而所说新发现的资料，可用1925年4月王国维在清华大学国学研究院所做《最近二三十年中国新发现之学问》之演讲为依据来考察，他所提到新资料有：1. 殷墟甲骨文字；2. 敦煌塞上及西域各地之简牍；3. 敦煌千佛洞

---

[1] 黄可孝：《1929年日本史学界对于中国研究之论文一瞥》，《燕京学报》第6期，1930年12月。

之六朝唐人所书卷轴；4. 内阁大库之书籍档案；5. 中国境内之古外族遗文。[1] 内藤湖南访书所涉及的学术关注，如上所述，除了第二项外几乎都有涉猎。

此外，当时日本学人中国访书，还有一个热门领域，就是对于小说、戏曲类书籍乃至唱本的搜购，这一项内藤没有加入，应该是史学与文学的分野不同所致。

第二，访书所体现的学术关注，反映了日本时代政治的信息和内藤个人的人生抱负。

任何时代，学术与政治，都是相互依存又相互排斥、充满张力的一对范畴，对于深怀经世致用理想的内藤湖南来说，其学术主张和学术活动也往往与时代政治相关联。甲午战争后，与日本逐步推行大陆政策的社会气氛相一致，日本的东洋史学家、支那史家们更为关注满蒙史地、中国历代边疆史地变迁以及中国古代民族关系、外交关系等领域的研究。京都的内藤、桑原、羽田亨，东京的白鸟、藤田剑峰等无不如此。内藤湖南几番奉天访书，对清朝早期开发史档案文献的极力搜求，对蒙元史料的关注，便是这方面的例子。他在内阁大库，观赏和赞叹了康熙朝的精美地图后，拍照带回日本的也是兴安岭地区、喀尔喀地区、哈密地区等东北、西北的边疆分图。

加之内藤一生的为学旨趣，倾向于黄宗羲、全祖望、章学诚等浙东学派一脉，追求的是"通经致用""务实济世"的境界。其自述少时爱咏的诗歌是

---

[1] 王国维：《最近二三十年中国新发现之学问》，《王国维学术经典集》上册，江西人民出版社，1997 年，第 175—180 页。

三戍渔阳再度辽，骓弓在臂箭横腰，

匈奴似欲知名姓，休傍阴山更射雕。[1]

描写的是一位雄姿英发、久经沙场的将军，内藤晚年抄录此诗，以诗述怀，表现了对于驰骋边境、抵御敌寇、勇武尽忠之事的憧憬和认同。1905 年 6 月赴满洲前，内藤曾与好友西村天囚有诗文唱和，西村饯别内藤的诗曰：

海外求书且采风，布衣衔命继欧公。

沈阳经劫典坟在，辽左飞烽冢壁空。

战阵摧坚固为烈，名山发籍足侯功。

归来进献玉阶下，我亦凭君芽塞通。

内藤次韵回赠诗曰：

劫后山川孰采风，拟将铅椠报诸公。

阿麻额墨遗文在，钮勘斐阑旧俗空。

汉土生民耶律力，咸阳图籍酂侯功。

此心幸与前贤契，不愿丹墀姓字通。[2]

---

[1] 张仲素《塞下曲其一》，见内藤湖南《玉石杂陈·唐诗十首之七》，《内藤湖南全集》第十四卷，第 50 页。

[2] 西村天囚《草不除轩饯饮内藤奉命之满洲》及内藤《将赴满洲，次西村天囚见送诗韵留别》诗，见《奉天满蒙番汉文藏经解题》文附录，《内藤湖南全集》十二卷《目睹书谭》，第 47 页。

诗中"钮勘斐阑"：指满族男童六七岁起，就用"钮勘斐阑"习射。《满洲源流考·国俗》记载："小儿以榆柳为弓，曰斐阑，剡荆蒿为矢，翦雉翟鸡翎为羽，曰钮勘。"

可见，是将赴中国访书视作堪与"将军征战建功立业"相提并论的大事业，其不畏艰险、慷慨报国之情志，溢于纸上。

第三，访书购书以日本在华殖民性机构为坚实后盾。而清末中国屡弱战乱、制度腐败，未能自坚门户，造成新的书厄，客观上也助成内藤的访书活动。

日俄战争后，关东都督府、南满洲铁道株式会社、正金银行等机构，相继在中国成立或开业。这些军政、经济性机构，加上各地的领事馆、日本人开设的旅馆饭店等等，为内藤及其他一切来中国的日本人提供了各种依托和帮助，甚至使他们有如鱼得水、宾至如归的感觉。如上所述，1905 年、1906 年内藤的奉天访书，正是在日本军方的配合下，才得以顺利展开；1910 年的京大教授考察团，也"得到关东都督府、南满洲铁道会社的强力援助"。[1]1912 年的奉天访书，奉天领事馆出面照会奉天都督赵尔巽，为内藤一行进入宫殿拍摄起了疏通作用，满铁为他们提供食宿，正金银行为他们解决资金上的不足。难怪内藤感叹，"奉天是个再好不过的好地方"，体现了当时一般日本人对于获得殖民地的普遍欢迎。

另一方面，晚清中国屡弱战乱，制度腐败。1860 年英法联军攻破圆明园，文源阁《四库全书》全部遭劫；1900 年东交民巷使馆区激烈巷战，战火殃及紧邻的翰林院，收藏其中的《永乐大典》、四库采进书等一大批典籍惨遭劫难；还有敦煌文献的流失，内阁文库的缺乏管理，以及 1907 年的"皕宋楼事件"，1917 年"莫理

---

[1]《清国派遣教授学术考察报告》，《内藤湖南全集》第十二卷《目睹书谭》，第189 页。

循文库"的东去日本等等，都可以说是晚清中国令人扼腕惊心的"新书厄"。内藤多次进入奉天故宫、黄寺、内阁大库等皇家禁地，访问各处珍贵典籍和文物收藏，就是在这样一个中国未能"自坚门户"，甚至"监守自盗"的黯弱时代进行的。

七、江山异域久神游

1899 年秋，是内藤首次访问中国。在三个月的旅行中，内藤走访了天津、北京、上海、苏州、南京、杭州、武汉等地，写下了著名的纪行之作《燕山楚水》。在北京，内藤"观长城、吊明陵、游览京郊诸寺"。但所到之处但见城垣颓败，摧残甚烈。古老京城，特别是在戊戌政变之后，人心沉寂，保守固陋。而作为六朝故都的南京，也显得荒芜、缺少生气。

在此后的历次中国行中，他也有一些关于中国城市历史沿革、现实风貌的书写和评论。撮取述要如下：

中日风景比观

辽阔的中国大地，以广阔宏伟的气魄使来自岛国的内藤深为感动。纪行文中，尤其是第一次来中国写下的《燕山楚水》中，有许多对中国风光景物的描写、赞美，试看以下一小节：

> 过了澎浪矶，就到彭泽县，这里是长江南岸，皆山骨嶙峋，威岩争峙，……山和江之间，芦花盛开，眺望颇呈奇观。凡大江沿岸，洲渚平衍处，芦荻丛生，往往数十百里不断，时方孟冬，叶败花开，如霜如雪，极目无涯；或曰长天杳渺，云树相接。……如此宏远豁大之景观，只有在大陆中

> 原才有缘识得，见惯了我邦以细腻取胜的风光的眼睛是不能想象的，真可谓天地间之大观。

这是 1899 年 11 月初从上海往武汉溯江而上的船上所见。这样的出色描写在《燕山楚水》中俯拾皆是，还有如从塘沽到天津的火车上对北方平原的赞叹，登游长城的观感，对杭州西湖山水的倾倒等等，不一一详述。他还比较、总结中日两国风景道：

> 要而言之，中国之长在莽苍、宏谿、雄健、幽渺，不在明丽、秀媚、细腻、委曲，赏之如啖甘蔗，渐品佳味；我邦之景，如尝糖蜜，齿颐皆甘。

北京是中国的首都，在这里可以感到中国历史和现实的脉搏。1899 年内藤第一次来中国时，北京所给他的印象，正如上文述及的，是政变后的“景观破败，人心沉寂”。但作为汉学家遥想已久的大中华帝国的京城，内藤还是对之倾注了莫大的关注：

> 入得永定门，右为天坛，左为先农坛的红墙数町，中央为宽若数百步的道路，是去年才修缮成的砌石大道，一直通到内城的正南——正阳门。北京规模宏大，不愧为大帝国的都城。……北京城墙构造雄壮，曾早有所闻，于今目睹，仍令人惊叹不已。……城中尘土作灰色，措足飞扬，蒙蒙晦冥，步行数分钟，衣服皆成灰白。若乘坐马车，或骑马骑驴，更是尘沙没蹄，侵没道路，人马之影难辨。

在北京时，正赶上中秋节，内藤约了古城贞吉等日本友人一起作"城墙观月"。北京的城墙，作为大帝国都城的象征，曾为举世赞叹，与长城同为中华民族的骄傲，可惜现在已经化为乌有。如今借助内藤当年的记述，我们可以追想那无缘拜瞻的伟大古迹之一斑：

> 在崇文门内的登城台阶前，以一些钱贿赂守城者，登上城墙，月已升上外城城墙，秋色澄明，昼间尘沙喧嚣的街市，眼下也变得清凉宁静。……城墙每隔 300 米有一扶壁，是城墙特别宽阔的所在，崇文门即在东边第五个扶壁处。我们在破损的雉堞边铺上毛毡，摆设了简单的酒筵。城墙上虽皆铺以城砖，但杂草茂密堪没人头，甚至还可见数丈高的树木。城外濠水映着月光，几处人家，数点灯影，闪映于嫩杨柳之外。哼着俚曲的北京人，徘徊于濠边，三三两两，隐约可见。此情此景，使人浑然忘却自己身处君临四亿生灵的大清皇帝的城楼之上，无限凄凉，漫上眼底心头，催人泪下。

内藤还详述了辽、金、元以来北京故都的历史沿革，介绍了长城、十三陵、京郊各大寺庙的概况，引用到的史籍有历代正史的《地理志》、郦道元《水经注》、顾祖禹《读史方舆纪要》、顾炎武《昌平山水记》、孙星衍《环宇访碑录》、《大清一统志》等。在一部游记中，如此多地信手征引史地书籍，可见作者博识之一斑。

各大城市的文化性格

上海是中国最早的通商口岸，晚清以来，租界林立，成为中外人士注目的"洋场"、商埠。内藤敏锐地道出上海作为这一特殊城市的特殊性格：

> 上海是中国领土的一部分，但事实上，却是中国又不
> 是中国，完全呈现出由列国共建起的一个小独立王国的样
> 子。作为东洋最大贸易港的上海，理论上，应该是和平的摇
> 篮，但事实上，却常成为骚乱的策源地。这里的中国人，似
> 乎已没有自己是中国国民的观念，而可说是住在小独立王国
> 的半外国人，这里的外国人，与其说是爱好中国的和平，不
> 如说对中国的骚乱更感兴趣，他们在这里极为自由地甚至是
> 放肆地观测着中国的大势。另外，上海与苏州、杭州、南
> 京、汉口等地气氛完全不一样，与其说上海是中国中部长江
> 流域的代表，不如说是与这些地方无甚关系的东洋全体放纵
> 分子的代表地。所以从这里发出的新闻报道，也都带着这种
> 气息。……这里最早感受到中国治乱的信息，也最早把这种
> 信息传向四周。

对于外国人在这"放纵分子的代表地"，即我们常说的"冒险者的
乐园"所进行的殖民色彩的行为，内藤是持批判态度的。相反，
对于外国人在中国从事文化、教育事业，帮助中国革除愚昧，开
发民智等工作，则热心介绍，由衷称赞。如他在1917年游济南时
记道：

> 在济南，最令我佩服的是英美教会合作建立的博物馆、
> 学校。博物馆用极浅近、简易的方法，开发一般民众的新知
> 识，例如用模型标出植树造林区与未植树造林区，前者无水

害，后者有水害，针对一般中国人的知识程度，设想周到，用心良苦。参观免费，参观者据说一年可达数十万之多。我去的时候，就见到有不少农民模样的人入馆参观。可以想见这对开发中国人的知识，定有裨益。此博物馆名曰"广智院"。广智院隔壁是医科大学及附属医院，大学用中国语教学，也足见其用心周到，医院的卫生清洁程度，在日本大学、专科学校的附属医院也属少见。

他第一次游历六朝故都南京是 1899 年，所见到的是盛名空负、满目荒凉的金陵古城：

> 南京失去帝都的地位已有四百余年，加之近年长发贼的大乱，城内十分荒凉，马路两边人家稀少，且杂以犬牙交错的田畴竹树，宛如行进在村落间，……往昔帝都只剩残名而已。据说目前城内形成街市的面积只不到全城面积的四分之一，人口不过十五六万，其荒凉可想而知。

他拜谒明孝陵，游览清凉寺，流连秦淮河，不禁赋诗咏叹道：

> 寂寞山川阅兴废，秦淮秋色感难胜。
> 莫愁湖冷疏疏柳，长乐桥荒漠漠塍。
> 儿女英雄千载恨，君王宰相一春灯。
> 凭谁更问南朝事，碎雨零烟满秣陵。

1917 年，他又一次来到南京。这次南京与十八年前见到的非常不同，户数增加，街市繁华，特别是下关一带，铁路交错，轮船竞发，形成很好的街市。内藤感叹道，下关的繁荣是靠了铁路、水路交通的发达，把其他周围地方的繁荣移了过来，近年来镇江的衰弱就是一例。交通的创立带来城市的繁荣，这种例子还有津浦线上的蚌埠。蚌埠以前并无所闻，近来因有铁路通过，淮河大桥的通行，也促使了它的繁荣。与此相反，古来闻名的临淮关，却逐渐萧条，失去了昔日的地位。

在中国的一些故都名城，内藤湖南对于中国人不重视历史文化，不惜破坏具有文化教育意义的历史古迹的做法，深感痛惜。如在南京，内藤感叹道：

> 欲探访明故宫的城墙，却损坏得连残迹都寻不见，据说因为城墙的古瓦值钱，被政府卖掉了，在这里我看到中国人败坏古物的勇气，不禁扼腕惊叹。……（在会见当时南京的都督时）我又问及明故宫城墙被破坏之事，他对这样的问题更是没放在心上。于此可见近来一般中国人的心理状态。

在武昌，内藤很想去拜诣黄鹤楼下的曾文正公、胡文忠公的合祠，向王督军（当时的湖北督军王占元）一打听，才知道因为曾、胡辅助清朝，讨伐太平军，延缓了革命的进程，而被革命党中的年轻人憎恶，进而毁坏了这祠堂。在长沙，岳麓山下的曾文正公祠，也变成了湖南烈士祠。内藤是赞成中国辛亥革命，赞成中国走共和国道路的，这在他辛亥后所发表的一系列文章、讲演中都可明确看到。在岳麓山下，他也拜诣了黄兴、蔡锷墓庐；在西湖之滨，面对秋瑾烈士之墓，他也曾肃然起敬。然而，对于革命者的过激行为，内藤叹道：

> （曾文正公对于两湖的）土地和人民是有大功劳的，湖
> 南人如此易忘五十年前曾文正公对于家乡的鸿业大恩，甚而
> 憎恨他，实在令我惊异无语。

历史总在曲折坎坷中前行，时至今日，《曾国藩全集》《曾文正公
家书家训》等书又一次成为书店里、报摊上的热门书，学者们也
正重新研究、公正评价这位中国近代历史上的重要人物，还他以
历史上应有的地位。回味近百年前一位外国学者的先见卓识，良
可感叹。

第四章 "一时缟纻遍西洲"[1]

——内藤湖南与中国学人关系

内藤湖南一生交往的中国学人众多。在三十多年、十次赴中国考察访问，进行政治、学术调查的过程中，他广泛结交了中国当时的社会名流、著名学者、亲日派人士等等，在直接交流接触中，与他们讨论时事，切磋学术，唱酬诗文，甚至与有些人如罗振玉、董康，结下了终生的情谊。在中日往来频繁的晚清民国年间，中国官僚、学者也多踏访考察甚至暂居日本，因而这种交流关系，也是双向互动的。另一方面，对于内藤湖南来说，有些中国学者或因时代错位，已成故人；或者因缘际会，未曾谋面，但却因为学术旨趣、资料互享等关系推动，内藤对他们或是追慕神交，搜集资料，对之进行开拓性研究，远者如章学诚，近者如盛昱；[2] 或是信函往返，交流推进某一专题的研究进展。

---

[1] "一时缟纻遍西洲"，在日本的"西洲"即中国，一时曾拥有很多情谊深厚、互相馈赠酬唱的缟纻之交。此句摘自内藤湖南花甲年咏怀诗《山庄除夕（丙寅1926）》，《内藤湖南全集》第十四卷《湖南诗存》，第 294 页。

[2] 盛昱（1850-1899），字伯羲，清宗室，肃武亲王豪格六世孙。光绪三年（1877）进士，翰林院编修，历官祭酒。学问广博，富藏经史诗文金石书画，著有《郁华阁遗集》及《雪屐寻碑录》传世。内藤自从文廷式处听闻他的学问后，对这位刚刚故去的宗室官僚学者深怀研究兴趣。后搜寻资料，写有《盛伯羲祭酒》及《盛伯羲遗事》二文，收在《内藤湖南全集》第七卷《研几小录》。两文后曾由吉川幸次郎译成中文，以《意园怀旧录》为题发表于《中和月刊》1940 年第 7 期。

京都学人送别罗振玉，1919 年 6 月 21 日摄于圆山公园料亭"左阿弥"[1]

[1]《内藤湖南全集》第十三卷，筑摩书店，1973 年。

内藤湖南交往的中国学人，虽然人员众多，交流内容和成分构成丰富，有直接交往和间接交往的，有一时酬唱或终身莫逆的。但综合分析，可以看出，随着中国时代政治的迅速变迁，内藤湖南交往、交流的对象，从政治思想立场来看，大致是沿着这样一条线索移动更替的：从维新时期的亲近与信任清流派、帝党，疏离保守腐败的后党；到新政改革时期的拜识与结交皇家宗室、立宪人士，疏离激进浮躁的革命党；到民国时期的拉拢与酬唱前清遗老、政府高官，疏离新文化运动中的西方文化讴歌者。内藤湖南所交往的，往往是这条线索上具有学者情怀、拥有学术资源、做出研究业绩的社会贤达、官僚学者、文人雅士。而其中的亲日派人士，除了实际交往外，还往往发挥着内藤与中国社会、中国人之间穿针引线的沟通作用。以下，主要分几个方面来分别梳理内藤湖南与中国学人的关系。

一、议政圈

议政圈：严复—王修植—陈锦涛—蒋国亮—文廷式—张元济—宋伯鲁—肃亲王—张百熙—张翼—岑春煊—郑孝胥—张謇—熊希龄—赵尔巽—（段祺瑞—徐世昌—汤化龙—范源濂—曹汝霖—陆宗舆—蔡元培—陈宝琛—梁鼎芬—吴廷燮—邓邦述—马其昶—李经畬—张尔田—秦敦世）

1899 年，尚是报社记者的内藤湖南首访中国，他带着"中国戊戌维新为什么失败？"，"目前中国的政治文化教育应往何处去？"——这样的问题来到中国，在北京、天津、上海，进行访问笔谈，由此，接触到一批中国维新人士和教育界、新闻界开风气之先的人士，他们主要有：

严复（1854—1921）：福建侯官人，这位中国近代著名的思想家、翻译家、西学引进第一人，在此前与王修植、沈曾植、夏曾佑等人创办了鼓吹维新改革、名震一方的《国闻报》，翻译出版了影响广大的《天演论》，在百日维新中撰《上光绪皇帝万言书》。政变后，他当时的身份是北洋水师学堂总办，随后，在天津、到北京，继续从事西书翻译活动。内藤如此描写和赞誉严复：

> 年四十七，二十年前曾游日本，十年前游学英国三年，能说英语，因翻译赫胥黎《天演论》而著名。眉宇间透着英气，戊戌政变以来，人人缄口不语，而他却议论纵横，毫无忌惮。实为此地方上第一流人物。……（《天演论》）文字雄伟，不似翻译，真大手笔也。[1]

王修植（约1858—1903）：浙江定海人，光绪十六年（1890）进士，曾任翰林院编修，同为天津维新重要人士。除与严复创办《国闻报》外，北洋水师学堂也正是他创设的，并开设"北洋西学官书局"，介绍科学知识，维新期间也曾草拟开铁路、设邮政、裁绿营、立学堂、废科举、开经济特科等十二章上奏光绪。当时的身份是北洋大学堂总办，内藤与他有访问笔谈。

陈锦涛（1870—1939）：广东南海人，曾留学于美国哥伦比亚大学、耶鲁大学，获耶鲁政治经济学博士学位。民初、北洋军阀

---

[1]《燕山楚水》，《内藤湖南全集》第二卷，第30页。其中"二十年前曾游日本，十年前游学英伦三年"，稍有误，应该是指1877年至1879年，严复留学英国学习海军之事，游日本，应是中英往返途经暂停而已。

时期几度出任财政总长。当时的身份是北洋大学堂西文教习。

蒋国亮：天津育才馆汉文教习。其他不详。内藤与陈锦涛和他有过一次访问笔谈，向他们了解中国新式学堂里中、西学教育的情况。

文廷式（1856–1904）：江西萍乡人，光绪十六年（1890）进士，翰林院侍读学士，是发起北京强学会的维新领导人之一。与黄绍箕、盛昱等列名"清流"，与汪鸣銮、张謇等被称为"翁（同龢）门六子"，被视为帝党中坚。政变后，正赋闲上海。内藤眼中的文廷式：

> 年四十四，容貌魁梧，面似虎溪（清代画家孙龄）《三笑图》之慧远。颇通内典，有志于研究世界诸宗教，造诣颇深。举止磊落，不拘小节，与人不苟合，往往忤逆。在官之时，兼任日讲起居注官，又作为稽查宗学大臣，尽力于宗室教育，与最近去世之国子监祭酒宗室盛（昱），最为亲善。盖南方人士中之铮铮有骨者。[1]

两人相谈甚契合，此后多有学术交往，诗文酬唱，文廷式去世后，内藤并有悼文怀念之。

张元济（1867–1959）：浙江海盐人，光绪十八年（1892）进士，翰林院庶吉士，曾任总理衙门章京。在戊戌维新中，与康有为、陈宝箴一起，以见重于光绪而成为维新主将，帝党辅助。政变后，被革职。与内藤相见时，正在上海南洋公学办理译书事宜。内藤记述他："年三十三，浙江秀水人氏，白皙伟岸美男子，……

---

[1]《燕山楚水》,《内藤湖南全集》第二卷，第 67 页。

能通英文，盖江浙间一俊才也。"内藤与张有采访笔谈，纵论人物时事，多有共鸣，笔谈结束时，张元济赋诗赠别内藤曰：

> 海上相逢一叶槎，愤谈时事泪交加。
> 愿君椽笔张公论，半壁东南亦辅车。[1]

此后三十多年间，张元济经营商务印书馆，从事译书事业和新式教科书的编辑出版，并经营涵芬楼东方图书馆，取得重大成就。1928年，他曾赴日访书，亦亲自登临恭仁山庄，拜访了故友内藤湖南。

宋伯儒，陕西人，光绪进士，百日维新期间，与康有为同气相求，曾奏请废八股、开经济特科以网罗通才。又奏请改《时务报》为官报，首陈报馆之益。戊戌政变后，革职，逃避上海，内藤通过他，了解不少关于中国新闻界、中外文报纸发行的情况。如《申报》《新闻报》《中外新闻》《沪报》《苏报》甚至小报《游戏报》，还有英文的《字林西报》（*Norts China Daily News*）、《中国公报》等等报纸的情况。

对于上述维新人士，内藤都有很好的评论和思想交流。对于业已避居日本的维新领袖康、梁，内藤自亦有关注，但评论不高。如评康有为说：

> （在东京见过）其人才力有余而识量不足，缺乏沉着态度。又志欲共济一世，而必以学义异同，喜自我标榜，与

---

[1]《燕山楚水》，《内藤湖南全集》第二卷，第105页。

人辩驳，所以，其事易愤。大凡事功之人，必忌以学义立偏见，是自限其势力，大不可行也。

评梁启超曰：

> 梁亦见过一次，梁在上海时，所论著有恃才自炫之风，东渡之后，颇有抑损。然在敝邦，仿近日士人急躁风气，且太过自我辩解，攻击西太后动辄涉于猥琐，适见其为人不高而已。[1]

1899 年的内藤，还曾欲拜访教育改革家吴汝纶（1840–1903）、[2] 驻日大使汪凤藻（1851–1918）、湖广总督张之洞（1837–1909）而不果。

要之，这个以戊戌维新人士为中心的官僚知识分子圈，是中国改良政治的探索者，他们向内藤表示了如从事译书事业，引进西学；兴办新式教育，培养人才；开设新闻报业，养成民风等改良愿望，引起了关心中国时务的内藤湖南的共鸣和认同。他特别敬佩赞赏如严复、文廷式、张元济这样慷慨沉郁的饱学之士，看重他们能有胆有识、维新开拓，又进退有度、宽厚有容的政治品质——一种近乎学者型政治家的品质，反对革命与冒进的性格与行为。

1902 年，内藤再游清国，在京津间访问了王朝宗室代表肃亲

---

[1]《燕山楚水》，《内藤湖南全集》第二卷，第 104 页。

[2] 1902 年吴汝纶赴日考察教育，两人相会并有诗作酬唱。

王、荣禄，推行新学制的张百熙、直隶总督袁世凯、北洋商务重臣张翼等人。在《游清记别记》中，有三节专门记录拜访肃亲王、张百熙、张翼的观感，对他们三人的人品、政见，均有肯定。

另外，1903 年张謇赴日本视察，与内藤有交往；围绕 1906 年奉天访书，1914 年《支那论》的写作，内藤与熊希龄有重要关系，这方面陶德民先生均有研究，在此略去不论，请参阅陶著。[1]

再有，奉天都督赵尔巽、[2] 外交官杨文瑞霭亭、外交官孙葆缙、奉天府学教授王者馨，内藤历年奉天访书，与他们虽谈不上议政，却也多有交接过往，得到过协助。

1917 年，已然是京都大学著名中国学教授，于中日关系多有发言力的内藤湖南（1914 年出版《支那论》，1915 年公开发表反对日本政府"对华二十一条"政策），第七次巡访中国。收获颇丰。在上海，与岑春煊谈时事，与沈曾植、郑孝胥谈诗文；在武汉，寻访杨守敬后人（杨于 1915 年去世，内藤曾在日本的追悼会上致辞），拜访杨守敬高足熊会贞；在北京，见到了众多北洋政府的高官政要、文史硕儒：

> 在北京的两周过得非常忙碌，其间，会见中国当代人物，时时列席于文坛雅席，颇有收获。所会见的人物有：刚

---

[1] 陶德民：《明治的汉学家与中国》第三章附录、第四章及第五章相关部分，关西大学出版社，平成十九年版。

[2] 赵尔巽（1844–1927 年），清末汉军正蓝旗人，祖籍辽宁铁岭。同治十三年（1874）进士，翰林院编修。辛亥前曾为盛京将军（东三省总督），革命后，为奉天都督。内藤历次奉天访书时，他是东北地方最高长官，与他多有交接过往。1914 年任清史馆总裁。赵尔巽为政清廉，长于文史，善于书法，与东北王张作霖还是儿女亲家。

辞去国务总理的段祺瑞，隐然负有北方重望的徐世昌，前内
务总长汤化龙，前教育部总长范源濂，新教育总长傅增湘，
前内阁并现内阁留任的交通总长曹汝霖，日中汇兑银行总裁
陆宗舆，国立北京大学总长蔡元培，曾任国务总理现任京畿
一带水灾事宜督办熊希龄，大理院长董康等，都是现在中国
政坛活跃的人士。另外，宣统皇帝的帝师陈宝琛、梁鼎芬二
人，清史馆总裁赵尔巽，清史馆编撰官吴廷燮、邓邦述、马
其昶、李经畬、张尔田、秦敦世等，皆可称当世硕儒。其
他，还有如元史大家柯劭忞、屠寄，书画鉴赏家原清代学部
侍郎宝熙以及景贤、袁励准、陈汉第、颜世清等人。[1]

补充一句，这里出现的如文廷式、张元济、傅增湘、董康、柯劭
忞等人，后来持续成为内藤湖南的学术伙伴，有的人就列入下面
的学术圈。

二、学术圈

学术圈：罗振玉—王国维—沈曾植—夏曾佑—李盛铎—曹廷
杰—刘鹗—董康—金梁—傅增湘—端方—杨钟羲—（柯劭忞、熊
希龄、江庸、王式通、贾恩绂、汤中、王照、胡敦复、邓萃英、
郑贞文、王树枏）

内藤湖南于 1902、1905、1906、1908、1910、1912 年，先后
六次来中国访书、学术考察，在此过程中，得到中国教育界学术

[1]《支那视察记》,《内藤湖南全集》第六卷，第 467 页。

界官僚知识分子的指点和帮助,形成一个以访求满蒙史料、敦煌卷子、汉藏满蒙文佛经为经线,以满蒙史地研究、清史研究、敦煌学研究为纬线的学术圈。这些人主要有:

罗振玉(1866-1940):这是内藤一生中最长久的挚友,从1899年内藤第一次来中国两人初识直至内藤去世。当时,罗振玉正在上海主持东文学社——日语培训学校,他所聘任在社的日人藤田剑峰、田冈岭云都是内藤的旧友,由于藤田剑峰的介绍,内藤与罗振玉结识了。罗振玉在近代学术史上,是多有建树的开风气之人,其一生在甲骨文、敦煌遗书、汉魏简牍、金石碑拓、内阁大库等方面,多起到敦促保存、倡导研究的重要作用,由于内藤与罗振玉特别亲近的关系,特别是辛亥后罗、王的避居京都,在开拓和践行上述这些学术领域的新研究上,罗通过内藤以及京都学派的其他学者,起到了直接推动和相辅相成的作用。

王国维(1877-1927):在东文学社时,王国维只是个学生兼助理,而他的学术才华已为罗振玉所识。通过田冈岭云的介绍,王国维短暂到日本留学,虽不久因病回国,接受了尼采、叔本华等西学新知的他,继而写出了《红楼梦评论》《人间词话》等美学新篇章。辛亥后,王国维回归"信实"的史学研究,在利用甲骨卜辞、金文等进行上古历史研究等方面,做出了惊人的学术贡献,他利用卜辞进行殷商世系的研究,对内藤有所启发和促进,两人因而互有论文商榷和推进研究。藉此,王国维所率先实践的学术研究"二重证据法",也成为京都学派学者乐于追随效仿和熟练运用的新史学方法。特别是1927年自沉死节,更引起内藤湖南等京都中国学者的深切敬悼和怀念。

内藤湖南墨迹·《哭王静安》[1]

沈曾植（1850-1922）：因为文廷式的介绍，内藤结识了沈曾植。沈曾植，浙江嘉兴人，光绪六年（1880）进士，历任总理衙门章京等职，维新时与严复、王修植同在《国闻报》共事。但他更以学术著称，是晚清博通古今、蜚振中外的硕学通儒，尤精研于西北史地。内藤结识沈曾植后，先后在上海、神户等地多次与他见面，进行学术切磋之事。从沈处获得"西夏感通塔碑"和"吐蕃会盟碑"的拓本。内藤盛赞其"是当时中国史学第一人"，在论及西北地理学时，评价他是"当今清国第一流史家，其精深渊博处，实在洪钧、李文田之上"。[2] 内藤晚年讲学时，还经常向学生称赞沈曾植的学问。

夏曾佑（1863-1924）：浙江杭州人。光绪十六年（1890）进

---

[1] 钱婉约、陶德民编著：《内藤湖南汉诗酬唱墨迹辑释》，国家图书馆出版社，2015年，第112页。

[2]《蒙文元朝秘史》，《内藤湖南全集》第十二卷《目睹书谭》，第152页。

士，授礼部主事。夏曾佑与文廷式、王修植为同科进士，这是他们在天津一起办《国闻报》的契机，也反映了他们鼓吹变法的共同政治理想。但夏也更是一个学者和教育工作者，政变后，他接受张元济之托，撰写商务新式教科书之《中国历史教科书》，1902年写成，是中国第一部用进化论观念写成的通史著作。辛亥革命后，他曾任中华民国临时政府教育部普通教育司司长，1916年调任京师图书馆馆长。内藤于1902年会见过夏曾佑，对他的学问、著作多有褒赞，神田喜一郎回忆说，"对于中国人写的支那古代史，内藤先生高度评价夏曾佑的《历史教科书》。我在京都大学学习时，先生因推崇夏氏的识见，总是劝勉我们一读夏氏之书。"[1]

李盛铎（1859–1937）：江西德化人，号木斋，光绪十五年（1889）进士，翰林院编修、国史馆协修，清末致力于立宪活动，为清廷派遣出洋考察五大臣之一。他是晚清重要藏书家，藏书室名"木犀轩"。内藤于1902年来华时，即访问结识了他，以后屡有往来。1928年10月羽田亨到中国游学，就是拿着内藤的介绍信，去天津"木犀轩"访看李氏收藏的敦煌经卷的。[2]未想1935年，由白坚作中，由日本某财团助资，李氏敦煌经卷就转卖给了时任京都大学文学部长的羽田亨。[3]

曹廷杰（1850–1926）：湖北枝江人，在东北地区任吉林知府等地方官三十余年，曾亲临边境悉心查访，搜集大量有关东北边

[1] 神田喜一郎：《"内藤湖南先生と支那古代史"补遗三题》，氏著《敦煌学五十年》，筑摩书房，1983年，第98页。

[2]《与李木斋（昭和三年）》，《内藤湖南全集》第十四卷《湖南文存》卷十六。

[3] 参见高田时雄：《李滂と白坚——李盛铎旧藏敦煌写本日本流入の背景》，载〔日〕《敦煌写本研究年刊》创刊号2007年。

境的资料，前后编成《东北边防纪要》《西伯利东偏纪要》《东三省舆地图说》三书，是清末民初东北史地研究的重要学者。[1] 关注西北史地的内藤，自然将此重要学者放在关注的视线之内，在尚未见面之前，就于第一次来中国的 1899 年，在上海购买了曹廷杰的《西伯利东偏纪要》，此后两人多有互访，主要是内藤就边疆史地资料对曹的请益，据此，内藤写成《明东北疆域辨误》一文。1908、1912 年内藤来中国时，都曾专门访会曹廷杰，请教有关问题，内藤称他为"精通吉林掌故之第一史家"。[2]

刘鹗（1857–1909）：江苏丹徒人，字铁云，清末名士奇人，涉猎众多，学识博杂，精于考古，著述颇丰，在数学、医学、水利等实学方面均有造诣。刘鹗是中国最早收集甲骨片的人，并将自己收藏的甲骨编成《铁云藏龟》，此书是最早将甲骨卜辞公之于世的著作。内藤于 1902 年，在北京刘鹗的寓所，见到了桌上摊放着的甲骨文片，并观看了刘鹗拓片的过程。这是内藤第一次见到甲骨片，他因而也可能是世界上第一个见到甲骨文片，并听取中国学者对甲骨文字见解的外国人。

董康（1867–1947）：文献学家、法律史学家。董康与内藤的交往，多发生在日本。辛亥革命后，董康避居京都有年，与内藤多有联系，而在此之前的 1902 年，他已因为东京岛田翰的介绍，在京都结识内藤。辛亥后，两人交往更多。1924 年，两人先后到欧洲访书，对于英法所藏敦煌卷子等文献互有讨论。1927 年、1934 年，董康又先后到京都，与内藤多有书籍往来之交往。其所

[1] 参见《曹廷杰集》，中华书局，1985 年。
[2]《近获之二、三史料》，《内藤湖南全集》第七卷《读史丛录》，第 558 页。

刻《诵芬室丛刊》，多海内孤本，如影印日本宋版《刘梦得集》，足补《曲海总目提要》"中国绝无传本"之《二刻拍案惊奇》，即得自于内藤的推荐或借阅。

金梁（1878–1962），内藤文中常称其号，为金息侯。满洲正白旗人。因其对满族语言历史文化资料的熟悉和进行整理译编工作，而与内藤湖南的奉天访书多有关联。1908年受命典守沈阳故宫古物，就宫内"翔凤阁"收藏的书画，整理著录为《中国书画著录书》。金梁组织满汉学人进行《满文老档》的汉译工作，完成于1918年，初版于1929年，取名《满洲老档秘录》。这比内藤湖南拍摄《满文老档》回日本，进行日译，到1933年以《满洲实录》为名出版，要早一些。

傅增湘（1872–1950）：教育家、藏书家。光绪二十四年（1898）进士，入民国后曾任北洋政府教育总长、故宫博物院图书馆馆长等。傅氏富藏书，精于校书，工于书法，在目录学、版本学方面，堪称一代宗主。1917年内藤在北京初见他，1929年，傅增湘访书日本，曾专门登临恭仁山庄，拜访内藤，参观其藏书。

端方（1861–1911）：满洲正白旗人。清末政治家、金石学家、收藏家。内藤拜访他是在1910年秋，在其寓所见到众多宝物，在《京都帝国大学清国派遣教授学术调查报告》中，特列"端方氏的藏品"一节，介绍见到的米芾真迹、郭熙山水图、巨然长江图及相传为六朝人的绘画，以及敦煌佛像佛画、青铜器等珍贵藏品。也正是这次，内藤初次见到《唐写本说文残卷》稀世珍本，就此念念不忘。一年后，端方死于四川革命军，其所藏文物流散，这也是1926年内藤终于获得《唐写本说文残卷》的契机。

杨钟羲(1865–1940)：这是久为学术界忽略的一位清末大

学者、藏书家。满洲正黄旗人，后改汉姓，世居辽阳。字子勤、圣遗、芷晴，号留垞、梓励，又号雪桥、雪樵等。光绪十五年（1889）进士，翰林院编修。曾历任湖北、江苏、浙江地方官，又为两江总督端方的幕府。辛亥革命后，留寓上海，以清遗老自居，寄情文史，不问世事，曾为刘承幹聘为嘉业堂校书。1923 年春，应溥仪小朝廷之召，与罗振玉、王国维一样，北上任"清室南书房行走"。伪满成立后，应诏挂名"奉天国立博物馆"馆长，而仍于北京著书讲学，直至 1940 年秋逝世。

杨钟羲的学术成就，主要在《雪桥诗话》四集，和与其表兄盛昱合辑的《八旗文经》及自撰《八旗文经作者考》两项上。《雪桥诗话》共正、续、三、余四集，作成于 1912–1922 年间，篇帙浩繁，内容丰富，堪称力作。诗话以外，收罗甚广，上至朝章国故、经济民生，旁及风俗物产、旧闻轶事、学术渊源、艺文流派，尤致力于八旗文献的搜集，堪称清代掌故全书。《八旗文经》成书在前，是满洲旗人文集的汇总，为《雪桥诗话》奠定基础，两书常被称为姐妹篇，是研究清史、北京史，尤其是研究八旗人物极为重要的文献资料。[1] 在近人缪荃孙、郑孝胥、刘承幹、顾廷龙等人的日记中，多有与杨钟羲历年往来的记录。《杨钟羲逝世后讣告诸友名录》中，更可以看到众多在京名流和学界硕儒之名，可见，杨交游之广和影响之大。[2]

杨钟羲与京都学派多有联系，吉川幸次郎留学北京时，曾拜

---

[1] 参见《雪桥诗话》之"出版说明"，北京古籍出版社，1989 年，及《雪桥诗话全编》，人民文学出版社，2011 年。郁辉：《杨钟羲年谱补编》，华东师范大学 2009 年博士论文。

[2]《杨钟羲逝世后讣告诸友名录》，载《收藏家》，1998 年第 2 期。

其为师；1933 年春，因狩野直喜之邀，杨赴日访书会友，遍观东西两京公私旧藏汉籍。曾登临恭仁山庄观书，内藤出示自己的善本珍藏，赠以自己的著作《宝左庵文》，杨钟羲在内藤藏《说文残卷》上写下"囊客陶斋尚书所，曾观此卷，今访湖南先生于恭仁山庄，出以见示，曷胜今昔之感"的跋语。内藤向他询问自己十分倾慕的盛昱身后之事，也说起曾委托仓石武四郎和吉川幸次郎寻觅和整理盛昱遗著《雪屐寻碑录》之事。

"东方文化事业总委员会"的中方委员：1924 年，日本用庚子赔款在中国成立了"东方文化事业总委员会"，用以在中国推进科技发展和历史文化方面的研究。委员会分别设有 11 位中国人委员和 7 位日本人委员，委员长由中国人柯劭忞担任。中方委员是：柯劭忞、熊希龄、江庸、王式通、贾恩绂、汤中、王照、胡敦复、邓萃英、郑贞文、王树枏 11 人，[1] 日方委员是：入泽达吉、服部宇之吉、大河内正敏、太田为吉、狩野直喜、山崎直方、獭川浅之进等 7 人。可以看出，11 位中国人中，前清遗老、硕学大儒占居半数之多。委员会下设北京人文科学研究所，主要工作是进行《四库全书总目提要》的续编。内藤参加了史部和集部的编撰工作。与相关方面的中国先生，不免有所交往。[2] "东方文化事业委员会"代表了日本政府支持下的中国研究，其选择的合作对象是那些对中国经史子集传统学术深有修养的老派知识分子，其所进行的《四库全书总目提要》续编工作，本身也正是对清朝

---

[1] 黄福庆：《近代日本在华文化及社会事业之研究》，台湾中研院近代史研究所专刊 45，1997 年第四版，第 120 页。

[2] 如从《内藤湖南全集》中内藤给柯劭忞的几通书信看，内藤曾介绍赴华游学的今西龙、羽田亨、神田喜一郎等人，去拜见柯劭忞。

乾嘉学问的继承和延续。内藤湖南参与其间，正可看做是他对民国及新文化运动之后中国时政及当代文化的失望，以及回归古典学术的象征。

三、亲日圈

内藤湖南—郑永昌—方若—白坚

亲日是个并不严格的概念，它包含了具有知日质素和亲日感情的，也包括了在此基础上，在中日战争期间，出任伪职、沦为汉奸的人物。在这里，我们暂且不做政治道德上的辨别和评判，而是为了说明他们对于内藤的意义和作用。在与中国政界、学界打交道时，曾给予内藤湖南在华活动和人员引荐的，除了日本驻华官员、文化从业者外，就是中国人中的这些亲日派官僚学者。

亲日圈相对于上面两个圈子，是小得多的范畴。或者说，上面两个圈子里提到的诸多人物，如罗振玉、郑孝胥、董康、王照、傅增湘、杨钟羲等人，在不同程度上，正是符合纳入这里设定的亲日圈的，只是因为他们在学术上或政治上有更突出的表现，所以，先已交代于上了。

在此，只介绍两位小人物：

方若（1869-1955），字药雨，号劬园，别号古币富翁，浙江定海人。维新政变时与康、梁同遭通缉，出逃日本。不久回国后，寄居天津。戊戌政变后，《国闻报》先是受到弹劾，继而，沙皇俄国借口《国闻报》泄密，要挟清政府取缔之。王修植迫于内外压力，于1899年初将《国闻报》转售日本人。王修植、严复退出报馆，交于日本驻天津领事馆领事郑永昌经营，日方正式委任方若为主笔。《国闻报》由维新派的喉舌，蜕变为日本在华的舆论工具。直到 1900 年《国闻报》报馆被义和团捣毁，不得不停办，到 1901 年再度恢复，遂改名为《天津日日新闻》，[1]方若仍为主编。内藤湖南 1899 年秋冬第一次来华，在天津的活动，正是由于日资《国闻报》主笔方若的多方介绍，遂得以访问会面原维新派《国闻报》的主要编创人员严复、王修植等人。方若本人富收藏，尤好古泉。著有《校碑随笔》，也在北洋大学堂任教授，这样的学养是内藤与他此后一直有所往来的基础。直到晚年，内藤与他仍有诗句酬唱，"津沽握手卅年前，世局同看变若烟，……华发重逢吾更老，可堪斟酒品新泉"，[2]老友情谊，可见一斑。

白坚（1883 – ？），字坚甫，四川西充人，毕业于早稻田大学政治科。曾任北洋政府文官，及傀儡政府中华民国临时政府伪职。白坚喜收藏金石书画，与民国藏书家、金石家傅增湘、叶恭绰、孙殿起、吴虞等人多有往来，他也常往返于中日之间，与日本中国学家有往来。他鉴赏金石书画之余，也以买卖转售它们获利，而转售对象往往多是日本人。这致使国宝外流，因而遭到有识之士的抵制和舆论的批评。经他之手，1926 年《唐写本说文残卷》转售内藤湖南。[3]

---

[1] 许多资料不辨《天津日日新闻》即《国闻报》被毁后之赓续而来，称方若成为另一份日人报纸《天津日日新闻》的社长兼主编。

[2]《寄怀方药雨》，《内藤湖南全集》第十四卷《湖南诗存》。

[3] 参见钱婉约：《白坚其人及〈唐写本说文残卷〉流入日本考》，载《中国文化研究》2013 年夏季卷。

四、满蒙史、敦煌学、章学研究

上面勾勒了以内藤湖南为中心，呈并联状态向外发射的同心圆，这圆圈上的许多中国人，本身又多是彼此有所关联的。另一方面，在内藤的周围，还联结着一批日方的东洋学同行和学生，由此及彼或者由彼及此，通过内藤与圆圈上的中国人发生联系。中日学者之间，因而呈现更为纷繁的多线条、多组群的人员交往和学术交流。因此，与"同心圆"关系圈相比，毋宁说，纵横交错的"关系网"，更接近交流事实的真相。换句话说，内藤湖南与中国学人的关系，一方面，因特定的人员特征形成议政圈、学术圈、亲日圈等同心圆关系圈；另一方面，围绕某个学术领域或研究课题，形成联系更为错综的中日学者之间的学术关系网络。

蒙元史研究：盛昱—文廷式—李文田—沈曾植—内藤湖南—那珂通世—白鸟库吉—桑原隲藏—田中庆太郎—市村瓒次郎—鸳渊一、三田村泰助、今西龙

内藤于 1899 年在上海初识文廷式，作为"清流"名士、帝党中坚、"翁门六子"的他，在人脉和政治资源上的意义，对于新闻记者的内藤来说，无疑是很大的。而他所藏有的蒙文《元朝秘史》，则更成为他们日后继续交往的重要因素。

《元朝秘史》原名《蒙古秘史》，是 13 世纪蒙古族最早的官修历史文献，原文为畏兀儿体蒙古文，撰者不详。明初翰林译员曾用汉字音译蒙古语原文，并逐词汉译旁注，分段节译于后，题名

《元朝秘史》。[1] 自清代乾嘉学派学者钱大昕用此考订元史后，世间颇知推崇。然而，张穆校订，收入杨氏连筠簃丛书的《元朝秘史》，却只是汉译部分，把蒙文原文及蒙文旁的汉字音译都删却了。这为后人利用此书进行元朝史研究，特别是在人名地名的考据方面，带来不确定性和错乱。

钱大昕所藏蒙文《元朝秘史》，后归张石洲，辗转而为盛昱所得，盛昱门人文廷式和李文田，借来此书，各抄录一部，"海内始有三部"。后李文田据此撰《元秘史注》十五卷，是原本《元朝秘史》最早的译注本，对书中所述地理、年代、人名、史实等均详加考证。

（李文田）此书 1901 年被田中庆太郎在北京购得，携回东京文求堂，据说归了市村瓒次郎所藏。我至今未能有一见。文廷式云阁氏前年（约按：1900）来游，我之前已在上海与他相识，交最款洽，日夕相随，以笔代舌，商榷古今，语及元史，云阁道其藏有蒙文元秘史，与李文田一样，同抄自国子监祭酒宗室盛昱之原本。……余因求其归国后，能抄寄惠赠。并将其介绍给那珂通世、白鸟库吉、桑原隲藏三氏，三氏为当今我东洋史最精深者。那珂氏亦恳意必欲一见秘史蒙文。云阁归，未几拳祸起，余也从东京来此地（约按：大阪）操觚，忙于时务议论，未遑就此事问云阁。最近云阁却托从上海回国的白岩子云带来了蒙文秘史抄本，并附

---

[1]《蒙古秘史》1989 年被联合国教科文组织列为世界名著。据 2008 年 4 月新华社报道，蒙古国出版了传统蒙古文、新蒙古文和拉丁文三种文字编撰的《〈蒙古秘史〉词典》。

有一信。[1]

1900 年文廷式赴日，在东京会见旧友内藤湖南，谈及蒙文秘史，内藤因请求抄寄惠赠。文廷式归国后，于 1902 年初，将此书全部（正文十卷续二卷）誊清一份，赠予内藤，还同时介绍沈曾植《蒙古源流事证》，也将钞誊一份，一并赠送。文廷式于抄本前题写道：

> 日本内藤炳卿熟精我邦经史，却特一代尤所留意，余故特抄此册奉寄，愿与那珂通世君详稽发明，转以益我，不胜幸甚。清光绪二十七年十二月萍乡文廷式记。[2]

那珂通世随后从内藤处获得一份副本，经三年辛苦，将此书翻译成日语，并广泛参阅汉文、西文的有关书籍，施以注释，另取名为《成吉思汗实录》，在日本出版，被学界中人视为日本乃至世界性元史研究的重要著作。

于此前后，田中文求堂重刊清《元圣武亲征录》（内藤于中国带回何秋涛本，梁鼎芬送给那珂通世李文田增注本，田中庆太郎购回何秋涛本重印）及洪钧（1839–1893）《元史译文证补》等书。

以上活动，对于后来内藤湖南奉天访书，及主持京都大学东洋史同道及学生鸳渊一、三田村泰助、今西龙等人，整理编印《满

---

[1]《蒙文元朝秘史》，《内藤湖南全集》第十二卷《目睹书谭》，第 149 页。
[2]《蒙文元朝秘史》，《内藤湖南全集》第十二卷《目睹书谭》，第 150 页。

蒙丛书》，[1] 可谓最早的推动力和出发点，也为日后日本蒙元史研究奠定了重要基础。

这个案例可以看做日本近代新史学，仰承和凭藉中国固有珍稀资料和先期研究，继承而开拓创新的发展态势。

敦煌学：伯希和—罗振玉—田中庆太郎—内藤湖南—狩野直喜—羽田亨—董康—李盛铎—李滂—白坚—神田喜一郎

敦煌藏经洞发现以来，中国学术界长期不加重视，学者无所关注。让伯希和、斯坦因等人在资料的获取上占尽先机，直到伯希和在北京的寓所展示他的敦煌收藏品，才引起中国学者罗振玉等少数人的关注。与此同时，日本对敦煌遗书的关注也随即跟进。1909 年秋，田中庆太郎在北京的日人刊物《燕尘》上，刊发了自己在伯希和寓所见到敦煌卷子的报道，随后，内藤湖南即在 1909 年 11 月 12 日的《朝日新闻》上，以《敦煌石室的发见物——千年前的古书卷十余箱 悉为法国人携归》为题，向日本国内做了报道，接着内藤又作《敦煌发掘的古书》长文，进行进一步的解说。经由这两篇报道，日本国内学术文化界获知了敦煌文物的面世及其重要价值。

1910 年罗振玉向京都老友内藤湖南报告，敦煌卷子将由西北收归京师学部，移藏京师图书馆保管，京都大学闻风而动，遂派遣内藤湖南、狩野直喜、小川琢治、富冈谦藏、滨田耕作等五人，到北京调查敦煌遗书，截获实况，寻觅资料。此时，日本的敦煌学研究正刚刚起步，吸引了历史学、文学、考古学、艺术史等各

---

[1] 1919 年起，内藤将历年多方搜集、复制、购买的满蒙资料，带动学生施以注释、提要，整理编辑，逐年印行，题为《满蒙丛书》。

方面的东洋学者，分别向敦煌遗书这个新资料所提供的全新学术领域挺进。1924 年董康与内藤曾先后赴欧洲探访英法所藏敦煌经卷，互通信息，各有所获，1927 年董康留居日本时，更向内藤借阅所摄伦敦大英博物馆藏敦煌遗书二百余张影印片，以资校录，其中多有董康向未寓目者。[1]

与此前后，中国方面，1910 年罗振玉编成《石室秘宝》，1911 年刘师培撰成《敦煌新出唐写本提要》，此后，罗振玉又先后编成《鸣沙石室佚书》《鸣沙石室佚书续编》《鸣沙石室古籍丛残》《敦煌零拾》《敦煌石室遗书三种》《敦煌石室碎金》等书，其中前三种正是罗振玉避居京都时所作。加之刘复《敦煌掇琐》（1925 年）、陈万里的敦煌考察记《西行日记》（1926 年）、胡适《荷泽大师神会遗集》（1930 年）、陈垣《敦煌劫余录》（1931 年）陆续问世，构成中国敦煌学发展初期的不俗业绩，[2] 与同时期日本的敦煌研究相比，是没有逊色的。

1935 年在白坚的牵线沟通下，李盛铎所藏大批敦煌遗书，由其子李滂经手，最终卖于敦煌和西域史专家、时任京都大学文学部长随即转为京大校长的羽田亨。羽田亨对购自李盛铎及从其他处所获的敦煌卷子，编纂了《目录》并一一拍照。[3] 几十年间，日本学者或到中国继续寻访逸散的卷子，或远渡重洋到欧洲调查抄录相关卷子，几代学人持续努力，取得了令世人瞩目的研究成果。1952 年，神田喜一郎《敦煌学五十年》问世，1960 年继而有

---

[1]《董康东游日记》卷一，河北教育出版社，2000 年，第 3 页。

[2] 参见荣新江《中国敦煌学研究与国际视野》，《历史研究》2005 年 4 期 。

[3] 羽田亨去世后，实物被保存在杏雨书屋，经卷照片则陈列在京都大学羽田亨纪念馆。

《敦煌学的近况》(一)(二)连续刊出,可看做是继内藤、羽田亨之后,对于日本敦煌学研究的推进以及对敦煌学研究史的总结。这之后,日本的敦煌学研究并没有止步,而此时的中国学术全面停顿,以致到上世纪80年代初,藤枝晃来华演讲,有所谓"敦煌在中国,敦煌学在日本(国外)"的警示语。这是广为中外学术界所知的,在此不赘述。

由上述事实可以推论,晚清民国年间内藤身前的敦煌学研究发展,在中日学者之间,基本是一种平等的、互通有无、互为取鉴,相互激励,共同推进的发展态势。

章学诚研究:章学诚—内藤湖南—青木正儿—胡适—姚名达

以现在的眼光看来,章学诚(1738–1801)可谓清代学术史上可数的一流大学问家、思想家。可是,由于其学术风格与乾嘉学风不一,他的著作和学术主张在很长时间里隐没不彰。进入20世纪以来,章学诚才渐渐引起学者们的注意和推崇。而这一转变的实现,内藤湖南实有钩沉发微的开风气之功,体现了他独到的史学眼光。

1902年,内藤初读《文史通义》与《校雠通义》,即对章氏学术十分倾倒,赞为"绝学"。随后,即留意多方搜集章氏著作,1919年,内藤新获《章氏遗书》抄本十八册,得以披览上述两著作以外的章氏全集大部分内容,遂撰成《章实斋先生年谱》,发表在1920年《支那学》上。杂志出版后,随即由京都大学新一代支那学研究者青木正儿寄往北京大学的胡适手中,使胡适在第一时间读到了这书。

1922年,胡适亦出版同名著作《章实斋先生年谱》,胡适说:

我做《章实斋年谱》的动机，起于民国九年冬天读日本内藤虎次郎编的《章实斋先生年谱》。我那时正觉得，章实斋这一位专讲史学的人，不应该死了一百二十年还没有人给他做一篇翔实的传……，最可使我们惭愧的，是第一次作《章实斋年谱》的乃是一位外国的学者。我读了内藤先生作的年谱，……就随时在"内藤谱"上注出每条的出处。有时偶然校出"内藤谱"的遗漏处，或错误处，我也随手注在上面。……这便是我作这部年谱的缘起。[1]

胡适在书出版后，随即寄给内藤湖南，封面上写着"敬赠内藤先生 表示敬意与谢意 胡适"。在此之后，又有姚名达继续追踪章学诚生平事迹，于1927年发表一部新的章实斋年谱，即《会稽章实斋先生年谱》。

内藤湖南最为推崇章氏学术的地方有两点：一、章学诚及其所属浙东史学，"重人事""讲实学"，注重"经世致用"和"务真求实"的学风；二、章氏"校雠学"对于古文献的批判精神和考据功夫。前者是所谓"学问所以经世"，后者是所谓"为学术而学术"，这看似矛盾的两个方面，其实正与内藤湖南个人的学术主旨十分契合，"为学术而学术"是纯粹的治学方法，"学问所以经世"是为学的理念。内藤的独到之处在于，在京都学派普遍推崇近代实证史学，讲究考据信实的"科学之风"下，他能够长于考据，更能够超越考据，追求史学家知往鉴来的经世之责。"精神是宋学的，治学方法是汉学的"，这多像乾嘉时期的章学诚！

---

[1] 胡适：《章实斋先生年谱·自序》，商务印书馆，1922年。

此外，就内藤在满清史地研究、中国绘画史、中国版本典籍书画金石鉴赏等方面所展开的研究活动，也可以梳理出一定的中日人员学术网络，限于篇幅，在此从略，留待后续。

五、仰承与垂范

在我以前所作关于内藤湖南与中国学术关系的一系列论文中，更多强调了日本近代学术相对于中国学术的领先性和启示作用，比如开拓新的学术领域，体现在开展中国边疆史研究、甲骨敦煌学研究、戏曲文学研究等方面；比如推进实证主义的科学治学方法，体现在注重实地考察、疑古辨伪、文献考据等等方面。这些方面，广博的内藤湖南，几乎都有参与，发挥领先作用。

通过本章对于内藤湖南与中国学人关系的进一步挖掘梳理和辨析，我想对以前的论调稍作修正。事实是，内藤湖南与中国学人、中国学术界的关系，既有如蒙元史般仰承中国固有资料，继承中国前期研究的状况，又有如敦煌学那样，中日双方互通有无，此消彼长，共同推进的状况。即便如在章学诚研究这样无疑是内藤湖南着先鞭、开风气的例子上，如果从内藤治学的学术脉络上追究，也可以清楚看到中国浙东学派经世致用的治学风范，对于内藤湖南的精神感召和性格熏染。

仰承与垂范——在中日近代学术之间，不是单向的或者线性的发展，而是呈现出互相咬合、互有消长的变奏形式。

第五章　士魂史识经世心

——内藤湖南汉诗解析

内藤湖南作为在幕末明治前期成长起来的日本知识分子，身上保留着"传统汉学家"的知识禀赋和学术素养：他历年收集中国古籍善本、书画作品，对鉴别真伪高下，有相当的鉴赏眼光。他自己也喜临池作书，他的扇面、立轴或书简等书法作品，字体清峻典雅，独成一格。他的汉诗文创作，更是蔚为可观。文多为与中国人的通信及为古代汉籍或汉学著作的题跋序文，诗则五七并举，绝律兼擅，而以七言绝句为最多。有道是"诗言志""诗为心声"，读过他史学著作、熟悉他学术成就的人，不妨通过他的汉诗文作品，进一步探究这个处在东西古今文化碰撞、中日关系复杂时代的日本中国学家的内心世界。

一、汉诗文著作

内藤湖南的汉诗文著作，主要有以下四种：《宝左庵文》《湖南文存》《玉石杂陈》《湖南诗存》，先一一简单介绍如下。

《宝左庵文》结集于 1923 年。当时作者因胆结石住院治疗，在动手术前一天，捡拾一生所作汉文汉诗，将历年为师友弟子所作序跋、碑铭等二十余篇，自编目录成集。慨然有整理遗稿、萃选一生代表作之意，其自作小序曰：

> 景薄桑榆，复罹笃疾，悲立言之未就，感赋命之有涯。搜检箧衍，搜罗诗笔，平生所存篇章无多。诗皆率作，徒劳应酬；笔于经术，竟少发明。……因在病间，自编叙目。嘱邑盦神田君论次成轶，又命小儿辈排印付梓……[1]

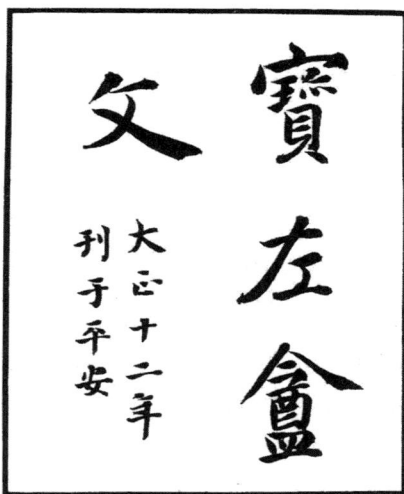

宝左庵文 [2]

《玉石杂陈》，1928年春，作者自选一生中分赠师友的百幅书法作品的草稿，结集为一册，取其分而独立，合而统观，或可略记意趣之意。以上海仿宋活字印刷成薄薄的一小册，其小引自述曰：

---

[1]《宝左庵文·自序》，《内藤湖南全集》第十四卷，第3页。
[2]《宝左庵文》，《内藤湖南全集》第十四卷。

余于临池无所得，而频年以来，索余书者滋多，卜居瓶原后，欲尽谢之。博文堂主人与寸红堂主人谓余曰：请先为余等书百幅笺，然后一切谢绝，未晚也。因勉强应之，所书经语十条，子史语十条，宋贤语十条，清贤语十条，《文心雕龙》《史通》十条，先唐诗十首，唐诗十首，宋后诗十首，计八十条。并有评语。滕以自制诗廿首，碔砆混玉，惭觍之至。两主人欲取其所录稿本刊印为册，以存当日之兴会，因亦勉强应之，名曰《玉石杂陈》。[1]

这一百段汉诗文，前八十段，分别从中国古代经、史、子、集著作中遴选出来，其中关涉诗歌的，有先唐诗、唐诗、唐后诗三十条，是对浩如烟海的中国古代诗歌的独特选萃，诗下略有品评，可视作了解内藤诗歌审美倾向的重要素材；后二十段自制诗，是作者从自己历年诗作中精选出来的，可视为"诗歌自选集"。

以上两种为作者身前自编自印，出版后，曾分送中日友人。

《湖南文存》为《宝左庵文》以外的汉文题跋酬唱集，内容涉及日中学术史、书画题跋、日中友人的颂寿墓志书信等，共十六卷及补遗一卷十四篇。

《湖南诗存》收拢一生的汉诗创作，从明治十四年 16 岁的诗作始，基本编年排次，不分卷。没有年代可考的排在最后，为《湖南小稿》，收录在《内藤湖南全集》第十四卷中。内藤湖南一生创作的汉诗，共计约五百首上下。

以上两种为编辑《内藤湖南全集》时，由其后人和学生集结

---

[1]《玉石杂陈引》，《内藤湖南全集》第十四卷，第 41 页。

而成，是研究内藤汉诗文创作的基本而全面的素材。

在《全集》出版后，日本《书论》杂志 13 号至 22 号，曾连续刊载《内藤湖南全集补遗》1—10，其中也包括对内藤汉诗的补遗。南京大学金程宇教授在此基础上，又从《全集》汉文文章和信函中辑录出若干首内藤早年汉诗诗作。

二、边塞诗：反战抑或尚武

在《玉石杂陈》所选的三十首汉诗中，边塞诗明显居多，从诗下的小注可以看到，内藤一生最喜欢的中国古代诗人诗作，就是边塞诗。

盛唐时期中国古代边塞诗达到鼎盛，诗人们往往以汉唐两朝与匈奴、突厥征战的事实为题材，描绘苍凉壮阔、绚丽多彩的边塞风光，歌颂将士们投笔请缨、保家卫国的豪情壮志。另一方面，边塞诗中也大量存在抒写离愁别绪的诗句，如"劝君更尽一杯酒，西出阳关无故人"（王维《送元二使安西》），"葡萄美酒夜光杯，欲饮琵琶马上催"（王翰《凉州词》），甚至反思和控诉战争的，如"少妇城南欲断肠，征人蓟北空回首"（高适《燕歌行》），"年年战骨埋荒外，空见蒲桃入汉家"（李颀《古从军行》）。对于战争的态度，可谓有歌颂，有批评，甚至谴责、抨击。

且看内藤喜爱的边塞诗，如张仲素《塞下曲》：

> 三戍渔阳再度辽，骍弓在臂箭横腰，
> 匈奴似欲知名姓，休傍阴山更射雕。

描写了一位横刀立马、武艺高强的老将，一生尽忠朝廷，屡次出征西北边疆荡平匈奴敌寇的英勇事迹。内藤在诗下注曰："少时尤爱此等诗，一气盘旋，不用谬巧，唐以后少此调矣。"

又如王维的《少年行》：

> 一身能擘两雕弧，虏骑千重只似无。
> 侧坐金鞍调白羽，纷纷射杀五单于。

这是赞美少年战士，即所谓"侠少"的边塞诗，这位少年侠士，挽弓射雕，冲入匈奴敌阵如入无人之境，所向披靡，小小年纪就建立了了不起的功勋。内藤在诗下注曰："右丞诗，余尤喜此种，在《渭城朝雨》之上。"《渭城朝雨》即上引《送元二使安西》，内藤坦言，同为王维的边塞诗，比之在中国更为广为传颂的"渭城朝雨浥轻尘，客舍青青柳色新。劝君更尽一杯酒，西出阳关无故人。"这样情意绵绵的赠别诗，他更喜爱"此种"充满昂扬斗志的征战诗。他还提到王翰《凉州词》"醉卧沙场君莫笑，古来征战几人回"的诗句，引王世贞语说"此诗为唐绝压卷"；提到王之涣《凉州词》"羌笛何须怨杨柳，春风不度玉门关。"引王士禛语说"唐绝无出其右"。由上分析可见，内藤所喜欢的中国边塞诗，是充满侠士豪情和英勇尚武精神的征战诗，而不是儿女情长或反思和谴责战争的那一类边塞诗。这一方面暗合了年轻的内藤血气方刚，渴望为国征战、建功立业的侠士情怀，另一方面，也反映了内藤的理想情怀与当时日本海外拓疆的时代思潮紧密相连。

众所周知，1894 年甲午战争和 1905 年的日俄战争，是日本对中国由同盟友邦转向殖民侵略的重要事件。中国昔日是他们学习、得益的对象，现在转向批判、背弃，乃至武力蚕食。这期间，内藤湖南正好在大阪朝日新闻社工作。对于日本对中国开战、获取殖民地的行径，他是持"主战"和"赞美"的态度的。甲午战争前后，内藤曾作《日本的天职说》之文，提出"日本的天职"就在于"使我日本的文明，日本的趣味，风靡天下，光被坤舆"。[1]认为甲午战争就是日本尽其天职，让日本文明光耀支那、光耀环宇的文明之战。到日俄战争期间，内藤的"主战"言论更加明朗。战前战后，他曾在大阪《朝日新闻》上发表一系列文章，鼓吹战争、分析战局、为政府献计献策，欢呼战争的胜利等等，殖民扩张之心态跃然纸上。[2]

我们来看他这一时期自己的诗作《送某从军赴满洲》：

当头北极即前程，岂有文人似此行。
东箭南金材可用，黄沙白草梦关情。[3]
词源滚滚倾江海，胸底森森列甲兵。
定为嫖姚书露布，[4] 如君手笔孰争名。

这是他为朋友到日俄战争前线去做战地记者所作的送别诗。文人投笔从戎，万里远征到战争前线去作战地报道，应该是具有一定

[1]《所谓日本国的天职》，《内藤湖南全集》第二卷，第127–135页。
[2] 参见千叶三郎：《内藤湖南及其时代》，日本：国书刊行会，1986年，第280–295页。
[3] 黄沙白草：代指西域沙漠。岑参《玉门关盖将军歌》有"玉门关城迥且孤，黄沙万里百草枯"等句。
[4] 霍去病为"嫖姚校尉"，故"嫖姚"常代指霍去病。内藤诗中不止一次用此典，却是指称赴满洲征战的日本将士。露布：向朝廷上奏军事捷报的文书。

的危险性的。作为友人的内藤，不但丝毫没有惜别、担忧之情，相反，表现了对于赴满洲从军积极赞赏的豪迈情怀，以及期待战争取得胜利，经由友人"词源滚滚"的文采传来捷报的心情。

随后，他自己也做了《满洲铙歌》三首，[1] 为日军获胜高唱凯歌。第一首写道：

> 霜罩旌旗北斗斜，将军意气压龙沙。[2]
> 王爷陵下夜夷灶，公主岭头晨建牙。

记录和赞美日本将士势如破竹，朝暮旦夕之间，连连攻克山头、收取阵地的赫赫军功。王爷陵、公主岭（原为"公主陵"，后被日人改名）因埋葬清代王爷和固伦和敬公主而得名，日俄战争中曾被日军攻克侵占。

第三首为：

> 置酒营中解战袍，嫖姚胸底有龙韬。
> 仰看天上长星堕，递骑宵传虏将逃。

写日本将领胸有成竹，志得意满，解下战袍，饮酒帐中，这时，传来了敌军将领败逃的消息。以敌军败逃映衬日军的胜利，得意

---

[1] 赵翼《从军征缅甸》诗："传语健儿休笑我，凯旋时节要铙歌。"
[2] "龙沙"最早出于《后汉书·班超传赞》"坦步葱雪，咫尺龙沙"句。葱雪龙沙分别指：葱岭、雪山、白龙堆、沙漠。龙、沙本为两地，后来诗家渐误以"龙沙"为一地，泛指塞外边地。清方式济撰有《龙沙纪略》，专纪黑龙江事，故而东北亦可称龙沙。

之情溢于纸外。

从自幼喜爱描写侠少、老将的边塞诗，到自己赋诗歌颂战争、谱写军事凯歌，表现了内藤人生理想中一贯尚武任侠的精神气概。战争，在他的汉诗世界里，是实现理想人生的华丽乐章，它似乎只是勇往直前、高奏凯歌、慷慨壮美，而没有肃杀悲歌、没有离愁别恨，更无所谓血腥残酷。而他所歌颂的战争，恰恰是那个时代日本侵略中国、开拓殖民地的甲午战争和日俄战争。

是基于良知的反省和反战？还是穷兵黩武的争雄东亚？内藤湖南用他的诗歌，真实而艺术地流露了一个殖民扩张者的心声。

三、咏史诗：华夏夷狄意如何

喜爱边塞诗的内藤湖南，并没有真的列身行伍，为国出征，而成了一位著书立说的大学教授。在寄情古籍珍本的同时，内藤经世致用的入世情怀，依然浓烈。他一生奔波中日之间，曾十次来中国，踏访古迹，观察时事，采访政界要员，结交学界巨擘。抒发一些今昔对比、中日比较的言辞议论，或托古讽今，或感慨兴衰，往往借"咏史"以"言志抒怀"。阅读、解析这些诗作，可以帮助我们理解内藤湖南对于中国历史文化的某些价值评判。

首先，对于以往中国历史文化和中国大地上各处的文化名胜古迹，内藤有一种缘自职业和志趣的亲近感和熟识感，哪怕初次相见，也是似曾相识。

如1899年他第一次到中国时，写了五首七律组诗《游清杂诗》，分别吟咏初到中国山东海岸、北京、南京、武汉等地的情形。其第一首前四句写道：

> 风尘满目近中秋，一剑将观禹九州。
>
> 故旧当年空鬼籍，江山异域久神游。

他说，那些久已远逝的中国历史人物，有的就如同自己的当年旧友，而禹域九州虽是初次踏访，却仿佛神交已久，表现了他对中国历史文化、古迹名胜的亲近感。

又如，七绝《烟台夜泊》，也写于此次中国行途中，表现了他对烟台的深刻印象和故乡般的深情怀念：

> 湾头烟罩四茫茫，吹笛何人度水长。
>
> 来泊烟台无月夜，不忆家乡忆异乡。

其次，对于满蒙史地的特别关注。内藤湖南是近代日本"满蒙史地"研究、"满学"研究的开创者。如前所述，与那个时代日本的大陆政策、满蒙侵略有关，当时的日本中国学家往往特别关注中国满蒙地区的历史地理变迁。内藤对奉天（沈阳）的历史遗迹如数家珍，关切备至。日俄战争硝烟未散的1905年3月上旬，内藤湖南就在大阪《朝日新闻》上著文《东洋学术的宝库》，介绍奉天历史遗址、文物宝藏、珍贵典籍、各寺藏经等等情况，呼吁学界应重视赴奉天的学术调查，自己则率先征得陆军省的渡航许可证及旅行调查赞助费，前往奉天作政治的和学术的调查。就在此行期间，他写下《奉天二首》，其一为：

> 沈阳风物入新秋，龙脉遥连古建州。

霜陨东牟山色惨，云低北徼雁声愁。[1]

二陵佳气葱茏合，四塔寒光缥缈浮。[2]

历历兴亡形胜地，登临人倚最高楼。

又如《关东》：

山川毓秀是关东，佳气昭陵镇郁葱。

偏见碧苔侵石马，包衣揽泪说天聪。[3]

内藤对于中国东北即所谓满蒙地方，是寄予厚望的，认为这里极有"发展前途"。他曾有一系列论说，解释中国古代文化中心是不断转移的，从商周先秦时的洛阳中心，到汉唐时期的西安中心，到唐以后及明清的燕京中心，一路发展而来。而燕京中心其实只是一个政治中心，它的昌盛要依靠江南文化中心和东北的地气形胜来支撑。换句话说，东北这个兴起了元代、清代的发祥地，是燕京得以稳坐政治中心的重要后方保证。因此，《奉天》也好，《关东》也好，诗中一方面反映了内藤对"龙脉遥连古建州""历历兴亡形胜地""山川毓秀是关东"这片土地的热情赞美和厚望；另一方面，我们从"山色惨""雁声愁""碧苔侵石马""揽泪说天聪"等字眼上，也可以看到内藤对眼前所见东北地方的现实是颇为失望的，指责它王气衰败、英雄落寞。这又与那个时代日本开

---

[1] 东牟山是今沈阳境内天柱山在元明时代的旧称。北徼：北方边境之意。

[2] 二陵即北陵皇太极的昭陵和东陵努尔哈赤的福陵。四塔应指沈阳境内的西塔延寿寺、东塔永光寺、南塔广慈寺、北塔法轮寺。

[3] 包衣：满洲贵族的家奴，曹雪芹的祖上即为汉籍包衣。天聪：皇太极年号。

拓、经营满洲的时代思潮直接关联，内藤的潜意识中，难道不是在为日本的进入满蒙寻找理论的依据和心理暗示吗？

第三，在某些具体历史遗迹的咏叹感慨中，反映了内藤作为日本学者在那个特定历史时期所持有的独特立场和视角，其中折射出的历史观和思想观点，绝不类同于中国同类的咏史诗，也绝不类同于中国传统学术界的相关史论。这一点十分值得关注，我们通过分析《游清杂诗》中的两首诗来看。

1899 年在北京，他写道：

> 重关洪武修时壁，废苑咸丰劫后宫。
> 一路寒烟荒冢底，算来枯骨有英雄。

明修长城，是为了抵御北方蒙古残部的骚扰；咸丰十年（1860）圆明园遭英法联军洗劫，留下废苑。这"一路寒烟荒冢底"，到底谁是值得他赞誉的"英雄"呢？诗人于此没有明说，而从这组诗里面的另一首中，却可推测到答案：

> 披发煤山嗟若彼，借兵回鹘竟如何？
> 兴亡关数倾难挽，夷夏惟天覆不颇。

又是两个发生在北京的历史事件，一是崇祯帝自缢煤山，一是唐朝向回鹘借兵以平定安史之乱，这两件事本来互不相干，但在内藤这里，却因两者同涉"夷夏"关系，而被相提并论起来。他感叹说：明亡清兴，以及唐虽借助回鹘兵平定了安史之乱，但之后的宋朝仍不免频频受到北方契丹、鲜卑、女真等"夷族"的压迫，以致屈居半壁江山，终至于被元朝覆灭。这一路的历史变迁可谓"兴亡关数"，早有定数，难以挽回。诗中虽然没有明说历次异族入侵、取代华夏是必然的，但"嗟若彼"的感叹，"竟如何"的疑问，表达的正是这种命中注定的兴叹。所以，近者的明也好，远者的唐、北宋也好，其大势所去，被夷狄取代，乃是天意！

　　内藤用诗歌的形式，将一种颠覆性的历史论断，掩藏在他中国旅行考察的赠答诗中，一般不为论者所重视。日本同时代的同行（除了与他酬唱诗歌的少数人）或日后的读者，受限于对于中国历史典故的熟知程度和对于汉诗的读解能力，不甚关注此端；中国的研究者则大多只关注内藤的史学著作、高头讲章，对于这样暗藏在游记性赠答汉诗中的"史论"，实在也是了解有限，或者就是忽略掉了。这种理论，与中国古代"夷夏之辨"中占据主导地位的"以夏变夷"的论调恰恰相反，是一种"以夷变夏"的论调！不用说，这种使中原帝国政权旁落，使华夏文明倒退的论调，在中国思想史和古代诗歌诗上，都是绝难想象的。而在内藤，则正是他思想脉络中有机的一部分。我们可从他《新支那论》等史论中，看到类似的论调。我在本书第六章，将具体论述内藤关于中国历史上夷夏关系的"中毒解毒说"。内藤的大意是，中原汉文化是一种早熟的文化，它在长期的发展过程中，由于过度成熟，以致文明肌体多次出现"中毒"现象而停滞发展，而北方如匈奴、鲜卑、辽金、蒙元、满清等周边野蛮民族的入侵或入主中华，使中国文化得到"解毒"的机会，从而获得新的生命活力，在历史上绵远流长。

　　解析至此，再回过头来看，上诗中"谁是英雄"的问题，就有了答案：夷夏更替，兴亡盛衰，"成者为王败者寇"，在内藤看

来，那埋骨荒冢的英雄，应该就是那些明末攻破长城的满族兵将，
那些近代洗劫圆明园离宫的英法联军！

什么是人道良知？什么是历史公正？令人警醒的是，当一种
谬论，在历史论著与文学诗歌中彼此呼应、交相映衬时，似乎增
加了自身的感染力和影响力。

四、咏怀诗：立言与立功

1926 年，内藤湖南六十花甲初度，从京都大学退休，在京
都南郊瓶原村买地建房，筑起了他晚年隐居处兼藏书处——"恭
仁山庄"。他曾写诗《恭仁山庄杂咏》记载、描绘他的"恭仁
山庄"：

之一

买得林园惬素襟，绕檐山水有清音。

萧然环堵无长物，满架奇书一古琴。

之三

午景明韶烟客笔，晨光晻暧巨然图。

幽人无力购名迹，有此江山聊足娱。

表现了一副归隐山泉、淡泊世事，以"绕檐山水"自娱，寄情"满
架奇书"恬然自足的心情。

在这一年的除夕，他写下了《山庄除夕（丙寅）》：

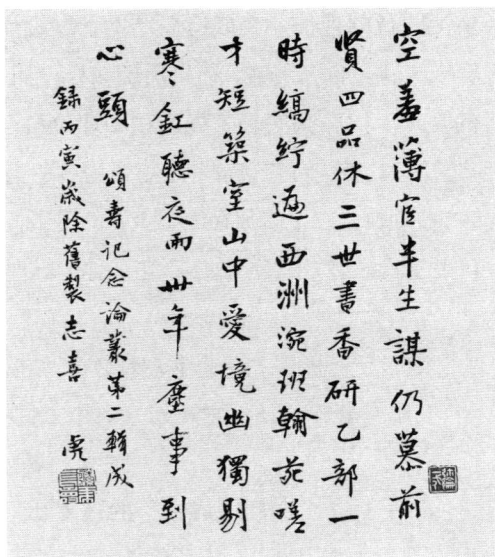

内藤湖南墨迹·《山庄除夕（丙寅）》[1]

空羞薄宦半生谋，乃慕前贤四品休，

三世书香研乙部，一时缥缃遍西洲。

浣班翰苑嗟才短，筑室山中爱境幽。

独剔寒釭听夜雨，卅年尘世到心头。

岁末年初，往往使人回顾前路，鉴往察来。内藤写道：自己自1907年离开宦游半生的新闻舆论界和政界，转入京都大学，成为学界一员，史学研究正是我家三代相传的家学，由于我多次到中国考察访问，广泛结交了中国的政界要员、学界名人。如今筑室山中，正可

---

[1] 钱婉约、陶德民编著：《内藤湖南汉诗酬唱墨迹辑释》，国家图书馆出版社，2015年，第134–135页。

将才疏学浅，玷污同行的抱愧，变成退而结网，继续研学的动因。在此除夕之夜，回顾过去的三十年，往事历历在目，涌上心头。

在这人生的晚年，内藤到底是怎样回顾和评价自己的呢？

做了大半辈子的大学教授，"立言"之事最为本职当行。退居恭仁山庄后，他专心整理自己二十多年在大学上课的讲义、书稿，编成著作，似乎少年时的慷慨之气平淡了许多，正如他的《偶成》所咏：

> 声名百代梦中虚，富贵浮云久忽诸。
> 只有寸心灰不尽，筐中一卷未成书。

心中念念不忘的，似乎只是"一卷未成书"的《支那上古史》。

在他《华甲自述》二首中，也表现了这种老境渐至、淡定达观的人生态度。回顾六十年人生，他写道：

> 解纷少慕鲁连贤，空藉烟霞乐暮年。
> 侠士前尘残梦淡，狂生结习放言颠。
> 晴耕拟校牡丹谱，夜课宜缮贝叶编。
> 旧藁理来频检点，集中怕有箭书传。[1]

大意为：我自幼敬慕鲁仲连这样为家国天下排忧解纷的义士，而岁月匆匆，转眼我已经到了安度晚年的时候。当年为国为民仗义行侠的"侠士梦"，虽然如前尘往事渐渐变淡；而狷介狂放的"狂生"

---

[1] 箭书：原指古代战争中将书信缚绑于箭上射出，以通消息。李白《五月东鲁行答汶上翁》诗有句："我以一箭书，能取聊城功。"

性格，却使我一生放言高论，积习难改。如今，退休了，可以作一些无关宏旨、远离社会政治的事情，如白天点校牡丹谱，晚上闲读贝叶经。再有，就是整理整理自己的旧稿，以便编辑成书，同时看看稿件中有没有涉及政治、军事机密的历史文件，需要仔细挑选出来。这首诗中的"侠士""狂生"可作为内藤自我评价的关键词，"侠士"与他喜欢的边塞诗中"侠少""老将"的形象意趣一致，"狂生"放言则有他独特的史论和咏史诗作注解，已如上述。

由于积习成性，内藤在恭仁山庄的晚年生活可谓退而不隐，安而不静。他仍然关注和思考着中日两国间的事，不时在这里接待着中日两国的学者和要员，如有郭沫若、杨钟羲、郑孝胥、张元济等中国友人专程来访恭仁山庄，而狩野君山、铃木虎雄将赴中国考察游历，他也一一为之赠别送行；在迎来送往的酬唱诗作中，时时隐现"侠士"之心、"狂生放言"之习。那几年，他还到大学及研究所作学术演讲，还为天皇进讲杜佑《通典》，直到去世前一年的1933年，还扶病前往刚刚成立的伪满洲国，出席"日满文化协会"的成立大会，晋见溥仪，并在那里与他的老朋友也是伪满要员的郑孝胥、罗振玉等会面。

且看他的《漫成》二首所述：

之一

蠹书撑腹五千卷，下笔徒称觉有神。
毕竟穷经糟粕耳，争如血性语言新。

之二

都将尘世付休休，一缕茶烟绕小楼。
暂敛拔山翻海手，雕花镂月也风流。

做了大半辈子的教授，却原来"皓首穷经""满腹诗书""下笔有神"之类，如果与干预时政的"血性语言"、慷慨言论相比，竟只是徒然无益的"糟粕"而已。且将现实尘世统统抛在身外脑后，躲进小楼书斋，品茗闲话，暂时收敛起那些曾经在中日之间"拔山翻海"的言论举止，只管吟风弄月。但是，透过"雕花镂月也风流"的自嘲，我们分明看到，他还是不能忘怀于"血性语言""拔山翻海"的激情，以及对于"暂敛手"的不甘心。

五、唱和诗：学问与诗情

1930年3月，正是草长莺飞的早春时节，在日本京都郊外瓶原村的一处山岗上，内藤湖南退休后栖居在这里，已经是第四个年头了。这一天，老友长尾甲（雨山）、狩野直喜（君山）、小川琢治（如舟）三人，到访恭仁山庄。从京都城里来到这个处于京都和奈良之间的农村，即使不算长途跋涉，也还是需要一番舟车劳顿的。客人诚意可感，主人竭尽热情。他们在恭仁山庄饮酒作诗，论学评画，宾主尽欢，直到日影西斜，还觉不够尽兴。于是，几位学者即兴约定，经常举行这样的见面会，组成同仁社，并为之取名"乐群社"。

内藤湖南有文记录这次活动，汉文写得颇有明代小品之韵：

乐群社诗草引 昭和五年
自余卜筑恭仁数岁，与农夫虑（忧）水旱，与臧获谋桑麻，离群索居，日已久矣。虽有来访（"访"作"过"如何）者，

内藤湖南墨迹·《乐群社诗草引》[1]

亦鲜以艺业相磨厉，问学之道，益就荒落。庚午春仲，雨山翁与君山、如舟二博士见访，谈（尚）论经史，讥评金石书画，自朝及昏（夕），麈谈不罄，各赋五言四韵诗数首，以述其怀，相与（削"相与"二字何如）欢然，有遗世之思。因相约春秋佳日，载酒携肴，访幽探奇，流连光景，赓兹胜会（"赓"上加"以"字削"兹"字何如），庶不负斯生矣。名之曰乐群之社。鸣呼，使余枯寂余生，油然有死灰复然之怀者（削"者"字何如），非以斯乐欤？内藤虎。[2]

---

[1] 钱婉约、陶德民编著:《内藤湖南汉诗酬唱墨迹辑释》，国家图书馆出版社，2015 年，第 29 页。

[2] 此文又见《内藤湖南全集》第十四卷，第 115 页。括号中语，乃据上图文稿原文上批注语添加，以见乐群社教授们咬文嚼字之趣之一斑。

这一年，长尾 66 岁，内藤 64 岁，狩野 62 岁，小川 60 岁，年龄最小的小川也到了退休年龄。这些京都中国学研究赫赫有名的大家，不顾花甲年迈，风流雅集，其汉学情怀，可窥一斑。

需要说明的是，文中"问学之道，益就荒落"，"使余枯寂余生……"等等，不过是自谦自抑之语。内藤 1926 年从京大退休后，受聘为京大名誉教授，历年来仍在京大开课，作史学系列演讲等，并有著述不断问世。1927 年王国维昆明湖自沉，内藤、狩野等人发起组织了京都的王国维追悼会及相关活动。1928、1929 年，内藤又先后在恭仁山庄接待中国来访的张元济、傅增湘。张元济为晚清维新名士，时任商务印书馆董事，傅增湘亦为民国文化界极有影响力的大学问家、藏书家。可见，山庄虽偏，斯此乡间，何陋之有？退休余生，岂曰枯寂？

狩野、内藤、小川执掌京大中国学的时代，正值 20 世纪初的头三十年，由于他们的存在和带动，造成了中国学京都学派的黄金时代。这期间，正是中国辛亥革命、新文化运动等政治和文化的革命时期，他们对中国的时局与文化变迁也多有关注。比如，内藤对于武昌起义和新成立的民国政府是表示支持和寄予期望的，狩野则表现了明确的保皇态度。而对于新文化运动打倒孔家店、一味推翻传统文化的做法，他们基本都取反对的立场和失望的情感。在学术上，他们联系更多的是清末维新派大臣和入民国后的遗老学问家。如罗振玉、王国维；如文廷式、张元济；如柯劭忞、王树枏。1910 年，在时任学部官员罗振玉的通报下，狩野、内藤、小川三教授曾与富冈谦藏、滨田耕作五人，受京大派遣，一同到中国北京，调查收归学部的敦煌卷子和内阁大库文献情况。他们回日本后，作成《派遣清国教授学术视察报告》一文，在《朝日新闻》

上配图大篇幅地刊发，推动了日本学界经久不息的"敦煌热"，也开启了日本领先于中国的早期敦煌学研究。1911年辛亥革命后，罗、王避居京都，也是出于狩野内藤等人的邀请和热情安排。

长尾甲年最长，是一位颇有传奇色彩的人物，他早年毕业于东京帝国大学，1902年毅然辞职，移居中国上海，受聘于商务印书馆，任编译室主任，参加中国新式小学教科书的编纂，在中国工作生活了十二年。他精通汉学，对中国书画、金石尤其情有独钟，造诣深厚，自己也收藏书画金石，颇有研究。

2011年11月，我在关西大学"内藤文库"查阅资料时，发现了这次3月份雅集的诗稿，教授们的诗，分别写在印有"乐群"字样的不同颜色的彩色信笺上。长尾年最长，为这次诗会确定诗型和声韵，为五言八句诗，押痕韵人臣辙。

长尾的诗分别写在蓝色和粉红色两张诗笺上，蓝色四首，粉红色三首，共七首诗。蓝色四首写眼前景、聚会情；粉红色三首咏古寄怀。这里选三首，录如下：

庚午春分后四日，携狩野君山、小川如舟二博士，过内藤湖南博士恭仁山庄：

> 烟际指墟落，南村访故人。
> 结邻皆老圃，择里得恭仁。
> 远水连云影，轻风动树春。
> 论文对尊酒，一扫古今尘。（蓝之一）
> 华朝过十日，景物渐宜人，
> 新柳未飞絮，残梅已成仁。

研经稀出户，听鸟始知春，

此境惬高隐，山川净绝尘。（蓝之二）

贾生忧世士，刘向校经人。

分道扬镳去，其归在得仁。

对书仍酌古，有酒自成春。

前哲倘交臂，方堪激后尘。（粉红之一）

如狩野的诗写在浅蓝色的信笺上，是两首五律。

庚午春日，携雨山、如舟二君访内藤湖南先生恭仁山
庄，雨山有诗，即和其韵。乞吟定

园林风日丽，鱼鸟自亲人，

避俗非傲世，会文聊辅仁。

霭烟笼远水，梅柳照阳春，

莫怪低回久，明朝又混尘。（之一）

结庐爱闲寂，巾葛伍农人。

种柳媲元亮，看山忆友仁。

景同宁乐日，兴拟永和春。

常叹风流尽，赖君洗俗尘。（之二）

小川的诗写在淡青色信笺上，两首五律：

庚午春日，陪雨山、君山两先生访湖南先生恭仁山庄，
次雨山先生韵，呈主人

再过津桥业，相寻秋壑人。

论文无浅语，绩学辨真仁。

陪坐书堂静，同娱花木春。

因君投辖意，遗却世间尘。（之一）

城外幽栖地，田间耕读人，

清标同水洁，真性乐山仁。

林鸟方呼霁，野花好弄春，

从游饶逸兴，濯尽组缨尘。（之二）

内藤的两首是这样的：

炷香仍扫室，倒屣迓高人。

经术孔冲远，风怀米友仁。

群禽鸣永昼，百卉值阳春。

观物兼谈艺，胸中无一尘。（之一）

聊释索居怀，敲门有故人。

川原连诺乐，烟霭照恭仁。

寺古钟声远，宫墟草色春。

衔杯且缓坐，前路尽红尘。（之二）

在此"新柳未飞絮"，"景物渐宜人"的早春，山中的花尚未尽数开妍，只有残梅和新绿呼唤着阳春。在这样优雅僻静而又充满生机的幽居环境中，四位饱学之士，衔杯品茗，"会文聊辅仁"，"观物兼谈艺"，彼此沉浸在棋逢对手的学问讨论中，也表现出遗世独立，不与尘世混同的自洁与标高。

乐群社的第二次雅集在京都市内的细川侯别业怡园举行，内

藤有诗曰:

> 庚午六月二日,同雨山、君山、如舟三公会于细川侯
> 别业怡园,赋此。
> 名园来借榻,贫贱尽堪骄,
> 倚石时披发,题诗复劈蕉。

这里的细川侯,是指明治时代贵族院议员细川护立侯爵,怡园是
其在京都的别墅。细川家本为江户时代熊本藩藩主,狩野直喜亦
为熊本出身,祖上曾"世为细川氏臣"。废藩置县后,细川家族虽
然不再拥有藩主大名的特权及地位,而狩野直喜对细川家后人则
依然以臣下之礼相待,还曾为细川护立之子讲授中国文学。20 世
纪 90 年代日本首相细川护熙即为护立之孙,这是后话。在这样的
名人名园里,内藤却是无论"贫贱","倚石时披发,题诗复劈蕉",
很有点魏晋遗风了。这次另三位教授的诗如下:

> 鸟深花木邃,泉石自幽清。
> 偶得春山福,悠然遗世情。(雨山)

> 贤矦清暇日,游息只看山。
> 若问营营者,名场几往还。(君山)

> 园林经雨后,山色翠初分。
> 终日忘言客,坐看来去云。(如舟)

　　第三次雅集，是同年的 11 月，在京都东山山麓的诗仙堂举行。这次雅集除了四翁外，另邀一位客人——来自中国的白坚。狩野直喜的诗序有说明："庚午晚秋 乐群社友会于一乘本村之诗仙堂，时民国白山甫坚以事在洛，亦修简招之，句中远客即指山甫。"

　　这次四翁召集聚会于石川丈山（1583–1672）的诗仙堂，无疑是因丈山诗翁的诗名诗情、园林胜迹而来的。石川丈山是江户时代著名的诗人，长于汉诗，有"日本的李杜"之称，兼通书法、茶道。诗仙堂是他晚年为自己设计经营的庭院，在这里供奉着三十六位中国诗人的座像，并为每位诗人选取代表作一首。

　　狩野君山的诗是：

> 寒云寥廓雁呼群，杯泛黄花酒正醺。
> 古寺有人护遗像，空山无尘到古坟。
> 诗篇留得千秋业，气节传来百代文。
> 胜会偏欣邀远客，半林枫叶对斜曛。

　　值得一说的是内藤湖南此次的诗作，是《全集》外的佚稿，近年我从"内藤文库"中捡得，又查阅资料，从杉村邦彦先生的文章中得到印证，[1]确为《内藤湖南全集》失收的诗作之一。全诗为：

> 庚午十一月念七，乐群社同人会于诗仙堂，君山博士

---

[1] 参见杉村邦彦《题"四翁乐群图"》，原载《墨林谈丛》，柳原书店，1998 年，收入钱婉约、陶德民编著《内藤湖南汉诗酬唱墨迹辑释》一书，国家图书馆出版社，2016 年，第 212–220 页。

诗先成，即次其韵。

有约林邱共乐群，摩挲遗物酒微醺。

虎头阿堵传神采，仙骨宁馨剩陇坟。

城市牛鸣常裹足，山房朋到细论文。

夜长时梦少年事，为画嵝楼明夕曛。

两首诗除了状物怀古，追念石山诗翁以外，都提到客人白坚——"胜会偏欣邀远客"，"山房朋到细论文"，这位客人何许人也？白坚早年留学日本早稻田大学，回国后，曾在北洋政府和后来的北京临时政府任过职。他热衷金石书画的品鉴和收集，在二三十年代，曾经作为中间商，将中国善本珍籍、书画卷轴等文物，倒卖给日本行家。如他促成了羽田亨买下李盛铎藏敦煌卷子，又将稀世珍宝的"唐写本说文残卷"卖给内藤湖南，是中国文物流失海外的不光彩人物。[1] 这次他来，则带来了"东坡颍州祷雨诗话"墨迹原件展示，四翁披览良久，叹为稀世秘珍。此次白坚的和诗，诗雅墨新，目前完好收藏于"内藤文库"，抄如下：

前月廿七日得陪清宴竟日，欣幸何可言喻。生平未曾作诗，而君山先生有诗，不可以不和。爰不揣其陋，敬步其韵，藉乞教正。12 月 2 日。

西洛四君谁可群，诗仙堂上共微醺。青山有地容幽迹，红叶无声下古坟。（堂侧有丈山高士墓。）时向瓶原寻异字，（内藤

---

[1] 参见拙文《白坚其人及唐写本说文流入日本考》，《中国文化研究》2013 年夏季卷。

博士居瓶原村，藏书甚富，中土所无之籍，往往而有。）还遇学院叩奇文。（狩野博士开东方文化学院，有泮宫壁水之规。）愿同鸭水为盟约，许我分邱看夕曛。

可见，白坚对于这些日本的中国学大家，不仅推崇其学问地位，更兼追捧之态，因为这些人正是他贩卖书画的买家或潜在买家。虽然，这次雅集并没有达成什么实际的买卖。

　　日本中国学京都学派的学者，向来多采取与中国密切联系的治学态度，包括主张赴中国留学，到中国作实地考察和文化接触，较多地保持与中国学人的密切联系，甚至在某些方面趋同于中国学者的学术方法（如王国维的二重证据法）和学问旨趣（如金石书画鉴赏、汉诗创作）等等。乐群社诗仙堂的活动，也从一个方面印证了这一点。

　　内藤湖南出生于幕末武士家庭，其祖父、父亲兼有武士和儒者的修养，父亲具有勤王思想，敬慕赖山阳，命内藤自幼即读四书、二十四孝图以及赖山阳的《日本外史》。这是他接受中国儒家思想和日本武士道思想之始，可说自幼受到"士魂"精神的熏染，血脉里流淌着为国尽忠、杀身成仁的热情。即便日后的工作事业不需要他真的去为国捐躯，但这种精神无形地幻化为诗歌中的任侠豪气。

　　另一方面，内藤长期研究中国历史，浸润于中国文化，中国学术传统中通经致用、经世济时的思想，十分暗合内藤的学术性格。他常常赞赏明清时代经世派的学者大家，多次表示自己的学术便是承继了顾炎武、黄宗羲、曾国藩、胡林翼、李鸿章、冯桂芬、熊希龄等人的精神而来。也可以说，内藤一生的学问研究和学术追求，都是为了通经致用，达到"鉴古知今""洞察世事""指点江山"甚至"预测未来"的现实目的。我们在阅读他的史学著作时，不能不知人论事，看到学术研究背后那个始终情系现实的内藤湖南。

中国古代士大夫向有所谓"立德立言立功"的三不朽人生理想，语见《左传·襄公二十四年》："太上有立德，其次有立功，其次有立言。"勉强用现代语言对应来说的话，就是通过为人垂范（德）、行事利民（功）、著书立说（言）这三个方面，去追求人生超越自然生命、可长可久的不朽意义。具有经世志向、一生任侠放言的内藤湖南，他的理想近乎"立功"，而他实际留给后世的，则主要在"立言"方面——他那些关于中国史学研究的代表性著作。

六、余话

2016 年，笔者与陶德民教授合作，编辑出版《内藤湖南汉诗酬唱墨迹辑释》一书，此书是在对于目前关西大学图书馆内藤文库所藏资料中的"汉诗墨迹"进行了网罗式的搜求的基础上，整理编辑而成的。内藤湖南汉诗酬唱墨迹，分散收藏在文库"非册子体数据"的内藤书信、内藤书法、内藤原稿、中国旅行、还历纪念、追悼葬仪等各种资料里。

这些汉诗，从书写形式上看，大致可分为：

1. 独具风格、题赠友人的内藤书法诗帖、诗轴，部分随后复制印刷在印有"恭仁山庄"字样的特制用笺上，这类作品上面往

往按捺有多枚个人印鉴,内藤身前用它赠送友朋,在其身后,也制作成硬板的展览品展出;

2.花笺墨笔誊清件。当时的学者文人,写信、作诗很注重使用各色精美的花笺。我曾在"内藤文库"见到过用剩的花笺盒,一种是上海"怡春堂诗笺(丙申正月受春)",盒内尚存未用完的笺纸,一种是商务印书馆"涵芬楼精致书简"。各位往来书简及唱和的对象如罗振玉、长尾雨山、狩野直喜等人,也都有个人特质的专门用笺,乐群社诗友唱和时则用印有"乐群社"字样的各色彩笺;

3.创作时的底稿。或素白用纸,或各种单位稿纸,如内藤供职的"大阪朝日新闻社"格子纸,狩野、内藤、小川供职的"东方文化学院京都研究所"稿纸,或"宝许簃"内藤家自制笺纸。底稿的特点是,稿纸上勾画笔削历历可见。还有诗友间往来唱和的呈政诗稿,特别是由长尾雨山、狩野直喜、内藤湖南、小川琢治四人组成的乐群社几次集会,四位诗友相互在彼此的诗稿上作批注,给予赞语及对于诗中个别字词的修改建议等,也是清晰可见,趣味纷呈。

在这本《内藤湖南汉诗酬唱墨迹辑释》中,根据诗作的内容,我又将汉诗墨迹分成了以下六个部分:

一、言志抒怀,这部分是内藤各个时期的咏怀诗作,尽量按创作时间的先后排序,收 29 题,61 首。

二、题赠友人,是内藤为友人的著作、字画、乔迁新居、海外留学或出差等而作的应酬诗,收 29 题,41 首。

三、与中国学者友人的酬唱,包括与郑孝胥、陈宝琛、王国维、张元济、赵尔巽等的诗歌往来,收 26 题,32 首。

四、乐群社雅集唱和，如上述及的四位诗友，先后于 1930 年春、夏、秋之际，分别在恭仁山庄、怡园、诗仙堂三次集会所吟诗歌，收 13 题，26 首。

五、日本学者赠诗，是铃木虎雄、长尾甲、狩野直喜、市村瓒次郎、庄司乙吉等人，写赠内藤湖南的诗作，收 20 题，37 首。

六、日本学者呈政诗，是吉川幸次郎、铃木虎雄、神田香岩、织田万等人，呈送内藤湖南请求雅正的诗作，收 16 题，25 首。

《内藤湖南汉诗酬唱墨迹辑释》所收内藤汉诗，绝大部分已收入《全集》，但也有新发现的集外诗。收入《全集》的诗，有些诗的诗名和所用字词有所不一，反映了作者初稿、修改稿和定稿的不同状态，我在书中用按语的形式已一一注出，以资研究者校阅比对。

下编

　　真正有意义的时代划分，应从中国文化发展的波动大势，作内外两方面的考察。一是由内向外发展的路径，即上古中国某时某地发生的文化，逐渐发展并向四方扩散的路径。宛如投石池中，水波向四方扩散。其次是反过来看，中国文化向四方扩散，由近及远，促进了附近野蛮民族的觉醒，这些民族觉醒的结果，则时时出现强有力的人物，向中国内部产生反作用之力。这就象水波受到池子四周堤岸的阻挡，又反作用于池中心一样。

—— 内藤湖南
《中国上古史·绪言》

第六章 "宋代近世说"

——内藤湖南的中国历史观

"宋代近世说"是内藤中国学中最为人称道的部分。换句话说，作为日本近代中国学家的内藤湖南，最为国际学术界所知的就是他以"宋代近世说"为中心的关于中国历史的分期学说。从小的方面来说，它代表了内藤对中国历史的总体把握和判断，是内藤学术的核心部分；从大的方面来说，它可以说是在西方近代历史科学的影响下，最早以历史内容为依据，对中国历史进行时代分期的学术尝试。因此，内藤的"宋代近世说"，当时也被称为"内藤假说"，曾引起学术界的广泛关注。但学术史的发展表明，正如隋唐史专家、剑桥大学崔瑞德教授在 60 年代所指出的："'内藤假说'中的某些观点虽经后世学者的修正、补充和提高，而它所勾划的总的轮廓，……仍是站得住脚的一家之言。"[1] 因此，在今日欧美的中国史教育课程中，内藤湖南的这一理论学说仍被理所当然地运用着。用英语写成的代表性中国史教科书，如 John K.Fairbank、Edwin O.Reishauer 和 Aibert M.Craig 三人合著的《东亚——传统及其转型》，及用法语写成的代表性著作如 Jacques

---

[1]〔英〕崔瑞德编:《剑桥中国隋唐史》之"第一章·导言",中国社会科学出版社,1990 年。

Gernet 所著《中国世界》，都明显地沿用着内藤的历史分期法，称宋代以来是中国的"早期近代（early modern）"。[1] 可以说，内藤的"宋代近世说"在世界范围内，成为后世学者研究中国历史的一块基石，无论是赞成者或是反对者，都直接或间接地从中获取学术能量．他们看到了唐宋之间中国历史的巨大转折，并由此基点出发，做新的学术探索。

那么，内藤历史分期学说是怎样产生的？"宋代近世说"揭示了中国历史在宋代以后进入了一个怎样的时期？宋代进入"近世"对中国宋以后的历史发展意味着什么？而所有这些论断，又体现了内藤湖南怎样的一种中国历史观？

一、"宋代近世说"的产生及基本内容

历史分期学说的学术史背景

上古、中世、近世（近代）等的历史分期法，原本是欧洲文艺复兴时期的人文主义史学家最先提出的，用来划分和反映西欧文明发生、发展的历史进程。一般地，他们把古代希腊、罗马的统一帝国时代称为上古（？– 约395），把从古罗马文明瓦解到文艺复兴前的领主制、教会制、君主制并存的时代称为中世纪（约5–14世纪），把文艺复兴以来的工业文明时代称为近代（15–19世纪）。19、20世纪之交，随着西方近代史学理论的东传，将历史分成上古、中世、近世（近代）的编年体做法，也开始传入日

---

[1] 〔美〕J·A·傅佛果:《内藤湖南——他的政治学与中国学》，井上裕正译，平凡社，1989年。

本和中国的史学界。受其影响，日中史学家开始改变传统的以朝代的更替代替历史阶段的区分的旧习，意识到有必要以一定的标准来衡量历史发展的进程，从而体现史学家对历史发展的认识与判断。

具体来说，运用近代新史观进行中国史研究的尝试，日本要比中国约早十多年。[1]1894 年，当时身为高等师范学校教师的那珂通世（1851–1908），首倡应把中国史作为世界史的一部分，建立与"西洋史"相对应的"东洋史"学科。自此之后，以中国历史为中心的"东洋史"逐渐成为高等师范学校、普通中等学校以及大学文学部的必修科目。与此相应，一批具有近代学科意义的中国史著作开始出现。第一部可数那珂通世在 1888–1890 年陆续出版的《支那通史》。它改变了以往日本以《十八史略》之类的著作作为中国史教科书的旧习，把欧洲史学的编年体裁第一次用于中国史的写作。它将中国史的战国以前称为"上古史"、将秦到南宋称为"中世史"；另外，它在客观地叙述历史事实方面，也具有近代性。因而，此书被誉为"世界第一部近代性质的中国通史"。[2]但此书写到元代就结束了，在对于中国历史的分期问题上，也未作详细的探讨。相关的著作还有 1897 年市村瓒次郎的《东洋史要》；1898 年桑原隲藏的《中等东洋史》。这些著作皆以上、中、近世分期法对中国历史进行分期，可以看作是内藤湖南历史分期学说以前，运用编年体新史法进行中国历史分期的先例。但它们在具体划分上，则与内藤有本质的不同，主要是以政治为标准来

---

[1] 详见后文第十章。

[2] 〔美〕J·A·傅佛果：《内藤湖南——他的政治学与中国学》，井上裕正译，平凡社，1989 年，第 27、81 页。

划分的，即基本上都将中国史作四分法：秦以前为上古，秦经汉至唐（或延至南宋末）为中古，五代（或延至元代始）到明为近古，清以来为近代。这种分期法正是内藤在阐述自己的近世说时经常要提起并表示反对的靶子。

与日本史学界的这些中国史著作相比，倒是稍稍晚起的中国新史学的先锋之一夏曾佑（1863－1924）的著作与内藤湖南的历史分期说甚是相近，这就是夏曾佑的《中学中国历史教科书》一书（1903 年商务印书馆初版，后改名为《中国古代史》再版）。此书以进化论的历史发展观、新式的编年体、章节体编撰体例以及注重社会生活领域的描写等方面，成为中国近代新史学的划时代之作和中国通史书方面的开山著作。它将中国历史分成三期："上古世"包括草昧的传疑时代至周末、"中古世"秦至唐、"近古世"宋至今。这里把唐代作为中世的终结，把宋代作为近古世的开端，表明了他认为唐代与宋代是两个性质不同的时代。他把"宋代至今"作为一个离当前的时代最近的、完整的时代（虽然"近古世"与"近世"有一字之差）看待，与内藤认定宋代为近世的开端实在是异曲同工的表述方式。不过，夏曾佑的书写到中古世的隋代就结束了，对于唐宋之际以及宋代历史未能展开具体的论述。所以，夏氏的历史分期只能是一种"划分法"，而不能算是有具体内容的历史分期学说。上面一章述及内藤于 1902 年会见过夏曾佑，对他的学问、著作多有褒赞。那么，说内藤湖南从夏曾佑的书中，获得了某些启发，引起了思想共鸣，应当是允当的吧。

另一方面，是来自日本史研究的启示。内藤曾在《支那论》中说：

历史学家划分时代，常以上古、中世、近世等名称，……
西洋所谓的近世，是指文艺复兴时代以后，由于一般民众势
力的增强，新土地的发现，所带来的经济上的变化及社会组
织的变化等。……一些有力的历史学家根据这一标准对日本
历史也作同样的研究和区分。[1]

他自己也想根据这一标准来作中国历史的时代区分。据傅佛果称，
这里所说的"有力的历史学家"应是指日本近世经济学家内田银
藏（1872－1919）以及日本中世史专家原胜郎（1871－1921）。他们
二人同时于 1896 年毕业于东京帝国大学，后在京都大学执教，成
为内藤湖南的同事。内田银藏于 1903 年出版《日本近世史》，他
不把美国培利提督 1853 年的黑船来航作为日本近世的开端，而提
出应以农业的发展、工商业的发展以及社会变革为标准来认定近
世的开端。原胜郎于 1912 年发表了重要论文《论足利时代》，以
西方上古、中世、近世的划分标准来论述日本历史，提出足利时
代是日本中世与近世的转换点。[2]这些论说无疑会引起同事内藤
湖南的关注，或者说他们这种用上古、中世、近世的概念来区分
日本史的方法，对内藤不无影响。在这种方法下，内藤发现了相
当于日本"足利时代"的中国的"唐宋之际"。

综上所述，内藤湖南历史分期学说产生的学术史发展的线索，
可以简要表述如下图：

---

[1]《支那论》，《内藤湖南全集》第五卷，第 308 页。
[2]〔美〕J·A·傅佛果：《内藤湖南——他的政治学与中国学》，井上裕正译，平凡社，
　　1989 年，第 1 页。

```
                  ⎧ 那珂通世等早期"东洋史著作"  ⎫
  西方近代史学     ⎪      (1890−1900 年代)         ⎪
   的东传          ⎨ 夏曾佑《中国古代史》         ⎬  内藤历史分期学说
 (1870−1880 年代)  ⎪      (1900 年代)              ⎪  (1910−1920 年代)
                  ⎪ 内田银藏、原胜郎的日本史研究 ⎪
                  ⎩      (1900−1910 年代)         ⎭
```

历史分期学说的主要内容

1907 年以来，内藤湖南在京都大学主要讲述清朝史、支那上古史和支那近世史等课程，他的历史分期学说，就是在这些课程的讲授中逐渐完善起来的。但当时，内藤并没有就这一问题作过完整的、总结性的论著。只是在有关书籍和文章中有所论及。如在 1914 年初出版的《支那论》中，有一节叫"支那的近世始于何时"，这是内藤最早以书面的形式提出"中国近世始于宋代"的理论，后来在 1922 年《历史与地理》的杂志上发表《概括的唐宋时代观》一文，首次比较详细地说明了把唐宋之际作为中国近世之开端的历史依据。1928 年内藤又作《近代支那的文化生活》之讲演，具体阐述了标志中国进入近代的诸方面的"内容"特征。再加之"支那上古史"和"支那近世史"两课的讲义，经内藤的后人和学生整理后，分别于 1944 年和 1947 年面世。这样，内藤湖南关于中国史的历史分期学说的全貌，才算比较完整地呈现出来。

关于如何对中国历史的全体作历史分期，内藤湖南在《支那上古史》一书的绪言中，提出要以"文化发展的波动大势，作内外两方面的考察"的方法，即以文化发展的波动大势来作为对中国历史进行时代划分的标准。在绪言的一开头，他就明确声明："我所谓的东洋史是支那文化发展的历史。"接着，他指出：以中国文化为中心的东洋历史，经历了十分悠久的时代。传统的做法是"依中国的朝代更替来区分时代"，这虽然是"最为方便"，但并无历史意义；近来的做法是"仿效西洋，将历史分为上古、中世、近世等等，……把开辟到三代为上古，中古为两汉六朝，唐宋为下一个时代，元明清为又下一个时代。"但这对于"东洋全体的中国文化发展来说"，同样是"毫无意义的"。他认为：

> 真正有意义的时代划分，应从中国文化发展的波动大势，作内外两方面的考察。一是由内向外发展的路径，即上古中国某时某地发生的文化，渐渐发展并向四方扩散的路径。宛如投石池中，水波向四方扩散。其次是反过来看，中国文化向四方扩散，由近及远，促进了其附近野蛮民族的觉醒，这些民族觉醒的结果，则时时出现强有力的人物，向中国内部产生反作用的力量。这就像水波受到池子四周堤岸的阻挡，又反作用于池中心一样。……第三，作为第一、第二的副作用，其水波还会时时越过堤岸，流向附近的地方。在陆上则越过中央亚细亚，开辟与印度、西域的交通，使印度、西域的文化也受到中国文化的影响；后来，在海上，又越过印度洋，与西方诸国有了关系，造成历史上具有世界性波动的伟大交流。但大体上，主要是第一、第二种作用时时反复，生成文化的时代特性。根据这些特性来作时代划分，是最为自然、合理的方法。[1]

---

[1]《支那上古史·绪言》,《内藤湖南全集》第十卷，筑摩书房，1969 年。

根据以上理论，内藤把中国史分成三个时期，每个时期之间又存在一个过渡期：

第一期：上古。从开辟到东汉中期，这是中国文化独立形成、发展，并向外部扩展的时代。内藤湖南指出：上古是中国文化的幼年时期，知识分子的精神和活力就像孩童一样充沛，对一切事物都好奇而充满探索精神，显示出极大的创造力。这时期奠定了中国文化在宗教、政治、习俗、政治组织、以儒学为中心的思想学术等各方面的基础。至于中国史的上古时代为什么结束于东汉中期，内藤认为，至少有两点原因，造成了上古史的停止。一是儒学从纯学术领域逐步转向付诸实践的学问，东汉后期出现的党锢之祸，表明儒学在中国内部已经获得了真正的结果；二是以儒学为主体的中国文化逐步向域外传播，已形成实际效果，即促进了接受汉文化的周边民族的觉醒。从这两方面看，中国上古文化的发展及其历史任务已经完成，因此，中国上古时代便至此而结束。

值得注意的是，内藤对于上古史的论述，体现了近代学术的实证、考辨的意识。当时，近代实证史学刚刚在日本苏醒萌动，人们开始意识到有必要把神话传说与历史区分开来，内藤便是这样的先驱者之一。虽说他的"上古时期"开始于"开辟"，但在具体论述时，他认为，事实上，只有从殷代盘庚前后起，中国才有比较信实的历史。他一方面对史料严格考证，如他的《尚书稽疑》《禹贡的制作时代》《尚书编次考》等篇是对先秦文献的十分有力度的考证，对廓清两千多年来关于《尚书》各篇内容真伪、成篇早晚、今古文流传关系等方面的迷雾，提供了确实可信的论证；另一方面，由于他与罗振玉、王国维的交往，使得他不仅及时了解罗、王对甲骨文、殷墟古器物等考古材料的发现、整理与研究，而且他本人也成为相信并利用这些材料进行上古史研究的先驱者之一。他的《支那上古的社会状态》一文，完全运用甲骨文、金文、古器物等考古材料，来描述殷商时代的社会状况，可以说是用王国维所提倡的"二重证据法"研究中国上古史的优秀范文之一。[1] 关于这一时期，内藤有《支那上古史》一书及一些相关论文存世。

第一过渡期：东汉中期到西晋（2世纪后期–4世纪初期）。这是中国文化向外扩展的停止时期。

第二期：中世。五胡十六国到唐中期（4世纪初期–9世纪初期）。这一时期是外部异民族觉醒，其势力侵入中国，反作用于中国内部的时期。内藤指出：从东汉后期始，中国知识分子特别讲究"名节"，不惜杀身求名，达到"苦节"的地步；当时，中国内部贵族得势，世族林立，垄断政治，表现了中国文化过于丰厚而形成了自身的"中毒"。但由于此前中国文化已经传达到四域，促成了异民族的觉醒。由于异民族与汉族的融合，使他们在汉民族文化的影响下形成一种新的文化，这种新的文化就成为缓解中国文化"中毒"现象的"解毒剂"——这就是两晋南北朝的意义。进入隋唐，中国文化摆脱了第一次"中毒"现象，并由此产生新的文化萌芽。这一时期是中国文化史上的青壮年时期，知识分子心态较为成熟，并不满足于上古时代创立的各种文化与制度，好像一个有为的年轻人一样，奋发图强，热衷于政治、经济、军事

---

[1]《支那上古的社会状态》,《内藤湖南全集》第八卷《东洋文化史研究》,筑摩书房，1969年。

各方面的建功立业。关于这一时期研究，内藤有《支那中古的文化》一书。

第二过渡期：唐末到五代（9世纪中期–10世纪60年代）。这是外来势力极盛的时期。

第三期：近世。宋代以后到清代。这是中国固有文化复兴和进步的时代。这时期，此前的贵族没落了，君主得以建立独裁政治，与此相应，中国官僚群体最后形成，开始出现平民主义倾向，文化回归到庶民手中，形成中国特色的近代。这期间虽有蒙古族建立的元王朝和满族建立的清王朝这样的异民族统治的时代，但这对中国文化的发展并无妨碍。内藤认为：进入近世，是中国文化的老年期，知识分子心态更为圆熟，向往于返璞归真，崇尚自然，厌弃烦琐，特别渴求心境的宁静和生命的延续。民族生活中政治和军事的重要性减退，而偏重于文学、艺术方面的建树。关于这一时期的研究，内藤有《支那近世史》《清朝史通论》等书。

附带说一下，在《支那上古史》"绪言"中，内藤曾说把东洋史分为"四个时代"，除上古、中世分别为第一、第二期外，以宋元为近世前期即第三期，以明清为近世后期即第四期，但第三、第四期实际上同是近世，所以，一般仍把内藤湖南的历史分期学说归纳为"三分说"。

二、"宋代近世说"的历史依据

论唐宋之际中国社会的变迁

为更好地理解内藤历史分期学说的内容，特将他关于唐宋之际的变迁以及近代中国的文化生活的有关论述，分两节概述如下：

唐宋时代一词虽然成了一般性的用语，但是，如果从历史特别是文化史的观点考察，这个词其实并没有什么意义。因为唐和宋在文化的性质上有显著差异：唐代是中世的结束，而宋代是近世的开始，其间包含了唐末至五代一段过渡期。[1]

内藤湖南认为：从唐末经五代到宋初，中国社会的各个方面都发生了巨大的变化。1922 年发表的《概括的唐宋时代观》一文，以及《支那近世史》第一章《近世史的意义》等文，详细地论述了唐宋之际的变迁。它们是构成内藤湖南历史分期学说的重要文献。在《近世史的意义》一章中，内藤分"贵族政治的废颓和君主独裁政治的代兴""君主位置的变化""君主权力的确立""人民位置的变化""官吏登用法的变化""朋党性质的变化""经济上的变化""文化性质的变化"等八个小节，具体论述了这八方面的变化。

以下谨将此二文的大意撮举如下：

从政治上说，"就是贵族政治的式微和君主独裁的出现"。六朝至唐中叶是贵族政治最盛的时期。贵族由地方上有名望的世族大户历代延续而来，有所谓郡望之称。当时世族大户都注重家谱，谱牒学的盛行是这一情形在学术上的反映。政治由贵族全体所专有，贵为天子的君主只不过是贵族中的一员，而且是从属关系，绝不是凌驾其上的关系。南朝王氏、谢氏等世家远比天子更有社会地位，唐太宗成为天子时，天下第一流的世家是北方的博

---

[1]《概括的唐宋时代观》，《内藤湖南全集》第八卷《东洋文化史研究》。

陵崔氏和范阳卢氏，而太宗本家的陇西李氏，不过位于三流。因此，"天子只不过是贵族的共有物"，是贵族意志的代表，其地位和权力与贵族没有很大的悬殊，并不拥有绝对权力。重要的贵族在不满意君主时，便能替天行道或篡夺王位改朝换代，"六朝至唐代弑杀废立多见，正在于此"。但宋代以后，氏族势力衰落，他们中的任何人再不能只凭血统就出任高官，而必须由天子的权力来决定和任命，而即使是宰相，如令天子不高兴，就会很快受到罢黜。即天子真正拥有了任命和罢免大臣、官僚的权力，取得了主人的地位。天子的这种地位逐渐稳固，建立了君主独裁体制，到明清时代，君主独裁制度得到进一步完备，宰相不再是辅佐大臣，而只相当于是天子身边的秘书而已，地方官更是一样。总之，官僚无论大小，不管地位如何，只要君主一纸命令，职位便简单地交替了。在这种情形下，再要废立君主是并不容易的，"弑杀在宋代以后的历史中几乎全部消失，可为证明"。明代虽然也有宦官跋扈，但他们只能是在得到天子恩宠时，才能拥有权力，一旦恩宠衰退，权势亦随之丧失。因此，明代宦官与唐代宦官的差别，也正是贵族政治与君主独裁政治的不同所在。

与此相应，人民的地位也有显著的变化。在唐以前的中世，由于贵族特权阶层在政治、经济、文化上都拥有崇高的地位，相反地，人民的地位十分低下。他们不是自由民，对土地没有所有权，对于政府，必须进行无偿的劳役。唐中叶开始实行两税法，使人民拥有了土地所有权，他们可以用钱代替实物交纳地租，因而，人民不再受到土地的束缚。到宋代，王安石新法的实施，使人民拥有土地权的意义更加巩固，人民对政府的徭役也可以用钱来代替。总之，解放人民身份的努力宋代以后一直在进行着。"中国虽然不完全承认人民的参政权，但贵族阶级消灭后，君主和人民直接相对"，科举制度在隋唐仍是贵族性的，但宋代以后，作为一种官吏选拔制度，它使得任何人只要有才能，都可以通过科举，及第做官。这是人民在任官上的"机会均等"。

在经济上，唐宋之际也发生了重大变化，这就是货币经济的发达。南北朝时期中国以自然经济为主，物价的表示是以绢为标准的，人民对政府的租税也是交纳谷物或绢。进入唐代，政府铸造了许多铜钱，如有名的"开元通宝"，虽铸造不断，但当时货币的流通相对较少。到宋代，货币的大量流通才真正开始。铜钱的制造、发行更为扩大，已在民间有所流通。并且，还开始用银制的货币，甚至还发明了交子、会子等纸币，元代基本上完全不铸铜钱，只流通纸币。

在学术文化上，如经学，自汉魏六朝到唐初，经学家注重家法和师法，传统的注疏之学就是墨守汉代以来的经师之说，对之加以延伸发挥而已，所谓"疏不破注"。唐中叶以后，出现了对这种价值的怀疑倾向，到宋代，这种倾向发展到极点，完全从新的立场对经典作重新解释，以至南宋朱熹，形成宋学之大成。如文学，六朝到唐，流行骈体文，四、六言对句，注重形式美。韩愈起来提倡古文运动，反对这种形式上的技巧，主张复兴古文，自由地抒写思想，到宋代，这种文风遍及文坛，即文章由追求形式美变为注重思想内容的自由表达。如绘画，唐以前壁画盛行，那必然是注重色彩，到宋代，屏风、卷轴代替了壁画，水墨画开始流行，追求自由表现作者的意志、感情。以前的壁画是宏伟建筑物的装饰，是贵族的消遣，而水墨画的卷轴则变成平民出身的官吏可以携带至流寓的观赏物，它是必须经得住士大夫鉴赏的艺术品。

需要指出的是：虽说内藤湖南在理论上阐述历史分期学说时，强调以"文化发展的波动大势"为划分标准，但在上述的论唐宋之际的变迁时，他则是从政治、经济、文化等各方面因素为标准来作综合分析的，甚至是以政治的变迁为基础的。这就内藤自己所树立的理论前提来说是一个"偏差"，而就内藤分期学说的合理性和可靠性来说，则是对仅从文化角度看问题的一个必要的、恰到好处的纠偏和补充。

论中国近世文化的特点

我们现在所运用的"近代"一词，源于欧美语境中的"Modern"，它在一般意义上是指离当代最近的以前那个时代，从哲学意义上说，它是指从非理性的、非科学的宗教主义或专制主义的束缚中解放出来之后的时代；从历史意义上说，则表示摆脱中世纪的封建领主制而进入工业革命的时代。在内藤所处的时代，日语中用"近世"一词对应上述"Modern"所含有的这些意义，有时也用"近代"一语代替"近世"。而在当今的日本学术界，则似乎把"Modern"又分为两个时期，其前期是"近世"，后期是"近代"，而"近代"一词更对应于"Modern"原本的意义。在中国学术界，也多用"近代"一词来对应"Modern"，而几乎不用"近世"。

内藤的"近世"（有时也用近代）正是借用了那个时代普遍使用的"近世"这一概念，但又不完全等同于欧美语境中的"Modern"或今天日语中的"近代"，他所指陈的近世的意义，是说宋代开始定型的政治、经济和社会组织的基本类型，以及当时所达到的文化、艺术生活的水准，在中国直到清代结束以前一直延续着，基本上没有变化。

那么，这是一个怎样的近世社会呢？内藤的《支那近世史》一书可以说都是在阐明这一问题。1928年他曾在大阪作题为《近代支那的文化生活》的演讲，比较集中地表述了他所认定的"近代中国"。

他指出，中国进入近代社会的标志之一是"平民发展的时代"。但所谓平民发展的时代，并非现代人一般观念所易于理解的。因为首先，中国的平民发展时代并非现在所理解的平民拥有参政权。内藤解释说，平民参政的权力化实际上是一个法律上的问题，而不是"近代"必不可少的条件。即使没有参政权，也完全可以是一个事实上的平民时代。其次，他指出，在中国，"平民发展时代即君主独裁时代"。这乍听起来也令人费解，用今天西方政治学的观念来看，是不可思议的。内藤解释说，但在中国，这确是实情。因为中国在平民时代之前，是贵族时代，六朝到唐的贵族兴盛的时代，君主与平民都受到贵族的压制，没有应有的实际权力。到唐宋之际贵族衰颓，君主和平民才同时从贵族手上获得解放。因此，中国在进入平民发展时代时正好也正是君主独裁建立的时代。在这样的时代里，君主与平民直接相对，平民拥有了土地、物品、财产的所有权；劳动不是人民的义务，而是人民的权利，即平民对劳动有自主权，平民还有了通过考试晋升官吏的权力，有了研究学问的自由。与当时世界上的其他国家和民族相比，中国确实是一个已经进入了"平民发展时代"的近代社会。

中国进入近代社会的标志之二是"政治的重要性减退"。内藤指出：进入宋代以来，在民族和国家的生活要素中，政治不再像以前那样重要，换句话说，政治作为民族生活中的最主要条件的时代已经过去，而平民时代已经到来。内藤说："我认为，政治是人类生活中原始下等之事，它并非人类独有"，作为协调群体的一种手段，蜂、蚁、牛、犬也都懂得政治。在贵族时代，贵族除了政治之外，还有着高尚的生活，如学问、艺术、工艺等，而君主和平民则被限制在统治与被统治的政治关系之中。但到了近代，情况就不一样了。中国的政治已十分成熟，官场的技巧复杂而高妙，甚至专门有讲所谓宦海沉浮的书籍。而在官吏的心目中，从政为官，也并不是最终目的。内藤举例而言，中国的官吏，特别是地方官吏，一般三年一换，但做三年地方官，一生的生活就可以有保障了。中国人在一生生活有保障之后，最想做的是什么呢？是做学问、为文作诗，留名后世。而且在中国人看来，为官的好坏并不重要，而能有好书留存于世、传于后人则是十分重要的。因此，从政只是保障生活，著述留名的手段。可见，在近代中国人的价值观中，并不把政治看作最终目的。

在这种政治的重要性大大减退的平民发展的时代，中国人民的生活达到了相当高的水平，构成了近代生活的特殊内容。

第一，近代是平民发展的时代，为了适应平民的需要，产品往往是大量地生产，有了商品的规格化。如缎子等高等丝织物，唐末以前只是少量生产以供贵族使用，而到近代，则大量生产，作为商品在市场上出售。其他如紫檀、黑檀等木工艺品以及镜子、箱子等金属工艺品，也从贵族的专用品向商品化的倾向转变。

第二，在近代中国，文化经过长期的发展而趋向返璞归真。以前的庭院、建筑都极尽人工之美，以装饰性为目标。宋代以后，即使是皇帝，也喜欢自然野趣的园林，建筑也向朴素的民居的方向发展。在绘画上，以前多表现庄严、巍峨的宫殿楼阁，现在更多地表现自然的山水，而即使同样是画山水，以前是巍峨的岩石，现在是一望无际的舒缓平原。在医疗上，唐以前用速效的烈性药、强壮剂，宋以后懂得为了身体的全面健康而摄取营养以抵御疾病，更为符合自然的、合理的医疗保健。

第三，宋代以后，随着复古思潮的兴起，中国人懂得了要与自然和谐共处。因此，保护自然的意识开始产生，如保护特定地区的森林、药材、动物等等。文化不发达的国家是不会考虑到这些的。欧洲这种保护自然的思想要比中国晚得多。

第四，当文明发展到一定的程度，人们回顾以往的文明历程，发现古代人的生活与现代人的生活已有了相当大的不同，因而，就会想到把古代作为兴趣来回味、观赏。这种心态使得宋代以后，人们把古器物的发掘与保存作为一种兴趣来对待，出现了《考古图》《推古图》等兼具学问性和兴趣性的图书，这在一个没有悠久历史的国家是不可能出现的。到明代，对古玩的鉴赏，对古籍善本的鉴赏更成为知识分子的日常生活要素。

第五，中国虽然幅员辽阔，但古代交通堪称便利，这是欧洲、日本都远远比不上的。由于交通便利，宋代以后商业日趋发达，促使各地方都开发出独具特色的土特产品。这些地方特产，无论多远，藉着便利的交通，都能运到市场上来出售，因此，各地特产就更加发达。这些特产中有丝织物、文房四宝、装饰品等，表示生活水平已达到相当高的程度。

内藤湖南通过对以上这些特征的梳理和概括，向读者说明：中国文化在进入近世以后已经发展到烂熟，是高度发达的文化，这在一个历史短、经验浅的国家内是绝对难以达到的。从宋代到清代的文明，不仅可以与欧洲近代文明相比，而且，某些方面是足以凌驾于欧洲文明之上的。中国文明无疑是一个"早熟"的、高等的文明。这一思想宗旨内藤在他其他一些文章和讲演中，就某个具体问题，也曾多次表述过。如内藤退休前，曾到欧洲视察旅行，他在法国参观凡尔赛宫殿时，推想 17、18 世纪法国帝王、贵族的文化生活，进一步确信，他们的生活若与当时中国的士大夫生活相比，其程度要低下得多。爱好美术的内藤，十分称赞文艺复兴时期的人物画，对达·芬奇《最后的晚餐》尤为推重。但同时，他又指出：山水画是比人物画更为先进阶段的文化产物，在山水画方法的圆熟这一点上，西洋绝比不上中国。这也说明了文化发展阶段的早晚之别。

三、"宋代近世说"的学术价值

关于中国历史分期的几种基本看法

对于一个民族或一个国家文明历史发展的历史分期方法，不应该是唯一的，因为存在着客观、主观两方面的不确定因素。

从客观上看，世界各民族文明历史发展进程在时间上有先后，在形式上也是异彩份呈，各具特殊性。如果将自古以来的人类文明分为若干种类的话，可以有古老的原生型的文明，如印度文明、中国文明、古希腊罗马文明等，这些古老文明中，有生生不息延续至今的，如中国文化，也有中途流失、消亡了的，如两河流域文明。与原生型文明相对应，有后起的派生型文明，如日本、美洲的文明等。因此，从世界文明发展的广阔视野来看，并不是每一个国家、每一个民族、每一种文明历史都具有史学意义上的上古、中世、近代等发展阶段。而即使是古老的原生型文明，它经历了上古、中世、近世（近代）这样完整的发展历程，但对于各个民族、各种文明而言，它的上古、中世、近世（近代）各阶段的内容特色也是不尽相同的。

从主观上看，一方面，研究者立论时不免"仁者见仁，智者见智"，以反映历史学家不同的历史观及历史认识体系，并且随着近代史学的渐趋成熟，对历史研究的逐渐深入，人们的认识也会不断地深入和准确，从而改进和修正分期学说。另一方面，研究者进行历史分期的标准不同，如以政治演进、社会组织形式为标准；以文化发生、成长、扩展、交融的进程为标准；以生产力、生产关系发展水平为标准等等。

基于以上的原因，历史分期学说本身也是一个不断发展和完善的学说，它反映了史学家个人或某个时代的史学，对于作为研究客体的历史的把握和认识的程度。在中国和日本近代史学界，对于中国历史的历史分期说，一直存在不同的观点，有时甚至成为历史学界研究的热点，出现过不同学派的论争。[1]

以在中国学术界最为普遍的马克思主义史学理论为例来说，马克思主义的时代划分学说，主张以生产力、生产关系的发展水平为标准，人类社会必然经历原始社会、奴隶社会、封建社会、资本主义社会、共产主义社会五个社会形态，根据这种理论来看中国历史，在具体划分上也有不同的观点，主要有三派学说：

一是郭沫若的"西周奴隶制"说。1929年郭沫若《中国古代社会研究》一书出版，成为第一部用马克思主义的观点阐述中国

[1] 参见铃木俊、西嶋定生编《中国史的时代区分》，东京大学出版社，1957年。

古代史分期的著作。在书中，郭沫若以西周以前没有铁器的生产工具等为由，认定，"商代和商代以前都是原始共产主义，西周是奴隶制的国家，春秋以后到鸦片战争是封建制"。1942年以后，郭沫若又发表《古史研究的自我批判》等文，修正了关于殷商是原始社会末期的旧说，指出殷商是青铜时代和奴隶社会，但仍然坚持西周是奴隶社会的看法。

二是吕振羽、翦伯赞等人的"西周封建制"说。1934年吕振羽发表《中国经济之史的发展阶段》一文与《史前期中国社会研究》及《殷周时代的中国社会》（1936年）两部重要著作，认为殷商是奴隶制，西周是封建制的观点。翦伯赞也指出：不能纯从工具论出发来判断社会性质，生产关系也是重要的衡量标准，从生产关系看，西周已经进入封建制社会。

三是侯外庐的"西汉封建制"说。40年代侯外庐先后发表《中国古代社会史》《中国古代思想学说史》等书，主张中国的奴隶社会开始于殷末周初，经春秋、战国，到秦汉之际才结束，真正的封建制度的确立要到西汉武帝之后。

其中第二派的吕振羽、翦伯赞等人，又就中国的奴隶制问题进一步指出，中国的奴隶社会有其特殊性，是马克思所谓的不同于古希腊罗马奴隶制的"亚细亚生产方式"，因此，他们主张用亚细亚生产方式的"变种"论模式来解释中国历史的上古时代。这比之一般地称中国上古时代为"奴隶制社会"是一个进步，说明中国史学家在学习马克思主义史学理论过程中也在不断成熟，注意到对中国历史特殊性的探索。但总的来说，中国马克思主义史学者的时代分期学说，实际上始终受着"五个社会形态"的教条的束缚，脱不了套用的思维模式，从而妨碍了他们对中国历史研究和认识的进一步深化。而且，以上三种划分法，都将一千多年乃至二千年以上的中国古代社会，笼统地称为封建时代，这对认清这漫长的历史时期内，中国在政治、经济制度，民族融合，思想文化等方面的巨大发展、变迁，并无实际意义。另外，关于中国资本主义社会始于何时，也有不同看法，有资本主义萌芽于"宋代""明代""鸦片战争"等论点，这一论争的展开，主要是在解放后的50、60年代，在此不一一叙述。

除了马克思主义学派外，在20世纪上半叶，日本和中国学者对中国历史的分期学说，还有以下几种：

一、把秦帝国出现以前春秋战国的小国分立时代作为古代，把由秦经汉到唐代的大一统帝国作为中古，把五代到明的外民族入侵作为近古，把清以来到民国初与西洋发生交往作为近代。这种分期法主要是以政治、民族的关系为标准的。在日本，重要的东洋史学家那珂通世、桑原隲藏等人就持这一观点。在中国，以陈登原1936年的《中国文化史》为代表，也采取同样的分法。

二、把汉末以前中国文化自身发展的时代为古代，把汉以后到明末与印度和西域文明的交流为中世，把明末以来与西欧文化的混成时代作为近世。这大体上是以文化发展、接触、融合的进程为标准的。以柳诒徵1947年的《中国文化史》为代表。

三、更有一种极端的看法，认为中国无古代，也无近代。欧洲历史以西罗马帝国的灭亡、文艺复兴、宗教改革、法国大革命等大事件，造成政治、社会、思想上的大变动而形成古代、中世、近世。中国没有这样的大事件，只有周而复始的王朝更替，政治大势、社会状态、人的思想没有特别的变化，因此，中国无古代，无近代。若硬要强作区分的话，那么，包含与理解当下的"现代中国"所直接联系着的一系列历史过程的时代是近代，而在此之前就是古代。自然，在这里的"现代"也不是史学意义上的现代，只是时间意义上的当下而已。这是京都学派中国近代史专家矢野仁一的观点。他在《中国社会的固定性》一文，以及《近代中国史》《中国概论》等著作中，多次重申过这一论点。[1] 这是把西欧的历史发展模式硬性套搬到中国历史上来认识问题，而无视中国历史发展的独特性的典型做法，是西方中心主义的思想在中国史研究中的典型表现。这种偏执与虚无的持论，除了能够帮助我们认识当时史学思潮之受西方主义影响程度之深外，无足多论。

历史分期学说的特点

把内藤湖南历史分期学说放在近代中日乃至世界中国历史研究的学术发展史中来考察，可以看到，它的主要贡献和特点在于：

首先，对于中国这样一个历史悠久、文化早熟的文明国度，用文化发展的波动大势来作为时代区分的标准，或许比用政治的、经济的等衡量标准更为切近中国历史发展的特性，这样作出的阶段性划分因而也就更易于反映中国历史发展的真实性。因为如果是政治史、经济史、文学史等专门史，自然应该以政治、经济、文学等各自特定的发展历程，确立时代区分的标准。至于通史即全史式的历史研究，就需要对研究对象即民族历史发展的全景有通观的、整体的把握，从而能够真正发现这一民族历史的特性。

---

[1] 参见小竹文夫《支那史的时代区分——现代支那的意义》，载《支那研究》第44号，昭和十二年。

"文化源远流长，生生不息"，五千年来，没有中断或消亡，可以说是中国历史不同于世界上其他古老文明的最大特色。因此，文化史观不仅是内藤历史分期学说的方法论前提和理论的基础，也是他得以准确为中国历史"把脉"的良好切入点。关于这一点，同是以文化史的观念来研究中国历史的史学家钱穆，在其《国史大纲》的"引论"中，曾有过一个有趣的比喻及相关论述。他说：

> 今人若为一运动家作一年谱或小传，则必与为一音乐家所作者，其取材详略存灭远异矣。即为一网球家作小传或年谱，则又必与为一足球家所作者，其取材详略存灭迥别矣。何以故？以音乐家之"个性"与"环境"与"事业"之发展，与运动家不同故；以网球家之个性与环境与事业之发展，又与足球家不同故；一人如此，一民族、一国家亦然。写国史者，必确切晓瞭其国家民族文化发展"个性"之所在，而后能把握其特殊之"环境"与"事业"，而写出其特殊之"精神"与"面相"。[1]

颇具意味的是，1942 年，钱穆《中国文化史导论》一书出版，在书中，他将中国历史分为四个阶段：第一阶段是上古三代到秦统一，这是中国历史在宗教、哲学方面的奠基时代；第二阶段是汉到唐末，这是中国历史在政治、经济方面的建设期；第三阶段是宋元明清，这是中国历史在文学、艺术方面的隆盛时代；第四阶段是清末以来至今，这是中国历史将在科学与工业上大力发展

---

[1] 钱穆:《国史大纲》修订本，"引论·五"，商务印书馆，1994 年。

的时代。若与内藤的分期法相比，可以看到，钱穆也把唐宋时代截而为二，把宋元明清作为未命名却相当于近世的时期，并指出它是文学、艺术的隆盛时代。这与内藤近世说不谋而合。据笔者到目前为止所掌握的资料来看，并没有发现钱穆直接或间接受到过内藤湖南著作和学术观点影响的证据。那么，是否可以说，正是这种文化史观使得一日一中两个相隔一代（约三十年）的学者，在对宋代以后的历史认识上得到了相近的结论。

其次，内藤湖南所指陈的中国上古、中世、近世，是在了解了中国历史发展的特殊"个性"的基础上而作出的时代划分。他认为：欧洲文明是不断地从其邻近的西亚文化中接受影响而逐渐发展起来的，正像日本文明不断接受中国文化的影响而成长起来一样，而中国文明与欧洲、日本不一样，它几乎是专靠自身的力量发展、壮大起来的，在漫长的历史过程中，即使受到外来文化的影响，也是比较微弱的，并没有改变其自身文化发展的固有逻辑。因此，像中国文明这样的，才应该看作是标准的历史发展形态，欧洲与日本的发展模式倒是非标准的特殊形态。因此，内藤对中国历史上古、中世、近世的划分，并不追求与欧洲、日本所用的上古、中世、近世的概念相一致的标准，从而避免了像当时有些学者那样的陷入西方理论的教条、进行硬性套用的做法，而是坚持了从中国历史发展的内在依据出发的立场。由此，他发现，中国历史上存在过两次文化性、历史性的重大转变，即汉末、魏晋南北朝之际以及唐宋之际。这两次重大转变成了他分期法中的两个"过渡期"，以这两个过渡期为分水岭，就将中国历史分成了三个阶段。能够识破这两个转折点，显示了内藤对中国历史深刻的了解和敏锐的洞察。正如内藤的高足宫崎市定曾经说过的："先生的学风，从以精致的理论来建立一个完备的体系角度来说，与其说是有缺陷，不如说他能够以敏锐的直觉，单刀直入，把握事物的本质。"[1] 关于这一点，《剑桥中国隋唐史》的编者崔瑞德教授也指出，他主要是"凭直觉了解"。但是，这种"直觉"绝对不是空穴来风，而是厚博的"史学"与天才的"史识"有机结合的勃发。

"宋代近世说"的实质

作为经世学者的内藤，他的历史性论述时常是与中国现实社会相联系的。内藤湖南对于中国历史所作的历史分期以及确立"宋代近世说"，是以其对于现实中国改革的关心作为思想背景的。在对清末中国的研究中，在对辛亥革命以后中国陷于政局反复动荡、军阀割据的黑暗时代的失望中，他越来越感到必须去追寻他所看到的这些政治的、经济的、文化的现象，到底是在中国史上的什么时候开始形成的，他找到的结论就是宋代。这就是为什么他在《支那论》的开篇第一章中就首先要来解答"中国近世始于何时"这一问题的原因。换句话说，他发现"近世"是中国目前弊端之根源，是中国走向未来所必须克服和超越的对象。在这里，历史的资本成了现实的负担。

于是，我们看到："宋代近世说"既描述了一个灿烂辉煌的、高度发达的宋代文明景观，它属于近一千年前的中国；但同时，它又联结着一个衰老的、政治经济困难重重的、急待寻求出路的

---

[1] 宫崎市定:《独创的支那学者内藤湖南博士》，载《向中国学习》，朝日新闻社，1971 年。

中国，这才是现实的、真实的中国。内藤湖南在论到文化发展时，多次用人生的成长来作比喻，他说：一个国家和民族所经历的文化发展历程，就像是一个人经历幼年、青壮年、老年一样，是必然的；各个国家和民族在幼年、青壮年、老年的各个阶段上，虽有其各自的特殊性，但各国各民族也有其共通性。由此可见，早熟的、过早进入高度发达的中国文明，目前所面临的弱势就绝不是幼年之弱，而是老衰之弱。相比之下，欧洲与日本今日之强，就是文化未成熟的、青壮年之强。

因此，当指责中国的"国民性"问题成为日本文化界的话题之一，"东亚病夫""清国奴"等蔑称甚嚣尘上时，内藤湖南则历史地提出，不要把"时代相"与"国民性"混为一谈，老衰之弱不只是中国特有的，不是由所谓国民性带来的，而是因为中国与欧洲和日本等民族的成熟程度不同。各民族的发展既然都会经历自己的"人生"阶段，中国只是比其他民族早走了一步或几步。所以，内藤甚至把中国文化发展的历程看作是人类文明发展的最正常样板，是日本，乃至世界各民族未来的预示：

> 所谓国民性与时代相两者的区别，是一件困难的事。日本今天的生活与中国固然非常地不同，但如果日本也到了有四千年历史的时候，也许就与中国相近了。如此看来，所谓中国的国民性，待几百年、几千年后，也就会出现在日本。……总之，中国的状况应该可以预示世界民族生活的未来。[1]

---

[1]《近代支那的文化生活》，《内藤湖南全集》第八卷《东洋文化史研究》。

因此，内藤"宋代近世说"的实质在于：它首次向人们昭示中国历史不是在一般人所认为的明代或清代，而是在更早的宋代，就进入了近世。它曾是一个高度发达的、"早熟"的文明，现在则已是一个濒临衰亡的老弱文明。这与其说是关于近代起于何时的一个论断，不如说由于这一论断，揭示了中国历史文化发展的性质和特征，以及预示了中国历史未来发展的趋势等大问题。因为"宋代近世说"，使内藤湖南更加认清了一些历史重大问题，如中国的君主独裁制度以及与之相配套的官僚制度自宋以来，历时悠久，已走到了尽头；如中国的平民主义倾向自宋以来，有长足的发展，这是中国必将走上共和制的政治基础；如中国文化早熟，自宋以后，社会精英的热心关注已不在政治、经济、军事等实际事务上，而在更高层次的文化、艺术的创造上等等。正是这些认识使他在《清朝衰亡论》及《支那论》等书中提出了"革命和共和制必胜"，但辛亥后要建立中国式的共和制，必须在三五十年内实行"国际共管"等论断。换言之，这些论断都是以"宋代近世说"为学术前提而作出的历史的、逻辑的推论。

不管内藤湖南多么强调中国文化的灿烂及其优越性，也无论他多么坚信共和制政治的到来是历史的必然，但现实的中国仍然面临着政治的混乱、国势的孱弱、文化的无望。对此，一个外国的历史学家能够怎样呢？他只能是仍然沿着他的历史的逻辑，作进一步的学理的推论：

　　　　中国的国情处在现在这样的混乱当中，到目前为止的历史和状况屡屡反复，使得研究近代中国的人没有办法。……

> 但最终，中国人是会极大地认识到自己的优越性的国民，他们现在学俄国也好，在此之前学日本的国会政治也好，最终，中国人将认识自己的优越性，认识到还是由来已久的中国式的做法最为合适。这是由中国近代生活来考察中国命运而得出的极贫弱的结论。[1]

对中国近代学术史略有知识的人，可以感到，这样的结论，与民国以来中国民族主义文化论者如章太炎、陈寅恪、黄侃、钱穆等人的学术观点，极其相似。对中国历史文化的深爱和洞察，使他们共同认识到中国文化的"悠久"与"伟大"，一样相信中国的未来必是中国人从自己的历史中找回自信，按照中国文化自身的发展方向，即按照"中国式的做法"，焕发潜力，走上复兴之路。这是内藤湖南中国学中最具学理性和"纯洁度"的结论了。正是这份理性和"纯洁"，代表了内藤思想的左极，使他成为文化的多元论者。从而，与中国民族主义文化论者得出了相同的认识。

宋代近世说对后世的影响

宋代近世说被后代京都学派的学者们继承，并发展为一种"中国文明停滞论"。在内藤身后的30、40年代，中国文明停滞论是日本中国学界声浪很高的一种论调。这里仅以内藤湖南的高足宫崎市定的学说来说明。

宫崎市定是以宋代经济史为主业而闻名世界的中国史专家。宫崎市定对中国历史文化的研究有这样一个基本点：即把东洋分

---

[1]《近代支那的文化生活》,《内藤湖南全集》第八卷《东洋文化史研究》。

为"朴素主义的民族"和"文明主义的社会"两种形态。他将宋代中原近世文明社会的特征归纳为以下三个方面，并一一指出文明社会在此三方面的弊端：第一是兵农的分工，结果"在民间培养了不服从国家统治的异己分子和秘密结社，而这些经常起着从内部分解国家社会的作用"。[1] 第二是士大夫阶级的出现和成熟，使悠久文明出现"个人主义、文弱、女性化和意志薄弱"等弊端，对外来的侵略变得"软弱无力"。第三是社会物质生活的提高，使人民安于享乐，而缺乏勇于进取的精神。相对而言，在中国北方满蒙原野上的朴素主义的民族，如契丹（后之蒙古）、女真（后之满洲）等游牧民族，却没有受到文明社会弊端的侵蚀，具有"坚韧不拔、服从尊长、尊崇诚实、不苟虚言、举止天真"等特点，这使它们在与中原文明社会一旦接触，并产生敌对而抗争时，处于有利的立场，甚至所向披靡。宫崎市定打比喻说："文明就像砂糖的甜，鸦片的香。"一则，人民明知道它的害处，可一旦习惯，便容易忘却身心，沉湎于其中；二则，这"甜"与"香"使得朴素民族向文明社会的倾倒十分自然地易于发生，甚至过分热心地追求；而文明程度业已过度的社会向朴素民族的学习，却"难如推车登坡一般"。他的这些论述，无疑是以其业师内藤湖南的"宋代近世说"为出发点的，他进一步将早熟的近世文明（他所谓文明主义社会）与受其影响的后进文明（他所谓的朴素主义民族）对立起来，论述其优劣兴衰。他把王安石变法说成是"宋代的朴素主义教育论"，是汉民族在与朴素民族接触后，反省自身并向

---

[1] 宫崎市定：《东洋朴素主义的民族和文明主义的社会》，刘永新、韩润棠译，商务印书馆，1962年。本节以下引文均见此书。

朴素民族学习的运动。他指出，从宋代知识分子感叹"天子失政，
道在四夷"，"礼失求诸野"等一些言论中，也可以看出"宋人尽
管攘夷思想浓厚，但另一方面却能理解朴素民族所具有的优点"。
这些论述又与内藤湖南"文化中心移动说"的"中毒"与"解
毒""恢复年轻"的理论异曲同工。

意味深长的是宫崎市定在这样将历史上的文明社会与朴素民
族的力量及前途相对比后，接着引导出一系列论断："数千年的文
明社会已经没落，三百年的历史更使明代的朝廷走向了衰亡。于
是，中原的文明社会便不得不在以六万满洲八旗为骨干的清朝的
统治下，重新接受朴素主义的教育。"于是，"夜郎自大的文明
国"——明人未能治理的文明社会，由于注入了满洲这一新要素，
而得到了"不可思议的大治"。"由此看来，倘欲医治文明病，惟
有注入朴素主义"。满洲虽是代表了朴素主义的民族，但是，却与
历史上的契丹、蒙古等游牧民族一样，因受到中原文化的同化而
不免"文明化"而趋于衰落。

如今，在东洋，存在着一个真正的朴素主义的民族，这就是
日本。"日本一方面具有古的文明，一方面并没有舍弃朴素主义，
这是足以向世界自豪的事。"本书写于中日战争初期的 1940 年，
在日本藉着"大东亚圣战"的名义进行着罪恶的侵略战争时，作
者却大言不惭地宣言说"日本人朴素谦虚，以正为正，以邪为邪，
天真如明镜，无一点云翳"。在欧洲科学主义文明处于优势的当时，
他又十分合时宜地表示：日本能够对西欧科学采取"没有任何偏
见的朴素态度"，愿意"子学其父""后辈学前辈"，从而避免"夜
郎自大的文明主义的弊害"。这是日本的朴素主义与继承了中原文
明主义的满洲人、蒙古人的朴素主义所不同的地方，它是具有发

展性的、掌握了科学的新的朴素主义；并且是掌握了"调和文明生活和朴素主义"的"关键"的新的朴素主义。至此，作者的潜台词已呼之欲出：如果日本一旦在中国建立了统治，就决不会再蹈契丹、蒙古、满族等民族在中国的覆辙。

第七章　"文明中心移动说"

——内藤湖南的中日文化观

"文化中心移动说"是内藤湖南在近代"中日关系大置换"的新的历史时期，为思考中日两国文化的新型关系，思考日本民族的未来前途，所构筑的一种具有特定历史内容和社会意义的文化史观。它体现了作者对于中日文化历史关系、现实状况和未来走向的认识，隐含了日本文化优越论及对中国进行文化殖民的思想实质。从思想系统来看，它属于近代日本"兴亚论"思想体系，也可以说是早期亚细亚主义在历史学领域内的一种表现形式。

一、关于民族与文化的论述

文物、文明与文化

在内藤湖南论述文化的著作中，在不同的场合曾出现过"文物""文明""文化"三个相关的概念，作者虽然没有给它们一一定义，加以区分辨析，但仔细阅读他不同时期的有关文章与著述，大致可以领会这三个概念的不同所指及各自的侧重点。

19、20 世纪之交，正是日本近代学术逐渐形成的时期，其表现之一是，代表西方近代学科分类的"文学""哲学""历史学"等新概念正在被学术界移植使用。在中国学研究领域内，当这些新名词首先被作为书名运用于第一批日本的中国"文学史""哲学史"或"东洋史"时，它们的实际内容还相当程度地反映了传统学术的遗留，如文学中包含儒学、宗教思想、艺术等内容，哲学也大量留存着经学与诸子学的遗迹，史学则含括了地理、宗教、艺术等内容。[1]

内藤所用的"文明""文化"等用语，也同"文学""哲学"等概念一样，处于引进初期，尚未在日语语境中完全成熟、"落户"，学者们在使用它们时，难免所指不清，互有混同。就内藤湖南而言，最典型的是他作于1896年，出版于1897年1月的第一部著作《近世文学史论》，[2] 在该书"序论"的各小节中，他同时分别使用了"文物""文明""文化"三个概念，但又未给予定义。日语中的"文物"一词，本不是对等于中文中的"文物"一词的，在与中文一样指称历史上的具体的物质文化遗物之外，还有泛称精神文化遗存的功能。内藤在上述"序论"中的第一句就是："所谓文物，即民族的英华，风土的果实，是应时代而开放的花朵。"正如春天有桃李樱杏，秋天有桔梗、败酱、胡枝、紫莞，又如炎热之地则有椰树、榕树，积雪之处则有苍松、翠柏一样。这三句虽是虚指，但首先强调了"文物"是特定民族的产物、特定地域的产物，也是特定时代的产物。内藤湖南以中国为例来说明关于"文物与时代"共同演进的关系：

中国周代初期在完备礼制之时，礼之大纲有三百，细

---

[1] 参见严绍璗《日本中国学史》第七章"近代日本中国学的形成"。

[2] 书名中的"文学"一词，也很大程度地停留在内容宽泛、边界模糊的传统概念上，因此，江户时代的"儒学"和"国学"成为书中的重要内容。

目有三千，仪式的歌曲有"雅"、"颂"，乐器曲有"韶"、"武"。春秋时代在整备外交辞令之时，即使是战场上的交锋，也表现得从容不迫，决不骤下结论。战国时代游说盛行之时，长篇大论也好，简洁也好，都自在有度，合纵连横，人人将国之安危、家之存亡弄于三寸舌尖。当汉代文献学、训诂学日益精密之时，三个月的冬季能背诵二十万言的古书，排比奇字难辞，增广博识，名物制度、虫鱼草木因而得到更为细密的研究。当六朝流行清谈和美文之时，以模糊之语竞显玄妙，以四六华彩辞章争露技巧。唐代之诗，不仅集秀丽之粹，更有壮烈的气魄、无限的深广、极尽动静转换之妙，可谓空前启后。宋代儒学探究天人之际，发掘性理之义，摆脱烦琐的训诂因袭，直达精密专一的本质，可谓拨开云雾见日月。明清时代是大规模编辑图书及考证学的时代。明代之二酉山房、清代的《四库全书》，汗牛充栋，对书籍的内容分析、辨别至分厘之微，真可谓与书蠹为伍。[1]

如果把上述文字中"完备礼制""整备外交辞令""文献学、训诂学日益精密""流行清谈和美文""唐代诗歌""宋代儒学"等视为每个时代的"文化建设"的话，那么，其下之"雅""颂""韶""武""合纵连衡"等，就是与文化建设配套出现的在法律、文学、艺术、学术、宗教等方面的"文化现象"或"文化成果"。这种"文化建设"和"文化成果"主要是指与物质层面相对的精神领域。

---

[1]《近世文学史论·序论》,《内藤湖南全集》第一卷。

关于"文物与风土"的关系，内藤也举例说：从地域来看，山东出宰相，山西出将军；儒学存于洙泗、刚健存于甘凉；吴楚辞章焕然，有老庄之论著、屈宋之文章。由此可见，内藤所谓的"文物"可以说就是指反映时代风貌、地域风貌特征的精神文化现象和精神文化成果。这样的"文物"概念，也体现在他 1894 年的《日本的天职与学者》等文中。

时代相续，"文物变迁"，就造成了文化的发展。也就是说，文化是"以时代为经，以风土为纬，交错变化"而形成的"璨然之美"，是历代"文物"的历史积淀。

在多年以后的《论民族的文化与文明》一文中，他又对"文化"解释说：

> 文化可从广义和狭义两方面来考虑，广义的文化是包括政治经济等方面的活动在内的民族生活，或许用文明来概括更恰当；如从中抽取掉政治经济的因素，剩下的就是狭义的文化，即纯粹的文化。……对一个民族的文化来说，在国富民强、经济组织、工业进步、国民生活进步等因素之外，还有该民族所持有的特殊的教养，这就是民族的文化，即狭义的文化、纯粹的文化。

在《何谓日本文化（一）》中，他又说："文化是以国民全体的知识、道德、兴趣等为基础而建立的。"[1] 文化的基础是"国民

---

[1] 内藤湖南:《何谓日本文化（一）》，载内藤湖南《日本文化史研究》汉译本，商务印书馆，1997 年，第 3 页。

的知识、道德以及兴趣"等精神方面的建树，与这些相对，文明则侧重于物质方面的建树、财富的堆积。内藤将近二百年来以英国、美国为代表的殖民发迹史概括为"欧美文明"，说英国"采用近代文明"，"发展经济组织"，靠着对殖民地的开发"急激致富"；美国更是藉着本国的"物产丰富"，建立"大规模的工业"，迅速"凌驾于英国之上"，但是，英、美的发迹致富，对世界文化的贡献甚微。"假设英国一旦灭亡了，我们来考察它对世界文化有什么贡献？它留给后代什么馈赠时，那不能不说是有很大的疑问。而美国就更不足一说。"相反，作为被殖民者的印度等国，他们发达的宗教艺术、精美的工艺品等等，都印证着他们悠久的历史、辉煌的文化，这是英国等殖民者无法像二百年来迅速致富那样所能创造出来的。由此，内藤对当时普遍存在的对欧美物质文明的礼赞表示了反对态度。

在这样的价值原则之下，内藤进一步指出：衡量一个民族的文化程度，"完全不能以这个国家的经济状态、富裕程度为标准，而且，相对于科学、哲学而言，不如以文学、艺术为尺度更为准确"。而民族生存的真正意义，不在于"创造财富"，而在于"创造文化"。[1]

综上所述，我们基本上可以明了内藤湖南对以上三个概念的区分。广义的文化是一个民族以往全部生活的总和，抽掉其中物质创造、政治经济活动方面的因素，就是狭义的文化，主要指通过一个民族的文学、艺术、建筑、宗教等侧面而反映出的民族的

---

[1]《关于民族的文化与文明》，《内藤湖南全集》第八卷《东洋文化史研究》，第143—144页。

道德、智力、教养、情趣等。文物正是这种狭义文化的成果、体现物。文明则侧重于民族生活的物质层面，尤指称世界近代工业文明，它体现一个国家国民生活水平的高下与国力的强盛与否。但是，在内藤的著作中，"广义的文化"与"文明"有时也互有混用。总体而言，内藤论文化，并不着重于概念的厘定，作抽象的理论概括，而是通过文脉、语境来自然表达思想，有时指的是广义的文化，如他在《中国上古史》的"绪言"中即说："我所谓的东洋史就是中国文化发展的历史。"有时指的是狭义的文化，如论述东、西方文化时，往往以东方的教养、道德为文化的标志来对应西方的物质文明。

文化的"年龄"与"时代相"

内藤湖南曾多次在论述中把民族文化的发展比喻作人的生命成长史。一方面，世界上各民族因其历史发展的悠久程度不同，有的已经历了四五千年，如中国、印度，有的是两千年，如日本，有的则只有几百年的历史，如美国、澳大利亚。这些历史年龄不同的民族，就像人处于幼年、青年、壮年、老年各阶段一样，在生命力、创造力、吸收消化机能等等方面都会有不同的体现。如日本文化正处于青壮年期，其嗜欲旺盛，脾胃强壮，消化力旺盛，对各种文化都能兼收并蓄，并跃跃欲试向外拓展，摄取"食物"；如中国则已渐至老境，自身文化虽高度发达，但正如老年人嗜好偏于定一，不易接受新事物一样，对外来的异种文化多采取拒绝的态度，因而，有损于保护自己的"元气"。[1]另一方面，像中国

---

[1]《日本的天职与学者》，《内藤湖南全集》第一卷《近世文学史论》附录。

这样有悠久历史的民族国家，它本身的发展也经历了幼壮老之阶段，内藤在论述中国历史各阶段的时代特色时，说上古时代是中国文化的幼年期，中国知识分子的精力和活力就像孩子一样充沛，对自身的生存环境充满好奇和研究的兴趣，极富创造力，因而奠定了中国文化的基本规模。中古时代是中国文化的青壮年期，知识分子渐趋成熟，在完善孩提时代创造的文化、制度的同时，热衷于在政治、经济、军事等方面的建功立业。进入近世以来，中国文化一方面发展到了空前发达的程度，形成世界文明的辉煌顶点，同时，它也步入晚年，知识分子心态圆熟，恹恹于对外事功，而倾向于向内追求和谐宁静，崇尚自然，反璞归真，因而，不重视对政治、经济、军事的建树，而倾心于在文学、艺术、学术领域中寻找自恰。

各民族历史年龄的不同，常常成为内藤湖南论述东、西方文化或中日文化差异的依据。他批评那种动辄把文化差异归结为"民族性""国民性"的思考方式的缺陷，认为更重要的是应该注意不同文化的年龄特征。在梁漱溟的《东西文化及其哲学》一书出版后，内藤曾就此书的大旨作过评述。他说，梁漱溟评论中国、印度、西洋的道德、思想，归纳为"印度是禁欲的，中国是安分的，西洋是进取的"三种路向，"虽然很好表述了各民族道德思想的特性，但关于它们的这些特性，尚有思考的余地"。即从当前来看，印度、中国、西洋的民族特性固然表现出如梁漱溟所说的这三种倾向，但这只能看作是"现时的特性"，也可以说是"老年的"中国和印度及青壮年的西洋的"时代相"而已。[1] 因此，所谓"国

[1]《关于支那文化的研究》，《内藤湖南全集》第六卷《杂纂一》，第141页。

民性"的东西往往只是"时代相"而已。就如十五六岁的少年好游戏，三十岁的青壮年好胜负，六十岁以上的老人好古董，如把它们分别作为特别的个性来看待，那就要产生谬误。

在另一文中他又说：

> 在论及各国文化时，有人动辄称之为"国民性"，如中国的国民性如何如何。支那年轻学者们在论述东、西文化时，面对西洋进取性的气象，认为支那人的安分性气象就是其特性，认为西洋学术带来科学的进步，政治倾向于民主，而支那的思想则完全朝着别的方面发展，倾向于玄学性的。但是，民族生活、民族的生命就像个人的生命一样是有年龄的。民族发生以来，有经历了四千年的，有不到两千年的，还有只有八九百年的，它们共同并存于现代世界上，如果仅以现代来看，捉取各自的差异点，就判断它们是各国民的特别性质、本来的性质，乃至永久的性质，这种思考方式是危险的。……国民性的研究，不能不对这一点作严密的察别。[1]

由于不注意作为文化载体的民族的年龄，所以，导致现行的种种错误认识，如时下一般的认识是当一种时代思潮兴起时，世界上任何国家都可以普遍适用，并得到同样好的效果。如中国人看到，日本人近年由于立宪政体而增进了国力，就认为中国如实

---

[1] 内藤湖南：《支那的国民性及其经济变化》，《支那论·新支那论》合刊，创元社，昭和十三年第10版，第298-299页。

行立宪政体就也能增进国力，所以，清末大力推行立宪，这是不顾自己国家国民的"年龄"的想法。如今，中国成了共和政体，相反，一些日本人又认为，中国都已是共和政体了，日本已落后于世界进步的潮流。"凡此诸种，都是忽视国民的'年龄'，不从历史出发考虑问题的谬论。"内藤曾在另一篇文章中说过："欲通过立宪政治来改变中国的想法，是由完全不知中国政治之根本而起。"[1] 总之，他认为：就现实世界的横向来看，由于民族文化处于不同的年龄，势必呈现不同的面貌、不同的性质，这就是人们目前所见的所谓"国民性"不同的根源。

就历史发展的纵向而言，内藤认为，任何民族又都具有基本一致的路向和归宿。以往社会历史的兴衰更替表明：一个民族总是起于"榛狉莽昧之世"，然后进入"文明开化之域"，又"渐渐萌生衰兆"，最终"渐趋灭亡"。[2] 从组织形式上说，"古代的国民受宗教的支配，宗教组织成为国民文化的主体，随着时代的推进，宗教组织渐趋衰落，代之以权力即武力的政治组织，继而更进化为财力的，即资本组织，任何国家都要经历多少与之类似的过程。"[3] 从文化所关注的主题来看，人类社会越向近代发展，文化对战争、军事、国家统治关注的必要性就越小，因此，中国宋代以后知识分子都不关心政治和军事，而对儒家典籍、文学艺术等情有独钟。在内藤看来，中国的这种情况，正是社会进步、文明

---

[1] 内藤湖南：《支那的文化问题》，《支那论·新支那论》合刊，创元社，昭和十三年第 10 版，第 315 页。

[2]《日本的天职与学者》，《内藤湖南全集》第一卷《近世文学史论》附录，第 127 页。

[3]《支那人之支那未来观及其批评》，《内藤湖南全集》第八卷《东洋文化史研究》，第 166 页。

发达的标志。真正的文化人是超越战争和政治的，是与自然和谐统一的"有德"之人。但这样的人，一旦遭遇战争的来临，就处于被动挨打的地位，不能发挥大的作用。这就是中国鸦片战争以来的命运。据此，他多次提到，悠久的中国历史就像一位历经生命各个阶段的"过来人"一样，它在以往各个阶段上所呈现出来的文化特征对其他民族文化，尤其是日本文化的未来发展，具有预示和警戒的意义。

> 如从今天看来，日本和中国国民性是不一样的，如果日本经历了像中国那样悠久的历史，也许也会像中国的今天一样；而中国自开辟以来发展到与日本相差无几的时代时，也并非不同于今天的日本。[1]

由此，内藤总结道：

> 国民性与时代相的区别，是一件非常困难的事。日本与中国，在今天看来，生活方式是十分地不同，但如果日本到了也有四千年历史之时，或许就会与现在的中国一样。如此说来，所谓中国的国民性，在几百年、几千年以后的日本也会出现。……因此，我想，由中国的状况应该可以预示世界民族生活的未来。[2]

---

[1] 内藤湖南：《支那的国民性及其经济变化》，《支那论·新支那论》合刊，创元社，昭和十三年第10版，第303页。
[2] 《近代支那的文化生活》，《内藤湖南全集》第八卷《东洋文化史研究》，第139页。

综上所述，内藤的主张是：任何民族或国家的文化，并没有什么固有的、永久不变的国民性，国民性只是随着时代的推进、民族年龄的增长而不断推移和改变的时代相的总合。因此，在他那里，中日文化甚至东西方文化的差异性也就只是民族历史的短长、文化发达的早晚的差异。并且这种差异不能用人为的、不顾年龄的方式来磨灭、趋同，否则，就是"危险的"，是违反历史主义的做法。

关于文化的哲学反思，19世纪中叶以来，先后出现进化论学派、功能主义学派等不同思潮。进化论学派以英国人类学家泰勒（Edward B.Tylor）为代表，从达尔文进化论思想中受到启发，认为人类文化的进程也如生物进化一样，遵循一条由低级向高级、由野蛮向文明的进化过程，揭示了人类文化发展的总趋势。面对世界文化呈现出的不同样式，他们认为这是文明程度的差异，落后的、弱势的民族文化应自我否定，自觉地追赶或被迫地服从先进的民族文化，从而尽早走上先进文化的康庄大道。从这一意义上说，进化论学派的文化观也被称为一元论的文化观。中国近代思想界"全盘西化"思潮的哲学基础就是这种一元论文化观。他们认定19、20世纪之交的西方文化代表了人类进步的共同目标，因此，它与异质的中国文化之关系，是新旧之别，是先进与落后之别，因此，中国应放弃自己的传统文化，"全盘西化"。此种言论，在五四时期关于东西方文化论争中十分常见，胡适、陈独秀、毛子水等人是其主要倡导者。一元论文化观往往被国粹主义者甚至军国主义者所利用，将本民族文化的优越性无限夸大，鼓吹成人类最高的、最具权威的文化，从而为自己侵略、践踏其他民族文化提供借口。二战期间日耳曼文化优越论就属此例。另一方面，第一次世界大战大大显露了欧洲文明的弊端，极大动摇了以西方文化为最高成就的一元论文化观，以德国思想家马克思·韦伯（Max Weber）、德国哲学家卡西尔（Ernst Cassirer）为代表，功能主义学派继之兴起。韦伯运用发生学的方法说明各地区、各民族的文化差别及其合理性，认为各个民族可以根据不同的终极价值观和目的来确立文化的合理化标准，从一种文化的价值观来看是合理的东西，从另一种文化的价值观来看很可能就不是合理的。因此提出了民族文化的"相对性价值"问题。功能主义学派的文化观可以称之为多元论的文化观，他们能够肯定世界各个民族、各种文化的生存意义及独特价值，认为人类文化本该是丰富多彩、各具特色、并存不悖的。

与上述两种形态的文化理论相比照，内藤湖南的文化观虽然不直接说种族优劣、文化优劣，避免了进化观一元论的弊端。它虽然以貌似"历史主义"的论述，指出民族文化的历史性差异，似乎是承认世界上各民族文化的不同，但实际上，它只是将这种文化差异完全归结为年龄上的差异，而对于民族文化除去时代差异之外，所存在的因地理环境、原始宗教信仰等因素而造成的差异，即国民性的根本差异及相对价值等问题，几乎没有论及。这不能不说是另一种形态的"一元论"，是以"民族年龄"来取代其他一切价值标准的"一元论"。在这种"一元论"的主张下，一旦一个民族被认为是进入了老年，它是否就真如个体生命垂垂老矣一样，必将走向死亡呢？内藤湖南用他的"文化中心移动说"曲折回答了这个问题。

日本文化与中国文化的历史关系

日本文化与中国文化的历史关系问题，是"文化中心移动说"的逻辑起点。在这一问题上，相对于当时日本思想学术界的普遍论调来说，内藤湖南体现了一个历史学家的史学素养和理性判断，也就是说，他能够以一种清醒的、客观的历史主义态度，来看待中日文化的历史关系。

从文化发生学的角度看，日本文化是在对于邻国中国文化的引进、吸收、扬弃的基础上发展成熟起来的，这可以说是已经为考古和历史文献所证实的事实。然而，明治以来，由于政府欧化主义政策和民间国粹主义思想的相互鼓噪，使得近代以来，思想界出现无视或否认这种历史关系的倾向。在日本的知识界特别是"国史学界"，曾经为江户国学家极力提倡的大日本主义的论调，再次高涨起来，无限地抬高日本国家特别是日本文化的地位，强调日本文化是自发的、独立的，是悠久文明古国的优秀产物。因而，如果有人谈到日本历史或文化曾受到外国的影响，甚至稍有把日本立国的因素归结于外来刺激的倾向，就被认为是不适当的、不爱国的行为。在这种无视历史事实，否认中国文化对古代日本有过重大影响的趋势的同时，另一方面，对于当代西方国家的文化，又充溢着景仰、追随、模仿的风气，用内藤的话说，以至于把"日本风景取个类似西洋分店的名称，什么'日本阿尔卑斯山'、'日本莱茵河'等称号一时甚嚣尘上"。[1]

对于日本近代文化中这种面对欧美的自卑感和面对东亚的优

---

[1] 内藤湖南：《日本风景观》，载内藤湖南《日本文化史研究》汉译本，商务印书馆，1997年，第232页。

越感，内藤可谓两面出击，对双方都给予了历史学家的理性、实
证的批判。他在《何谓日本文化》《日本上古的状态》《日本的风
景观》等文中，用历史事实反复论述了"日本是以中国文化为中
心的东洋文化的一部分"这样的思想结论。他说：

> 发祥于黄河流域的文化，先传到西部或南部，而后慢
> 慢地向东北方发展，最后才传到日本。这种文化逐渐扩展到
> 各地，刺激了各地的土著民族，每一次刺激就在当地形成或
> 多或少的新的文化，最后传播到日本，日本才建立起今天这
> 样的文化。[1]

即日本文化与中国文化同属于发源于黄河流域的一种古老文化，
日本文化是在这个古老文化的刺激下派生的子系统。历史事实
证明：

> 中国文化至少在战国末年就已经传播给日本民族了，
> 而相当于那个时代的事实，在日本历史及传说中几乎是一片
> 空白。所以，可以断言当中国文化最初传到日本的时候，日
> 本民族还没有形成类似国家这样的社会组织。（后汉时，日
> 本西部才有了统一的国家。）

因此，日本是"自发文化"的这种想法是"毫无理由的谬想"，

---

[1] 内藤湖南：《何谓日本文化（二）》，载内藤湖南《日本文化史研究》汉译本，
商务印书馆，1997年，第11页。

历史上只有极少数的悠久古国如埃及、中国、印度才是"自发文化"。对于中日文化历史上的这种关系，内藤在历次演讲中曾多次打过这样的比喻：

> 过去日本学者对日本文化的起源解释成为树木的种子本来就有，后来只是由于中国文化的养分而成长起来的。我却认为比如做豆腐，豆浆中确实具有豆腐的因素，可是如果不加进使它凝聚的外力，就不能成为豆腐。日本文化是豆浆，中国文化就是使它凝成豆腐的盐卤。如果再举一例说明的话，就像孩子天然具有获得知识的能力，然而要使孩子有真知识，就必须靠先进长辈的教导。[1]

即日本文化最初在本国并不具有"雏型"（种子），而只是具备了若干可以成为文化的"因素"（豆浆），有了中国文化的催化剂（盐卤），才形成了今天的日本文化（豆腐）。因此，日本文化是借助了中国文化这位"长辈"而发展成长起来的"子文化""亚文化"。

因此，要认识日本文化的根源，就必须首先了解中国文化。

> 用今天的语言来说，日本文化是东洋文化、中国文化的延长，是和中国古代文化一脉相承的。所以，要想知道日本文化的根源，就必须先了解中国文化。今天讲历史只讲日本的历史，而不了解以前中国的事情，那么，对于日本文化

---

[1] 内藤湖南：《何谓日本文化（二）》，载内藤湖南《日本文化史研究》汉译本，商务印书馆，1997年，第7页。

的由来就什么都不知道了。[1]

内藤对中国历史、文化的研究，也正是基于"了解日本文化的根源"，从而关注日本文化的未来命运这一观念而展开的。

日本文化既是受中国文化抚育而成长起来的东洋文化圈的一员，但它不同于一般的成员，是这个文化圈中的"优等生"。历史证明，中国文化同样传到朝鲜和日本，但经过日本的吸收和改造后，不仅比朝鲜的好，而且，在许多方面甚至比中国原本的也更好。比如在制度上，"朝鲜吸取唐代制度的方法从一开始就不如日本，……是彻头彻尾的模仿，没有像日本那样考虑国情，考虑唐代制度的缺点，巧妙地加以取舍"。在雕刻、绘画、书法等方面，日本的追随中国，不仅速度快、质优于朝鲜，而且创造出了具有日本特色的优秀文化。

如果说内藤对于历史上的中日关系是抱着一种清醒的、客观的历史主义的观念的话，以下一节将证明，对于现实的中日关系，内藤则是持十足的民族主义的，甚至是超民族主义的观点。像那个时代的许多东洋学家一样，内藤对历史的中国是充满尊敬和爱戴的深情的，而对现实的中国则难掩蔑视和背叛的心态。一个在古代史研究中反对大日本主义学术倾向的内藤，在现代日中文化关系上，则以"回报中国""帮助中国""振兴中国"的名义，表现了殖民扩张的文化主张。

---

[1] 内藤湖南:《何谓日本文化（二）》，载内藤湖南《日本文化史研究》汉译本，商务印书馆，1997年，第12—13页。

二、 文化中心移动说

文化中心移动的基本理论和形态

"文化中心移动说"的基本理论如下：所谓"文化中心"是指中国文化在特定时代、特定地域内形成的"文化集合"。在内藤看来，每一个时代都会因"地势"和"时势"的关系产生一个文化荟萃的"中心"，即由时代和地域交织而成的文化图景，必是疏密有致的，有锦绣灿烂，有乡野质朴，而那个锦绣灿烂的密集之处，就是文化中心之所在。文化中心一旦形成，并不是永固不变的，而是发展变迁，向前移动的。文化中心的移动，其轨迹不是直线的，而是"一条由一个中心点出发的主线，向三维的空间伸展，形成无数支流，缠绕着、螺旋型向前推移。"[1] 在实际历史上，就表现为向其周边的其他地域移动转移，造成下一个新的文化中心。文化中心的移动，一方面是地域上的移动，另一方面，也在阶级和阶层上变更。

1894 年 11 月，内藤湖南以《地势臆说》为题，第一次表述了关于"中国文化中心移动"的基本形态，指出中国历史上的文化中心是按照洛阳→长安→燕京（江南）的路线而移动的。文章首先引述、评论了中国历代历史地理学家赵翼《长安地气说》、顾祖禹《燕京论》《扬州形胜论》、计东《筹南论》、章潢《南北强弱论》等文，在得到他们关于地气盛衰与人文兴替的思想学术因素启发的同时，提出了他"文化中心移动说"，中国文明最早发源于

---

[1]《学变臆说》，《内藤湖南全集》第一卷，第 351 页。

九州之冀、豫二州，即形成以洛阳为中心的早期文明。到战国末，洛阳"地气尽、人力衰"，于是，入西汉后，长安文明代之而兴起，直至唐末，形成中国历史上有名的"长安繁荣"。而"唐末之衰残"亦正是因为长安之地"王气将歇"。长安之后中国的文明中心是燕京，但燕京之与洛阳、长安文明之不同处在于，它是靠了东北之地气形胜而形成的政治中心。至于文化中心，从长安衰落后，就越来越聚集于以虎踞龙盘的六朝故都南京为中心的江南，江南是宋以后中国人文之渊薮。这样就形成了宋以后中国"政治中心在北，文化中心在南"两股势力并存的格局。

以下是中国文化中心随历史发展而在地域上移动的基本状况：

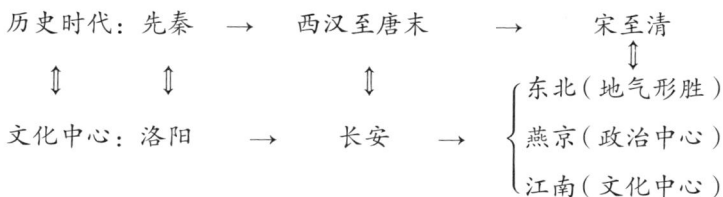

历史时代：先秦 　→ 　西汉至唐末 　→ 　宋至清

文化中心：洛阳 　→ 　长安 　→ 　东北（地气形胜）
燕京（政治中心）
江南（文化中心）

1924 年，内藤湖南又在其《新支那论》中，再次阐述了以上理论。文化中心的移动一方面是地域上的，另一方面，还是阶级和阶层上的，即就掌握文化的人群阶层来说，也在变动。原来不受文化浸润的阶层，逐渐接受前代文化阶层的文化遗产而适应时代，开启新的文化局面。如自六朝到唐代，文化为名族、贵族所占有，主要在诗赋方面发挥其特色；从唐末到宋代，随着名族、贵族的衰落、消亡，文化转移到读书人阶层特别是其中的仕宦者手中，也可以说，士绅为文化的中心，主要在散文、词曲、哲学、绘画方面发挥其特色。从元朝到明代中叶，由于元朝是外族入侵，仕宦阶层基本上都为蒙古色目人，因此，处士成为文学艺术的中心。明清以降，文化的主导者除了仕宦阶层外，扬州等地的商人也成为文化的创造者。由于仕宦及商人们的文化活动，使得传统学术趋于艺术化、科学化，而艺术也有趋于科学化的倾向。[1]

文化中心移动的理论，也被用于对日本近世文化变迁的分析研究。在《近世文学史论》中，内藤阐述了近三百年间日本文化中心从以天皇所在地京都为中心的关西地区渐次移向德川幕府的所在地江户的过程。由此，他对这一理论更加富有信心，并由此推论，"（文化中心的移动）具有从世界范围内看也没有例外的普遍性"。[2]

从中国历史的发展来看，文化中心形成之后，一方面，由于自身文化积淀过分，会产生种种衰颓的症状，内藤称之为"中毒"；另一方面，中心文化将对其周边地区发生波及和影响作用，周边的荒野地区由于受到中心文化的启蒙而产生民族自觉和文化觉醒，从而渐渐强大起来，以其新生的、强壮的势力反作用于因过度发达而日趋"中毒"的中心文化，使中心文化的中毒现象得到缓解，并获得新的生命活力。内藤称这种反作用为"恢复年轻"或"解毒"。具体地讲：

> 秦汉以后，支那文化每次向周边的夷狄渗透时，就促使这些夷狄觉醒，形成一股势力，反作用于支那本国。汉代苦于防御匈奴，就是因为匈奴民族已觉醒，认为自己与中国

---

[1] 内藤湖南：《支那的文化问题》，《支那论·新支那论》合刊，创元社，昭和十三年第 10 版，第 312 页。

[2]《近世文学史论·序论》，《内藤湖南全集》第一卷。

是同等的民族。此后有五胡十六国时代，也是因为这些北方民族受到支那文化的影响而产生民族觉醒，竞相将自己的力量施加于支那。……如果没有五胡十六国的刺激，支那民族说不定就这样走向衰亡了。因为有了五胡十六国这样新生的、年轻的民族的加入，使支那的生命恢复年轻，从而复活出唐代这样的辉煌灿烂的文化来。其后虽然有辽、金、元等北方民族的压迫，使支那几乎陷于亡国之忧，但它们也改变了支那的民族生活，……向当时已倾向于政治老衰期的支那人民，加入了（蒙古人、满洲人这样的原始民族）朴素的、诚实的品质，在不知不觉中使支那人老衰的生命恢复年轻。……支那论者特别是近来的论者，总以为外来民族的侵略是对支那人民的不幸，其实，支那之所以能维持这么长久的民族历史，全靠了这屡次袭来的外来民族的侵入。……这对于支那人民不能不说是非常幸福的事。[1]

"中毒"与"解毒""恢复年轻"的理论，是"文化中心移动说"的重点内容，也是其与中国前辈学者赵翼、顾祖禹等人"地气盛衰说"的不同之处，他的论述重点在于强调周边民族对于中国历史的意义，他指出：周边的民族是落后的，但也是质朴的、强健的，具有无限的生命力。历史上周边异民族的侵入及最终融入中国文化，是中国历史、中国文化源远流长的原因之所在。

应该说，异民族与异文化的撞击与交流，确实对文化的健

---

[1] 内藤湖南：《支那的革新与日本》，《支那论·新支那论》合刊，创元社，昭和十三年第 10 版，第 271-272 页。

康发展具有良好的促进作用，但其具体的表现方式是可以讨论的，历史上那种以民族战争、流血牺牲为代价的文化交流方式，正是我们今天的文化研究所需要反思的。历史上曾有如"和亲结盟""西域取经""鉴真东渡"等和平方式的文化交流，近代以来，中国人也曾主动地进行过"师夷长技"、维新立宪、民主与科学等一系列向西方学习的运动。这些都是尽人皆知的历史文化常识，而内藤竟特别强调"外来民族的侵入"是维系中国历史悠久的原因，是中国人民"非常幸福的事"，这里当然是有其现实的用心的。

"文化中心移动说"的现实意义

谈及其现实意义，这就不能不涉及内藤湖南这一理论的现实背景。他两次集中阐述"文化中心移动说"，一是在中日甲午战争的炮火硝烟中，一是在中国反日运动和思潮日益高涨的 20 年代前期。这一理论的产生和发展始终是与内藤对于中日关系，对于明治以来，尤其是大正年间日本的"天职"与"使命"的思考相联系的。更为直接地说，由于他所构筑的"中国文化中心"的移动，日本将参加到中国文化的阵营中来，成为中国文化或者说东洋文化的新的中心，从而来"解毒"中国文化，"造福"中国人民。这也可以说正是内藤湖南所设想的日本文化与中国文化未来关系的走向。

1894 年时，内藤既已道明："（中国）文明之中心，今又将有大移动，识者实早已了解其间要领，此乃日本将接受大使命之际也。"[1] 至 20 年代，他的这种日本将成为或业已成为"东洋文化的中心"的使命感更为强烈。[2]

为此，他首先制造出一个所谓"东洋文化同一体"的假想物。他说：在东亚，"支那、日本、朝鲜、安南各国民之存在，对各个国家来说，虽是相当重要的问题，但从东洋文化发展的全体来看，则是不足挂齿的事"。因为"东洋文化的发展，必将无视各国民之间的区别，沿着既定的路径前进"。这"既定的路径"就是超越民族、国民的区别，作成一个"统一的东洋文化"。而中国以往的历史发展也已经体现了这一趋势：

> 今天的支那国家，从历史的民族关系来看，决不是一个单一的民族，至少是由两三种以上的民族组成的，这正是文化发展消灭民族区别而沿着作成一个统一的东洋文化的路径前进的体现。

中国历史上的文化中心从洛阳到长安到江南，如今，以康有为、梁启超、孙中山为代表，业已转移到"几乎可作半个外国人看待的广东人"身上，再往下，自然就将超越民族和国界，转移到比广东更接近中国文化的日本。

> 在对中国文化的接受上绝不晚于广东等地的日本，今

---

[1]《日本的天职与学者》，《内藤湖南全集》第一卷《近世文学史论》附录，第 127 页。
[2] 内藤湖南在 1928 年题为"唐代文化与天平文化"的演讲中，提及"日本文化在东洋是通过什么途径终于成为东洋文化中心的（我认为已经成为中心），是一个重要问题"。

天将成为东洋文化的中心，这对支那文化来说，是一股新的
势力，已无庸置疑。日本今天已成为远在支那之上的优秀的
强国，因此，虽然中国人对日本的兴隆总带着一种疑忌的眼
光，但若由于某些因素，日本与支那在政治上成了一个统
一的国家的话，文化中心移至日本，那么，日本人在支那
的政治、社会上再活跃，支那人也不会看得特别的不可思
议。……[1]

由于日本的加入，"中国文化"自然也扩大成了"东洋文化"。

其次，中国人历来怀有"世界主义"的理想，也应该能够理
解和接纳日本的"入主"。在此，内藤湖南引用梁启超《历史上中
华国民事业之成败及今后革新的机运》一文中的观点。梁启超在
文中指出：中国文化的特性之一是，相对于西方人的注重"国家
主义"观念，中国文化则是崇尚"世界主义"的。对于古代中国
人来说，国家的概念并非特别重大，正如中国古代儒家理想"修
身齐家治国平天下"所昭示的，中国人的理想起自个人而终于世
界，因此，外来民族（夷狄）一旦来犯中原，并不将之视为外国，
而是尽力"用夏变夷"，使之同化为中国文化的一分子，历史上中
国文化依次包容了苗族、羌族、匈奴、东胡等异民族就是证明。
内藤湖南指责梁文所指中国之"用夏变夷"只限于苗族、羌族、
匈奴、东胡等异族，而没有包括日本、朝鲜等，而日本正是"应

---

[1] 内藤湖南：《支那的革新与日本》，《支那论·新支那论》合刊，创元社，昭和
　十三年第 10 版，第 263–266 页。

该包括在支那国民圈内",并"有资格成为圈内之中心"的民族。[1]

更为重要的是，近代以来日本对中国在文化、经济上业已作出的贡献，已说明了日本之成为新的"中心"的可能性。在文化方面，日本对中国的影响主要表现在，目前中国人大量来日留学，大量移译日本人已经翻译过来的西洋著作，通过日本来缩短与西洋异文化的距离。因为东洋对西洋文化的吸取，需要一个"移花接木""大小剪裁"的过程，而日本是东亚率先采纳西洋文明的国家，率先在这方面做了成功的尝试，所以，有资格做中国的老师。在经济方面，英国固然是与中国最早通商的国家，但英国的做法是仅在通商口岸，通过买办与中国发生经济关系，并不直接与中国商人接触，也不深入到中国的内地去。而日本的做法是："除了与欧美大商人一样，在中国的开港地运转大资本外，也以自己个人力量所能达到的可能性深入中国的内地，与中国的小商人、小消费者接触，这就接触到了中国经济的根底，因此，这对中国经济的改变有无限的可能性。"进而言之，随着中日关系已从政治性的转向经济性的，日本对于中国的这种巨细不遗的投资通商，必将给中国经济的发达带来益处，"对未来中国民族生命的延续，有莫大的效果"。[2] 与此相应，内藤提出了对中国的所谓"国际管理论"，其主要主张是：像中国这样早熟的文明国度，由于知识分子的兴趣中心早已超越了政治、经济等具体的实务，甚至是轻视这些形而下的工作的，他们只是关心文学、艺术等高雅的文化。因

---

[1]《支那人之支那未来观及其批评》,《内藤湖南全集》第八卷《东洋文化史研究》,
　第156-164页。
[2] 内藤湖南:《支那的革新与日本》,《支那论·新支那论》合刊, 创元社, 昭和
　十三年第10版, 第268-269页。

此，"应该把中国人最不合适做的政治、经济等事务交给其他民族的国民来代理，而让中国固有的国民去做高等的文化、趣味性的艺术等工作"。[1]

追溯历史来看，关于建立一个以日本为中心的亚洲共同体的所谓"兴亚论"、亚细亚主义思想，在明治以来不断为各个时期的思想家所提及，第一章里所述樽井藤吉、冈仓天心即是代表。内藤湖南的"文化中心移动说"是这一思潮发展线索上的重要一环，是亚细亚主义在历史领域的体现。

以中国历史发展的客观事实为内在根据所创立的"文化中心移动说"，表现了内藤湖南独特的历史视角和深刻的历史洞察力。从理论上看，它揭示了中国文化发展的大势，即波浪般由中心向周边不断扩散、移动、壮大，同时受到周边文化的反作用，从而"恢复年轻"，以至终于能够生生不息、悠久绵长的奥秘。作为一种文化史理论，它确含有一些合理的因子，如关注文化发展与时代、地域的关系，说明文化发展的趋势是"螺旋式"的向前，揭示文化交流与融合对增进文化生命力的意义等等。但是，从它诞生于甲午战争日本得胜的狂热中，又在日本大陆政策付诸实施的本世纪 20 年代被再次阐述的发展历程看，这一理论绝不只是一个学理，而是内藤湖南这样的文化民族主义者对于近代日本现实使命的理论宣言。它反映了内藤湖南深重的民族主义情结，体现了他对于日本民族及日本文化之命运和前途的深切关心，这份埋藏至深的情感，正是这位东洋史学家从事中国历史文化研究的根本

---

[1]《支那人之支那未来观及其批评》,《内藤湖南全集》第八卷《东洋文化史研究》,
第 167 页。

出发点和终极目的。这种民族本位的情怀也使内藤湖南终于没有能够成为彻底的在野学者，没有能够成为日本政府的理性批判者。这种情况，在与内藤同时代的许多中国学研究家的思想学术体系中都有所体现，具有一定的普遍性。

第八章　清史研究的滥觞

——内藤湖南的清朝史研究

一、研究契机与资料

重视清朝史研究的原因

内藤湖南对于清朝史的研究是与其学者生涯的开始相同步的。1907 年，他正式受聘为京都大学文科大学讲师，首次开设的课程即是"东洋史概论"（中国古代史）及"清朝史"两项。在此后十数年间的京都大学教学生涯中，清朝史也一直是他几乎每年都要开设的课程，或改之以清朝史专题的内容，如满洲开发史、清朝的史学、曾国藩、乾隆嘉庆朝的文化等。那么，内藤湖南为什么一入学界首先关注的就是清朝史，推其原因，大致有如下几点：

第一，作为新闻记者、报刊执笔，他对晚清中国的社会政治改革始终是十分关心的。甲午战争促使了他对中日关系、中国政治的关注，戊戌维新增强了他对中国改革命运的关心和研究。1899 年的首次中国行，使他得以与中国政界、学界的重要人物有了直接的交往，对中国时政及学术的认识更为感性和亲切。可以说，清朝史的研究是他十几年来对于中国晚清政局一贯关注的自然延续。

第二，此后，他又在 1902、1905、1906 年三次来中国访问，踏查清朝发源地满洲的历史地理遗迹，调查和发掘沈阳故宫内深藏的满蒙史料。《满文老档》《蒙古源流》《五体清文鉴》等珍贵史料的发现并带回日本，促成了研究清朝史的机缘和可能性。

第三，在清朝史的研究中，他发现清朝学术中的经世精神与考证精神与自己的学术旨趣多有共鸣，对之十分崇敬。他对顾炎武经世精神的赞赏，对章学诚史学主张的发现和激赏，受赵翼"地气说"理论的启发，对魏源《圣武记》等史籍的引用等等学术事实，都说明了清朝史甚至不只是他的客观上的一个研究对象，而且与他的治学精神与学术方法是紧密相连的。

第四，清朝在中国历史上是一个异族入主的朝代，这个以满洲为发祥基地、由满洲人统治的大帝国，曾在东亚称雄一时，建立了堪称辉煌的政治和文化业绩。内藤步入学术的 20 世纪初，正是日本关注满洲，开始策划"大陆政策"的时代。作为时代感和政治敏锐性很高的内藤，对满清王朝的关注与这一时代背景也是分不开的。

1907 年以来内藤湖南屡次开设的"清朝史"课程的内容如何，今天没有留些什么实际的书籍资料可让我们探究和评论。他关于清朝史的研究成就主要体现在《清朝衰亡论》和《清朝史通论》两书中，这分别是作者在京都大学所做的两回长篇演讲的记录稿的整理结果。前书是武昌起义爆发不到两个月内，即分别于 1911 年 11 月 24 日、12 月 1 日、12 月 8 日分三次，在京都大学所作的"星期五特别讲座"的记录。演讲当时，作为一场社会变革的辛亥革命尚处于发展态势中，起义军与清军相持不下，南北议和也尚在动议之中。就是在这种情况下，作者断言：革命军必胜，中国将来的出路是共和国体制。体现出对中国社会时政的敏锐判断，同时，反映了历史学家的洞察力。《清朝史通论》是相隔四年后的1915 年在京都大学所作的夏季演讲的记录，1944 年由作者的儿子内藤乾吉和女婿鸳渊一校订成书。全书分"帝王与内治""异族统一与外交贸易""外国文明的输入""经学""史学与文学""艺术"等六讲，概述了清朝历史、文化等方面的成就和特点，集中体现了内藤湖南独具特色的清朝史观。此外，《支那论》一书关涉中国历代政治、历史，其中也有很多内容是涉及清朝史的；其他尚有如《清朝衰亡的关键》《清朝初期之继嗣问题》《都尔鼻考》等历年发表的单篇论文，或收为《清朝衰亡论》的附录，或收录在《读史丛录》等书中。

为了配合《清朝史通论》演讲，内藤湖南每次都展出与内容相关的参考实物，如康熙、乾隆诸帝的手迹，有关清代史的重要史籍版本，康熙时传教士绘制的地图，清人书画真迹等等，它缩短了听讲者与异国的清朝在地域和年代上的距离感，使讲演更为生动可感，听讲者能够更为真切地认识和感受到内藤教授所介绍的"那个清朝"。这种形式与内藤湖南一贯注重对于历史资料的收集和利用是分不开的。

这里，我们主要以《清朝衰亡论》与《清朝史通论》两书来讨论内藤湖南的清朝史研究。

对清朝史料的收集和利用

开展某一领域的学术研究，首先必须有对于这一领域的基本文献的把握和阅读，原始典籍的阅读与实证是内藤湖南所始创的京都学派的主要学术特征之一。内藤的清朝史研究实际上也正是以对清朝满蒙史料文献的发现、收集和研究为开端的。

早在 1902 年，内藤因在奉天喇嘛教寺庙黄寺中，发现了他自称是"东洋学上非常的宝物"——《满文大藏经》及其他满洲史料，即发愿学习满文和蒙文，并在北京购买了相关书籍，这可以说是他关注满洲史的开端。到 1905 年，粗通满蒙文的他就在沈阳故宫的崇谟阁发现了大批珍贵的满蒙文清朝史文献，如《满文老档》、《清实录》、满蒙汉《清实录》、满蒙汉《蒙古源流》、《五体清文鉴》、《汉文旧档》等，他当时就抄写下了《汉文旧档》。他一直惦记和关注这些稀世珍籍，终于在 1912 年得以将其中的重要部分《满文老档》和《五体清文鉴》的全部，拍摄成胶片带回日本。这是关于满族及清朝初期史的重要史料，而在当时的中国和日本几乎没有学者注意到它们的价值。由于内藤的发现，日本学界才有了 20、30 年代他的学生们对于《满文老档》的翻译和研究。神田信夫在 80 年代访问沈阳故宫博物馆亲睹《满文老档》时回忆说：

> 先生在崇谟阁这栋楼中发现《满文老档》，……是清朝史研究史上值得记一笔的大事。……我长年研究《满文老档》，曾根据湖南先生拍回的照片参加过翻译工作，追本溯源，再一次深感先生的学恩。[1]

在《清朝史通论》讲演的开头部分，内藤首先概述了关于清朝史的史料情况，他指出，清朝史史料十分庞大而丰富，研究者针对此一特点，应注意以下几点：一是要有急迫感，由于清朝是一个刚刚退位三四年的王朝，因此，关于它的原始史料非常之多，

---

[1] 神田信夫：《沈阳忆湖南先生》，载《满学五十年》，刀水书房，1992 年。

处于尚未整理之时。"一般地，一个朝代的正史修撰完毕，作为正史的素材的材料就大多亡佚了。我们对于清朝史，还处在材料尚未亡佚的今天，可以利用它来进行研究，这是十分幸运的。"现在，中国已开了清史馆，相关材料将渐渐为清史馆收集起来，因此，作为个人或外国人研究清史，"得到这些材料的希望就几乎没有了。"特别是官方文献中的"满文老档、三朝实录、方略、圣训、国史列传、谕折汇存"等；二是修清史之艰巨性。清朝史料之多，远非前代可比，因此，修撰清史的时间也将很长。这样说的根据是"清朝曾编撰明朝历史，二百数十年间的历史用了六十年的时间来写，清朝的史料是明朝的十倍，如此算来，编撰清朝历史就需要六百年的时间了。"因此，他估计清史馆至少要花十年到十五年的时间吧；三要重视日本、朝鲜的清史史料，内藤早在1912年的《清朝开国期的史料》一文中，即将清初史料分为三类：即"成于清朝人自身的""成于明人之手的""成于朝鲜和其他国人手的"。[1] 在其中的第三类中，他特意指出成于日本人之手的《清三朝实录采要十卷》和朝鲜的《李朝实录》对于清初历史的重要性。在本次讲演中，他又进一步介绍了几种这方面的书籍。一是日本漂流民写成的"鞑靼漂流记"一类的书。正好在清朝从满洲进入北京的那一年，在日本越前某地的三艘船只要去松前，但遇到风暴却漂到了满洲海岸。他们中的大多数都被杀害了，只有其中的十三人被送往奉天，并随奉天的满洲八旗一起迁移到了北京，还受到当时的摄政睿亲王多尔衮的热情接待。这些日本人看到了清朝初年入北京时的情景。他们回日本后，还被专门叫到江户，给

---

[1]《清朝开国期的史料》，《内藤湖南全集》第七卷《读史丛录》，第 321–327 页。

幕府讲述他们的奇特经历。其中有一个叫竹内藤右卫门的，写了《鞑靼物语》一书，记载当时的情形。另外，在清初史的研究中，有满洲与朝鲜的往来文书《朝鲜国来书簿》和中朝、日朝间的外交文书《同文汇考》，因为这些文件中保留了入关前满洲历史的某些真相，而这些真相，后来往往被清朝为了维护自己的权威而在自己的官方文献中删除了。因此，把上述两种文献与崇谟阁中的清朝官方档案作比较，会在史实上有新的发现。

通观《清朝史通论》全书，作者在叙述每一史实、每一人物时，几乎都介绍相关的史籍、诗文集或历史实物的遗迹等，可谓广征博引，取精用宏，对清朝史料的掌握在当时是相当全面和熟悉的。根据书后所附《清朝史通论纲目》中所列出的参考文献，我作了粗略的统计，全书共涉及文献 370 多种，其中档案类 23 种，史籍类包括语言辞书 136 种，诗、文集 158 种，外国人著作 14 种，另展出地图、人物笔迹、肖像画、碑石拓本、书画家作品等 100 多种。

二、论清朝衰亡的原因

《清朝衰亡论》的讲演作于武昌起义的当年的 11 月下旬及 12 月上旬，当时题为"清朝的过去及现在"，这是内藤基于自己对中国以往历史的观察，而作出的对于中国当时形势和未来发展的个人分析和估计，所以，内藤在第一讲的开场白中特别指出：

> 从今天开始到这个讲演结束需要整整两周的时间。清朝目前的状况在此之间会变得怎样，我并不知道。在我讲演

期间，只能确认清朝的过去及现在，是否有将来这也是一个问题。所以，首先把将来放在一边。……而到昨日为止的情况是确定的，所以，我就这些情况来说话也就比较安全。[1]

这里，一方面暗示了内藤对于清朝命运的担忧，即对于清朝将亡的预计，一方面也表示了作为学者的内藤既谨慎严谨，以历史为据不作空论，又深怀自信，有理有据作历史性预见的信心。内藤预言：维持了三百年独裁政治的清王朝不可逆转地将走向终结，革命军的胜利是大势所趋，中国的前途是共和国的诞生。事实的发展果真与内藤的预计无甚出入，因此，此讲演内容在翌年以《清朝衰亡论》出版时，作者对自己的预言是颇为自负的。他说：

虽然当时的变迁是日新月异，而讲演之时只是率直说出了自己当时的感想，并没有去事后订正。不管时局有多少小的波折，而大势所趋，结局只是一个，这一点是讲演者深信不疑的。[2]

他的这种预见，是以对于清朝命运的洞察作为依据的。在诸种历史现象中，内藤选取了"兵力""财政经济""思想"三方面来论述清朝命运的变迁。依次简要摘述如下：

关于兵力的变迁，内藤分别论述了八旗、绿营、地方义勇军、新军诸方面的情况。对于清初满军的力量，内藤并没有什么较高

---

[1]《清朝衰亡论》，《内藤湖南全集》第五卷，第 195 页。
[2]《清朝衰亡论》，《内藤湖南全集》第五卷，第 189 页。

评价，如关于明清之际的兴亡交替，内藤反对一般将明亡清兴说成是由于人种关系而导致的军队上的"南弱北强"，而是认为明朝的灭亡自有其"失政"、"流贼"（李自成起义）、"背叛行为"（吴三桂倒戈）等内因，而平定三藩之乱，则主要是依靠了康熙的"以汉平汉"的政策，因此，并不是靠了满洲八旗的强大而打下江山、平定天下的。因此，"满洲人的陷于腐败要比一般认为的还要早"。由于康熙、雍正大量任用汉人将军，汉军在清朝所起的作用日益显要。到乾隆时，为了防止汉人谋反，故意削弱汉军、培植满军，乾隆开始大量启用满人将军，在奖赏军功和政治地位上对满人都特别地宽松、优厚。这又加剧了满军八旗的腐败和丧失战斗力。乾隆朝虽有所谓的"十全武功"，一半也都是吹嘘出来的，或以多胜少，或政治诱降，是"中国式的胜利，并没有真正取胜的意义"。而此所谓乾隆时期的全盛，已预示了盛极而衰的转折。乾隆末到嘉庆初年的白莲教起义延绵四省，持续七年，暴露了八旗军队的无能。与此同时，作为清朝正规军的另一部分——绿营军，也不能发挥作用，至此，清朝常备军的弊端可谓毕显殆尽。

与此相对，作为正规军的补充的地方义勇军，内藤则一开始就给予较高的评价。义勇军初起于对付白莲教，到镇压"长发贼之乱"，就几乎代替了正规军的地位和作用，挽救了清朝的衰运。内藤对曾国藩及其所创设的以地缘、血缘、师承关系等为基础的湘军有较高的评价，这一点饶有兴味。值得注意，这与他此后一向注重地方长老与乡团势力的思想是直接相关联的。环视清中叶以来中国社会各阶层的力量，他认为只有曾国藩这样的长老和湘军这样的乡团势力才是真正能够挽救和振兴中国的希望所在。李鸿章使义勇军有了西洋新式武器，接受西洋式的新式训练，但甲午战争与日本一交锋，却仍然节节失败。此后，才有了从根本上进行新式教育，包括向国外士官学校派遣留学生、建立新的组织制度、训练方式的新做法，这就是目前进行着革命的新军的起源。由于新兵有文化，有的还"到了外国，阅读新书籍，头脑中拥戴清朝的观念就淡薄了，这成为革命的基础"。

关于清朝兵力的变迁，内藤最后概括说：

> 以满洲兵为中心，一、使用汉人，二、利用义勇兵，三、义勇兵成为常备（产生尾大不振的弊端），四、新式兵、革命思想的养成，这是一个渐渐沿革的发展过程，虽然尽早防备的话也不是没有防御的手段，但大势之所推移是无论如何也不可逆转的，因而造成了今天这样的局势。今天，革命从武昌突发，形成如此之大的骚动，震惊了世界的耳目，追究其本质原因，毫无不可思议之处。总之，是清朝二百年的政策自然地培养了对自己进行革命的革命思想。

关于财政经济上的变迁，内藤指出，"清朝是由满洲的偏僻之地发展起来的小国家"，满族人本来也很简朴，清初宫廷的节俭与明代相比是非常显著的。如明代宫中费用为二十四万两，而康熙时只有三万两；明代宫中所使役的宦官数有十万人之多，女子数在九千人左右，而康熙帝时宫中所使用的男女，总共只有四五百人。节俭的结果使得康熙末年国库有了节余。接着的雍正帝是一个政治严明、在清朝财政改革上颇有贡献的君主，内藤对他颇有好评。由于他"耗羡归公"的改革，即把原来为地方官私吞的地租的附加税"耗羡"一律改为上缴国家政府，使得租税平均增加了一成到一成二、三分；又由于雍正时以候补官的名目，每年实行捐官，以及随着国家太平、人口增多，盐税和关税也随之增加。总之，到雍正末年，国库的剩余金额达到了六千余万两。正是由于有了康熙、雍正的厉行节俭和财政改革，才使得国库充盈，为所谓"乾隆盛世"打下了基础。乾隆时代，一、四处巡幸，所到之处免租免税；二、征讨边疆，花费巨额军费，成就所谓"十全武功"；三、重奖优待战争归来的武官士卒等等。但即使是这样，至此为止，清朝的财政仍然一直是有增无减的，因而形成清朝的全盛时期。在这里，内藤接着指出：

> 一般的情况是，如果没有连年的战争，人口不断繁殖，在像中国这样广大的国土上，未开垦的土地不断被开垦，这样，国库收入就增加了，国库收入增加了，随之朝廷就开始奢侈起来，文学也繁盛，又大兴土木，建造新的建筑，以此粉饰太平。中国的任何朝代，之所以都是在中间的第四、五代出现极盛期，歌舞升平，就是这样形成的，而并不是哪个天子特别的了不起的缘故。[1]

随着乾隆时代的结束，清朝的全盛期也宣告结束。

造成清朝衰弱的原因，历史学家有过种种研究，内藤指出，岁出的增加是一个重要因素。从乾隆末年以来岁出的增加表现为：一、"皇族数量的增加使得皇族费用大量增加"；二、由于清朝注重"仁政"，几乎每十年实行一次地租全免，使得"地租未进"在

---

[1]《清朝衰亡论》，《内藤湖南全集》第五卷，第 225 页。

乾隆、嘉庆、道光年间渐趋严重；三、鸦片的流入使白银大量流出，造成银价上升，咸丰、同治年间的银价与顺治时代相比，几乎翻了一倍，这相应使得政府的收入大大减少。四、军费增加，湘军等地方义勇军在镇压"长发贼"之后，取得了常备军的地位。因此，清政府"在照旧要给付八旗和绿营兵的饷银的同时，还必须把各省的义勇兵作为常备军来供养，必须给他们饷银"。不仅在兵制上是这样，在其他方面也存在新旧制度的重复，使得清朝政府的财政开支渐趋增大。总之，一方面，旧的财政制度没有丝毫改革和整顿，政府财政支出不断增大；另一方面，新的时局不断带来新的政策措施，更加紧了财政困难。

> 今天，如果不整顿税制和币制，对财政的方式进行根本性的大改革，那么，纵令朝廷以兵力镇压了革命党，以目前朝廷这样的财政状况，也难以长久维持局面。[1]

在第三讲"思想上的变迁"中，内藤指出了与清朝衰亡有关联的思想上的两大原因，即"种族思想的勃兴"和"尊孔思想的变迁"。

所谓"种族思想的勃兴"是指在外国势力逼近中国时，中国人的自我认识，或者用中国传统的语言说，是"华夷意识"的被迫改变。内藤这样描述古代中国人原有的自我认识：

> 中国是一个自尊自大的国家，自称为中华或中国，对

---

[1]《清朝衰亡论》,《内藤湖南全集》第五卷，第 235 页

任何其他国家一概称之为蛮夷狄戎，只有自己的国家是中国，中国的人才是真正的人，外国的人是蛮夷，与禽兽相距不远。因此，他们不把自己的国家看作国，中国人所说的国是指春秋战国时代的列国以及汉以后与郡国并称的诸侯的领土，即国是指自己国家以内的分而居之的各国，至于整个中国则是天下而不是国。天下即天之下的土地都是中国，而自己正居于其正中，外国则居于其四周的边缘。故古代称外国为四裔。[1]

这种"华夏即天下"的观念一直保持到道光二十年爆发鸦片战争，战争失败后，情况才有所变化。清朝与外国人签立五港开埠通商的条约，关于这事，"在中国人自己的资料中所写的，仍是对西洋人的'绥抚'，但正式的条约文本上不得不写同等的语言，这是中国与外国用同等语言的开始"。到英法联军侵入中国北部，几乎使北京沦陷，这才使中国人感悟到"夷"的强大、可怕。总理各国事务衙门的设立，表示"中国人开始承认自己与外国人是同等的"。内藤进而指出：中国人每次总是在与外国战争失败受到挫折后，就陡增"种族观念"。如：

很早以前的宋代被蒙古灭亡，这种观念也曾特别强大，一直奋战到最后。中国有各种革命，但多数是通常的改朝换代，奋战到最后的绝少。而在宋亡时，产生了从未有过的奋发之情，奋战到最后。这是由被蒙古灭亡的遗憾而产生

[1]《清朝衰亡论》，《内藤湖南全集》第五卷，第236-237页。

253

的种族观念而引起的。明代被现在的清代灭亡时也是抗争到最后。受外国的侵略或败给外国后，这种种族观念再次兴起。[1]

内藤指出：目前中国人的种族观念是二重的，一是对于外国"夷狄"的排斥，同时，由于清朝政府的软弱无能，使明末清初的反满情绪再次高涨。即"一是从中国全体来看对于外国人的种族观念，另一是由于回顾明朝被清朝灭亡的历史而产生的对于清朝的种族观念"。义和团是前一种种族观念的体现，现在的革命军标榜"兴汉灭满"，是后一种种族观念的体现。

"尊孔思想的变迁"是晚清思想界一个饶有意味的事件。在中国思想史上，有今古文学派之争。内藤指出，由于晚清公羊学派复兴今文学，把孔子奉为"六经"的作者，如《春秋》就是孔子按照自己的理想为改革以往旧制度而作。今文学家还利用纬书附会各种瑞祥的说法，对孔子表示了极端的尊敬。内藤以当前尊孔派的代表康有为为例指出："康有为认为孔子就像基督一样，是中国的教主，对孔子如此极端地尊敬，甚至超过了对帝王的尊敬，这种思想在近来非常有影响。"[2]

学者们在尊孔的同时对以往长期被忽视的诸子学也作等量齐观，因此，诸子学研究渐渐流行起来，其中特别是对于老、墨的研究尤盛。而晚清公羊学者又大多对于佛教有兴趣，龚自珍、魏源开其端，康有为、梁启超继其后，都是佛教研究的同人。另外，

[1]《清朝衰亡论》，《内藤湖南全集》第五卷，第 238 页。
[2]《清朝衰亡论》，《内藤湖南全集》第五卷，第 249 页。

公羊学以外的学者如章太炎、夏曾佑、沈曾植、俞樾等人也都研究佛教。内藤敏锐地指出：中国近年来的思想是由极端地尊敬孔子出发，而发展到不太尊敬孔子的地步。虽然公羊学把孔子作为伟人来尊敬，但不可思议的是，其信仰却又渐渐远离孔子而去。另一方面，学者们对佛教和来世的关心，是否也暗含着对本朝忠诚的减退和淡漠呢？虽然内藤也指出，晚清学者的研究佛学多半不是出于纯粹的宗教信仰，而是学理性的考求。但总之，内藤是把"佛教的研究"作为清朝衰亡的思想史上的因素来考虑的。

通过对清朝历史在以上三方面的发展历程的追溯，像解谜语，又如顺藤摸瓜，内藤湖南以历史学家的眼光，对当时中国革命的现状作了历史性的解释和剖析，并由此对中国政局未来的走向也作了各方面的预言性的结论。这些论断概而言之，有以下几点：一、国际干涉、仲裁讲和是行不通的；二、要收拾中国目前的乱局，袁世凯是不可信用的；三、南北分立不合国情，因而也是不可能的。这三项结论，可谓力排众议，独具眼光。因为在形势尚不明朗化的当时，所谓"国际仲裁"、"南北分立"、寄望归政于袁世凯等话题，是一般政论家以及所谓日本国内的中国通们的普遍见解，很有代表性。否定了上述种种可能性后，内藤湖南总结性地指出：中国的君主专制已走到了尽头，将来的政治必定是共和政治。因此，"革命主义、革命思想的成功是无疑的。……这是几百年来的趋势，……是大势之推移，自然之所成"。中国历史的发展证实了内藤的预言是正确的。

三、论满清文化特色

满清文化的特性及汉化程度

满族作为一个崛起于中国东北偏地的少数民族而能入主中原大地，并主持中国朝政达二百六十余年之久，这在中国以往的历朝中都算是长久的。对于清朝史的这一特征，内藤给予了充分的重视。

由于雄图大略的努尔哈赤及其将领们的远征近击，使得满洲迅速崛起于东北，并发展壮大起来，在入关前，实现了对东北地方满蒙汉三族的统一。内藤指出，他们的成功在于"他们实行的是不在于占领土地而在于占领人民"的政策，即征服一个地方后，就把这个地方的人民全部驱赶到当时的都会兴京附近，让他们在那里生产、生息，渐渐形成以"满洲汗"为中心的统治。到第二代太宗皇太极时，就由满洲汗改称"皇帝"，并逐渐获得了蒙古、朝鲜族的认同。与对蒙古、朝鲜的征战相对比，满族对西藏的关系，则是通过宗教的、和平的绥抚政策。西藏是喇嘛教统治的地方，当他们看到满洲不断地强大起来，就派来了一个使者，称"曼殊师利皇帝将兴起于东方，统一世界"，暗喻满洲皇帝就是"曼殊师利皇帝"。由此，使满洲人也信仰了喇嘛教，并在奉天周围建造一座座佛塔，说"佛塔全部建成之时，就是满洲人统一世界之日"。因此，避免了满藏之间的征战。

满语是满族文化的重要特征之一，虽然进入 19、20 世纪后，满语在清朝政治、社会生活中已渐渐失去影响力，但在历史上，满语曾在国际舞台上起过大作用。内藤指出：进入中国以后，清朝统治者曾十分重视对自己本民族文化——满族文化的建设和奖励，如乾隆朝规定："入翰林院的人，不管是汉人还是满人，都必须懂得满语。"奖励编撰满文辞典，组织翻译满语《大藏经》、满语汉籍"四书五经"等。这样的重视和推广满语，提高了满族即清朝在周边民族中的影响及国际地位，同时还收到了两个意外的效果：一是清初传教士初来中国时，由于学习汉语非常困难，"而满语的语法与日语相似，虽没有西方语言那样精密，但比汉语的语法容易懂，所以，西方人为了读中国书，就先读满语，如四书五经等书，都是先读满语的，历史书（如朱熹的《资治通鉴纲目》）也都是读满语的"。[1] 因此，西方传教士最初是通过满语，比较方便地了解中国的文化的。二、在早期的中、俄、日三国关系中，通用的文字是满语，如日本文化年间（1804–1818），俄国的商船来到长崎，要求与日本通商，其递上的文书，一份是俄文的，一份是满文的。这促使了日本人开始研究满文。因此，满语对"日本与俄国的国际关系也深有影响"。[2]

对于清朝皇帝的汉化程度，内藤给予了很高的评价。他依次列举了清初从顺治到乾隆各帝的情况，称赞他们主动汉化及汉文化程度之高。如顺治帝"太喜爱中国文化，以至于招致满洲人的不悦"，康熙帝则"不仅对于中国学问，对外国语、数学、天文学也都有相当的修养"，是一位"具有世界性知识，抱有建立世界性大帝国雄图"的君主，其次的雍正帝，虽然大兴文字狱，对反满情绪实行高压，但他本人汉文化修养也很高。内藤特别提出了他

---

[1]《清朝史通论》,《内藤湖南全集》第八卷，第 311 页。
[2]《清朝史通论》,《内藤湖南全集》第八卷，第 315 页。

的《大义觉迷录》及堪称"清朝政治标本"的"雍正朱批"。乾隆帝更是"年轻时就长于文事,既作诗,又作文",喜欢在汉大臣面前"炫耀自己学问的广博",他把"政治上、军事上的重大工作,都交于满洲人从事,自己只是一味地喜欢中国的学问,埋首于中国学问的研究"。因而,造成了清朝的空前盛世。[1]总体而言,清朝各帝都十分热心于学习汉族文化,以自己的汉文化修养之高为傲。从乾隆皇帝起,"清朝各代天子都有御制的诗集、文集",还把做天子以前的诗文也编辑起来,叫《潜邸集》。此外,"钦定书之多"也是清朝的特色之一,说明了清帝对于文化事业的重视和鼓励。内藤还比较说,清朝皇帝的朱批一般都比明代皇帝的更为接近"洗练而出色的汉文",所以,"与明代汉人皇帝比较,清朝皇帝的文才还要略胜一筹"。

关于清朝皇帝所以有如此之高的汉文化程度,内藤指出:一是因为清帝室制度所致,清朝"天子的继承者或者说天子的王位并不是早就确定的",而是让皇子们一起接受教育,看日后谁成长得更为出色,以决定接班人的人选,所以,"……清朝皇帝都接受十分完善的教育,这几乎成为一种习惯"。二、由于清朝是起于文化落后的东北满洲,因此,对中国文化的佩服和景仰十分强烈,与同是外来民族的元朝相比,"蒙古在统一中国之前先是征服了西域地方,西域地方有中央亚细亚的各种文明,所以,也未必把中国的文明看得特别的了不起。即元代是同等对待中央亚细亚文明和中国文明的"。而清朝"在满洲时已受到中国文化的非常大的感化。在征服中国之前,满洲人所征服的只是蒙古等地方。因此,

---

[1]《清朝史通论》,《内藤湖南全集》第八卷,第278-289页。

满洲人对中国文明的佩服远比元代时高得多"。[1] 这种内心对中国文化的景仰和在各方面的高度汉化，是满洲人建立的清朝成功统治中国近三百年，成为当时东亚一大强国的重要原因之一。

文化融合与西学输入

清朝的外交关系，也是内藤论述的重点之一。这里必须首先提请注意的是，内藤所谓的外交，除了阐述现代意义上的清朝中国与日本、朝鲜等东南亚国家的国与国之间的外交关系外，还首先意在阐明清初对中国境内周边少数民族的征服与统一，这本是属于国内中央政府与地方政权的关系。他的这种不正确的论述处理方式，是那个时代日本中国学界的通病，后文还将论及。因此，这里所说的外交关系，就包括了清初对周边民族的征服和统一，清朝与日本、朝鲜等东南亚各国的关系，以及明末以来西洋文化对中国的影响等。

清朝与西藏地区的关系，是从宗教联系到领土关系到文化交流一步步发展的。先是藉信仰西藏的喇嘛教，成功绥抚了西藏，并在康熙年间，由于派兵帮助平定西藏的内乱，而与西藏有了领土关系，即真正将西藏"收为自己的领土，向西藏派遣驻藏大臣"。有了领土从属关系后，清朝在乾隆年间，主持了满文译《大藏经》的工作。这使得到乾隆为止，《大藏经》有了藏、蒙、满三种文体的版本。

由于征服准噶尔、回部，清朝巩固了对新疆的领有关系。康熙帝时始作的汉满《清文鉴》，后来发展为三体、四体，直至汉、

---

[1]《清朝史通论》，《内藤湖南全集》第八卷，第330页。

满、蒙、藏、维吾尔五体《清文鉴》的编成，说明了清朝在领土的扩展并拥有的同时，对文化建设、语言发展也是相当重视的。

雍正年间"改土归流"表明了中国对苗族的更好管理，是中国内部统一的一个进步；康熙年间把郑成功"奉明朝为正朔"的台湾收归为清朝的版图，近年来又加紧了对台湾的管理，"这也是中国对于异民族的统一业绩"。"琉球自古向中国朝贡，清朝仍维持着这种朝贡关系，……琉球人也认为自己是中国的属国"。至于中国与东南洋各地，不仅在历史上就有贸易关系，清朝以来，更是每年都向那里移民。中国人在那里开垦土地，从事农业生产，拥有相当的势力。

总之，在鸦片战争之前，中国的对外关系是以"统一异族、扩大领土"为主的。在贸易方面，中国也是以获利为主的。当时，中国主要输出药品和茶，"到乾隆以前，中国靠贸易得到了非常大的利益"。但内藤强调指出，由于传统"华夷观念"所形成的世界观，使得中国在与外国交往和贸易时，不能将之看作是平等的贸易，而总认为是外国人来中国朝贡，这种情况势必影响到今后中国与外国贸易正常的、进一步的发展。不仅如此，在鸦片战争后，还走上了挨打、困窘的境地。[1] 相反，鸦片战争的情报传到日本，引起了日本对于西洋侵略的危机意识和本国改革的种种思考。内藤介绍了幕末时期日本人对于鸦片战争的反映及相关著述，甚至说，这种危机意识和改革思考，促成了"日本维新的形势，也是带来日本今天兴隆的原因之一"。即面对列强，若不进行自强改革，就将重蹈中国不幸命运的前辙，这是日本从中国鸦片战争后的一

---

[1]《清朝史通论》,《内藤湖南全集》第八卷，第 299–328 页。

系列不幸中得出的教训。内藤如此评说鸦片战争对于日本明治维新的影响力，说明他认为在近代西洋势力侵入东方时，日本与中国所面临的命运是共同的。

关于清朝对外国文化的输入，内藤首先确立了这样一个前提："中国是一个大国，国民性不很坚固，在采取外国文化方面比较宽容"，而且，对于中国来说，满洲人本也是外国人，他们不仅对汉文化有热情，"在某一时期，对寻求中国文明以外的文明也是非常的热心的"。

明清之际，中国对外国传教士非常信任和重用，因而，有了汤若望、南怀仁在天文、历算上的成功，有了康熙年间地理学的大发展。内藤对康熙时代传教士绘制的中国地图有极高的评价，说是中国迄今为止"最好的地图"，因为它是第一次专门派人到西藏、蒙古、满洲等地作实地测量，以土地的经纬度为基础而作出的比较准确的地图，而道光以后历代所作的地图，则又退步到以往中国式的地图上。因此，"现在，我们要了解中国大体的地形，仍然要依靠康熙当时的地图"。艺术方面，西洋文化也对中国有很大的影响，如宫廷画中吸收了透视法，西洋铜版画用来记录清朝对外战争的胜利，还有西洋音乐理论、曲谱的引进，近代数学的引进。所有这些，说明传教士在中国的科学与艺术方面发挥了相当大的作用。

但是，中国对西洋文化的热心采用，"并没有把它们与自己国家的学术很好地融合而创造出中国人自己的思想"。可以说，在学习西洋文化上，"日本人比中国人更容易进入西洋人的思考方式"。对于这样一个中日文化比较研究中饶有兴趣的课题，内藤总结到：日本与中国一样，对西洋文明的输入，是从历算开始的，但此后，中国则向着形而上的数学、历算、艺术等方面发展，而日本，则在关系实际人生的医学和实验科学等方面发展。这是因为：

> 在中国，文明是君主或者贵族等上层人士的专有品，这些人对实验科学这样的人生必要的东西不大注重。贵族把百姓的生活视为下等生活，因此，不大注意。这些人所做的是数学等多少有些近于空想的东西。在日本，所谓学者都是没有钱的贫穷的人，只是努力地做学问。虽然兰学的发达在日本大多也是靠了大名的保护才发展起来的，可以说是贵族的东西。但在中国，民间几乎不做与学问有关的事，相反，视学术为麻烦。因此，只有天文、数学十分发达，出现大量这方面的天才，也给经学、史学带来影响，但这对于国民的文明，在根本上并没有起很大的影响。……而日本与此相反，从医学方面入手，对西洋文明的采用，大都影响及国民的根本的生活，以西洋优秀的文明，来改造国家的文明。这是日本与中国的不同之处。[1]

内藤对于清朝中外关系的论述，有以下两个特点。

第一，他强调把满洲作为一个"异民族""外国"看待，以此为基点来论述其与中国的关系。在行文中，常把"满洲"与"中国"相提并论，同样，蒙古、西藏等地域对中国的关系也是这样。总之，在他的概念中，中国本只是汉民族的中国，而不是一个由汉、满、蒙、回、藏等许多少数民族共同组成的统一国家；甚至

---

[1]《清朝史通论》，《内藤湖南全集》第八卷，第352—353页。

从接受中国文化的先后上讲，东邻的日本都比满、蒙、回、藏等民族以及广东这样的边远省份更接近中国，这是他"日中文化同一论"理论的一个方面。在中华民国成立后不久的时事评论中，内藤甚至提出过"满蒙藏放弃论"，[1] 这是今天读内藤那个时代的中国历史研究著作者所特别需要加以辨析与警惕的。

第二，注重从清朝内部寻找兴亡盛衰的缘由。对于西洋文化对中国的影响，无论是明末清初的以促进文化发展为主，还是鸦片战争以后的以对中国的欺凌为主，内藤的评价都持一种谨慎低调的态度，没有过高的评价或批判。毋宁说，内藤湖南更主张从本国历史内部来寻找影响清朝历史发展的根本原因，即从历史发展的内在逻辑上来说明清朝的兴亡盛衰。这种反对迷信西洋文化，立足于从民族历史自身来寻求历史成因，来探索国家未来出路的史学思想，显示了中国近代史研究的另一条路径，至今仍具有启示意义。[2]

四、论清朝学术

乾嘉朴学

对于思想文化的研究是内藤清朝史研究中的重要组成部分，特别是对于清朝的经学、史学文学和艺术，内藤特用三讲的时间

---

[1]《领土问题》，《内藤湖南全集》第五卷《支那论》。

[2] 岛田虔次著《中国近代思维的挫折》，沟口雄三著《中国前近代思想之曲折与展开》，可以说，正是在思想史研究领域内，沿着内藤湖南这条路径进行研究的代表作。最近，沟口雄三更明确地提出，在中国近代史研究中，希望建立"内发式近代的视角"以取代所谓"王朝腐败的视角"。参见《读书》2001年第9期《俯瞰近代中国》一文。

来分别详细地论述。

对于清朝的经学，内藤有极高的评价。他说：

> 像中国这样具有古老文化的国家，无论什么朝代，只要太平盛世，国家强大起来，就自然致力于本国文化的发展。清朝正是这样，随着持续太平，国势强盛，国内文化也空前发展起来。中国自唐代以来，即使有战乱，也几乎没有持续很长的战乱所造成的黑暗时代。因此，可以说，文化始终在持续地发展着……

所以，清朝文化是对此前已经很发达的文化的新的展拓，是中国文化最高程度的体现。而"清朝文化中最强盛的部分，首先是学术，而学术中又以经学为中心。……清朝的经学，在中国学术的发展史上可以说是古来未曾有过的"。[1]

乾嘉时期是清朝经学隆盛之时，乾嘉汉学也就是内藤论述清朝经学的重点。内藤认为："所谓朴学，简单地说，就是关在自己的屋子里，与书为伍，埋头读书。……就是摈弃所有这些获取世间名声的学问以及世俗流行的学问，而只是在家中闭门读书的学问。……即学问不是装饰性的，而完全是学术性的、实用性的东西。"统观汉学全体，它所崇尚的主义即是"实事求是……即学问应作事实性的研究，而不能作空论，这是清朝汉学家的一致主张"。[2]

---

[1]《清朝史通论》，《内藤湖南全集》第八卷，354–355 页。

[2]《清朝史通论》，《内藤湖南全集》第八卷，第 358–359 页。

顾炎武、黄宗羲是清初转变学风的代表人物，他们的精神是宋学的，治学方法是汉学的。他们改变了明末宋学弃书不观，空谈无根的习气，而主张学问要实事求是，作事实性的研究，顾、黄因而成了汉学的始祖，开创了乾嘉汉学中最有代表性的浙西、浙东两大学派。

乾隆、嘉庆时期，是汉学全面开花、结果的时期。当时的汉学学界，以地域分成若干学派。内藤依次介绍了"吴派、皖派、北派、扬州之学、闽学、浙东之学、常州之学"等七个学派，内藤论学的特点之一是，不纯粹就学术而论学术，而是把学术作为文化现象之一，与它赖以产生的那个时代的政治、经济变迁及特定地域的社会风俗等联系起来，进行综合论述。如论吴派与皖派不同，他指出由于吴派产生于"苏州这样的繁华地域、文化中心……在这块土地上，学问的诱惑比较多，如诗文方面的爱好等，……因此，惠栋的学术一方面对《易》和《尚书》深有研究，另一方面，又离不开诗文的爱好。……因此，吴派的学术多少有点不离乐趣，是悠闲地为学，而不讲究什么严格的为学法则"。相反，皖派产生于长江南岸的安徽深山地区，因此，"人的性格、气质都坚强得近于顽固"，在这里产生的学派，就与吴派不同，他们看重学术要"订立一个规范性的法则，然后，按照自己订立的这个法则进行学术研究"。又如"扬州之学"是从以盐商为中心的繁华之地扬州兴起的，受这里奢侈生活风气的熏染，扬州学派的代表人物焦循，"既是经学家，又是词曲研究家"，另一学者汪中"在经学上是第一流的，在诗文上也是第一流的"。[1]

---

[1]《清朝史通论》，《内藤湖南全集》第八卷，第364—365页。

乾嘉汉学的另一特点是，在内容上，以小学和礼学研究的发展最为显著。由于汉学家讲究实事求是地读书、研究学问，认为学问的基础首先在于能够读懂古代书籍的原意，这就又需要首先弄明白古代书籍中每一个字辞的真意。所以，研究古代语言的"小学"发达起来，包括文字学、音韵学、训诂学，在清朝乾嘉时代都有了长足的发展。另一方面，宋学研究对象几乎集中于"四书"，而到乾嘉时代，"人们喜欢博览，喜欢读书"，研究范围渐渐拓宽，钦定《三礼义疏》的出版，使礼学研究受到学者的重视，"对于礼学的研究，也使学问远离空疏，而向注重事实的方面发展"。

在乾嘉汉学中，内藤最为佩服和推崇的学者有二人，即皖派的戴震和浙东学派的章学诚。

内藤称戴震是"清朝汉学的代表"，是"十分重要的人物"，"占据着清代学术的重要地位"。因为内藤之推崇乾嘉汉学，就在于它接近近代学术之精神——有学术规范、作纯粹的研究、注重事实等。而乾嘉汉学"实事求是"的朴学精神及为学的"家法师法""系统性"，就是由戴震建立起来的。

所谓师法和家法，就是一个学派的有组织性的学术方法。在汉代时就已有各种专门之学，如做易的学问的就专门研究易学，做《尚书》学问的就专门研究《尚书》，即各有各的家法。……清朝学者延续这种学风，主张研究学问必须有家法和师法。……在顾炎武时对其中的一部分，如中国所说的小学即语言音韵学，就已建立了一种家法，但从总体上来说，建立家法，按照其规则执行，用现在的话说即建立有规范的学术，是从戴震开始的。[1]

戴震的学术特色是：一、注重小学，为乾嘉汉学确立了"文字、音韵、训诂三方面的学问"基础；二、注重礼学研究，通过研究记录周朝时器物制造方法的《考工记》，探索"周朝的真实生活状况"；三、注重学问的思想性，《孟子字义疏证》是对先秦古人思想的再探索。其一、二点，使他成为乾嘉汉学的代表性大师，而第三点，使他在经学大师之上，更是近代一大思想家。

内藤与章学诚同为历史学家，其在学术上更有密切关联。他叙述章学诚学术的特点为：

> 章学诚十分注重对经学的论述，他的见解与一般人不同，是从经学之外来评判经学。一般人认为经学就是经学，但他从史学的角度来看经学，是从学术组织的基础上，即从全体学术的根本上来研究经学。他著有著名的《文史通义》，我对他的著作十分地推崇，也将他的著作推荐给别人看。章学诚的学问是十分有特色的，在清朝他是独一无二的，而且，难以出现继承他学问的人，可以说是学问上的天才。要说他的学术渊源是很长的，大体来说就是以史学家的见解来看待经学。[2]

在皓首穷经、以考据为自任的乾嘉时代，由于章学诚学术的

[1]《清朝史通论》，《内藤湖南全集》第八卷，第362-364页。
[2]《清朝史通论》，《内藤湖南全集》第八卷，第368页。

独特性，他的学术在当时缺少同人和继承者，也不为后世重视。1919 年内藤湖南曾在京都大学专门开设过"史籍讲读——《文史通义》"一课，这是内藤二十年教学生涯中唯一一次以书籍为对象开设课程；1920 年他又发表了《章实斋先生年谱》一文，介绍章学诚的生平事迹和学术特点。因此，日本学界称内藤是"最早发掘这个被埋没的学者，显彰其学问的人"。在此之后，才有了胡适的《章实斋先生年谱》及 20 年代中国学术界章学研究的活跃。其实，在注重学术的思想性、理论性方面，在为学独具特色、不同俗流方面，乃至在堪称"天才型"学者方面，内藤与一百多年前的中国史学前辈章学诚之间，都有堪称相似之处。内藤屡次表明自己不喜欢那种不问世事，埋首"饾饤之学"的日本旧式汉学家，而主张学术要有时代性和思想性。他所十分崇敬的另一学者——日本江户时代町人学者富永仲基，也是一个"天才型"的人物。于此，亦可见内藤为学的理想境界。

在论述清朝校勘学时，内藤主要介绍了毕沅、阮元、卢文弨、顾千里等人的成绩。同时，内藤更有兴趣地介绍了日本汉学家对清代校勘学的贡献。一、荻生徂徕的门人山井鼎，在足利学校埋首多年，校读宋本经书，写成《七经孟子考文》，此书出版后，送到中国，引起中国学者对日本汉学具有如此高的水平赞叹不已；二、山井鼎的同学根本逊复印、出版皇侃的《论语义疏》，被收入《四库全书》中。三、林述斋编《佚存丛书》，将在中国已经亡佚了，而在日本还留存着的书籍，活字印行，这在中国也得到好评。总之，"日本的校勘学对中国书籍学问的振兴是有功劳的"。[1]

---

[1]《清朝史通论》,《内藤湖南全集》第八卷，378 页。

金石学就是对铜器铭文、石碑文字的研究，由于近年来殷墟甲骨文的发掘，以及玺印、封泥等的进入研究领域，使传统金石学在近代有了新的发展，出现了新的分支，这方面的大学者有吴大澂、罗振玉等人。而这些新研究，又可能引起古代学方面的新动向。因此，"到今天为止，中国学术的发展还是很有余地的"。于此，内藤接着又颇有深意地说："但由于中国国势的关系，这些学问今后的发展会是什么样子，我们在此尚不能预测。也许会通过传到日本，而在日本得到大发展。"[1]

内藤湖南与京都学派的另一创始者狩野直喜，对清朝的经学都有很高的评价。究其原因，当时，日本正处于近代学术初兴阶段，西欧特别是德国的实证主义思想、学风引导着日本以"国学"与"汉学"为主导的传统学术的革新，新学术追求学问的客观性、确切性和严密性等实证的因素。在这种学术思潮下，狩野和内藤他们发现，清朝的学术，准确地说是清朝乾嘉的朴学是古代学术中最具有西欧近代科学精神，或者说是与近代学术最为接近的学术。因此，他们不仅十分推崇乾嘉诸大家的治学风范和方法，而且，在自己的学术活动中，也追随和仿效乾嘉学术，致使京都学派与乾嘉朴学有难以割裂的血肉联系。

史学

从 1914 年起，内藤在京大开设"中国史学史"一课，对中国史学发展史有独到的研究。后又专门开设"清朝的史学"。1949年，由神田喜一郎、内藤乾吉根据当年听课笔记整理出版了《中

---

[1]《清朝史通论》,《内藤湖南全集》第八卷，第 381 页。

国史学史》，在该书中，关于"清朝史学"的内容占了全书的一半。

内藤湖南关于中国史学的评论，既具有近代史学理念，又不乏对中国传统史学的深入同情和了解。要而言之，主要有以下几个方面：

一、批评中国史学传统中"一字褒贬"的做法。他说，宋学一般都十分看重以史学褒贬来体现自己的思想，视之为中国史学的传统和价值所在，近世日本也是这样理解中国史学价值的。但是，当今，"历史学已经成为一种全新的科学，成为应该去发现真理的学术"，因此，在今天看来，"一字褒贬"就不是它的价值，而应该从历史学是一门科学的角度来考察中国史学的价值。

二、高度评价《史记》体例之优与记事的可靠性。《史记》在公元前一百多年，创立了以"本纪"记天子，以"列传"记个人，以"八书"记社会沿革的史书体例，为从多层面、多角度较全面的记载历史创造了好的范例，成为此后中国历代正史的元祖。而当时古罗马的史书写法还只限于以个人为中心的传记体裁。[1]这是《史记》的体例之优。至于《史记》的内容是非常的可靠的。他指出：像司马迁这样的富有文采和天才的文学家，在作史书时，丝毫不随意加入自己的私见，而是认真、客观地记事。他举例说：近年在山东琅琊台发现了秦始皇巡幸时留下的石刻，经与《史记》中的"始皇本纪"相对照，竟一字不差。可见司马迁在对待古代文献时锱铢不改、谨慎认真的态度。另外，《史记》中引用不少《尚书》之文，也都是原文引用，稍有不同，也只是以司马迁

[1]《史记的话》，《内藤湖南全集》第六卷《杂纂一》。

270

当时的汉代通用语来翻译《尚书》中不易理解的古文。总之，以这两点推论，《史记》是符合今天历史科学所要求的客观记事的标准的。

三、对中国古代史官制度的评价。中国古代历史记载起源悠远，从汉代起，史官大都是世代相袭，不为外人所染指。因而，对于历史的记载有一种严肃性，甚至神秘性。晋国太史董狐秉笔直书"崔杼弑其君"之事，是内藤屡屡称道的古代"直笔"传统的典型事例。虽然从唐代太宗时开设史馆，出现奉敕集体编撰史书的先例，中国史学出现了由君主权力左右史官的倾向，但总体而言，中国史学还是能够比较准确地记载史实，特别是帝王君主的不法妄为行为。

四、中国史学的外部价值。由于中国完善的史官体制起源早，在记述中国历史时也同时记载了与中国有关系的中国周边国家的情况，如日本、朝鲜、蒙古等民族和国家的历史，最早就是在中国史书中被记录的，因为当时这些民族或是尚未成立国家，或是还没有史官制度，总之是还没有历史记录。因此，中国历史"对于了解东洋全部历史，对于了解文明的发展，至关重要"。[1]

内藤湖南以上这些论述，从现在看来，似并无什么新意，一些论断远者已有如刘知几等人早已提出，后来更为史学史研究者所详细论述。它的意义在于，在当时学术界全面否定中国传统史学的大趋势下，内藤所坚持的对于中国史学的这种独到的、理性客观的态度。

在中国史学发展史中，清朝史学是内藤重点研究的领域。在

---

[1]《支那史的价值》,《内藤湖南全集》第六卷《杂纂一》。

清朝学术格局中，史学也是内藤的主要关注对象。他说："清朝的学术，经学以下比较发达的就是史学。"事实上，在以上关于经学的论述中，已有部分涉及史学的，这与中国传统学术的格局有关，经学几乎是一切学问的中心，史学只是经学的附属部件。而清朝的史学研究也正是因"经学研究渐渐扩展而波及、发展起来的"。

作为清朝经学的开山祖黄宗羲、顾炎武二人，同时也正是清朝史学的鼻祖。黄宗羲自己虽然没有留下史学著作，"但他的门人万斯同则作有《历代史表》，这是一部很有名的著作。……是受到了黄宗羲学问的影响而作成的。所谓浙东学派在历史学方面的特点，就是因为有了万斯同的成就才形成的。继此，有全祖望，留意明末的历史，写有大量这方面的文章，他也可以说是一位历史学家。……总之，因为黄宗羲的浙东学派，清朝才渐渐有历史学家出现"。对于顾炎武在历史学方面的成就，内藤极高地评价了《日知录》，说它开启了"对史籍作仔细的调查、翻检，根据历史事实来确认史书上的记载是否正确这种治学方式的先河。《日知录》中，含有作为史学著作的优秀的成分"。与内藤湖南把《文史通义》作为专书课来研读一样，内藤的同事狩野直喜也十分推崇顾炎武，把《日知录》作为东洋学学生必读的专书。

对于清朝史学全体，内藤着重论述了以下几点：

一、清修《明史》表现出反道学的思想倾向。"以往的历史以《通鉴纲目》为根基，按照《通鉴纲目》的规则，对历史事件、历史人物作褒贬黜陟"，但修明史时，朱彝尊上书明史馆总裁，指出：《史记》以来，历来正史只设儒林传，但宋学和朱子学家们则在儒林之外，又另立"道学传"，"这种区分成为后来朱子学派与汉学派之间争端的根源之一"。由于朱彝尊的倡议，明史在实际编撰中就取消了儒林与道学的两分法，而统一于"儒林传"。《明史》总其成者是王鸿绪，他的"史例议"中也多有对于朱子学的批评，说明编写《明史》所依据的不同于《通鉴纲目》的编撰方针。内藤敏锐地指出：这是清朝"历史学理论对朱子学的一个变化"，是清朝史学表现出的与"宋、元、明以来的史学完全不同的思想征兆"。[1]

二、考证精神与方法的确立。内藤介绍了在考证旧史方面最有成就的王鸣盛、赵翼、钱大昕三人，其中他特别推崇的是钱大昕的《十驾斋养心录》，称它"是一部开启新史学的重要著作，该书的体例依史学始祖顾炎武的《日知录》，涉及经学、史学，及其他所有学问，他的学术方法是在实事求是的方针下，更为绵密严谨，因此，不仅他的研究结论在今天大体上仍是正确的，而且他的研究方法也仍为今天的中国学者所模仿、学习"。在这个意义上，内藤认为钱大昕是为清朝考证史学奠定基础的人，他在清朝史学上的地位就如戴震在经学上的地位一样，是不该被遗忘的人。"由于此人，清朝的史学才成为真正意义上的史学。……依据他们所开创的流派，人们开始从事各种局部性的研究"。内藤概括清朝考证的方法，一是"尽可能地收集所有的资料而发现信实的事实"，二是"史料方面应该用最根本的史料"。三是"根据可靠的事实进行研究"。总之，"改变了以往史学只注重褒贬黜陟的空论的观念，开始以事实的研究为主来对待历史学，而第一根本就是必须依据信实的史料。这是清朝史学的显著之处"。[2]

---

[1]《清朝史通论》，《内藤湖南全集》第八卷，385-386页。
[2]《清朝史通论》，《内藤湖南全集》第八卷，第388-389页。

三、历史地理学在史学中成为重要分支。历史地理学在历史学中，虽然是后起的学科，但在清朝，却呈现出蓬勃发展、成果丰硕的景象。内藤一一介绍了这方面的重要著作，如顾祖禹的《读史方舆纪要》，"是关于中国全体的历史地理著作，是政治上的历史地理学"。齐召南《水道提纲》的记载，"是依据传教士所作实地调查，用汉语写成的记录"，反映了地理研究上新的科学方法的运用。魏源的《海国图志》则开启了中国人对于海外地理的研究，意义非同一般。在清朝，"中国外部夷狄区域的地理研究"即塞外史学、西北地理的研究成为一个热门。在这方面，钱大昕也有开创之功，他鉴于《元史》是二十二史中最为粗略的一种，因而，依据新发现的蒙语《元朝秘史》，重新撰写出一百卷的《元史稿》。后来，洪钧在出使西洋作公使时，发现并利用了西方的元史材料《皇元圣武亲征录》一书，作成《元史译文补正》，把钱大昕以来的元史研究更推进了一步。近年又有屠寄的《蒙兀儿史记》，柯劭忞的《新元史》出版。另外，从当时的政治、外交需要出发，西北地理也成为有志之士关注的焦点。如"《皇朝藩部要略》记载入清以来蒙古藩之事"，《朔方备乘》"原本的书名是《北徼汇编》，是研究中国与俄国的边境问题的"。[1]

文学与艺术

对于清朝的文学，内藤主要论述了诗文两方面的发展变迁。一般地，宋学、朱子学一派的学者，都是固守唐宋八大家古文传统的，因此，清初文坛古文盛行。与此相对立，汉学家反对朱子

---

[1]《清朝史通论》，《内藤湖南全集》第八卷，第391-392页。

学，因而也反对唐宋八大家文，经学家往往多作四、六对仗的骈体文。乾嘉经学大行时，骈体文也大行于天下。因此，就又有了反对骈体文，提倡古文复兴的桐城派古文团体。桐城派固守唐宋八大家文，特别是以曾巩的古文为作文模范。桐城派虽一时极为盛行，但遭到阮元、方东树等汉学家的讥骂。由此，桐城派中分裂出阳湖派古文，取折中的态度，写接近于骈体文的古文。道光以后，古文派走出八大家的局限，扩大视野，广泛参考前代经书、诸子、史籍等各种文章风格，作出了更为丰富、活泼，气象宏大的文章。这方面的代表有曾国藩、左宗棠、郑珍、薛福成、黎庶昌、张裕钊、吴汝纶等人。另一方面，清朝的骈体文派，也渐渐向古文靠拢，形成了"骈散不分家"的形势。这方面出现了汪中、王闿运、谭献、袁昶乃至梁启超等文章名家。总之，无论是古文还是骈体文，清朝文学发展的倾向是不拘泥于一端，注重内容和实用性，走折中、综合的道路。

　　在诗歌方面，钱谦益、吴伟业肇其始，王士禛继之而奠定了清朝诗歌的根基。他的诗歌，语言上多借用古人的文字、典故，虽不随意地遣辞造句，但很有意境，读来余韵缭绕，被称为神韵派或格调派，成为清朝诗歌的正宗。沈德潜、王昶也属于这一派。与这一派相对立的是性灵派，以袁枚为代表，"反对王渔洋模仿古诗、推崇神韵、受制于一定模式，而要求诗歌能够自由率性地抒写自己的思想"。道咸以来，受动荡时世的影响，诗人的心灵受到空前的刺激，不复再有性灵派"温和沉着、悠游闲适"的心情，诗歌上溯宋代、唐代，倾向于用晦涩、曲折的语言来隐喻要表达的意思，又注重用诗歌表现学问的实力。这样，诗歌从内容上变得严肃和艰深，在形式上则与文选体散文接近了。

艺术方面，内藤认为："艺术有各种门类，在中国则必定以书画为主。"他分别论述了清朝书法、绘画发展之阶段性、流派之演变以及各派的代表人物、主要作品，共论及书法家 54 人，画家 92 人。

内藤论文学与艺术，都注重把它们与时代的政治氛围、社会变迁结合在一起分析，使读者可以了解这一时代文化发展的总体趋势。通过内藤的论述，我们至少可以看到清朝文学、艺术上所存在的以下两个倾向：一是复古的倾向，文学上有古文复兴运动，书法上有回归六朝碑帖即北碑的热潮。这正如梁启超后来在《清代学术概论》中指出的那样，清代的学术，一言以蔽之是"以复古求解放"。内藤虽未在讲演中如此明确道出这层意思，他是把这种复古的倾向看作是对于明末弃书不观、不重视知识的空疏学风的反叛。二是折中和综合的倾向，他指出：文章上原有古文与骈体文两大对峙的派别，后来两者渐渐合流而形成"骈散不分家"的趋势，书法上也是由原来的各种流派的书风，如北碑和南帖而渐渐向着综合统一的倾向发展。这些倾向，意味着清朝文化具有注重实际、讲究知识性、学问性和实效性等实证主义的特征。

五、几种早期清朝史研究著作及其比较

在清代，虽然曾有魏源的《圣武记》、王闿运的《湘军志》等记述当代重大史事的书籍，为研究清朝史留下了宝贵的历史资料。但若要说把清朝作为一个逝去的王朝来作学术性、历史性的研究，则日本要比中国起步得早。

内藤湖南"清朝的过去与现在"之演讲出台于 1911 年辛亥革

命之当时，次年整理成书，即《清朝衰亡论》。而关于清朝史的全面的通史性著作，最早的是日本稻叶君山的《清朝全史》，出版于1914年4月。当年就由但焘等译成中文，于12月由上海中华书局出版，在中国颇为流传。

稻叶延吉，号君山，曾于1899年留学北京，又于1906年随内藤湖南一起，为间岛问题访察朝鲜和满洲，此次考察，据作者自己称："虽只半载，未可云久，然使予于清朝史之研究，得增益其乐味与勇气者，未始非此行之赐也。"[1] 在著此书之前，稻叶既已比较关注作为当代史的清朝的现状与命运，如当1908年清廷筹备立宪，参照日本宪法而颁布《立宪纲领》时，稻叶即先后作《何哉所谓清国立宪者》及《警诫北京朝廷之轻躁》等文，批评清朝"削足适履"，不顾本国国情而盲目照搬日本宪法。又如1911年春夏之交，稻叶预感到清朝之山雨欲来，黑云压城城欲摧，故作《颠覆清朝之思想》，连载于当年之《日本与日本人》杂志，文未刊完，武昌辛亥革命之炮声已响起。另外，本书出版前，作者业已发表《建州女真之本地及原住地》《明代辽东之边墙》《清初之疆域及附图》等清史研究论文。因此，1914年《清朝全史》的出版，是作者历十余年寒暑，关注中国、孜孜研究积累之所得。所谓"博采覃思，阅十余年之星霜，撷数百种之载籍，一旦杀青，蔚成巨帙"。[2] 全书分上、下二册，起于明末，迄于宣统退位，共计八十四章，涉及有清一代之政治、经济、军事、文化、边疆地理、外交关系等，以时代先后为经成书，以事件本末为纬立篇。

[1] 稻叶君山:《清朝全史·自序》，但焘等译，上海中华书局，1914年。

[2] 稻叶君山:《清朝全史》，译者之"编辑大意"，但焘等译，上海中华书局，1914年。

本书的特色或者说着重点有二：一是注重中国内部之满汉关系以及清朝拓展边疆之事，如关于明清之际的交替，有"明代对于满洲之策略""明与女真之交涉""汉人之来归""与明国之战争"等十多个章节，又立"扩大外藩及治藩事业"等章节，详述清朝拓展疆域及与周边民族的关系问题。二是注重中国的外交关系，尤对清朝与日本、朝鲜、俄国的关系多有论述。

晚清、民国之际，即明治末到大正年间，对日本文化人中的所谓"中国通"以及中国学学者来说，中国的时政，清朝的命运，无疑是他们关注的热点；另外，作为与中国紧邻的"同文同种"的日本，在甲午战争之后，开发满洲，觊觎中国的大陆政策成为一种弥漫全国的思潮，反映在学术界，学者对于中国历史上异族入主的朝代如元朝、清朝表现出异乎寻常的热心。因此，把清朝作为研究对象，正好统一了上述两方面的关注热情。稻叶也好，内藤也好，他们对于清朝史的研究，可以说正是这种思想、学术背景下的产物。

《清朝全史》中译本在中国出版后不久，当时尚在北京大学读大学历史系本科的肖一山（1902–1978），有感于稻叶的著作"观点纰缪，疏舛颇多"，遂埋首发奋，在大学毕业前一年，即1923年，写出了《清代通史》的上卷，并于次年完成中卷，两卷共约120万字。此书一出，受到当时学术界的重视和赏识，梁启超以及日本京都大学教授今西龙为之作序，给予好评和厚望，称此书"能将浩瀚的旧材料，融化成自己的东西，又加上许多新史料，并且记述也安排得宜，详而且确，实是从来得未曾睹的佳作"。并赞许作者"既有天赋的聪明，又富于春秋，只须好学不倦，将来造诣，实未可限量，必有成为世界的大史家之一日"。[1] 今西龙是内藤湖南的学生，是在内藤发起和指导下进行《满文老档》翻译的学者之一。后上、中卷合并，由商务印书馆多次再版印行。肖一山本人及读者期待中的下卷，由于作者自称的"生事牵累，校课煎忙"，又由于"新出之史料，汗牛充栋，殊非短时间所能整理"。因此，久久未能付梓。但肖一山一生以清史研究为志业，终于在四十年后的 1963 年，在台湾出版了包括下卷在内，上卷、中卷也得到充分增补的三卷五大册《清代通史》，共计 400 万字。

与以上著作相比，内藤的清史研究，从形式上看，由于是演讲，就不可能是详备的"全史"，而是如论文似的，突出重点，主要发表具有自己独到研究特色的内容。从时间上看，他的《清朝衰亡论》可以说是最早的清朝史研究著作；从内容上看，《清朝衰亡论》如史论性新闻评述，侧重于从政治史的立场来解释清朝走向衰亡的原因。《清朝史通论》如文化史画卷，偏重于从文化思想史的角度，阐明清朝这一由满洲人建立的王朝，所具有的各种富有独特意义的历史文化要素。此外，内藤又有若干关于清朝研究的单篇论文，如《清朝初年的继嗣问题》《章实斋先生年谱》等等，这些论文都是该领域中独创性、奠基性的论文，足可看出内藤清史研究的识力与深度。

与以上著作相比，内藤清史研究的另一更为突出的不同点是它的经世精神。作为一位注重经世精神的学者，内藤向来认为：学术不能是与现实世界无关的闭门造车，不能是日本"箱庭式"的、缺乏真实生命力的观赏物。历史学家的责任在于通过研究历

---

[1] 肖一山:《清代通史》，今西龙序，商务印书馆，1923 年。

史以更准确地观察现实，并且在可能的情况下，洞察和预见未来。这既是上追司马迁所谓的"究天人之际，通古今之变，成一家之言"的气概；又是与黄宗羲、顾炎武等人的经世致用精神一脉相承的。从这一意义上看，我们发现：内藤的清朝史研究，是与他对于中国当代社会的关注和对于未来的洞察密切关联的。正如傅佛果指出的：

> 内藤既已从清朝历史的发展轨迹中发现了辛亥革命的前途和出路，即预见中国必将诞生新的共和国。但至此内藤并不能满足，而且，现实的中国尚还未建设成共和国。辛亥革命后中国政治、社会的倒退状况，使人担心共和政治是否能够持续。如果能够持续，怎样形式的共和政治能够适合于中国的社会和历史环境？要解答这个问题，就必须首先弄清楚更为重要的问题。这问题就是：中国是否已有了'近代'的萌芽？如果有，这种萌芽发端于何时？是清代？还是更为以前？而解答这些问题，对于理解现代中国具有怎样的意义呢？[1]

可以说，他对辛亥革命后中国前途的一系列预言性的论述，正是以他的清朝史研究为认识基础而作出的。

---

[1]〔美〕J.A. 傅佛果:《内藤湖南——他的政治学与中国学》，井上裕正译，平凡社，1989年，第173页。

第九章　时论其表　史论其里

——内藤湖南的中国时事论

内藤湖南是近代日本中国学的重要学者之一，同时又是中国时事的观察家和评论家。从他 1887 年到东京，登上日本新闻舆论界，到他 1907 年转入学术界，成为京都大学东洋史研究的领头人之一，无论是作为新闻记者，还是作为大学教授，他一生对中国及中日之间社会政治现实的关心始终不减。对于这期间在中国所发生的中日甲午战争、戊戌变法、辛亥革命、五四运动，他都有作为同时代人的敏锐的分析和评论。这些言论，往往是他在事件发生后不久就作出的时事分析和政策性建议，反映了他作为新闻记者的职业特点；另一方面，这些言论又能以他深厚的汉学修养为基础，体现了他对中国问题具有历史性和体系性的系统认识，可谓时论其表，史论其里。本章以上述各个时期为观察基点，来考察内藤湖南不同时期对于中国现实问题的看法及对未来中国的推断，以及对中日关系所持的基本主张。

一、甲午战争论

甲午战争前后日本对中国的关注

明治维新后到甲午战争前，日本社会最有影响力的中国观可谓"脱亚论"。"脱亚论"是启蒙主义思想家福泽谕吉于 80 年代提出的，1885 年他在自己主办的《时事新报》上发表了《脱亚论》一文，指出：日本虽地处亚洲之东陲，但其国民精神已脱离亚洲的固陋而转向西方文明。但日本的两个邻国中国和朝鲜，却因循守旧、不思进取，依恋于古风旧俗。他们不但无助于日本，而且，反而成为西方制造误解日本的事端的根源，如两国政府实行着专制主义，西方人便会认为日本也是如此，这对日本是极为不利的。因此，日本若要学习西方，成为亚洲的强国，就必须"谢绝亚洲东方之恶友"，而与西方文明共进退，即实行"脱亚入欧"。"脱亚论"中国观的实质在于：明治维新以来的日本，首次在精神上向以传统汉学为代表的尊崇中国的中国观告别，而走向其相反的方向，即蔑视和背离中国的方向。

进入 90 年代，这种完全崇拜和追随西方文明的中国观有所改变，或者说有所发展，即日本在走出了对于亚洲特别是对于中国的崇拜和追随的心态之后，又要回过头来把关注的目光投向亚洲邻邦了。随着国力的增强，日本政府上下、社会各界对海外扩展，主要是向亚洲邻国的扩展具有强烈的兴趣。因为殖民地的获得，既可以解决国内人口过剩和向外派遣有力人才，又可以藉此在亚洲构筑起抵御西欧列强侵略的屏障。1890 年 3 月，就任首相之位未久的山县有朋 [1] 即以内阁总理大臣的名义起草《外交政略论》，主张对亚洲采取强硬策略，指出"我邦利益之焦点实在朝鲜"，在同年 12 月第一届议会上报告施政方针时，山县更明确地提出了他

[1] 山县有朋（1838–1922），军人、政治家。曾就学于松下村塾。1889 年及 1898 年两次出任日本内阁总理大臣，是日本大陆政策的积极倡导者，曾参与指挥中日甲午战争和出兵镇压义和团。

的所谓"主权线""利益线"的理论：

> 国家独立自卫之道有二：第一守护主权线，第二保卫利益线。所谓主权线乃国家之疆域，利益线则系与主权线具有密切关系之区域。凡国家能保全其主权线及利益线者方为国家，当今列国并列，维持一国之独立，仅守御主权线决不充分，必须同时保护利益线。[1]

其所谓保护利益线的主张，在当时就是对朝鲜的谋略，后来发展到觊觎中国的满洲。为未来的战略战术考虑，军备扩张政策也在有力地实施着。

在这样的社会政治氛围中，思想言论界也纷纷开展相应的社会文化活动。如 1891 年 5 月，以政教社成员为中心成立了东邦协会，着重于收集关于东亚、东南亚的地理、历史、经济、军事、商业等情报；1898 年成立了东亚同文会，这是一个专门研究中国历史、学习中国语言、调查中国社会、收集中国情报的机构，后又于中国上海成立东亚同文书院，培养了一批批通晓中国地理、历史、语言、文化，了解中国社会情况的"中国通"，这些人后来在日本的侵华战争中曾发挥过重要作用。这些社会组织的成立表明，中国作为亚洲具有最大领土和最悠久历史的国家，日益受到日本有识之士的关注，成为人们关心和研究的兴趣中心。特别是甲午战争的爆发及日本以意料之外的速度迅速取得胜利，使得日

---

[1] 大山梓编：《山县有朋意见书》，原书房，1966 年，第 203 页。转引自陈丰祥：《近代日本的大陆政策》，金禾出版社，1992 年，第 63 页。

本俨然以亚洲的强国自居，以亚洲西方新文明的代表自居。受此胜利的激发，国内群情激昂，日本应对亚洲负有的"使命"，即关于"日本的天职""国民的使命"等越来越成为思想言论界和知识分子的热门话题。

内藤湖南对甲午战争的论述

曾是政教社成员，后供职于大阪朝日新闻社的内藤湖南对中国的关注正是在上述这样的时代环境、思想氛围中产生的。可以说，甲午战争促使内藤湖南首次对中国问题作了比较全面的论述。内藤关于中日甲午战争的论述主要体现在以下两个方面的内容：即由对这场战争性质的议论而引发的对中国"守旧落后"说的反驳，以及由日本的"天职说"而引发的对中国文化中心移动说的论述。

关于甲午战争的评论，在当时的日本，除了少数基督教徒如内村鉴三等人外，几乎没有多少人持反对态度的。[1] 仍以福泽谕吉为例，他是积极的主战派，曾在《时事新报》上发表倡导筹措军费的社论，并带头捐款一万日元，赞助海战。他的《时事新报》也成了海军的御用报纸。他在 1894 年 7 月 29 日发表了《日清战争乃文野之战》一文，把中日之间的战争歪曲成是"文明"与"野蛮"之战，是日本的文明进步与中国的反文明进步之间的战争，他趾高气扬、强词夺理地说：

---

[1] 参见鹿野政直《福泽谕吉》，卞崇道译，三联书店，1987 年。又参见钱鸥《日本朝野对日清战争的认识——以〈太阳〉第一卷为中心》，赠阅本。

战争的事实虽起于日清两国之间，但其根源是谋求文明开化的进步与妨碍这种进步的战争，而不是两国间之战。本来日本国人对中国人无积怨，无敌意，只欲将之作为世界一国民而进行人类社会的一般交往，但彼等顽迷不灵，不解普通之道理，见文明开化之进步而不悦，相反，还要反对其进步，并对我有反抗之意的表示。所以，不得不引起此事。即日本人眼中无中国人、无中国之国家，只以世界文明的进步为目的，反对而妨碍此目的的，就要打倒它，此非人与人、国与国之间的事，可看作是一种宗教之争。[1]

这种将日本的国权扩张战争说成是为文明、为进步、为谋求人类幸福而履行职责的正义之举，将其抹上"神圣的色彩"，在当时极具代表性。

与福泽谕吉这样的西方文明崇拜者不同，内藤湖南则是从民族主义的立场出发来看待这场战争的。明治以来，日本民族主义者的立场是民族本位的、亚洲本位的，即主张以日本固有的文化、联合亚洲的势力来抗衡西方文明。因此，他们一般都是反对"脱亚入欧"，反对蔑视东亚文化的主张。在甲午战争这个问题上，内藤湖南也表现出与"文野之战"完全不同的、民族主义的看法。

1894 年 8 月 25 日，甲午海战的炮声仍在持续，他写下了《所谓日本的天职》一文，阐述他的观点与主张。首先，他指出：把两国的战争看成是文明与野蛮、进步与守旧的冲突的流行说法，只是"轻率"之言：

---

[1]《日清战争乃文野之战》，见《福泽谕吉全集》第十四卷，岩波书店，1961 年。

轻率之徒动辄谓曰：中国在坤舆，乃守旧之代表，而日本居其旁为国，乃东洋进步之先鞭，两国冲突，乃守旧、进步两主义之冲突，我们应警醒四亿生民，使之不得不趋于进步，这就是日本的天职。

接着，内藤洋洋洒洒地用了很长的篇幅讲述中国文化发展的历程，说三代、秦汉、唐宋以降，中国文明虽代有兴衰，但变迁递移，生生不息，各具时代特色，用事实驳斥"中国守旧停滞说"，并隐约预示，中国虽自元代开始出现衰弱，但未来或许正将出现集大成者，使文化复兴，造出令欧美人惊心的新局面：

三代之礼文一旦毁于秦火，为国者皆求以尚古为复兴，封建井田之难以复行，轻锐之学人，尤主张不已。王安石一旦推行新法，群起咎之，毁及后世，似守旧也。然顾三代之文礼，废于战国，战国处士横议，其言皆足为后世垂训。三代盛世之材虽亡，汉宗孔氏，立六经学官，训诂之学盛，此犹阿里斯多德后有繁琐学派也。而魏晋六朝，佛教传入，其势如潮，补儒之衰，所谓震旦十三宗，兰菊竞芳；唐诗赋极盛，诸体皆备，大道藩镇，租庸铨衡，礼乐刑政，三代之后，尽善尽美。宋代散文臻熟，心性之论入精微，其结果往往诸科统合，有志于实验史迹者出，如王应麟、马端临，实明清考证家之先声。一旦受挫于胡元，有明复兴，尤有王氏之学；又受挫于满清，学术偏于博洽考证，且科举制定，学士耗费精力于四子五经，灵能异才，皆为晦没。且三代以下至于唐宋，世有隆污，各代具有特色之文明，变而递移，此虽非西人之所谓进步，然中国未尝没有进步。元以下之挫折，如晋五胡之扰之类，焉知是其文明之中衰，而不是正有待于后之大成者乎？

至于中国必须由日本来警醒，来促使其采纳西方文明的说法，内藤也给予了驳斥：

> 中国与西洋之交通，固先于我国，利玛窦来后，天主教传教士深入其内地，也早于我国锁港严令颁布之时；历算巧技于康熙时已采，美术珍奇，海运舶来，也都在我国之先。及至今日，他们也向西洋派遣留学生，何必待我国之介绍而学习西洋呢？[1]

战争初期，日本国内甚至叫嚷：中国向朝鲜派兵，是对日本的侮辱，是绝不能接受的，为了雪耻，日本应大举武力进攻，全面吞并中国。针对这种议论，内藤湖南指出：这不仅有碍东洋和平，而且也削弱了日本防卫西欧侵略的力量。总之，日本不能靠"人口劳力资本"的输出去使中国殖民地化，因为中国的"风土"对一般日本人来说是难以忍受的艰难，而且，让四万万中国人去说日本语也是不可能的梦想。他反对日本对中国的武力殖民政策。

至此，内藤几乎表现出一位中国文化的热情赞美者和真诚希望者的形象。然而，他在这里所说的中国和中国文化，是指过去的中国和中国文化，因此，是一个历史的概念。而在涉及当前或

---

[1]《所谓日本的天职》，《内藤湖南全集》第二卷《燕山楚水》。

未来时，这一概念却与现实的中国和中国文化并非等同，或者毋宁说，它们是抽象的，需要用内藤特有的思想方式来重新界定和加以理解。即需要知道内藤湖南的"日中文化同一论"和"文化中心移动说"的理论。从文化发展的历史根源上说，包括内藤湖南在内的日本民族主义者大都是采取中国和日本"同文同种"的观念的。如内藤湖南在1891年替三宅雪岭执笔撰写的《真善美日本人》一书中，曾论述到日本人的人种问题，他阐述了在人种起源、文化起源上日中同出一元，即同出于古代中国黄河文明的观点。内藤湖南一贯认为，日中文化同属一体，甚至可以说，日本是中国文化上的一个省份，"可以与江苏省、山东省一样，成为18个省份之一，甚至也可以称为日本省"。[1] 无论从历史上接受中国文化的早晚，还是从今天文明开化的实力来看，日本都要比广东省等中国边地与中国更为接近。而从文化发展的趋势来看，内藤湖南有其独特的"文化中心移动说"，即文化在发展过程中，将因时因地而形成一定的繁荣中心，由此中心向四周发散其文化影响力。但随着历史的推移，文化中心也会出现衰弱，所谓"地气尽、人力衰"。这时，就需要接受其文化的周边后起民族来反作用于它，促使其"返青"、复兴。中国文化的发展历程，反复证明了这一"移动"规律。因此，对由中国文化发展规律而造成的大趋势而言，民族、国家的界限是次要的，历史上的中国不正是由不同民族不断融入而组成的吗？按照这样的逻辑，内藤接着说：日本是承袭了中国文化，对中国的制度、习惯最为了解的国家。值此中国急需改革之际，只有对中国如此了解的日本，才能在理解

---

[1] 松本信广:《在巴黎的内藤先生》,《内藤湖南全集》第十卷《月报》。

中国制度、习惯的基础上，来促使和帮助中国的改革，从而达成中国文化的复兴。内藤湖南由此提出他的"日本的天职说"：

> 日本的天职就是日本的天职，它不在于中介西洋文明，传之于中国，使其在东洋弘广，也不在于保全中国的旧物，售之于西洋，而在于使我日本的文明，日本的趣味，风靡天下，光被坤舆。我国为东洋之国，而东洋诸国以中国为最大，故欲为之，不得不以中国为主。[1]

稍后他又发表了《地势臆说》《日本的天职与学者》等文，进一步阐发"日本的天职"。概括而言，内藤的"天职说"包含了以下两重含义：一是日本对于东洋的使命，东方文明无疑是以中国为中心的，但目前中国正处于衰弱积贫的状态，急需改革富强，其文化中心正移向日本，需要靠处于中国文化边缘的"日本省"来反作用于本体，促使其返青、再生，从而出现复兴。进而言之，另一层含义是日本对于世界的使命，即以日本为中心的东方文明不仅要复兴中国文化，而且要成为世界文明的中心，日本不仅将"成就东方之新极致"，而且还要"取代欧洲而兴起"，成为"新的坤舆文明之中心"。[2] 在这里，我们终于可以清楚地看到，内藤内心真正要赞美的是日本及日本文化，中国文化所以有希望，是因为有日本将要来"拯救"它，"复兴"它。

当然，内藤湖南也不能不感到日本相对于西方发达国家所

---

[1]《所谓日本的天职》，《内藤湖南全集》第二卷《燕山楚水》。

[2]《日本的天职与学者》，《内藤湖南全集》第一卷。

存在的客观差距，即东方对于西方的相对落后，实力的弱小。因此，要实现以上使命，首先寄望于"学者"，希望学者们能在"学术与宗教"的领域来达成此"天职"。对于中国，内藤主张一则应派遣学术探险队去作实地考察，探求其地理、风俗、历史、时事；一则应于日本国内完善学术设施，建立东洋学研究机构。对于欧洲，"四海无事，烽火不扬，虽难以由武力向欧洲显示我之实力，则清平之臣民，弘耀国光者，莫若学术"。[1] 内藤如此寄重望于学者，把"学者"与"国运"相提并论，反映了他的"天职说"是立足于文化使命的，他的民族主义乃至扩张主义思想主张是以文化为特征的，因此，也可称之为文化的民族主义者及文化的扩张主义者。

1895 年 4 月，中日之间以签订中国割地赔款的《马关条约》而结束了战争，随后，由于俄、德、法三国的所谓"干涉还辽"事件，日本不得不接受"劝告"，同意放弃条约中"占领辽东半岛"这一项。对于这一事件，内藤湖南写了三篇文章专门论述，但都未收入《全集》，它们是：1895 年 8 月 11 日发表的《被动的外交》，载《二十六世纪》16 号；1896 年 2 月 11 日发表的《伊藤侯不适于出使之任》，载《二十六世纪》19 号；1896 年 5 月 11 日发表的《日俄协定条约可恃乎？》，载《二十六世纪》20 号。

当时的日本舆论界一般认为，辽东半岛是日本以亚洲为舞台抵抗欧洲帝国主义势力，而在中国所获得的正当领地，现在因"三国干涉还辽"而不得不失去一部分，因而，举国愤慨。内藤也在以上这三篇文章中表现了他的愤慨。他指责日本的外交是"被动

---

[1]《日本的天职与学者》，《内藤湖南全集》第一卷。

的外交"，"归还辽东半岛极大伤害了国家的体面，是足利义满以来绝无仅有的耻辱"。所谓足利义满的耻辱，应该是指足利义满在与中国明朝交涉时，屈认日本为中国的朝贡国一事。1896 年 2、3 月间，内藤还写了《读宋史》一文，借中国历史上的"檀渊之盟"来比照日本还辽的耻辱。他把日本的政治状况比作宋代时的中国，俄国如宋代的契丹，伊藤博文如宋代的寇准、富弼。这是内藤湖南第一次在中国历史论述中涉及宋代的研究论述。[1]

综上所述，90 年代以来日本国内对东亚利益线的追求的政策，以及知识分子对于中国事务关心的高涨，特别是甲午战争的日本获胜，促使了内藤湖南走上对中国的关注和评论之路。他此时的中国评论既显示了在野的独特性的一面，如反对如福泽谕吉这样的御用知识分子的赞美战争的言论，反对战争期间派兵武力占领中国、殖民中国的言论。而在思想本质上，其实仍未超越出上述社会时代的普遍性，表示了他在野的不彻底性，如蔑视现实的中国，赞美日本的获胜，以及由此激发的文化扩张主义的心态。

二、戊戌变法论

1898 年 9 月 21 日，慈禧太后借助拥有清朝军权的荣禄发动了戊戌政变，幽囚光绪帝，废除所有变法新政，戊戌六君子在菜市口为国捐躯，康有为、梁启超等人在英国、日本的掩护、帮助下临危脱险，避难于日本。百日维新宣告流产。

内藤湖南关于这一时期的论述大致都发表在《万朝报》上。

------

[1]《读宋史》，《内藤湖南全集》第六卷《杂纂二》。

《万朝报》是当时东京行销量居于第一的有影响的大报。报社的社长黑岩泪香[1]是日本在亚洲推行扩张主义政策的积极支持者,因此,主动网罗中国问题专家到报社任职,在《万朝报》形成一个以讨论、争辩中国问题、亚洲问题为中心的氛围。这一方面因迎合了社会的普遍关注而有效提高了报纸的行销量,一方面也有力地吸引了有关中国问题的人才。内藤就是在这种情况下,于1898年5月起加入《万朝报》的论说阵营的,当时同在报社参与发表议论的还有内村鉴三、幸德秋水等有名人士,这一阵营的言论大致是以批判政府的施政方针为立场的。从内藤湖南这一时期所发表的论说文来看,他不仅在中国的内政问题、中日关系、日本与在亚洲得势的欧洲列强之间的外交关系等方面堪称卓然成一家言的专家,而且,还运用丰富的历史知识发表对中国改革维新运动的观察和评论,使自己中国问题专家的形象更趋成熟,同时他的言论也越来越受到广大读者的关注。

内藤湖南关于戊戌变法的论述,主要有:1898年9月11、13日连载的《清国改革的风气》;1898年10月27、29、30日连载的《支那改革说的二时期》;1898年12月10、11日连载的《读梁启超〈政变论〉》;1899年2月9、10日的《清国改革之风气未烬》;1899年8月27日的《支那改革的难易》。以上文章除最后一篇外,均刊登在当时的《万朝报》上。这些文章除了中国当事人梁启超的《戊戌政变记》之外,可以说是最早的记述中国戊

---

[1] 黑岩泪香(1862–1921),翻译家、新闻记者。本名周六。以在各种报纸上发表日译侦探小说而知名。1892年创刊《万朝报》,攻击明治藩阀政府,批判上流社会。日俄战争前曾一度提倡非战论,后转为主战论。主要著作有《天人论》《人生问题》。

戌维新历史的著作，也是最早将明治维新与戊戌维新作比较论述的著作。1899 年 9 月至 11 月，内藤湖南第一次到中国观光旅行，作实际的考察与交流，使他对中国的维新改革运动有了更为具体的认识，也多了一些新的论调，这些言论也陆续发表在《万朝报》上，后来结集出版在他的中国游记《燕山楚水》中。

概括而言，内藤关于戊戌变法和中国维新运动的论述有以下几方面的内容：

明治维新与戊戌变法的比较

1868 年的明治维新和 1898 年的戊戌维新，相距正好三十年整。中日两国维新运动的目的总体来说，都是为了突破和改革封建体制的束缚，接受西方先进的物质文明和思想文化，以增强国力，在欧美列强虎视眈眈的环视下以图自存和发展。中日维新运动的发生虽有先后，但由于对西欧列强而言，中日两国无论从地理位置、社会状况、经济力量等多方面都有相似之处，所以，决定了两国的维新运动有许多可比性。尤其是从结果看，日本的明治维新成功了，基本达到了当时勤王倒幕、维新自强的目的；而中国戊戌变法则只维持了一百零三天就悲壮地夭折了。把这两次运动加以比较研究，可以总结经验、获得教训，从而更为深刻地理解中日两国的近代历史以及由历史所造成的种种社会、文化现象。80 年代以来，中日近代化比较研究、明治维新与戊戌变法的比较研究，一时曾在近代史研究中形成热点。也可知这种研究的价值随时代的发展仍然受到有识之士的关注。

内藤湖南的这项比较研究是最早的，也是极其粗略的。他的比较论述可以分为两个方面：

一是从两国维新运动的整体过程来说，可以说它们有相同之处，也有不同之处。如两国的维新运动都是从倡言建设海防、建立外交机构、强调富国强兵开始的。这与东亚近代的命运都是以回应和抵抗欧美列强的侵略为开端有关。而维新初期两国还存在相同的弊端：对西学的一知半解。他说，今天的日本人动辄"指责中国的名士不解西语，而夸耀一知半解的西学的人很多，其议论之陈腐，既不合欧洲最近之学说，又不足以当拯救清国时局之策；但实际上，我国维新前斡乾旋坤的诸位豪杰，又有几个是能够真正熟练掌握西语，通晓西方国情、文化的呢？"至于中国与日本的不同之处，大致有：一、改革发生慢。"中国与外国的接触本早于我日本，而国内改革论的变化却遥遥晚于我日本。这是其国情民性使然。"二、危机感迟钝，爱国敌忾之情薄。内藤把上述情况归之为"其国土庞大，故即使国势危急，民众的感知也极其迟钝，因为民众在吏制颓废之下被戕残了天性，积数十百年，故爱国敌忾之情薄，若非身家直接之故，不以为事变。……所以，自道光鸦片之役后七十年，才有觉醒之机，而其成功尤为世人所疑"。三、中国人的另一特点是长于"谈形势，讲横竖"，短于付诸行动，实际实施。"视其笔之所书，其议论精致，反胜于开锁纷纭当时我国士人之论。"[1]

二是从维新运动当时中日两国国内所存在的对立双方力量的对比来看。梁启超在逃遁到日本后的1898年12月，在日本政教社的杂志《日本人》上，发表了《论中国政变》一文，详论政变发生的原委。在此文中梁把戊戌政变的原因，归为帝后之争、新

---

[1]《清国改革之风气·下》，《内藤湖南全集》第二卷《万朝报所载文》。

旧之争、满汉之争、英俄之争四端，而根本在于帝后两派之争，即帝欲开新、用汉人、联英日，后欲守旧、用满人、托俄国之间的争端。内藤湖南说，中国的这种情形与"我国安政庆应之时大略相类，清皇可比我孝明天皇，西后可比我大将军，满洲全族可比我幕吏，……清皇赐康有为密谕，说不变法则祖宗国家难保，变法则朕位难保。可见与西太后、满洲大臣之难以两立"。但从中日之间国内对立力量的比较来看，中国有三难：即日本是"君臣之分"、中国是"母子之名"；日本的"天皇与将军一住京都，一住江户，未尝相逼而处，便于京都的公卿处士与天皇从容筹划，而中国的帝后则同处一宫，皇帝的左右尽是西太后的亲信，密谕一下欲以自保，则祸变已起，清皇简直成了西太后的人质"；第三，日本勤王有数百年的强藩作军事保证，而中国的督抚大臣不断更换，力量不足以与政府抗衡。[1]

内藤认为：在上述这样对以光绪帝为中心的维新派极为不利的艰难情况下，"清国的志士手无寸兵，而轻举易于招致怨愤的改革"，既实行改革运动，又缺乏确保运动顺利进行的军事力量和切实措施，这是维新变法所以失败的重要原因。

对中国变法自强运动发展历史的评价

内藤的《支那改革说的二时期》可以说是最早的关于中国变法自强运动的简史。内藤湖南一贯认为：中国民族由于历史的原因，一直以自己的国家为天下的中心，认为自己国家的文化、制度为世界最好的、最高的境界，因此，中国人一向傲慢自大，目

[1]《读梁启超〈政变论〉》，《内藤湖南全集》第二卷《万朝报所载文》。

中没有别的民族和文化，称自己国家之外的地方一概为夷蛮狄戎，认为是野蛮未开之域。这种情况直到鸦片战争后，由于中国的连连挨打才渐渐有所改变。有识之士开始意识到必须改变现状、变革自新。这就是中国"改革说"的发端。"道光、咸丰，两次受外敌侵袭，既缔结了割地之约，以至蒙受城下之盟的耻辱，又加之发匪之乱，十七年间，使东南数省之地糜烂不堪。国家的形势到了不得不变的地步。"

内藤认为中国自同治以来到戊戌年间的一系列改革，以甲午战争为界可分为两个时期。第一时期以李鸿章、左宗棠、张之洞为代表，主要是对西欧式军事工业和军备设施的建设。他概括这一时期的改革成就：

一是创立海军，加强海防力量。"先从兵制下手，李鸿章、左宗棠麾下，早在同治初年就已有欧式军队数万人，江南、福州的造船厂相继成立，河东、海光寺的机器局、广东、吉林、成都、杭州、济南等地的制造局，从同治末年到光绪年间，渐次建成，……勇丁练兵，也都运用西式枪炮，武备水师学堂在天津、福州、广东等地相继而起。因此，在同治初年连一艘军舰也没有的中国，三十年间，到日清战争之前，已有了强大的战舰九十余艘，海军装备有八万吨之多，旅顺、威海卫、镇海、福州、广东、台湾等沿海地方，炮台、防备设施的建造，使得中国在外交上的地位有了很大的提高。"

二是设立总理衙门、海军衙门，增强外交能力。

三是架设电线、铁道线，开发长江水利轮船业等等。

内藤湖南总结这一时期的改革特点是"完成外形的巩固"，即此时中国人尚认为西方的长处在于形而下的东西，至于"制度政术""彝伦教育"方面，这正是中国的长处，不必向西方学习。因此，当时的"自强之说"只在具体事业的兴建上，而不涉及国家政论，变法之说也就自然未能大兴。然而，中日甲午战争"使三四十年来苦心经营的改革成绩，一朝归为泡影"。这就使得第一期的局限在"技术层面"上的改革成就终究将为第二期的改革所突破。

第二时期的改革应该主要致力于政治、教育等改制易俗方面的革新和建设。内藤借日本维新运动的发展为例来说明。明治初年开始改革时，也是以富国强兵为第一义，改制易俗之事也尚未顾及；所以，在一段时间内，提倡复古的思潮和进行新时代革新的措施交错实施，呈现驳杂之态。自遣西大使一行考察欧美回国，才渐渐认识到从根本上变法的必要，因此，十数年间，"政治教育、文明的精神均受泰西的感化，革新之处耳目为之一新……"，这第二期的改革效果，在我国可以说基本上是收到成效了"。但中国在这方面的改革才刚刚开始，现在又遭到戊戌政变的打击，前途堪忧。内藤还说，第二期的前阶段必然是首先对于第一期的"破坏"，这在日本已经历过，现在的中国也正经历着此番"破坏"。康有为一派人士正是代表这"破坏时期"的"慷慨激切"的人们，他们虽然将被此下"建设时期"的"深沉弘毅"的人们所取代，但若没有这些"慷慨激切"的人在先筚路蓝缕，就不可能有"深沉弘毅"的人继续出现。从这一意义上说，"慷慨激切"的人是十分必要的，日本的历史已证明了这一点。[1]

内藤对中国维新变法运动的这一总体看法，基本上可以说是

---

[1]《支那改革说的二时期》,《内藤湖南全集》第二卷《万朝报所载文》。

符合实际的。他的两个时期说，与我们后来把中国近代自强运动总结为先由物质层面的改革，发展到制度层面的改革，再进而发展到思想文化层面的改革的观点相比，虽嫌粗略、不够明确，但大体精神则是相近的。由于内藤的这一分期说是在戊戌当年就作出的，可以看出他是比较及时而准确地把握和预见了中国近代维新自强运动的走向。

对戊戌政变后中国变法维新运动的设想

戊戌政变后，康、梁逃亡日本，使内藤对他们的思想言论能够有更多的了解，特别是1899年秋冬，内藤湖南第一次亲身踏上了中国的土地，在北京、天津、上海、武汉等地亲眼目睹了中国实行变法新政的主要城市的面貌，并与维新派主要人士进行了会面和笔谈。这些思想经历和活动经历，促使内藤湖南对中国今后的改革产生一些大体的设想和主张。

首先，对于戊戌维新的流产，内藤是抱有同情和哀叹的。他一方面赞同康有为、梁启超对中国局势的分析和变法维新的主张，肯定他们所领导的变法维新运动的价值和贡献，对他们这样的"失败的英雄"的命运十分关注，希望日本政府能够给予康、梁等人以援助，而不要只信任李鸿章、张之洞这样的老的洋务大臣；另一方面，试图通过中日维新运动的比较，联系中国历史和中国人的民族性来寻求中国失败的原因。这在上面两小节中已有所涉及。

在总结经验教训中，内藤发现"中国非难在改革，而难在收改革成功之效；非难在使人民知道改革之必要，而难在弄清楚改革应从何处下手"。从王莽改制到王安石变法，中国历史上的改革多以当事人下台，改革流产而告终。近代中国倡言改革以来，维新志士们关于改革的言论，不可谓不多、不透彻，"他们并非不明数百年来的政治积弊，也并非不晓应采用西法，然而，举之行于中国人民之上，则是否能收其功，实为一大疑问"。可见"中国的改革，谈何容易？"[1]

那么，中国应该怎样有效地实行改革呢？

首先是从何处入手的问题。内藤认为第一要义在于整顿财政。他说："未曾有像中国这样人民富足如此而政府贫乏如此的国家，所以，中国改革的第一步必在财政整顿，政府收入至少应得到现在的五倍以上。"[2]内藤还多次指出，中国各级征税官的贪污、腐败，鱼肉人民，中饱私囊，是政府内部最致命的蛀虫。

其次，关于文化教育、培养人才、开启民智等，也是内藤湖南关注的问题。在他与天津、上海的维新人士交谈时，曾多次谈到过这一问题。如他指出：中国的洋务人才多"轻佻儇薄……皆敏于言而拙于读书绎义"，因此，像张之洞的《劝学篇》"虽文字老成，但其议论泰西之事，一知半解，贻笑大方"。而维新人士也不免有这方面的缺点。因此，他对于天津的北洋大学堂、水师学堂、育才馆等教育机构十分关心，并热心介绍日本新式学校的情况以及日本"邻邦译书局"的情况。[3]希望通过维新派的这些新式教育机构，培养一批新型人才。

但是，关于由谁来领导和实施这样的改革，内藤湖南并没有明确的说明，或许这也正是内藤未能弄明白的，即他并不能看到中国真正的希望在哪里，在什么样的人群身上。如在上面提及的

[1]《支那改革之难易》，《内藤湖南全集》第二卷《燕山楚水·禹域论纂》。
[2]《支那改革之难易》，《内藤湖南全集》第二卷《燕山楚水·禹域论纂》。
[3]《燕山楚水·禹域鸿爪记》，《内藤湖南全集》第二卷。

《支那改革说的二时期》一文中，他虽然同情和赞扬康、梁的变法，但也指出他们的"慷慨激切"，必然要被后来的"建设期"的"深沉弘毅"的人所取代，真正有效的改革应是"深沉弘毅"的建设者的使命。但这样的人在哪里呢？目前他所能看到的只是"破坏"有功，"建设"无力的康、梁等人。

日本在中国改革中应发挥的作用

这一时期，内藤已有以外国人为样板来进行中国改革的想法。如他多次举例说到赫德总税务司成功管理中国的海关税，增加税收的功效。特别是在 1899 年底来中国旅行后，他亲眼看到在中国天津、上海、苏杭等地的日本领事馆、日本租界与周围的环境大不一样：秩序井然，卫生清洁，法律严明。由此，内藤联想到，中国的改革应参照日本租界的情况，使租界成为中国改革的"模范行政区"，让中国人参观并模仿它。他说："所谓变法，以今日中国人之手，难以有望成功，苟有变法之机，则应多聘我邦人，使之当于要路，事事作出成例，然后使清国官民有范例可循。观海关、邮政外国人成功之成例，可见此立论是有所依据的。而亦可得知，变法之道，措此无它。"日本人应更加建设好在中国的租界等地，做好"模范行政区"，以此作为"开导清国官民的急务"。[1]此时内藤湖南尚未完全提出中国的各项改革都必须由外国人来"援助"这一观点，但这里似已可窥见他日后"国际共管说"的思想雏形。不过此时的内藤，有时也尚对中国自身进行改革抱有希望，他侧重强调的是中国人要"学习""模仿"外国，而不是由外国人

---

[1]《清国的专管居留地》,《内藤湖南全集》第二卷《燕山楚水·禹域论纂》。

来越俎代庖，在各个方面代替中国人来"管理"。并且，他还注意到中国的文化历史所造成的具体国情与外国不同，因而，反对一概以日本的成例来照搬硬套到中国的改革上，否则，"不免枘凿不容。"[1]

学习日本、模仿日本进行维新改革，在当时中国的维新派人士间可以说是一种普遍的思潮。众所周知，康有为在维新期间，曾向光绪进呈了关于俄、日、波兰、法、德、英六国改革变法的著作。这其中虽法、英、德三国的"变政记"尚无下落，不明其内容，但从其他几部书中，可看到康有为叙述俄、日、波兰变法成败的经过，分析这些国家变法的经验、教训，借此提出中国变法的具体建议，供光绪帝借鉴与采择。其中尤以《日本变政考》一书尤为重要，是这些"变政记"的代表作，康有为在本书的跋中说："切于中国之变法自强，尽在此书。臣愚所考万国书，无及此书之备者。"又如，梁启超、谭嗣同、黄遵宪等维新要人，也都在维新期间不断地把日本作为范例来宣传，主张从日本吸取变法自强的经验用于中国改革。特别是在百日维新的后期，三度担任日本首相的伊藤博文，以非官方身份来中国视察改革情况，在9月20日政变发生的前一天，伊藤觐见了光绪皇帝，二人商议"公筹东亚安全之策"和"襄助中国"的计策。中国的个别热心人士，甚至比李提摩太提出让伊藤博文任政府高级改革顾问的建议更为大胆，竟奏请皇帝任命伊藤为中国首相。[2] 在内藤湖南与文廷式

---

[1]《燕山楚水·禹域鸿爪记》，《内藤湖南全集》第二卷。

[2] 李提摩太向康有为建议，最好聘伊藤为中国变法顾问；贵州举人傅燮奏请应留伊藤为中国宰相。参见沈镜如《戊戌变法与日本》文，载"中国史专题讨论丛书"《戊戌变法》，巴蜀书社，1986年。

的交谈中，文廷式也谈到：近来中国有人主张中国改革要联合日本，借重日本的兵力（指借用日本兵力援救光绪）。虽然文廷式反对这种"一时权宜之计"的主张，但他也认为应借用日本人才，借鉴日本经验，承认日本对中国维新改革的示范作用。因此，可以说，此时内藤湖南的以日本为样板的理论，基本上反映了当时日中两国有关人士的普遍想法。

基于以上想法，内藤在《万朝报》上连续作文，对日本政府提出种种建议，强调日本应在中国的改革中主动发挥应有的作用。

如关于在中国的日本领事官问题。现在驻中国各地的领事官，不要像以往那样，只是处理中日之间的商务问题，而应该起到涉及中日之间各种关系的、相当于外交官的作用。因此，日本政府应注重领事官的派遣，要选择精通中国内政，有能力、有热情的人去担任，而改变以往只重视欧美外交官而轻视派往中国的人才的积习。另一方面，鉴于中日之间关系发展的可能性，要增加在中国的领事馆，如有关福建、江西铁道铺设权的九江，有关内河航运扩展的镇江，江北要镇、安徽的省城安庆，长江的关隘江阴等地，都应增设日本领事馆。内藤敏感地指出：

在日清战役之前，列国对于中国即已包藏祸心，然犹忌惮于公开表露。……至日清战役之后，诸种要求纷纷而起，土地的租借，矿山、铁道诸权利的获得，势力区域的划定等等，视支那帝国为一无统制的地域，列国皆竞，以先占据争胜，而一一委之以北京的公署，与总理衙门相交涉，在未遑等待总理衙门照会各省督抚作出意见之前，不如先与地方大官交涉，要求接受所提条件的便捷。……而且督抚在所辖区内，有聘外国将校练兵，顾外国教师办学等实际专断权，可完全不让中央政府关知。……因此，在督抚居住之地附近的领事官，应担实际外交官之任，而进行机敏的周旋，无疑是必要的。[1]

这里，内藤一则机敏地窥察到了当时中国行政上督抚甚至督抚之下的地方官握有实权，可以超越中央或总理衙门，直接与外国交涉的实际情况；一则表示了日本应紧随于欧美列强之后，在"土地的租借，矿山、铁道诸权利的获得，势力区域的划定"等列强侵吞和瓜分中国的竞争中，不能落后的警惕心。因此，主张未雨绸缪，应在各地加强领事馆的设立及增强领事官的能力。那些他所提及的应增设领事馆的地方，无疑是与日本在华利益或将欲拓展的在华权益密切相关的地方。

又如，日本应扩展在中国的内河航运，以改变目前内河航运只有沪杭、沪苏两线，远远不能与英国相比的现状。应注意开发"长江大航路"的航运，扩大商品交流，给中日两国带来实际的利益。[2]

以上主张，实际上已完全无关于所谓"帮助中国的改革"，而是体现了内藤为日本追随欧美，在中国获得非法权益而出谋献策的用心。

作为一个中国学专家，内藤的眼光无疑比一般的政论者更为深刻和独到。在教育文化、学术研究的层面，他也作了种种周备

[1]《清国的领事官》,《内藤湖南全集》第二卷《燕山楚水·禹域论纂》。
[2]《支那的内河航运》,《内藤湖南全集》第二卷《燕山楚水·禹域论纂》。

的考虑。如提倡注重培养适合未来中日事务的中国通人才，他建议日本政府或民间组织，应加强向中国派遣留学生，以便在将来与中国的商务、教育上，发挥栋梁之材的作用。[1] 对日本人到中国观光考察不断增多的现象，他也作出指导性的建议。他指出目前日本人考察中国所存在的一些承承相沿的习气或弊端，如易把中国书籍上的虚饰记载作为事实来相信，而缺乏去伪存真、洞察实情的能力，因而在头脑中形成一个不真实的想象的中国；如到了中国后，总是必定与中国的名公巨卿见面，交谈之下，则轻信其言论，认为那就是"推心置腹"的言辞；如对方不与交谈，则立刻认为其胸无大志，了无希望。殊不知这些中国名人有时出于各种原因，往往是"善于夸张""巧于辞令"的。[2] 在学术方面，他批评日本的汉学家对时代课题漠不关心、缺乏时代知识，说汉学家们只是囿于传统汉学限于经子二部的习惯，"文则不脱前明的旧套，经亦只是乾隆的遗风，对中国近百年来的学风毫无了解"。指出汉学家们尤其"疏于艺术，不善算数之学，因而无法领略清朝学者所最致力的学术的精粹所在"。[3] 因此，日本汉学从学术上讲，比中国落后了一百年；从眼光上讲，则是缺乏批判精神，从事的是"箱庭式"（假山水盆景）的学术，脱离实际，缺少生气，满纸陈腐。[4] 他说：今后日本学者赴中国学术调查，主要应注意收集以下三方面的内容：一、清朝的掌故、实录；二、各

---

[1]《支那留学生的简择》，《内藤湖南全集》第二卷《燕山楚水·禹域论纂》。

[2]《今后的支那观察者》，《内藤湖南全集》第二卷《燕山楚水·禹域论纂》。

[3]《支那调查的一个方面》，《内藤湖南全集》第二卷《燕山楚水·禹域论纂》。

[4]《邦人关于读书的弊习附汉学的门径》，《内藤湖南全集》第二卷《燕山楚水·禹域论纂》。

代的金石器；三、塞外汉、唐、金、元的各种碑铭。"收集此等材料，……极数年之力，边收集边研究，其成功之处，即可开出学术界的新面目，而足以与欧洲学者相抗衡。"[1] 此后作为学者的内藤到中国所作的学术调查，也正是这些方面的工作。总之，内藤湖南认为，目前汉学家的重要课题应该是同时代中国的诸种实际问题，是日本应在中国的改革中如何发挥作用的问题。这与他在中日甲午战争期间所提出的"日本的天职"，"学者的亚细亚探险"等主张是一脉相承的。

正如日本东京大学教授平野健一郎在 80 年代后期所指出的：戊戌维新后十年间，中日两国之间虽然存在着许多密切的、富有成效的合作，但它并不意味着中日之间存在"真正平等合作的伙伴关系，……而充其量也只存在相互自我获益或彼此共同利用的关系"。[2] 一份历史资料可为此论断作注脚，1898 年 11 月 26 日谷野文雄公使在戊戌政变后，向新外相青木周藏作了一份报告，主张应"尽力从事睦邻友谊，并试图忠告和诱导，扶持（变法之动向），此乃我国之义务"。这种谨慎和友好的态度引起外务省的不安，担心谷野文雄会向中国作出其他承诺。当时的外务次官都筑馨六在报告上批注称："清国内政无论是改进主义还是守旧，都与我国无关。我们必须纯粹以我邦人的利益为唯一标准，利用机会。"[3]

[1]《支那调查的一个方面》，《内藤湖南全集》第二卷《燕山楚水·禹域论纂》。
[2]〔美〕任达：《新政革命与日本——中国，1898–1912》，李仲贤译，江苏人民出版社，1998 年，第 6 页。
[3]〔美〕任达：《新政革命与日本——中国，1898–1912》，李仲贤译，江苏人民出版社，1998 年，第 39 页。

综上所述，内藤湖南是中国戊戌维新运动史和中日维新比较的最早关注者和研究者，他赞扬康、梁等人为中国所作的贡献，探究变法失败的原因，寻求中国成功改革的道路。他既考虑到中国的特殊国情，期待由中国的明君和有识之士来稳步有效地改革中国；又由于当时的中国国力与欧美甚至日本等先进国家所存在的客观差距，处于贫弱、受欺侮的地位，而这些先进国家正处于帝国主义扩张的时代，富有时代感和使命感的内藤湖南，在探求所谓日本应在中国的改革中发挥作用的论述中，体现了在外交政策、文化教育、学术研究上，为日本不失时机地在中国获得帝国主义扩张利益献计献策的良苦用心。

三、辛亥革命论

武昌起义的爆发，给予日本朝野巨大的冲击，当时的报纸、杂志以惊人的迅速作出反应，称之为"近代东洋破天荒的骇心事"。[1]但就总体而言，舆论界对于辛亥革命的反应及关于革命的种种言论，主要是政治家的政策性意见及有关人员的现地报告。相对来说，缺乏对中国近代史的深刻理解和对中国历史发展进程的总体性见解。在这种情况下，内藤湖南的辛亥革命论是一个例外，他既能对革命形势有敏感的反应，又能以自己独特的中国史学体系为基础作出系统性的论述。

早在十年前，在内藤尚为新闻记者时，《万朝报》上就曾有一

---

[1] 参见和池井优《日本对辛亥革命的反映》，载《亚洲研究杂志》第25卷第2期，1966年2月。

篇题为《当今的新闻记者》的文章，高度评价内藤作为时论记者不同一般的学识：

> 在现今的新闻记者中，若求胸有万卷书，足行天下奇山水者，必首数先生。……先生通国文，善英文，能诗歌，工书法，兼好美术，富于鉴赏，可谓多才。但先生的特长在其汉学，在其通晓中国一切文物典章、地理风俗及近代实际情况，而不似历来汉学者流只局限于唐宋以前的经家史学的狭小范围。……故先生之论东洋之事，言皆有据，凿凿中肯。[1]

这段赞美之辞基本上是符合实际情况的，内藤多才多识，尤长于中国历史及现状的研究，在当时就为人注目。

武昌起义爆发之时，内藤湖南已是京都大学的东洋史教授。他自 1907 年入京大任教以来，最早开设的就是"清朝史"和"东洋史概要"两门课，四年间，虽又增设了"中国近世史""朝鲜史"等课，而"清朝史"的讲授则一直延续着。此外，他从 1899 年首次去中国旅行后，又分别于 1902、1905、1906、1908、1910 年五次去过中国，对中国进行实地踏访考察，与中国政界、学界人物多有交往，又进行历史资料的搜求获取。这些教学研究和考察旅行的经历，使得他于理论、于实际都俨然可称是学者大家型的"中国专家"。这是内藤湖南辛亥革命论的内在知识结构及个人经历学

---

[1]《万朝报》明治三十四年（1901）11 月 18 日，转引自池田诚《内藤湖南的辛亥革命论》，载《立命馆法学》第 39、40 合刊，1961 年。

识的背景。

对武昌起义后革命形势发展的初步分析与展望

1911 年 10 月 10 日夜，在中国湖北武昌爆发了反清的武装起义，消息立刻传到了日本，日本称之为"中清革命动乱"或"中清事件"。 日本政府方面的反应，总的来说，是认为有机可乘，可利用中国革命动乱之时，趁机推进自己的侵略野心，特别是对于满洲，可以说是日本视之为禁脔的地方，更主张断然处置。具体而言，当武昌起义初起之时，政府的对华态度明显地是偏向于维护清朝政权的。所以，当 10 月 13 日清朝陆军尚书荫昌要求紧急购买日本军火时，西园寺内阁立即嘱令其驻华武官与清廷陆军部订约，由日本提供总值约 273 万余元的各种武器、弹药，以镇压革命军之用。另一方面，以驻华公使伊集院彦吉为代表的一些人，则因怀疑清廷究竟有无实力和威信继续君临中国，因而主张援助革命军，以造成清廷与革命军的对峙之局，进而达到分裂中国之构想，即华北归清廷，华中及华南由革命党分建两独立国，而成三分天下之势。由于清廷的大势已去以及袁世凯的出山，使得日本政府对清朝的命运彻底感到悲观。因此，到 11 月底，西园寺内阁为代表的政府施政方针，已由支持清廷转为主张君主立宪制，而对于共和政体则是坚决反对。因为只要清廷在日本的卵翼下仍能维持着，哪怕只是形式上的君主制，日本在中国的利益特别是在满洲的利益就可以有保障，或处于有利地位；反之，如果是共和政府成立，必将使中国收回主权和利益的思潮和运动愈演愈烈。而且，中国一旦成立共和国，其共和思想必将对日本的政治环境造成不利影响，这是日本的元老如山县有朋及军方极为恐惧的事情。[1]

当时的报纸、杂志上，也迅速而大量地刊登关于中国革命进程的报道以及政治评论家、所谓"中国通"等人士的谈话和评论。概括而言，比较有代表性的言论有以下几种：

以平山周为代表的"干涉论"：认为外国应对中国的"骚乱"作出强有力的干涉，以制止革命形势的发展。而列国之中，无疑以日本居于最有利的地位。"处此列国环视之中，日本应担当起保全中国，支持东洋和平的大任，……要之，稳定中国时局，责任在我日本，权利亦在我日本。"他还预计中国的前途将不在南方革命军一方，而在北方，首先是在北京政府，其次还要看奉天的态度，即中国前途的关键在袁世凯、赵尔巽身上。

以浮田和民为代表的"不干涉论"：认为对于辛亥革命国际间采取不干涉主义是最上策。至于中国革命的结果，大概是"清国一时分裂为北部、南部、西部三部分，然后，组成联邦制"。因为中国的国情有其具体的复杂性，它既不效法日本的宪法，也不模仿美国的制度。"以中国之领土广大、民情甚异，必须赋与地方议会以立法权。各州的宪法由中央议会制定，各州的知事由中央政府任命，然后再由各州议会组成地方政府。"

最有代表性的是"南北分立说"：这是当时日本最为强大的议论。即革命发生后，由于革命与反革命的两方，谁都没有压倒对方的绝对优势，因此，拥护清朝君主制的北方与声援革命的南方暂作妥协，就可以形成南北对峙的局面。这其实是留恋清朝、

---

[1] 参见陈丰祥《近代日本的大陆政策》第五章"民国初局与日本对'满'政策"，台湾金禾出版社，1992年。

拥护君主制的妥协论调。如持这种主张的原口要说:"如果像革命
军主张的那样,在今天的中国建立共和政体,对中国来说并非值
得高兴的事。"因为中国还不到革命成功,建立共和国的时候。

此外,也有人预示清帝国即将灭亡。如浅田江村说:"中国的
革命,无论从理论上还是从实际上讲,都是不可避免的,清朝的
存亡,真是到了危在旦夕、迫在眉睫之时了。……我辈面对邻邦
皇室陷于如此穷境,虽坐而旁观,于情不忍,但亦无可奈何。……
干涉无用且不当,自不待多言,我辈且以同情之眼,旁观其命运
的。"[1]

内藤湖南对辛亥革命的反应之快和对于革命前途估量之明朗,
可以从以下这些文章和讲演的发表之迅速来看到:

《革命军的将来》,1911 年 10 月 17–20 日《大阪朝日新闻》
连载;

《支那时局的发展》,1911 年 11 月 11–14 日《大阪朝日新闻》
连载;

《清朝的过去与现在》1911 年 11 月 24 日、12 月 1 日、8 日,
京都大学周五讲座连续三次演讲,1912 年 3 月结集成书,以《清
朝衰亡论》为书名出版。

在武昌起义爆发仅一周时,内藤湖南发表了《革命军的将
来》一文,他首先介绍了武昌的地理位置,说它是处于长江和京
汉铁路的中心之地,是历代兵家的必争之地。他比较分析了革命
军与清朝官军的军事实力的强弱,认为革命军不仅武器有限,且
既位于长江沿线,却没有海军和水兵,是最大的缺陷和弱点。因

---

[1] 以上诸引文出自《太阳》第 17 卷第 16 号,这里转引自池田诚上文。

此，为革命军计，他们应该尽力掌握长江沿线，获得水上交通权。为此，革命军应筹措资金，设法争取海外商人的援助，购买军舰以对抗官军船舰。他甚至设想，如果清军中有一两只船舰具有革命思想，倒戈支援起义军，则保住长江大有希望。在这篇短文中，内藤虽然只是仅就军事力量的分析奢谈了一些革命军应该拥有海军及军舰的设想，并未触及辛亥革命发展的真正症结所在，但值得注意的一点是，内藤对于革命的观察和立场倾向，一开始就在革命军的一方，为其担忧，为其设想。这是内藤与以上提到的任何一种言论的持有者都不同的地方。

一个月后，内藤又写了《支那时局的发展》一文。革命形势的急速发展，与他自己当初的料想相比，胜利与失败的速度都要快得多。内藤把辛亥革命与明治维新的形势相比，说武昌起义军就如当年的萨长军，武昌即日本维新人士的大本营长州，北京就如天皇所在的京都，但不同的是中国是要革命，推翻清王朝，建立共和国；日本当年是大政奉还，公武合步，建立君主立宪。从革命军迅速得到各省如此大的声援来看，其影响与意义要比当年的长州征伐广大而激烈得多。在此文中，内藤已基本洞察了中国革命发展的大势，初步提出了他对于革命前途的基本估计：

一、对于中国现存的清朝皇室、立宪派、革命党三种势力，他分析说，温和改良的康梁派系最为无力，袁世凯所代表的朝廷与革命军会有一段对峙时期，但今后的优势在革命军一方，对革命的胜利怀有希望：

　　在中国今天的各种思想中，（像康有为、梁启超）这样的和稳的改革说是最无势力的了。所以，剩下的就是袁世凯来维持朝廷的残喘与革命军妥协而推进发展，或者是革命主义乘胜进击，推翻满洲朝廷。从今后局势的一步步发展来看，势力不断增强的是革命主义一方。

二、对于西方列强与日本把希望寄托在袁世凯身上，认为是"谬见"；而由袁世凯为中心在北京形成南北分立的局势的设想，认为更是"大谬见"，中国不可能形成南北分立的局面：

> 西洋人总是对袁寄予希望，不少人认为只要袁出庐，就能维持现状。不仅是西洋人，在我国也有持这种谬见的政治家。虽然现在看来袁世凯的力量未必能取得讨伐的成功，但袁一旦成为北京的中心，就能造成南北分立的局势。但这种南北分立的设想更是大谬见。[1]

清朝的过去与现在

在武昌起义六周后的 1911 年 11 月 24 日，内藤开始在京都大学的周五特别讲座上，发表他以《清朝的过去与现在》为题的讲演，讲演共分三次，讲演的一开头他说："数年前，我因为职业上的关系，专心关注过清朝当前的局势，自忝居京都大学教官末席以来，研究的范围渐渐扩展，就不只是关注目前的局势。"言下之意，他今天所讲的，不同于新闻记者"只是关注目前的局势"，而是要尽一个京都大学中国学教授的所能，面对清朝衰亡这一重大事件，来追寻它的发展变迁过程，探究其历史原因。

---

[1]《支那时局的发展》，《内藤湖南全集》第五卷《支那论·附录》。

　　内藤分别从"兵力上的变迁""财政经济上的变迁""思想上的变迁"三个方面来探讨清朝一步步走向衰亡的历程。简而言之：军事上的原因是，乾嘉之际白莲教起义使得清朝国库空乏，也暴露了满洲八旗和各省绿营的彻底无能，是清朝由盛转衰的重大转折点；地方乡勇在镇压白莲教和太平天国中迅速崛起，受过新式军事训练和新式军事教育的新军继之兴起。经济上的原因是，乾隆末年开始由盛转衰、由富转贫，一、皇族数目增多导致"岁出"增多；二、不缴纳地丁银使得"岁入"减少；这两者造成财政的急剧恶化。三、1840 年以来物价腾升；四、由于鸦片的不断流入致使银价上升。思想上的原因是，与军事、经济上的衰征从乾嘉之际开始不一样，思想上的变迁稍微晚一些，主要从 19 世纪初开始。一是双重种族观念的勃兴。一方面，在与西洋人接触的过程中，清朝仍抱着"天朝大国"对待"夷狄"的顽固而保守的大汉族主义心态，另一方面，明末清初的反满思想重新高涨起来，把西洋人视为"夷狄"的满清王朝自己也再次被视为"夷狄"。二是尊孔思想的变迁。从龚自珍为发端，到魏源、康有为，复兴了借孔子以倡言变法的公羊学派的思想主张，在他们那里，孔子的权威实际上是下降了，沦为与诸子等量齐观的地位，另一方面，学者对于佛教的研究大兴，曲折地反映了人们对清朝忠诚的减少和对"来世"的强烈关心，这正是清朝权威的失落和清朝衰亡的前兆。总之，通过这三方面的历史追述，内藤湖南为人们描绘了清朝内部呈现的种种弊端及其自身权威和凝聚力的失落，向人们展示了一种新的实力及思想因素正在渐渐成长，形成一个新的具有凝聚力的中心。

　　讲演的最后部分是根据清朝的过去和现在所作的关于未来推

测的"结论"。在此,内藤湖南批驳了革命以来较为普遍存在的两种观点,即"仲裁讲和论"和"南北分立论",再次重申了自己对革命前途的估量,革命军和革命主义必胜无疑。

他说,所谓国际社会欲为中国当前对立双方的讲和进行仲裁、调停的"仲裁讲和论"是一种不明时事的糊涂论调。因为从中国目前的状况来看,讲和的双方一方是革命军,一方是以袁世凯为代表的北京朝廷,但是,清朝是否还能够维持下去?满清朝廷是否还值得维护,首先是个大问题。显然,内藤在此是坚决持否定回答的。其次,对袁世凯的为人为政,内藤湖南早就不抱希望,并尖锐指出,他既不真正地拥护清廷,更不是革命军的同情者,而只是一个"优柔寡断"的"机会主义人物"。因此,日、英、美等国把希望寄托在一个已经没有生命力的北京朝廷的代表袁世凯身上,并希冀为他与革命军之间进行仲裁、调停,不是很荒唐吗?第三次讲演是在 12 月 8 日,此时,中国方面以伍廷芳和唐绍仪为代表的南北方议和成员刚刚产生,而真正的谈判是在十天后的 12 月 18 日才正式开始在上海进行的。内藤湖南几乎是在事态发展的同时就远在日本推断了谈判议和的不可信。另一方面,在革命发生甫始,列强各国几乎都对清朝特别是对袁世凯寄予希望并给予援助,对行将就木的清朝缺乏清醒的认识,并梦想这个傀儡政权能够长久统治中国,以便维持他们各自在中国的既得利益。如当武昌起义刚刚爆发不久,列国的军舰就纷纷开到了长江一线,武汉江面上停靠了英、德、美、日、俄、奥各国的船舰共 11 艘,表明了列强明目张胆的武力阻挠和破坏革命的企图。随着革命形势的发展,英、法等国又打出"中立"的旗号,而日本则想趁机扩大其在华的利益,因此,佯装"中立",暗地里却让"商人"出面,在武器上给清廷以充分的援助、给袁世凯种种接济。[1] 内藤反驳"仲裁讲和论"的言行，就是针对上述行为特别是日本的对袁政策而发的。

关于在日本国内甚为流行的"南北分立论"，内藤说：这是绝不可能实现的，是"异想天开的错误想法"，是"无视中国历史的做法，特别是对中国近世历史毫无知识的人的想法"。因为从历史上看，自唐以来，北京一带就一直是靠南方北运大米和财物来维持的，自元代在大都建都后，更是依靠江苏、湖北、湖南等地的北运支持着北方政府的粮食和经济，这种情形"到明代、到清代也仍然延续着"。强大的元朝所以为明朝取代，正是因为南方叛乱，元朝二十多年间断绝了南方的粮食和经济的支助，而朱元璋也正是首先平定了中国南方，才得以继而收取北方，消灭元朝。"从贸易额方面来看，南北方也有非常大的差距，北方的贸易额远远比不上南方的贸易额。北方各省的贸易中心天津的贸易额是六千万两或七千万两时，南方中心上海的贸易额已达二亿六七千万两的巨额。即从经济实力看，南方是北方的四倍或五倍"。因此，所谓"南北分立"绝不是"在地图上划一条线"，从黄河、长江之间把中国一分为二那么简单的事，懂得历史的人就能知道，像目前所说的经列国调停取得双方妥协，暂且南北分立，也终究是不可能维持多长时间的，因为"北方的财力最后是敌不过南方的财力的"。

最后的结论是：

---

[1] 参见章开沅、林增平《辛亥革命史》下册有关章节，人民出版社，1981 年。

今天中国的状态是大势之推移、自然之趋势，当下官军胜利或是革命军失败，并不关涉到大局的改变。无论如何，革命主义、革命思想的成功是无疑的。这是几百年来的趋势，只是到今天变革的时机终于到了。列国于此之时，应停止仲裁或干涉，首先应洞察其大势所趋的方向才是对的。这是我基于一个学者的思考而得出的如此结论。[1]

内藤湖南对自己的结论是颇为自信和自负的，《清朝的过去和现在》于次年 3 月以《清朝衰亡论》为题出版，在书前的"绪言"中，他特为指出："虽然时局的变迁日新月异，而讲演之时只是率直地说出了自己当时的感想，事后订正论旨的事一点也没做。不管时局有多少小的波折，而大势所趋，结局都是一样，这一点讲演者深信不疑。"[2]

关于中国式共和国的构想

中华民国的建立证明了内藤关于"革命主义、革命思想的成功是无疑的"论断，但民国建立后革命形势的发展却变得复杂和令人失望。内藤一直没有停止过他对中国情况的关注，他又陆续发表了以下这些文章和讲话（后整理成书出版）：

《关于对中华民国的承认》，1912 年 3 月 18—20 日，《大阪朝日新闻》连载；

《关于支那的时局》，1912 年 8 月 1 日，《太阳》；

---

[1]《清朝衰亡论·第三讲下·结论》，《内藤湖南全集》第五卷。
[2]《清朝衰亡论·绪言》，《内藤湖南全集》第五卷。

《支那现势论》，1913 年 7 月 1 日，《太阳》；

《革命的第二争乱》，1913 年 7 月 29 日–8 月 5 日，《大阪朝日新闻》连载；

《支那论》1913 年 11 月 11 日–12 月 30 日，口述笔录，1914 年 3 月同名书出版。

根据这些文献，大致可看到内藤湖南对中华民国的态度和对未来中国式共和国的构想。

首先，同情并预见了革命胜利的内藤湖南，对新成立的南京临时政府（无论是孙文时期的还是其次袁世凯继任后的）则表示了不信任和不能承认的态度。要承认中华民国，他认为一是"时机尚早"，一是"民国的性质"有问题。他说：如果革命党对自己的成功从一开始就丝毫不带怀疑，坚决地坚持自己的主张，不管成败与否，始终能勇敢地面对现实，解决问题，这样的政府是值得信任的，值得承认的。然而，新成立的民国政府并非如此：

> 南京临时政府成立甫始，就着手进行与袁世凯的讲和，孙逸仙并且表示一俟讲和成功，无论何时，立刻辞去大总统职，因此，孙逸仙的政府只是一个在讲和成功后将出现的新政府之前的中间性过渡政府，没有理由让人去承认这样一个过渡性的政府。如今，讲和果然成功，清帝交出了政治上的实权，而继任的袁世凯是一个机会主义的人物。……他不到南京去就任，而仍然以清朝遗留下来的旧政治机关、军队为根据地。

退一步说，要承认民国政府首先看它"是否真有统治中国的能力，而不看它是南京临时政府的后继者还是清朝的后继者"。即使是这样，袁世凯政府也不让人感到有统一南北的力量，总之，承认袁政府的"时机尚早"，"理由薄弱"。[1]

其次，关于中国未来的构想，内藤湖南提出了种种建议，归纳而言，有以下几点：

对于中国目前政治混乱、财政匮乏等情况，内藤提出了"都统政治说"。民国一成立就面临财政紧缺的极端困难，列国纷纷趁机进行以贷款谋求在华利益的活动，史称"善后大借款"。内藤由此发表评论说：中国近来热衷于收回利权的活动，伤害了与列国之间的关系。其实"六国银行也不一定就抱有政治上的目的，虽然我辈也不能说他们全无政治上的意图，但至少日本和俄国加入六国借款同盟，是全然没有为了保护既得权利并获取新的利益的考虑的"。这几乎近于"此地无银三百两"的表白。内藤并以近代以来外国人掌握中国的海关税务取得了良好收益为例，认为"不如利用这次大借款，在一定的程度上使用外国人，来整顿盐税及其他税制，或许会为中国将来的财政带来非常的利益。"[2] 在他看来，中国不仅在财政上缺乏自我管理的能力，即便在政治上也需要外国的辅助，因此，中国应丢开面子，于政治、经济上全面向世界开放，实行"都统政治"或"国际共管"。[3] 所谓"都统政治"是由 1900 年之际为了对付义和团在天津临时成立的列国联合的政治机构"都统衙门"一词发展而来的，内藤借用来代指各国列

---

[1]《关于承认中华民国》，《内藤湖南全集》第五卷《支那论·附录》。

[2]《关于支那的时局》，《内藤湖南全集》第五卷《支那论·附录》。

[3] 内藤湖南后又作有《支那的国际管理论》（1926 年）等文，自诩为"国际共管论"的首创者。

强共同管理中国的"国际共管"政治，这是内藤湖南为中华民国政治前途发明的一种设想。他声称"第二次大规模的都统政治的时机即将到来"。[1] 因此，"中国这样的国家，如果能真正明白自己的地位，就应该在政治、经济上向世界各国共同开放，这反而能有助于自己的独立"。[2] "此都统政治的实行，对中国人民来说，如果能够抛弃国民独立的体面的话，真是无尚幸福的境界。"[3] 内藤号召：于此之时，列国应该觉悟到都统政治即将来临，随时做好"拯救中国人民的准备"。但是连自己国家的独立都要放弃了的国民，还有什么幸福可言呢？"都统政治"的本质是极度蔑视中国独立自主的能力，而放肆恣意地任列强以"管理"为名来谋求各自的在华利益，使中国沦为貌似统一的殖民地、次殖民地的地位。

如果说"都统政治"是对于中国与世界各国列强的关系的一种构想的话，那么，从中国内部自身情况来看，内藤认为中国未来的共和制适合于一种以乡团为基本组织的"联邦制"国家。因为内藤湖南从中国历史研究中既已得出：中国君主独裁走到了末路，革命虽一时成功，推翻了清王朝，但国民政府软弱无力，毫无统治中国的能力和希望，而资产阶级改良派如康梁之流也同样是软弱无力。那么，中国国内自身的希望在哪里呢？内藤指出：在乡团组织。那是一种以同一地域与血缘为纽带，基于宗法和家族关系的中国社会最基础的社会组织。它的特点是：一、这是中国历史上长期存在的、最富牢固凝聚力和最富中国特色的基本组织，二、它处于中国社会的最基层，并未受到中国政治官场腐败

[1]《支那论·自叙》，《内藤湖南全集》第五卷《支那论》。
[2]《关于支那的时局》，《内藤湖南全集》第五卷《支那论·附录》。
[3]《支那论·自叙》，《内藤湖南全集》第五卷《支那论》。

的侵染，因而，具有可改造性和可创造性。三、曾国藩利用湘勇
成功镇压了太平天国，证明了以乡勇为形式的乡团组织的可观的
生命力。因此，像中国这样军队颓废的国家，今后只有以乡团组
织为基础，才有可能建立起真正有力量的军队；像中国这样政治
腐败的国家，也只有建立在乡团或家族师弟关系上，才有望实现
创造性的政治。辛亥革命以来，革命党正是不懂得这一点，所以
节节失利，不断地失去地盘。

> 今天，我们在此为失败的革命党人深表同情，革命党
> 人们并不了解中国的国民性，因此将自己辛苦的成果归为泡
> 影。中国的国民性是牺牲任何东西以求得和平无事。如面对
> 兵乱时的恶棍横行，良民的代表父老（这是一个古已有之的
> 用词）保持着沉默，等事态稍稍平息，如果不得到父老的欢
> 心，就不能继续维持统治。革命党全凭新锐的意气，未能考
> 虑去获得父老的欢心，所以，近来连失地盘。

因此，取得乡团组织的领袖父老的欢心，——在他看来，曾国藩、
李鸿章就是近代最大的父老——是建立未来政治的关键所在。他
断言：

> 如能笼络父老，则不问其法制之美恶，不论其人格之
> 正邪，这是在中国成功的秘诀。……革命党不知把握此秘诀
> 而失败，眼下袁世凯用知县考试来采用旧式读书人，似颇获
> 此秘诀之要。……在中国具有生命力、富有体统的团体莫过
> 于乡党宗族。而此团体的最高代表就是父老。

内藤还认为：作为乡团组织代表的父老，具有一种与"都统政治"十分洽合的性格特点：

> 父老对于外国的独立心、爱国心，并不看得特别重大，只要乡里安全，宗族繁荣，能够愉快地度过每天每日，则不管在哪国人统治之下，都能柔顺地服从。[1]

因为乡团组织如此缺乏爱国心，就难以在这样的社会基础上找到组成统一的中央集权主义国家的政治力量，因此，内藤想象出了一个以各自独立为政的地方政权（乡团组织）为基础的所谓的"联邦制"国家。

其实，所谓乡团组织、父老宗族，就是以地主阶级为代表的、以宗法制为纽带的封建性的家族、宗族组织，而以乡团为基础的"联邦制"国家实际上就是军阀割据的分裂状态的国家。在业已建立了民主共和国的 20 世纪初，内藤仍如此津津乐道于这种传统封建性组织，这不能不说是他思想认识上的重大局限。他一方面洞察到中国革命的必将胜利，中国未来必将是共和的体制，另一方面却又缺乏对于中国封建性的批判意识，不能看到与这种共和思想相表里的、中国国内正在出现的突破乡团观念而具有近代民族、国家意识的新的国民的存在及其潜在的生命力。（这种生命力在此后的五四运动中有充分的体现，同样也被内藤所否认，见后）

内藤湖南对未来中华民国的另一设想是"满蒙藏放弃论"。武昌起义爆发后不久，内藤湖南就屡次在文章中提出这一观点。在

---

[1]《支那论·自叙》，《内藤湖南全集》第五卷《支那论》。

1911 年 11 月的《支那时局的发展》文中，他说：

> 现在不容易解决的问题是内外蒙古各部、西藏等。他们或许不会归从新成立的共和政府。首先他们明摆着的是不愿归从汉人政府的，况且还是一个共和政府这样的没有承天命的天子的国家，甚至他们或许就不认为那是国家。外蒙古受俄国的保护，不会服从新共和国。西藏的法王等毋宁说更依赖于俄国或英国。而内蒙古又有与日本关系甚深的王族，也是个问题。……离弃这些麻烦事，对中国的经济反是有益的。

在《关于支那的时局》一文中，他说：

> 中国没有必要按近来提出的五族共和的口号来统一清朝留下的这个大版图，蒙古、西藏等徒增财政损失的地方毋宁现在先去除掉，只统一纯粹的中国，这对中国或许倒是幸福之事。

在《支那论》中，他从种族感情、政治上的实力两方面综合论证了他的这个理论设想，从而结论说：

> 不管蒙古的土地成为谁的领土，不管西藏的土地成为谁的领土，也不管满洲的土地成为谁的领土，这都无碍汉人和平的发展。……从政治上的实力来考虑中国的领土问题，今天应该缩小，应该哪怕放弃五族共和的空想式的理论，从

实力出发暂且失去一些领土，以图内部的统一。[1]

　　内藤湖南还从中国历史及中国人本身寻找"满蒙藏放弃论"的根据。他介绍了革命党学者章太炎曾在《民报》上发表过的《中华民国解》一文，章太炎主张：中国的历史即是种族发展的历史，对于中华民国来说，哪些地方是应该归入的，哪些人种是即使排除在中华民国之外也无妨碍的呢？当然，《中华民国解》主要是以从种族上排除满洲为立论的，认为应将它驱逐出北京回到它原来的发祥地去，即满洲人脱离中国的主权，将其视作如日本、泰国这样的地方也无妨。章太炎追溯汉代郡县的历史状况，指出：蒙古、回部即新疆、西藏等地方是未入汉代领土的地域，对它的经营略微置后亦无妨。但朝鲜、安南则是在汉代就已入了中国的版图的，此两民族之风俗亦与中国大致相同，文字亦近。因此，中华民国以汉民族为依托，恢复中国之时，有责任收复朝鲜、安南等土地。其次是缅甸，它不是在汉代已入中国，而是到明代才入云南土司的，因此，对它的责任置于朝鲜、安南之后。至于西藏、回部即新疆，只不过是在明代受册封的王国，虽在汉代也附属于都户，但不是真正的属国。而蒙古自古以来就从未归从过中国。最后内藤总结出章太炎的结论是"从中华民国的疆域考虑，安南、朝鲜是必须恢复的，缅甸应其次着手。西藏、回部、蒙古他们来服从当然好，不服从也无碍，可听任之"。内藤湖南一再提醒各国列强应充分注意章的这一理论，以调整自己对中国政策的时机与主张，尤其是日本这样"与邻国未来的命运有重大关系的国家"。

---

[1]《领土问题》，《内藤湖南全集》第五卷《支那论》。

他批评日本政府的对华政策说：

> 日本政府的方针的好坏在此暂且不论，但它一会儿是走极端，一会儿又走上相反的方向。开始是连中国的政体也想干涉，（笔者按：即指帮助清廷阻挠革命军的进程，幻想保留中国的君主独裁制。）一旦遭到麻烦，就对什么都取不干涉的态度，对满洲这样与日本贸易有非常重大关系的地方，面对革命党的军队已经开到那里去发生战争，仍然采取袖手旁观的不干涉政策，是否合适呢？这是一个疑问。[1]

无论论者如何为内藤湖南辩护，"满蒙藏放弃论"客观上正是为列强，尤其是为日本侵略中国、谋求在华利益提供了所谓"理论的""学术的""历史的"依据。

内藤湖南辛亥革命论评析

以上按时间追述了自武昌起义爆发以来，内藤湖南对中国革命及民国政府的一系列论说。由此，我们可以看到内藤湖南辛亥革命论的基本观点及其发展。要而言之：

首先，内藤湖南对武昌起义前途的预见是正确的，他关于"革命主义、革命思想的胜利是无疑的"的论断，在1911年12月初发表，不仅具有深刻的历史洞察力和对未来的预见性，而且在当时帝国主义列强一味拥清拥袁的反革命行为中，是特立独行、卓识超群的少数言论之一。他对中国共和国的成立是寄予希望的，

---

[1]《关于承认中华民国》，《内藤湖南全集》第五卷《支那论·附录》。

他排斥了列强的"仲裁讲和论"和"南北分立论"，期望着中国能够出现一个统一的、具有近代民主共和国性质的国家，这些也都反映了他基于史学的研究及史识的推断的正确性。他对于革命党即民国政府软弱、不彻底的言行的某些批评和建议，也不能不说是击中要害的。

然而，自 1912 年民国成立之后，内藤对于中国革命的态度及前途构想呈现急转直下式的倒退，以至于提出一系列既富有帝国主义色彩，如"都统政治""满蒙藏放弃论"，又富有封建复古性，如"乡团的联邦制"等论调。究其原因，大致有：

一、武昌起义后中国革命形式的发展本身呈现了曲折性和复杂性，革命营垒内部危机四起，袁世凯无耻窃取革命果实，以及帝国主义列强的阴谋破坏，致使民国政府刚成立就显示出它岌岌可危、难以统一全国的趋势，袁世凯上台后更是倒行逆施。这在客观上导致了内藤湖南对于革命党乃至对于中国革命总体的失望，而越来越直率地蔑视中国革命自新、改革自强的能力。当然这种蔑视中国的趋向，并非自辛亥年起始有，如上文所说，自甲午战争以来，中国要由日本来"拯救"已是内藤民族主义思想乃至扩张主义思想的内在基调，但那时主要是一种思想倾向，而此时，则已发展到替中国具体地构想政治体制、政府组织机构乃至规划国家版图的地步。所谓越俎代庖已从思想主张发展到了具体措施。

二、虽然内藤湖南始终以在野的批判主义舆论家和学者自居，对日本的对华政策多有批评，但实际上，他的这些批评只是在政策、策略上的批评，而不是彻底的从思想根本上的反政府。具体而言，他往往是以一个"中国通"或东洋史研究的专家学者的形象、以更为高明而深刻的"远见卓识"来批评政府的某些政策和主张，来规劝、提醒政府及政治家的"正确"决策。从这一意义上讲，他不仅未能成为真正的、彻底的在野者，未能成为日本政府扩张主义的批判者；而且，受到他自身民族主义立场的制约，以及所谓专家的"远见卓识"的鼓舞，使得他的思想主张在本质上与政府的大陆政策相一致，表现了一个史学家的"文化扩张"的思想倾向。

三、内藤湖南知识结构的一个重要来源是中国传统的经世之学，他的辛亥革命论受中国明清经世学者的影响也甚大。他在《支那论》一书的书首刊载了自己所尊敬的中国学者顾炎武、黄宗羲、曾国藩、胡林翼、李鸿章、冯桂芬、熊希龄等人的笔迹，并在自叙中说："余此书的著述，受到平生所尊敬的中国先识者的著书及意见的启发，故在卷首刊载顾亭林、黄梨洲、曾涤生、胡润之、李少荃、冯景廷六君及与我有过亲密交往的熊秉三的笔迹的照相版，聊以纪念。"他赞扬顾、黄等人"洞察时势之穷极"，"率先主张变通"的精神。虽然他也曾指出：他们的变法主张中存在的缺点是"尚古思想"及"事实上对封建的复古和对贵族政治的复古的梦想"，但事实上，内藤湖南也正是继承了他们的这一特点，或者说受到他们思想局限而造成的影响，致使自己的思想主张也带有浓厚的复古主义色彩。

四、五四运动论

近代日本对中国山东的侵略行径

在 19 世纪后期帝国主义瓜分中国的狂潮中，德国看中了山东这块宝地。1897 年 11 月，德国蓄意制造"曹州教案"，派舰队侵占了青岛。1898 年 3 月，德国迫使清政府与之签订《胶澳租借条约》，使之侵占胶州湾和青岛有了条约的保护，并且通过修筑铁路权，把侵略的势力伸进了山东腹地。胶州湾成了德国的殖民地，山东成了德国的势力范围。这使得隔海相望的日本垂涎不已。进入 20 世纪，日本加紧了对青岛的渗透，1900–1910 年间，日本进入青岛港的货轮数增加了近八倍，日本在青岛的贸易总额占青岛港的总贸易额的 37%，仅次于德国，居于第二位。日本国内有名的大商社如三井、汤浅、日信、江商等纷纷到青岛设行经营，日本的政客、外交官、军人也不时到青岛游历、视察。青岛越来越受到日本的重视。

　　1914 年第一次世界大战爆发，日本趁列强忙于欧洲战场的厮杀、无力东顾之机，加紧了对山东的侵略步伐。战争初期，德国曾欲将胶州湾直接交还中国政府，但遭到日本的强烈干预和阻挠，要求中国立即停止与德国的交涉，并威胁说，如果此事不与英国、日本相咨商的话，必将给日后带来重大危险。北洋政府迫于日本的威胁，停止了与德国的交涉，归还胶州湾之事受阻搁浅。1914 年 8 月，日本对德宣战，要求将胶州湾租借地无条件地交给日本，以便日后归还中国。遭到德国拒绝后，日、德在山东开战。11 月，德国在青岛的驻军战败投降，日军正式进驻青岛。日本占领了青岛和胶州湾后，不仅不思撤退，把"胶州湾归还中国"之承诺弃之云外，反而于 1915 年 1 月，由驻中国公使日置益向袁世凯提出"二十一条"，企图趁袁世凯谋求复辟帝制之时，以支持袁世凯的复辟为交换，把山东、满蒙乃至全中国变成日本的独占殖民地。"二十一条"共有五号二十一款，其中第一号四款就是关于山东问题的，主要内容是：承认日本继承德国在山东享有的一切权利，并加以扩大。5月7日日本提出最后通牒，要求袁世凯在48小时内作答。5月9日，袁世凯除第五号条款表示"容日后协商"外，公然承认其他四号条款。由此，5月7日，成为中国的国耻日。由于中国人民的强烈反对，日本除在山东继续享有特权外，对中国的其他侵略企图未能得逞。

日本占领山东后，发布了《军政施行规则》，逐步建立起一整套军政殖民统治机构。最高统治者为日本青岛守备司令官，统率陆军部队，下设陆军部和民政部，展开了对山东经济上的掠夺性开发和文化上的殖民化教育。青岛成了日本"冒险家的乐园"，日本移民不断涌入，他们开工厂，筑道路，建商店、学校、医院，修饭店、住宅、娱乐场等，一时之间，呈现出殖民地初期建立在对当地人民疯狂掠夺的基础之上的"繁荣"景象。

1918年大战结束，1919年1月起在巴黎召开战胜国的议和会议。中国希望能够在此会议上解决收回山东主权的问题，但主宰会议的欧美列强关心的是如何分赃，实行对世界的重新瓜分。他们之间为了交换利益，竟不惜牺牲中国的主权，支持日本继续继承德国在山东的殖民权益。因此，在4月30日会议通过的《凡尔赛和约》中，竟明文签订把德国在山东的一切权益转让给日本，而对中国提出的归还山东主权一事，则只字未提。消息传到国内，举国悲愤，由此引发了震惊中外的"五四运动"。

"五四运动"以山东问题为导火线，以反日爱国运动为主旋律，举行游行示威、演讲集会，并且在各大城市掀起停课、罢工、罢市和抵制日货的抗议活动。在舆论的压力下，一方面，北洋政府罢免了曹汝霖、陆宗舆、章宗祥的职务，另一方面，赴巴黎和会的代表也被迫拒绝了在损害中国主权的和约上的签字。"五四运动"是中华民国建立之后，第一次全国性的国民自发的、维护国家主权、要求国家独立的反帝爱国运动，它是中国具有国家意识、爱国意识的近代国民的首次总体亮相，体现了共和国成立以来新的国民的成长和成熟。

日本国内对"五四运动"的反应和评论

由于"五四运动"所显露出的反日情绪，使得它一开始就引起日本朝野的关注。虽然评论者都意识到"五四运动"的反日倾向，但由于各自的观察角度、对中国问题了解的深浅程度以及评论者的立场、态度的不同，致使各种反应和评论还是颇有差异的。

日本政府对"五四运动"的基本态度是：认为"五四运动"不是以学生为主导自发的爱国运动，而是受亲美派的研究系政客林长民、熊希龄、汪大燮等人的唆使和在华英美人士的煽动而产生的排外情绪的宣泄。由于它以排日、反日为倾向，要求收回山东权益，这对日本的大陆扩张政策无疑是十分不利的，而英美派人士的支持"五四运动"也被视为是英美两国重整在华势力的排日举动。因此，日本政府从本国的国家利益和对中国的扩张动机出发，对"五四运动"是十分仇视和恼火的。

从舆论界的反应来看，则大致呈现以下二种倾向：

一是以煽动说为主的论调。煽动说是与政府态度最为接近的一种论调。以《东方时论》的小林丑三郎为代表。他说：日本吞并韩国，向中国提出"二十一条"等事实，确实强烈刺激了中国人的反日情绪，也是反日运动一再出现的原因之一。但为什么以往的反日运动都不具规模，只局限于少数地域，而唯独此次形成扩散至全国的声势浩大的规模？究其原因，就是由于第三国（指美国）的煽动。如此次运动的领袖大多是留美学人或美国在华创办的学校的学生和教师，而美国的在华机构如北京的英美协会、上海的 ABC 同盟，以及中国的亲美政客都是运动的幕后操纵者，即美国势力的介入、亲美派政客的煽动是此次运动范围不断扩大、反日情绪逐渐升高的重要原因。与此相应的是对日误解说和排外主义说，把中国人民反抗日本侵略的爱国运动说成是对日本"在中国设置一个与西方列强抗衡的缓冲地带"的误解，或是中国人一向以大国自居，蔑视邻国，傲慢排外的举动。要之，这些论调几乎都只是从日本帝国主义利益出发的强词夺理，它们不仅缺乏对于中国"五四运动"历史原因的认真研究和真正认识，而且还以自身的侵略逻辑对这场爱国反帝运动进行歪曲和诋毁，把"五四运动"产生的原因归结为"日本侵略"以外的任何因素。

与上述这些论调不同的，是一些影响虽不太大，但是基于个人研究心得而得出的见解。如反抗日本侵略说和社会进化失调说。前者以东京大学教授寺尾亨为代表，他认为山东问题中国交涉的失败，只是运动爆发的导火线，"五四运动"的主要原因还是中国民众对日本一系列对华政策的不满，是中国人民对日本提出"二十一条"、干预中国内政、经济援助段祺瑞讨伐南方等帝国主义政策的总决算。寺尾亨是国际法专家，辛亥革命期间曾亲赴中国，协助革命党人起草临时政府组织大纲；可以说是日本教育界支持中国革命的重要代表人物。他的特殊经历，使他得以对中国民众的反日运动有一个比较客观的观察和分析。持这种观点的还有庆应大学教授福田德三，他指责日本的外交政策实际是受"贪婪的资本主义的沙文主义"所指导的，而中国的反日运动正是这种政策的直接后果。还有著名的《中央公论》也持类似的观点。后者以贵族院议员江木翼为代表。江木翼指出：19世纪以来，人类文明的发展倾向是朝向政治民主化，中国受此世界大潮的影响，继辛亥革命成功后，在政治民主化的进程中，带来了社会的进化。社会的进化会促进民众对公众事务的关心，这种关心就是一种社会自觉，而"五四运动"的爆发正是这种社会自觉的产物。这是一种可喜的社会现象，但由于中国民众的民主素养还十分幼稚，对国际事务的理解还不够成熟，致使"五四运动"表现出排日的情绪化的倾向，这是社会进化过程中的失调现象，随着社会进化的进展，这种情绪化的排日运动就会减退。这一言论虽是从社会进化的学理上来立论，但用一种普遍的理论来套用一时一地的具体事件，显得苍白而没有说服力，因为它缺乏对于中国"五四运动"的具体研究和本质性探讨。由于上述这些言论都只是学者型的一家之言，因为普通的日本民众不可能有他们那样的中国经历或他们那样的学理探讨，所以，他们的理论主张在当时的日本也未能引起大众的共鸣和回应。

最值得称道的是东京大学著名的自由主义派教授吉野作造的"五四运动"论，他在运动爆发后不久就发表的一篇文章中指出：日本舆论界把"五四运动"说成是由于外国人的煽动是不正确的，从中国历史发展的立场来看，"五四运动"的最高宗旨是为了建立中国的政治民主化，而为了达成这一目标，就必须首先反对以北洋政府为代表的专制政治以及外在的侵略主义。因为只有坚决抵抗这两项互为表里的反动势力，中国青年学生和知识分子所追求的政治民主化进程才能有望推进。他进而指出：中国民众的反日是因为日本的对华政策阻碍了中国追求民主化的进程，所以他们的反日是以实施不当政策的日本政府为对象的，而不是以整个日本国民为对象的。即"五四运动"绝不是情绪化的反日运动，而只是反对日本政府的帝国主义政策的爱国民主运动。[1]

内藤湖南关于"五四运动"的论述

1919 年 4 月以来，内藤湖南发表了许多篇文章论及中国的"五四运动"，他称之为"山东问题"或"中国的排日论"。总的来说，内藤把"五四运动"理解成是单纯的反日运动，至于为何出现了这样的反日运动，他认为是日俄战争以来中日之间政治、经济利益的矛盾、冲突不断加深而造成的，尤以经济利益的冲突为主因。他说：

> 近时中国的排日论虽由山东问题而发端，但山东问题只是发生的藉口而已，纵令没有山东问题，在这次大战终息的同时，也存在着排日论爆发的原因。此排日论大体上是由政治上、经济上两方面而来的。……是日俄战争以后的产物。

从政治上来看，内藤认为日俄战争前后，一方面，中日之间的交流增多了，如大规模地招聘日本人教习，大批派遣赴日留学生；但由于两国习俗、制度的不同以及当时日本以东洋新兴强国的姿态蔑视中国，对赴日中国留学生不友好，甚至有侮辱言行，

---

[1] 本节的撰写参考了〔美〕周策纵《五四运动：现代中国的思想革命》书第八章"外国人对五四运动的态度"，周子平等译，江苏人民出版社，1996 年；以及黄自进《吉野作造——对近代中国的认识与评价》书第四章第一节"日本朝野论五四运动"，台湾中研院近代史研究所专刊第 75 号，1995 年。

因此，正是在"中日亲善"的文化交流过程中，反而带来中日之间的重大冲突；另一方面，日俄战争后，中国也加强了对于东三省的关注和对日本侵略的防范心，表现在中国向东三省派遣的大官都是当时国内的重要人才，如东三省总督即后来的大总统徐世昌，巡抚即当时的南方和谈总代表唐绍仪，还有熊希龄、钱能训等，总之，"现在居于中国要位的强有力的政治家中的许多人，都是当年为了防御日本而被派遣到过满洲的人。日俄战争后，日本在满洲经济上所取得的重大进展，是这些人看在眼里，十分清楚的，因而也对日本产生了极大的疑惧心。因此，中国政府要员中排日感情的日益增长，正是这种历史实情所造成的不得已的境况"。[1] 据此内藤结论说：世界大战数年间，日本在中国的地位愈益优越，使世界列强也不得不承认，这使得中国人对日本的发展甚为不满。"因此，一部分中国人借此机会所发泄的排日感情，只不过是藉山东问题把平常妒忌日本进步的卑劣的根性表露出来而已。"[2] 这不过是"知识阶级对日本国力勃兴的嫉妒心"的表现。[3]

　　从经济上来看，内藤指出：是日本自甲午战争，特别是日俄战争以来，对中国经济的巨大渗透和改变造成了中日冲突。在地域上，日本不仅在通过战争所取得的满洲、北方中国一带扩大其贸易圈，而且在完全没有战争关系的地域，也藉了和平的手段向长江沿线扩展，使日本在中国的经济贸易量仅次于英国，而得以与德国分庭抗礼的地位。在贸易方式上，原来外国经营者如英国与中国的经济往来，都是必须通过中国的中介商的，即中国的商

---

[1]《支那的排日论》,《内藤湖南全集》第五卷，"时事论续"。

[2]《错误的排日》,《内藤湖南全集》第五卷，"时事论续"。

[3]《支那经济上的革命》,《内藤湖南全集》第五卷，"时事论续"。

阀集团在中国的消费者或中国的原材料提供者与外国的经贸者之间构筑着一道坚固的壁垒，使外国人不得僭越一步。"但是，日本人由于地理上的关系及产品的低廉，并没有任何的组织性和计划性，又乘了最近的气运，就渐渐地把中国商阀集团的这层壁垒给侵蚀了。"即由于中国内地铁路的开通，日本商人得以亲自深入中国市场，直接与中国人打交道，从中国买入低廉的原材料，又将日本的成品兜售给中国。由于高额利润的刺激，使日本商人们不畏艰险，甚至不惜冒着生命危险，深入中国内地。这样，中日贸易的不断扩大，打破了中国人常年与外国人贸易的习惯方式，妨碍和损害到中国传统中介商即旧商阀集团的利益乃至生存。"这样的趋势，无论如何，对中国各开放市场的商业集团是不利的，当然，今天中国还没有可称得上是工业的，即使有微弱的工业产生，日本人近来的中国内地发展，不用说，也是对这种未萌芽的工业的挫败。……因此，随着日本商业的发展，商阀集团的排斥运动也不断增大，这是必然而致的结果。"[1]

根据以上分析，内藤湖南结论说："五四运动"无非是中国商人利用学生及无知识的民众的反日情绪而煽动起来的反日运动。其真正目的在于打击日本在华的经济势力，是中国商人借用政治性的抵抗日货运动，来切断日本商人与中国内地的供销渠道以保护自己经济利用的行动。[2] 但是，内藤进而又指出：中国商阀集团的如此排日、抵制日货，实际上并不真能保护自己，反而有害于中国经济的发展，因为中国本身的经济实力尤其是工业发展是

[1]《支那的排日论》，《内藤湖南全集》第五卷"时事论续"。
[2] 内藤湖南：《山东问题与排日论的根柢》，《全集》未收，原载《太阳》杂志25卷9号，1919年7月。

如此地微弱，所以"历来中国抵制日货的最终结果，任何时候都是对中国商人的损害"。[1] 而中国人又不能对自己国家经济上的地位作正确的理解。因此，此次抵制日货运动，或许反而会使中国商阀集团加深自我认识，"自觉的时机的到来为期不远，而经济上真正的日中亲善的时节的到来也就可以看到了"。

不难看出，内藤湖南关于"五四运动"的评述，存在以下几个特点：

一、对这场运动观察的不全面性和认识的肤浅性。内藤湖南无视中国国内具有初步民主精神和国民意识的新生力量的出现，无视"五四运动"所包含的民族觉醒、文化启蒙的思想意义，而只是停留在比较肤浅的层次上，即把"五四运动"仅仅理解成一场由山东问题而引发的反日、排日的社会政治运动。从这一点来看，他的态度和立场与日本政府及一般主流舆论界的论调并无二致，而与同时代自由知识分子吉野作造的"追求政治民主化"的结论相比，则相距甚远。这反映了内藤对那个时代中国社会内部自身出现的新的力量常常视而不见，或反加之诋毁和排斥，如他对"五四运动"中涌现出的"新青年"一贯没有肯定的评价，认为他们是"没有本国学问修养"，"没有历史性的知识，不知中国以往的弊端，也不知中国的优点，不问善恶地将中国文化连根拔掉，而企图移接西洋文化的人"。[2] 内藤批判了他们思想上浅薄、偏激的一面，但同时也忽视了他们思想中追求真理，寻求拯救中国的道路的可贵精神。

[1]《错误的排日》，《内藤湖南全集》第五卷"时事论续"。
[2]《新支那论》，《内藤湖南全集》第五卷。

二、所谓"经济利益冲突说",虽然确实指证了日本商业侵入中国内地给中国民族工商业发展所造成的实际影响和危害,因而理所当然地引起中国商界的抵抗这一事实,但据此导出的结论竟不是日本知错而返,撤出对中国的经济侵略,而是日本商界应暂时忍受这种反日、排日的"迫害"和"牺牲",进而"谋求树立日中两国共通的经济基础"。这反映了内藤不仅无视中国经济独立自主的权利,反认日本借战争与政治的手段对中国的经济侵蚀行为为正当,并以"日中两国共通的经济基础"为借口,美化和鼓励日本商界对中国经济殖民的侵略行径。这与内藤自辛亥革命以来,由于对中国自治能力的彻底失望而提出"国际共管论"的理论是相一致的。所谓经济上"新的日中亲善","日中两国共通的经济基础",说穿了,就是中国没有自我发展经济的能力,必须由日本人来代管中国的经济,促使中国工商业的发展。

三、内藤湖南的"五四运动"论,有背他在中国问题论说上一贯坚持的注重历史探求、注重文化探求的性格,竟不顾历史事实,几处以中国人对日本国力勃兴、日本进步的"嫉妒心""卑劣的根性"这样极具情绪化、感情色彩的语言来作判断,实在是有违一位资深历史学家的立论形象。究其原因,一方面,随着他越来越加重民族主义立场以至于在思想上与日本政府的扩张主义政策相吻合,致使他只从本国的利益出发来思考中日关系的一切;另一方面,他也越来越忽视对中国的了解,因而往往无视历史事实。仅以李大钊通过河上肇接受马克思主义,日本新村运动在中国改良派知识分子中十分流行,中国新文学家热心吸收日本私小说等思想文化现象,即可见出中国知识界绝非如内藤所说的一概"妒嫉日本的进步"和"排斥日本"。

第十章　辨章学术　考镜源流

—— 内藤湖南与近代中国学术

内藤湖南的时代，中日两国学术界的交流相对活跃，除了中央及地方政府派遣的官方教育、学术考察团体外，清末民初来华访书考察的日本中国学家及赴日游学访问的中国学者，是中日学术交流的主体人物；另外，当时两国的一些大城市间交通邮路也相对畅通，致使信息传递沟通的迅速便捷，甚至远远方便于中国国内大城市与内地偏远地方的沟通。在这样的学术沟通网络下，中日两国学界不仅能够及时关注对方的有关学术成果和发展动向，而且，两国学者在相关领域内的信息沟通、学术讨论、互相启发也是相当多的。在本书的第四章里，主要介绍了内藤湖南与中国近代一些学者的实际接触、学术往来，这里就内藤湖南中国学体系中两个专题研究，来探明其与中国传统学术的内在渊源关系，以及与当时中国学术界的互动及影响。

一、　内藤湖南与中国古史辨派

问题的提出

宫崎市定在昭和四十年（1965）所作的名为《独创的支那学

者内藤湖南博士》一文中，有这样一段话：

> 中国著名的古代史研究家顾颉刚，在其名著《古史辨》
> （1926年）的自序中，叙述了与"加上原则"完全一样的他
> 自己的思想。这是否是受了内藤博士的影响，并不明确，但
> 可以认为有这样的可能性。[1]

这段语焉不详的话，大致会使一般读者容易引起以下误解：一、
所谓"与'加上原则'完全一样的他自己的思想"，应该是指顾颉
刚先生提出的"层累地造成说"古史辨伪理论。实际情况是"加
上原则"相似于"层累地造成说"，且只是相似于"层累地造成说"
的一部分内容。二、宫崎市定特意在"《古史辨》"三字之后括号
指出"1926年"，似乎顾颉刚就是在这时提出他的辨伪思想理论
的。而实际上这是《古史辨》第一册即将出版，顾颉刚作"自序"
的时间，"层累地造成说"的形成至少要早三四年。三、文中虽未
敢作肯定，但引导读者认为：顾颉刚的辨伪学说很可能是受到内
藤湖南"加上原则"的影响的。然而，这实际上是一个误导。

　　为了澄清上述误导，说清楚以上这三个"实际上"，有必要首
先弄清楚以下问题：什么是内藤湖南的"加上原则"，它的中心内
容与形成过程如何，它与"层累地造成说"的异同、形成先后如
何，这两者的思想学术渊源从何而来，彼此到底存在怎样的联系。

---

[1]《独创的支那学者内藤湖南博士》，见宫崎市定《向中国学习》，朝日新闻社，
　　1971年。

内藤湖南的上古史辨伪

日本近代史学界对中国上古史的怀疑与发难，始于白鸟库吉的"尧舜禹非实在论"。1909 东京大学史学科教授白鸟库吉博士，在《东洋时报》上发表了《支那古传说的研究》一文，首次在日本提出了"尧舜禹非实在人物论"的论断。作者指出：尧舜禹三王是汉民族先民根据自己的理想创造出来的人格化的传说人物，而非历史上的真实人物。作为这一论断的论据，有两个方面：一是对《尚书》中记载尧舜禹事迹的《尧典》《舜典》《大禹谟》等篇的分析。白鸟认为：在这些篇章中，尧舜禹三帝的事迹截然有别，尧专管天文，"授民以时"；舜专管人事，以孝悌显彰；禹则专管土地，致力于治水。这种颇不自然的截然区分，正好说明了尧舜禹是根据中国太古即存在的"天地人三才说"创造出来的传说性的理想人物。即把儒教理想中的"至公至明"归于尧，把"孝顺笃敬"归于舜，把"勤勉力行"归于禹。二是从其他古籍中提供佐证，说明尧舜禹三帝的名字也只是一种寄托理想的好字眼。尧，《说文》《风俗通》上均为高远、高明之意；舜，《风俗通》释为"准也，循也"，与"顺"同音，含有孝顺之意；禹，《说文》释为"虫"，但与"宇"同音，"四垂为宇"，含有拥有天下之意。文章结尾处一段论述，反映了白鸟对中国古传说研究的考辨思想。

> 古代中国传说之研究，自不以此为尽。若上溯批判三皇五帝之传说，再下降评骘夏后氏以下之传说，互为发明，始得完成。……就吾人所见，尧舜禹乃儒教传说，三皇五帝乃《易》及老庄派之传说，而后者以阴阳五行之说为其依据，故尧舜禹乃表现统领中国上层社会思想之儒教，三皇五

帝则主要表现统领民间思想之道教崇拜。据史，三皇五帝早于尧舜禹，然传说成立之顺序绝非如此。道教在反对儒教后始整备其形态，表现道教理想之传说发生于儒教之后，当不言自明。[1]

这段文字，实际上包含这样两项观点：一、中国古传说之研究应上起三皇五帝，下迄夏禹以降，并应把传说同真实历史区分开来，再从传说的产生、流传上去探明该民族的上古史真相以及先民的理想。二、传说的历史发展的顺序与传说成立的先后顺序正好相反，即传说所反映的历史时代越早，则正好说明产生这一传说的时代越晚。这两项观点，隐含了近代古史辨伪理论的基本要素。

白鸟这篇不同凡响的文章发表后，遭到东京学界以继承儒学传统为己任的学者的反驳。林泰辅先后于1910、1911、1912年，发表了一系列文章，反对白鸟的"尧舜禹抹杀论"。[2] 林泰辅是极富汉学修养的学者，他在朝鲜史、中国上古史、金石甲骨文字研究等方面都颇有造诣，是日本学者中率先利用甲骨文字研究中国上古史的人，为此曾受到罗振玉的盛赞。他虽然有较浓厚的尊孔尊儒思想，但在上述反对文章中，林氏并没有仅偏执于儒学传统思想，而是尽量根据先秦史籍，甚至利用金文、甲骨文，从考证的学理出发，来捍卫尧舜禹的历史真实性。概括而言，他的反对观点是：一、记载尧舜禹事迹的《尚书》虞、夏书诸篇，绝非周

[1]《支那古传说的研究》，《白鸟库吉全集》第八卷，岩波书店，1970年。
[2] 林泰辅的一系列论文，分别为《东洋哲学》第17编第1号的《关于东洋学界近时的新说》，及以后收入《支那上代之研究》一书的《关于尧舜禹抹杀论》一、二、三，《再论尧舜禹抹杀论》，光风馆书店，1927年。

代以后之伪作，而是周代以前关于尧舜禹当时的历史和文明的真实记录。二、"天地人三才说"的思想，在周代时确已存在，但在周以前的《尚书》中，并无天地人并称之记录。因此，以"天地人三才说"思想来解释尧舜禹的产生不免牵强。三、《尧典》中记载的"四中星"的天象观测，根据现代科学推论，正好符合距今四千多年前的夏以前的天文现象。可见，《尧典》记事是可以凭信的。林氏的论述是以取信于先秦典籍为思想前提的。他的思想方法与白鸟库吉正好相反，根本不存在对儒教典籍的怀疑与批判。

对于林氏的驳难，白鸟又作《尚书的高等批判》一文答辩。白鸟指出：一、《尚书》虞、夏诸篇的作者运用了"天地人三才说"、易、阴阳、五行、十二宫、二十八宿等思想知识，这些思想知识只在孔子稍前的春秋时代的中国典籍中才存在。所以，尧舜禹是周代人基于当时的思想知识创造出来的唐虞夏时代的人格化人物。二、《尧典》是具有阴阳思想的占星家的作品，其所记载的天象，与今日科学推论的结果完全不相符合。三、《尚书》在尧之前就再没有记载什么了，《易》在尧之前加上了伏羲、神农、黄帝，这是《易》成书于《尚书》之后的明证。[1]

回答林泰辅的驳难，实际上加深了白鸟关于以尧舜禹为中心的上古史辨伪的思考，在揭示传说与历史的关系及先后顺序上，更向前走了一步，在史籍上由《尚书》延及到《易》，在历史传说上则由尧舜禹上溯至伏羲、神农、黄帝。但要缕清上古史上的传说体系，以及讲清楚传说与历史的关系，还不够深入，也缺乏理论体系。

---

[1]《尚书的高等批判》,《白鸟库吉全集》第八卷，岩波书店，1970 年。

比如关于记载尧舜禹事迹的最早史籍《尚书》，就首先值得进一步研究，探明它的可信度及成书年代。通过它所反映的文明程度，包括文字、典籍记载、社会制度、思想观念等情况，去推断它相当于中国上古的什么时期。另外，众所周知，汉以来经书有今古文之分，而《尚书》是五经中今古文承传系统最为复杂的一部。20 年代初期，内藤湖南先后发表了《尚书稽疑》及《禹贡制作的年代》二文。它们或许并非针对"尧舜禹抹杀论"的论争而作，但品读这两篇文章，我们发现其结论恰与白鸟的观点异曲同工，遥相呼应，并且向建立中国上古史传说体系及辨伪理论"加上原则"更走近了一步。

1921 年 3 月，内藤发表《尚书稽疑》，这是一篇关于《尚书》制作、流传的发展史。它考证了《尚书》各篇的成书年代及思想背景，指出：《尚书》中最早的篇章是以周公为中心的记载，即"五诰"等篇，稍后出现的是关于尧舜禹记载的"典谟"等篇，最后出现的是分别记载六国之事的《甫刑》（即《吕刑》）、《文侯之命》、《秦誓》等篇。这样的顺序，是由当时思想界的发展状况决定的。他分析说：

> 最初，孔子及其门下以周的全盛为理想，由此产生以继承周统的鲁为王的思想；其次，因为尊孔子为素王，而产生尊殷的思想，但是，另一方面，像墨家，尽管其学派起于殷的末孙宋国，但因为他们把禹推崇为理想人物，所以，尧舜的传说虽不是在孔子之前毫无存在，但祖述尧舜的思想，应该是为了与墨家竞争而产生的。其后，六国时更有祖述黄帝、神农的学派产生，这在《甫刑》中已值得怀疑，还包含

了更可疑的尧舜之前的颛顼、黄帝等。"六艺"中比较晚起的《易》之"系辞传",甚至上溯到伏羲。由此看来,《尚书》中周书以前关于殷的诸篇,离孔子及其门下的时代已甚远,而关于尧舜禹的记载不得不认为更是其后附加上去的。[1]

从这里我们可以看出,一、《尚书》各篇的成书时代、先后顺序,以及成书后不断被添加、改动的过程,是与春秋、战国诸子学说的竞争、发展互为表里的。它们的发展、互动过程恰与白鸟所指出的"传说的历史时代越早,其传说成立之时代越晚"的结论相一致。二、尧、舜、禹、黄帝、神农都是儒墨及其后人为了竞争自重而专意推举出的理想人物、古代圣贤。这就不仅在"尧舜禹是传说人物"这一点上与白鸟相呼应,而且又往上追溯更远古的传说人物,已依稀勾勒出学派越晚起,其假托的传说人物就越早的上古史传说体系。

1922 年 2 月,内藤作《禹贡制作的时代》。《禹贡》在《尚书》中属于"夏书"之部,宋儒的传统说法是:《禹贡》是夏代的史官根据禹向天子上奏的文书加工润色而成的。这在辨伪实证的新史学时代,在尧舜禹的真实性已受到根本怀疑的时代,显然已是一个需要重新考虑的问题。内藤指出:要判定《禹贡》的真实制作年代,关涉到禹是神话人物还是实在人物,禹时有文字吗?即有文字,当时的文化发展程度足以制造出如此鸿篇大论吗?他没有直接回答这些问题,而是从《禹贡》内容出发,作了一番缜密的

---

[1]《尚书稽疑》,《内藤湖南全集》第七卷。

考证。《禹贡》所包含的材料，可分为：一、九州及治水的本末；二、山川草木；三、土色；四、贡赋筐包；五、山脉；六、水脉；七、五服；八、四至。本文通过对其中九州、四至、山脉水脉、贡赋等材料的分析，说明《禹贡》中关于这些内容的记载，与《尔雅》《周礼》等书的有关记载相近，同为战国时代的思想知识的反映，尤其是关于水脉的记载，与《汉书·地理志》相接近。所以，可以结论说："《禹贡》是利用了战国末年最发达的地理学知识编撰而成的，虽然有时多少含有一些战国以前的材料，但其中大多数材料都不可能是战国以前的"，[1] 换句话说，关于大禹治水的事迹是战国时期种种大禹传说中的一种而已。

用这样的思想方法来分析和考辨先秦史籍，探索上古史真相，内藤湖南还作有《尔雅的新研究》（1921）、《易疑》（1923）等篇，宫崎市定称它们是内藤利用"加上原则"来解释中国上古史的出色成果。但必须指出，至少这时内藤湖南本人的著述中，尚从未谈及过"加上原则"。"加上原则"观念被内藤湖南正式介绍并引入中国上古史研究领域，是在发现富永仲基《翁之文》的大正十三年的次年，即 1925 年。

"加上原则"理论的由来

"加上原则"原出于江户时代大阪町人学者富永仲基的《出定后语》一书。[2] 此书在研究原始佛教的成立和发展过程中指出：

---

[1]《禹贡制作的时代》，《内藤湖南全集》第七卷。
[2]《出定后语》，日本著名佛学史研究著作，出版于延享元年（1744）。"出定"，佛语，指僧人禅定结束后走出座禅场。作者富永仲基（1715–1746），号谦斋，大阪尼崎人，江户中期著名学者。

佛教的前身婆罗门教是主张从地上的苦界中摆脱出来而转世天国的思想，所以天国是一个相对于地上人间的理想王国，这个"天"原来只有一个，但后起的婆罗门新宗派，为了想胜过旧有的宗教，把自己宗教中的天国放在原有宗教的天国之上，认为新宗教的崇拜者可以转世到比原来的天国更新更好的天国中去，这样，"天"上便重叠了一重"天"。后来不断出现的新宗教，都这样不断地往原有的"天"上叠加"天"，终至于婆罗门教的天国有二十八重、三十三重之多。富永仲基把这现象称为宗教起源上的"加上原则"。

内藤湖南早年热心于日本佛教人物和典籍的研究，十分崇拜富永仲基的学说。富永仲基除《出定后语》外，还有《翁之文》《说蔽》等，但后两种在全国图书馆及个人藏书中都难以见到。内藤湖南一直留心竭力寻找，终于在大正十三年（1924）搜得并获读散失于民间的《翁之文》，他立即作文介绍，并将之刊刻印行于世。[1] 次年，内藤又作"大阪的町人学者富永仲基"之演讲，首次较全面地介绍了富永其人其学，其中有专节述及"加上原则"。他称赞"加上原则"是"非常伟大的学说"，是"一种从思想的积累上来思考问题、根据思想的发展来发现历史的前后的方法，这种方法对于研究没有历史记录的时代的历史，是再好不过的方法"。[2] 并且，内藤还介绍了富永在支那学研究中对这一原则的运用，他概括富永的观点是：

　　　　孔子生时，正值春秋五霸鼎盛时期，齐桓、晋文为当

---

[1]《关于富永仲基的〈翁之文〉》，《内藤湖南全集》第六卷。
[2]《大阪的町人学者富永仲基》，《内藤湖南全集》第九卷。

时最强大的霸者。在此霸者极盛之时，孔子鉴于当时人人尊霸的现象，便在此上"加上"，倡言文、武，于是周文王、周武王之说出。孔子之后，墨家兴起，墨家在文、武之上更说尧舜，此后又有杨朱在此之上又说黄帝，再后《孟子》书中的许行又在此之上说神农。这就是支那史上的加上说。[1]

如果列图表示，"加上原则"运用于中国上古史所揭示的学派继起与历史传说发生的体系是这样的：

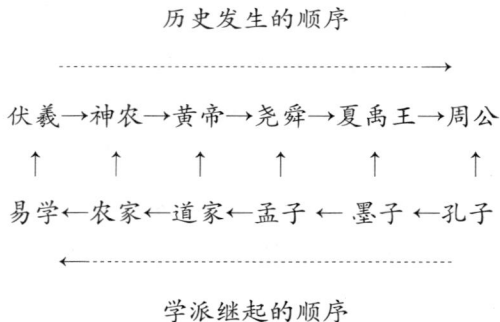

历史发生的顺序

- - - - - - - - - - - - - - - - - - →

伏羲→神农→黄帝→尧舜→夏禹王→周公

↑　　↑　　↑　　↑　　　↑　　　↑

易学←农家←道家←孟子←墨子←孔子

← - - - - - - - - - - - - - - - - - -

学派继起的顺序

用语言表述，即：中国古代学说之学派的产生顺序与传说中历史发生的顺序正好相反，学派越晚起，其假托的传说中的历史人物就越早，传说中的中国上古史因而就又向前推进了一步。

顾颉刚"层累地造成说"的三层含义

如果与1909年白鸟提出"尧舜禹非实在论"相比，中国近代学术界对于中国上古史的怀疑与辨伪晚了大约十余年。以1923年5月《努力周报》增刊《读书杂志》上发表顾颉刚的《与钱玄同

---

[1]《大阪的町人学者富永仲基》，《内藤湖南全集》第九卷。

先生论古史书》为标志，近代史学上著名的"古史辨运动"鸣锣开场。这篇文章可称为顾颉刚的"古史辨宣言"，它提出了以下几个主要观点。

一、开宗明义地提出了"层累地造成的中国古史观"。并解释它有三层含义：

> 我很想做一篇《层累地造成的中国古史》，把传说中的古史的经历详细一说。这有三个意思。第一，可以说明"时代愈后，传说的古史期愈长"。如这封信里说的，周代人心目中最古的人是禹，到孔子时有尧舜，到战国时有黄帝、神农，到秦有三皇，到汉以后有盘古等。第二，可以说明"时代愈后，传说中的中心人物愈放愈大"。如舜，在孔子时只是一个"无为而治"的圣君，到《尧典》就成了一个"家齐而后国治"的圣人，到孟子时就成了一个孝子的模范了。第三，我们在这上，即不能知道某一件事的真确的状况，但可以知道某一件事在传说中的最早的状况。

二、关于"禹的演进史"的考证。指出，在《诗经·商颂》中禹是"上帝派下来治水的神"，《商颂》据王国维先生的考证是西周中叶宋人所作，所以，当时禹是"下凡的天神"，到春秋末年的《诗经·閟宫》中，禹已成了"最古的人王"。到战国时的《尧典》《皋陶谟》《禹贡》等篇中，禹又成了"夏后"，并且有了与尧舜的关系、治水的传说等。至于禹的概念和名字，来源于"九鼎"。禹在《说文》中是一种有足的大虫，商周时人所以把这种大虫作为自己崇仰的神或最早的人王，顾颉刚猜测说，是因为禹是"九鼎"上所铸刻的动物中最强有力的一种动物。九鼎铸于夏，夏亡入殷，商亡入周，因此，是象征权力和国运的宝物。先民就以这上面最强悍的动物，作为自己的崇拜对象。

三、揭示粗略的伪上古史体系。"从战国到西汉，伪史充分的创造，在尧舜之前更加上多少古皇帝"。秦时出现了黄帝，以许行为代表的农家又推出了神农立在黄帝之前，到《易·系辞》又抬出庖牺立在神农前，到李斯时有"天皇地皇泰皇"的三皇又立在庖牺前，到汉代时，又从苗族神话中引进盘古，作了开天辟地的祖先。所以"时代越后，知道的古史越前；文籍越无征，知道的古史越多"。"譬如积薪，后来居上"，这是造史很好的比喻。[1]

顾颉刚所揭示的伪上古史体系，用图来表示应该是这样的：

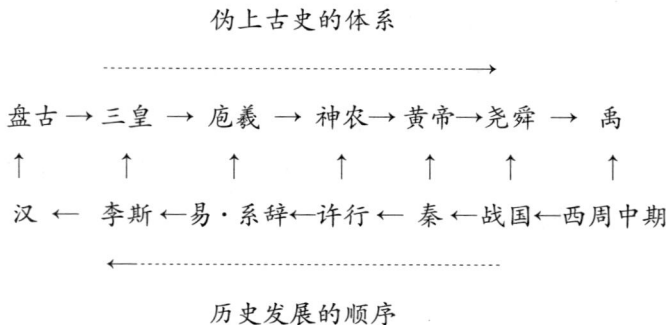

伪上古史的体系

----------------------------------→

盘古 → 三皇 → 庖牺 → 神农→ 黄帝→尧舜 → 禹

　↑　　　↑　　　↑　　　↑　　　↑　　↑　　　↑

汉 ← 李斯 ←易·系辞←许行 ← 秦 ←战国←西周中期

←----------------------------------

历史发展的顺序

可见，1923年顾颉刚发表这篇"古史辨宣言"时，已经有了对于中国上古史的比较系统性的看法，因此，他不仅完整地表述了"层累地造成说"的理论，还勾勒出关于禹的传说的演进历史，并整理出伪上古史的体系。这理论性与历史性兼具的学说体系，

---

[1]《与钱玄同先生论古史书》，《古史辨》第一册，上海古籍出版社，1982年，第60页。

绝不是由一朝一夕的灵感或由某一人的启示而一蹴即就的，是他多年为学、思考的自然发展，特别是对自己近三年来埋头研究、探索古史真伪心得的总结。

时代的启示

1913 年 20 岁的顾颉刚考入北京大学预科，到 1923 年发表"层累地造成说"理论，这十年间，对他走上古史辨伪之路并创立辨伪理论有重要意义的学术事件主要有：

1913 年底听章太炎所开国学会之演讲，极佩服"他的话既是渊博，又有系统，又有宗旨和批评"，特别是章太炎对孔教会的猛烈批判与揭示，使他深受启发，获得了推翻传统儒教信仰与批判经书的勇气；

1915 年读康有为《新学伪经考》《孔子改制考》，震撼于康所揭示的"古人造伪之迹"，以及"上古茫昧无稽考"的结论；

1917 年听胡适讲中国哲学史，胡适的讲课截断众流，丢开三皇五帝、唐尧虞舜，直接从周代的老子、孔子讲起，又加深了他上古史靠不住的印象。此后，胡适发表《水浒传考证》《井田制考辨》《红楼梦考证》等文，使顾颉刚联想到研究历史也可像研究故事一样，去寻求其传说演变的过程。

1920 年冬到 1921 年春，顾颉刚开始真正进入中国古史辨伪领域。先是他受胡适之托，标点姚际恒的《古今伪书考》，继而为了进一步对之作注，遍阅北大图书馆、京师图书馆中的有关图书，对古今造伪和辨伪的人物和事迹有了清楚的了解。由此发愿总结历代前人辨伪成果，编《辨伪丛考》。

1921 年初，顾颉刚始得读《崔东壁遗书》，感叹崔书"规模宏大，议论精锐"，但也于此发现前人疑传而不疑经，即使略有疑经，也不疑儒道的局限，因而决心接受他们的遗产，"在他们脚步所中止的地方再走下去"。

1922 年接受商务印书馆编撰《现代中学本国史教科书》的任务，促使他全面搜集编书材料，拟定教科书写作宗旨，为自己确定"在剪裁上，我们的宗旨总是：宁可使历史系统不完备，却不可使择取的材料不真确、不扼要。"在梳理历史体系时，顾颉刚说："我就建立了一个假设：古史是层累地造成的，发生的次序和排列的系统恰是一个反背。"[1] 这标志着"层累地造成说"理论的雏形已经形成，它比《与钱玄同先生论古史书》发表早一年。

要而言之，五四前后中国思想界、学术界民主科学精神空前高涨，学术得以从政治的附庸中逐渐独立出来，对儒学、对经典的怀疑、批判，用科学的方法整理国故，渐渐成为学术界的普遍思潮。正是在这样的学术背景下，顾颉刚身处北京这个新文化、新学术的重镇，得到胡适、钱玄同、傅斯年等师友的启发、鼓励，才得以大胆怀疑，仔细求证，积十数年之功，创立起"层累地造成说"这一古史辨伪理论。

古代疑古辨伪的思想素材

另一方面，中国前代的疑古辨伪思想素材，无疑也是顾颉刚进行古史辨伪的重要学术凭藉。这里仅就与"层累地造成说"理论相关的方面来略作探源。

关于"尊古贱今，托古自重"的古人心理，早在《淮南子·修

---

[1] 顾颉刚:《古史辨·自序》第一册，上海古籍出版社，1982 年，第 52 页。

务训》中就有指出：

> 世俗之人，多尊古而贱今，故为道者必托之于神农、黄帝而后能入说。乱世暗主，高远其所从来，因而贵之。为学者蔽于论而尊其所闻，相与危坐而称之，正领而诵之。[1]

关于"时代越后，记载的古史期越长"这一现象，崔述在《补上古考信录序》中有一段论述，指出孔子祖述尧舜，自《易》《春秋传》始言及伏羲、神农、黄帝时事，司马迁作《史记》则始于黄帝，越往后，古史期就越长，其说简直就是顾颉刚"层累说"的底本。崔述说：

> 《论语》屡称尧、舜，无一言及于黄、炎者；《孟子》溯道统亦始于尧、舜，然则尧、舜以前之无书也明矣。……
>
> 自《易》、《春秋》传始颇言羲、农、黄帝时事，盖皆得之传闻，或后人所追记，然但因事及之，未尝盛有所铺张也。及《国语》、《大戴记》，遂以铺张上古为事，因缘附会，舛驳不可胜纪。加以杨、墨之徒欲绌唐、虞、三代之治，藉其荒远无征，乃妄造名号，伪撰事迹，以申其邪说；而阴阳、神仙之徒亦因以托之。由是司马氏作《史记》遂托始于黄帝；然尤颇删其不雅驯者，亦未敢上溯于羲、农也。逮谯周《古史考》、皇甫谧《帝王世纪》，所采益杂，又推而上之，及于燧人、包羲。至《河图》、《三五历》、《外纪》、《皇

---

[1]《淮南鸿烈集解》下，新编诸子集成（第一辑）第653—654页，中华书局，1989年。

王大纪》以降，且有始于天皇氏、盘古氏者矣。[1]

顾颉刚对崔述的学术继承和超越关系，用胡适的话说：

> 崔述在十八世纪的晚年，用了"考而后信"的一把大斧头，一劈就削去了几百万年的上古史。（他的《补上古考信录》是很可佩服的。）但崔述还留下了不少的古帝王；凡是"经"里有名的，他都不敢推翻。颉刚现在拿了一把更大的斧头，胆子更大了，一劈直劈到禹，把禹以前的古帝王（连尧带舜）都送上了封神台上去！连禹和后稷都不免发生问题了。故在中国古史学上，崔述是第一次革命，顾颉刚是第二次革命，这是不须辩护的事实。[2]

1924年，胡适发表了一篇《古史讨论的读后感》，对"层累地造成说"作了方法论上的补充。他说，顾颉刚的这一见解，即是"用历史演进的见解来观察历史上的传说"，具体而言，可总括为下列方式：

（1）把每一件史事的种种传说，依先后出现的次序，排列起来。

（2）研究这件史事在每一个时代有什么样子的传说。

（3）研究这件史事的渐渐演进。由简单变为复杂，由陋野变为雅驯，由地方的（局部的）变为全国的，由神变为

---

[1] 崔东壁撰著，顾颉刚编订《崔东壁遗书》之《补上古考信录序》，上海古籍出版社，1983年，第25页。

[2] 胡适：《介绍几部新出的史学书》，《古史辨》第二册，上海古籍出版社，1982年，第338页。

人，由神话变为史事，由寓言变为事实。

（4）遇可能时，解释每一次演变的原因。[1]

正如大家所熟知的，胡适是近代学术史上倡导实证精神、注重实证方法的重要学者，他虽未直接参加古史辨论争，但无疑是对古史辨学者有重要影响力的人物。他的这一"历史演进"的方法，丰富了"层累说"理论在方法论上的内容，而他本人在几年前对"井田制"的考证，对《水浒传》故事流传的考证，对《红楼梦》作者以及版本的考证等研究，便是运用这"历史演进"方法的实践。

顾颉刚发表"古史辨伪宣言"后，自然引起史学界的论争，与顾氏志同道合，甚至比顾更为激进、彻底疑经的是钱玄同，而胡适则作为老师给予声援和助威；顾的反对者是刘掞藜、胡堇人两位先生。随着古史辨讨论范围的扩展，顾方还有魏建功、容庚、罗根泽、童书业、杨宽等人加入，反对方有柳诒徵、张荫麟等人加入。此外，凭着自己的学养和研究，参与有关专题讨论，但并不属于古史辨派或反对派的学者有王国维、傅斯年、钱穆、冯友兰等人。顾颉刚在对反对派的答辩以及此后的进一步研究中，虽然对自己论证的某些局部枝节问题有所修正（如说禹是九鼎上的大虫），但其推翻上古伪史系统的信念，以及坚持"层累地造成说"的理论，却从未动摇过。

为了重新正确认识上古史，顾氏还提出必须打破四个历代相传的旧观念，即"打破民族出于一元的观念"；"打破地域向来一统的观念"；"打破古史人化的观念"；"打破古代为黄金世界的观

[1] 胡适：《古史讨论的读后感》，《古史辨》第一册中卷，第193页。

念"。[1] 在 20 年代的当时，这确实是具有"革命"意义的新史观，可以称得上是继梁启超发表《新史学》以来，在历史研究领域内的又一次革命。

内容比较及学术渊源之探明

一般地说，以明治二十年（1887）东京帝国大学成立史学科，延请德国教师里斯讲授西洋历史、兰克史学，明治二十三年（1890）重野安绎提出"儿岛抹杀论"，[2] 明治三十四至三十六年（1901–1903）坪井九马三开设"史学研究法课程"等事实为标志，把日本近代史学的形成定在明治二三十年代；[3] 而在中国，以 1902 年梁启超发表《新史学》，1904 年夏曾佑完成《中国历史教科书》，留学生界踊跃译介日本和西方的新型史学理论著作等为标志，近代史学的形成应在 20 世纪的头十年。[4] 所以说日本近代史学的形成约略比中国早了十余年。作为近代史学重要一隅的辨伪实证史学在日中两国的展开，也是日本领先了十几年。就中国上古史而引发的古史辨伪论争，日本以白鸟 1909 年的"尧舜禹非实在论"为发端，也比顾颉刚 1923 年的"古史辨宣言"早十四年。基于这样的基本事实，容易使人产生中国古史辨有可能受到日本影响的联想。关于顾颉刚受到白鸟库吉的影响之说，曾有徐旭生、胡秋

---

[1] 顾颉刚：《答刘、胡两先生书》，《古史辨》第一册中卷。

[2] "儿岛抹杀论"是日本明治实证史学派代表学者重野安绎在主持编纂《大日本编年史》时发现并提出的一个对传统史学具有强烈挑战意义的论题，参看本文第四部分。

[3] 参阅大久保利谦《日本近代史学的成立》一书第二章，吉川弘文馆，1988 年。

[4] 参阅钱婉约《论二十世纪初的中国资产阶级新史学》，载《武汉大学学报》1986 年增刊。

原等人分别于 1960 年、1973 年作文指出过，但并未有真实证据，大致是依据上述的时间落差而推论为有"可能性"，又将此"可能性"作为事实而发表了许多与那个时代相适应的政治攻击性的言论。[1] 这在近年来已为刘起釪、王汎森等专家分别在自己的著作中批驳、辩正过，[2] 不再赘述。

以下就顾颉刚的"层累地造成说"与内藤湖南的"加上原则"这两个中日辨伪史学的理论形态，从内容、形成时间、学术渊源等方面，作比较分析。

由内容上看，如上文已介绍的，"加上原则"原来是日本江户时代天才学者富永仲基在宗教史研究中的一种理论学说，它解释了婆罗门教教理中之所以有二十八重天、三十三重天的原因。富永仲基还揭示说：自释迦摩尼出现，改革婆罗门教，提倡不必拘泥于婆罗门的生死观念、天国观念，而要超越生死达到自由的境界，于是，就产生了原始佛教。佛教的发展历程，仍体现了"加上原则"，只是不再是"天"的叠加，而是随着佛教不同宗派的继起，后起的宗派总把自己宗派的教理说成是最高境界的东西，即"教理"的叠加。如原始佛教依托的是小乘教《阿含经》，以《般若经》为依托的宗派自称是大乘教，法华宗认为自己的《法华经》高于《般若经》，华严宗认为《华严经》是释迦创教以来最初、最深奥的教理，禅宗依托《楞伽经》，它的教理已是不可用文字来传释的，只能是由心向心传授的真理，而最终出现的密宗，具有曼

---

[1] 见徐旭生《中国古代史的传说时代》，科学出版社，1960 年；胡秋原：《一百三十年来中国思想史纲》，学林出版社，1973 年。

[2] 见刘起釪《顾颉刚先生学述》，中华书局，1986 年；王汎森：《古史辨运动的兴起：一个思想史的分析》，台北允晨文化实业股份有限公司，1987 年。

陀罗的图绘，自称是综合所有宗派的最高教理。因此，佛教宗派也是根据"加上原则"不断发展起来的，越是贬低其他的宗派说明它越是后出的宗派。这种对于佛教宗派及其经典的分析，导致"加上原则"运用于中国上古史研究时，也主要是着眼于中国先秦儒、墨等诸子学派的发展这个线索来探究的，从而采取从"学派继起"与"历史发生"的关系角度来表述的形式。或许也正因为它是从一百多年前的宗教史研究理论中挪用过来的，而不是针对中国史研究原生的，所以在作为中国上古史辨伪理论来运用时，如内藤湖南、如武内义雄等人，主要侧重于运用，即据此去操作对于中国先秦典籍的考辨与剖析，如前述内藤湖南对于《尚书》《尔雅》《易经》的研究，武内义雄则在对于《论语》《老子》的考辨中获得了出色的成果。要之，这一"加上原则"的理论在日本近代辨伪史学上，并未演绎出针对中国上古史这一特定对象的更为详细的内容。

如果把"加上原则"与顾颉刚所解释的"层累地造成说"的三层含义相对比，可以看出，它的内容只是与顾氏的第一层含义相等同，即从传说与伪上古史的关系上揭示了中国上古史造伪的规则与原因，虽然表述的角度略有不同，日本侧重于学派继起的线索，中国侧重于传说产生的先后。除这一层外，"层累地造成说"的第二层含义是"演进规则"，即揭示了传说本身发展、演进的规则，顾氏说是"时代愈后，传说中的中心人物愈放愈大"，后来胡适补充说，传说的演进是遵循"由简单变为复杂、由陋野变为雅驯、由地方的变为全国的、由神变为人、由神话变为史事、由寓言变为事实"的规则的。其第三层含义可以概括为"还原说"，即对上古史上的历史事件都必须用演进的观念去追溯其"最早的状况",以见其"传说的""神话的""简单的""地方的""陋野的"真实状况,这种彻底的批判实证精神又引导顾颉刚从中国历史的源头上来重新认识上古史,树立更为确实的、科学的古史观,从而导致了所谓要打破"民族一元""地域一元""古史人化""古代是黄金世界"等传统观念的新史观。至此,顾颉刚的辨伪理论趋于完成,它是从这样三个不同层面来层层解剥,由近及远,达到正本清源,解构伪上古史的目的的。

从"加上原则"与"层累地造成说"的形成时间与学术渊源关系来看,前者作为《出定后语》中的一种宗教史理论,面世于1744年,这只是一本宗教史研究性质的书籍。富永仲基以此来解释中国史的内容则写在他的另一著作《说蔽》一书中。但是,一百多年过去了,富永仲基的著作,在日本学界已不易见。1924年,内藤多方搜索,终于新发现了富永仲基的《翁之文》一书,书中涉及《说蔽》的部分内容,可以让内藤推测其用"加上原则"对中国史的解释。所以,1925年内藤湖南作了《大阪的町人学者富永仲基》一文,首次较全面地介绍富永仲基之学。而直到此时,实际上内藤并未能真正读到《说蔽》一书。所以,虽然在此前的1893年、1921年、1924年,内藤曾在文章中涉及富永仲基并专文介绍过他的《翁之文》,但都未提到"加上原则";作于1921、1923年的《尚书稽疑》《易疑》等文,也只是揭示了中国上古史"学派越晚起,其假托的传说人物越早"的现象,也并未运用"加上原则"这一观念,未称之为"加上"的现象。内藤正式以"加上原则"之观念来论述中国上古史造伪情形,只是在1925年的这篇文章中。

另一方面,毫无疑义地,内藤是富有深厚汉学修养的中国史学者，他对中国史学史，特别是清代史学有深入的研究，并十分倾心乾嘉的朴学大师们。特别值得一提的事实是：1901 年，内藤因在杂志上读到那珂通世将在日本刊印崔东壁《考信录》的消息，便作了一篇名为《读书偶笔》的文章，介绍崔述其人及他所藏有的《崔东壁遗书》的全体内容，指出那珂通世欲刊之《考信录》不完备，愿把自己所藏之抄本借出，使之完璧付印。[1] 可见，至晚在 1900、1901 年间，内藤就藏有《崔东壁遗书》，熟悉崔述的学说，包括他的《上古考信录》。（后来那珂通世果然未立刻刊印《考信录》，而是在 1903–1904 年间在东京刊刻了完整的《崔东壁遗书》。）那么，清代乾嘉年间学者崔述无疑是内藤湖南中国史辨伪思想与顾颉刚"层累地造成说"的共同源头。换句话说，内藤湖南的中国史辨伪思想、理论的渊源，一是富永仲基的"加上原则"，一是以崔述为代表的清代考据学派的辨伪成绩。1921 年，他在《尚书稽疑》中揭示的中国上古史的造伪体系，毋宁说是以崔述《考信录》的学术思想为直接背景而受到启发的。而形成于1922 年、发表于 1923 年的"层累地造成说"不可能受到 1925 年才在日本中国上古史研究领域正式出台的"加上原则"的影响，则是不言而喻的。这就难怪宫崎市定在文中，要特意在《古史辨》下标出"1926 年"了，只有这样，顾颉刚的理论才首先在时间上"有可能性"受了乃师内藤湖南"加上原则"的影响。

综上所述，中国上古史上这种"后来居上"的现象，1923 年首次被顾颉刚指称为"譬如积薪"，是"层累地造成"的，并归纳为包含三层含义的"层累地造成说"的理论形态；1925 年，又被

---

[1]《读书偶笔》，《内藤湖南全集》第十二卷。

内藤湖南借用了富永仲基宗教史研究中的"加上原则"，称为中国史上的"加上现象"。

　　相距十几年先后兴起的日中辨伪实证史学，是学术突破传统固囿，走向新观念、新方法的近代史学的标志之一，它们的共同追求是：以实事求是，科学求真的态度，去重新检视古代历史和古代史料，通过严密的材料考据，揭示尽可能真实的、客观的历史事实。在这一过程中，日中两国史界就尧舜禹问题，先后分别提出了"尧舜禹非真实人物"的结论，这有趣的"雷同"是历史性的巧合，可以视为日中史学在脱离传统、迈向近代的过程中所必须经历的共同阶段，以及在此阶段上所表现出来的共同的文化学术现象。以实证的精神来反省中国上古史，尧舜禹以其在儒学体系中的重要地位，以及在上古史传说体系中扑朔迷离的记载，而成为日中学者共同注目的焦点和推翻伪古史的首当其冲的对象。

　　在日本，尽管近代史学无可置疑地直接受孕于西方史学，特别是德国的实证主义思潮，但是，由于日中文化学术自古以来的紧密关系，致使在中国历史研究领域中，日本的中国学家们多少通过自身的汉学素养而不同程度地接受了中国传统学术的滋养。上述关于顾颉刚"层累地造成说"与内藤湖南"加上原则"学术渊源关系的考辨，便是这方面例证之一。

二、内藤湖南与近代章学诚研究

章学诚的学术特色及《章氏遗书》

1. 学术特色

　　章学诚，字实斋，生于乾隆三年（1738），卒于嘉庆六年（1801），是乾嘉时期独树一帜的史学家、思想家。众所周知，乾隆时期整个学术界的主流是经学考据，人人以继承东汉经学家许慎、郑玄为自许，埋首于经书的文字音韵、名物训诂、历史地理、天文历算、金石乐律、校勘辑佚等的具体研究。其方法遵循"实事求是""无征不信"的原则，可谓"皓首穷经""孜孜以求"。虽一时出现了惠栋、戴震等大家，但难免有琐屑之弊。章学诚就是在这种情况下，著《文史通义》等著作，提倡"六经皆史"，试图建立一种新型的、通达的历史哲学，把学术从传统经学的束缚中引向历史研究的坦途，以纠正日趋陷入琐碎、缺乏思想的经学考据之弊。当时，正值乾嘉汉学昌盛之时，他指责汉学家"嗜奇嗜博"、专事考订，"执形迹之末、不求其义"，表明自己要反对泥古，注重学术的思想性和实际内容。但是，他的这些学术主张在当时缺少同人和继承者，他的著作在身前以及身后的很长一段时间内，也未能得到很好的编订印行。所以，章学诚其人其学几乎隐没了一百年。

　　进入 20 世纪以来，章学诚渐渐引起学者们的注意和推崇。[1]20

---

[1] 变法时期的康有为等人，曾提倡章学诚的《文史通义》的部分思想，为其今文经学张本。关于"六经皆史"与清末经今古文之争的关系，参见郭斌和《章实斋在清代学术史上之地位》一文，刊于 1941 年《国立浙江大学文学院集刊》第 1 卷。

年代，先后出现了几种章实斋年谱，章学诚的生平学术才逐渐清晰起来。稍后，研究章学诚的论文不断出现，使得章学诚的学术终于从沉晦走向昌明，章学研究一时成为史学史、学术史研究中的显学。[1] 而这一转变的实现，内藤湖南实有首创之功。在介绍内藤的章学诚研究之前，首先介绍几种章学诚著述的重要刊本和抄本，因为章学研究的展开是以章氏遗书的搜求、整理、刊行为文献基础的。

2. 章氏著作的各种版本

（1）章学诚在世时，曾亲自选择《文史通义》中的若干篇刻印过，嘉庆元年（1796）他在《与汪龙庄书》中说："拙撰《文史通义》，中间议论开辟，实有不得已而发挥，为千古史学辟其榛芜。然恐惊世骇俗，为不知己者诟厉，姑择其近情而可听者，稍刊一二，以为就正同志之质，亦尚不欲遍示于人也。"[2] 所以，大概刊印数量及流行范围都极有限，以后便不复可见。章氏著作以抄本在小范围内保存流传。

（2）道光十二年（1832），章学诚的次子章华绂刻《章氏遗书》于大梁（今河南省开封市），但内容只包括《文史通义》内篇五章，外篇三卷，以及《校雠通义》三卷。这就是所谓"大梁本"。《文史通义》《校雠通义》在很长一段时间内即以此刻本得以流传，后来又有以"大梁本"为底本的补刻本，即同治二年（1863）谭献刻于杭州书局的"浙刻本"以及光绪四年（1878）季真刻于贵

---

[1] 关于章学诚研究论文，1975 年香港崇文书店曾印行《章学诚研究专辑》，收录 20 世纪 20 年代到 70 年代重要的章学研究论文十篇，作为《中国近三百年学术思想论集》之第六编；另外在此论集的初编、三、五编中还收录章学研究论文六篇。

[2]《与汪龙庄书》，见《章学诚遗书》第九卷，文物出版社，1985 年，第 82 页。

阳的"贵阳本",但内容也都只限于"两通义"。

(3)1920年浙江图书馆据会稽徐氏抄本印行排印本《章氏遗书》二十四卷十二册,此为"大梁本"以来出现得最早的具有全集意义的章氏著作集,但编辑校勘不精,脱误颇多。

(4)杨见心藏山阴何氏抄本,后由马夷初(叙伦)转抄,部分内容发表在《杭州日报》及《中国学报》上。

(5)章学诚临终前数日曾将自己的著作交托友人王宗炎。王宗炎编为三十卷,雇人誊录,但他未及定稿刊刻就去世了。1919年,吴兴嘉业堂主人刘承幹从沈曾植处得到这王编三十卷抄本,以此为基础,又增补了二十卷,于1922年秋刻成《章氏遗书》五十卷出版。这是当时收罗得最为丰富的章氏著作刻本。

(6)刘刻后,仍有堪补刘刻本的抄本出现,重要的有燕京大学旧藏武昌柯氏抄本,[1]北京大学图书馆藏章华绂抄本,[2]北京图书馆藏翁同龢旧藏朱氏椒花唫舫抄本等。

(7)1956年古籍出版社标点本《文史通义》,以刘刻本为底

---

[1] 据钱穆《中国近三年年学术史》第九章"章实斋"记,武昌柯氏抄本"题下附注较详,虽不全具,所缺已稀"。

[2] 关于章华绂抄本为北京大学图书馆所收藏之经过,可参见钱穆《八十忆双亲师友杂忆》"一日课毕,北大图书馆长毛子水特来历史系休息室询余,坊间送来《章氏遗书》抄本一部,此书抄本在北平颇有流行,不知有价值否?余嘱其送余家一审核。是夜,余先查章实斋《与孙渊如观察论学十规》一文,此文在流行刊本中皆有目无文,刘承幹嘉业堂刻《章氏遗书》,曾向国内遍访此文,亦未得。而余在此抄本中,即赫然睹此文。乃知此本必有来历。嗣经搜得其他证明,乃知此本确系章氏家传。……乃连日夜嘱助教贺次君录出其未见于流行刻本者,凡二十余篇。又有一篇,流行刻本脱落一大段数百字,亦加补录。即以原本回子水,嘱其可为北大购取珍藏。"载1986年10月东大图书公司印行《八十忆双亲 师友杂忆》合刊,第161-162页;又参见钱穆《中国学术思想史论丛》第八册,《记钞本章氏遗书》一文。

本，又据 1942 年 6 月四川图书馆《图书集刊》上刊载的《章氏遗书逸篇》，[1] 补入五篇在刘刻本中属"有目文缺"的文章。

（8）1985 年文物出版社出版出版《章学诚遗书》，以刘刻本为底本影印，又据北京大学图书馆藏章华绂抄本补入十四篇，据北京图书馆藏朱氏椒花唫舫抄本补入四篇，共约五万字，作为"补佚"附在最后。此本堪称集《章氏遗书》各刻本、抄本之大全。遗憾的是，未能有一篇全面考辨章氏遗书散失、流传、刊刻、增补过程的版本学方面的"出版说明"附于集前，书前有一"章学诚遗书序"，在序文的最后简单交代了《章氏遗书》的几个重要版本，还把刘刻本的"刊刻于世"时间误作为 1920 年。序文之后，还沿用了刘刻本的"出版说明"。其实，此后姚名达的《章学诚遗书叙目》及孙次舟的《章实斋著述流传谱》等书，至少已可补充一些关于章氏著作版本方面的情况。

内藤湖南撰《章实斋先生年谱》

1920 年 11 月、12 月的《支那学》第一卷第 3、4 号上连载了内藤湖南博士的《章实斋先生年谱》，内藤在该谱的"序说"中写道：

> 余爱读章氏之书之余，久欲推究实斋之履历，但遗憾的是仅由《文史通义》及其他几个刊本所能知道的极为疏略。去年得到《章氏遗书》抄本十八册，检读之后，知道包

---

[1] 此《章氏遗书逸篇》，乃钱穆使人抄录之篇什。抗战时期，钱穆携手抄逸篇至成都，时钱氏友人蒙文通为四川省立图书馆长，故有《图书集刊》上"逸篇"之刊出。见《八十忆双亲·师友杂记》合刊，第 162 页，1986 年 10 月东大图书公司印行。

括了溢出于《文史通义》以外的全集的大部分内容。……今年四月，偶罹微恙，就在病蓐中粗粗涉猎全集，正想着从中摘要，并稍稍参考他书，应该可以完成一个实斋年谱了，得机会不妨一试之时，恰好《支那学》编辑们索稿，就草成了这个年谱。[1]

内藤湖南在 1902 年初读章学诚的《文史通义》与《校雠通义》二书，就十分倾倒于章氏的学问，因而，常在京都大学的课堂上，介绍章氏的学术，并尽量收集日本国内有存的章氏著作来读。[2]1919 年内藤得到了《章氏遗书》，这相当于章学诚全集的未刊本，使内藤对章氏学术有了较为全面的了解。就在这一年，内藤专门开设了"史籍讲读——《文史通义》"一课，[3] 这是内藤氏在近二十年的京大教授生涯中，以史籍专书为对象开设过的唯一课程。内藤氏所得的《章氏遗书》抄本，目前被保存在关西大学图书馆"内藤文库"中，计有《文史通义》九卷，《校雠通义》四卷，《文集》八卷，《湖北通志检存稿》四卷，《外集》二卷，《湖北通志未成稿》《乙卯札记》《丙辰札记》《知非日札》《阅书随札》《杂文》各一卷，共三十三卷十八册。据内藤氏自己分析说，这个本子的目录是王宗炎编写的，包括已刻《文史通义》的各篇，便于了解章氏全部著作的要领。[4]

中国史学史是内藤氏始终十分关注的课题，晚年他致力于整

---

[1]《内藤湖南全集》第九卷，第 69 页。

[2]《支那史学史》附录《章学诚的史学》，《内藤湖南全集》第十一卷，筑摩书房，1969 年。

[3] 据《内藤湖南年谱》，《内藤湖南全集》第十四卷。

[4]《胡适之新著章实斋年谱读后》，《内藤湖南全集》第七卷，第 80 页。

理、修订的两本书就是《支那史学史》和《支那上古史》。[1] 他自己颇为自得的一点是他于中国史学史的研究中，探寻并发现了从唐刘知几《史通》、杜佑《通典》、郑樵《通志》、司马光《资治通鉴》以及章学诚《文史通义》这一条线索，指出了他们在史学理论上的相承与超越。他这样概括章学诚学术的独特性和重要性：

> 章实斋是戴东原、汪容甫同时代的学者，他的名著《文史通义》是要建立一种新的史观，对经、史、子、集各部进行综合性的批判，其渊源虽可指陈为刘向歆父子、梁刘勰的《文心雕龙》、唐刘知几的《史通》、宋郑樵的《通志》，但实际上却不妨说全是独辟境地。本来所谓"文史"一语，在《新唐书·艺文志》中，是指《文心雕龙》、《史通》等这一类批评性著作的，这类著作以阐述学术原委、著作流别为目的，而章实斋的书，是历来这类著作中最精彩的一部。……章实斋史学的后继者委实不可指望，其人亡其学绝，……我们这些学者在研究支那近代学术发展时，于汉宋学派之外的这一派绝学绝不可轻易放过。[2]

从 1919 年讲授《文史通义》专书课，到 1920 年发表这年谱，

---

[1] 内藤湖南的好几种重要著作都不是亲自执笔直接写就的，而是在大学课堂上多次讲授后，根据几位听讲者的笔记整理、修订而成的。晚年他对这两书的修订十分重视，有精益求精之心，故终于未能在有生之年出版，而是由其子内藤乾吉整理后，分别于 1949 年、1944 年出版的。见《内藤湖南全集》第十一卷《支那史学史》之"例言"。

[2]《章实斋先生年谱》之"序说"，《内藤湖南全集》第七卷。

内藤氏确实堪称是"最早发掘这个被埋没的学者，显彰其学问的一个人"。[1]

内藤氏的《章实斋先生年谱》（以下简称内藤谱）主要取材于他手中的抄本《章氏遗书》。此外，他还收藏有多种章学诚的著作版本，[2] 或可稍补抄本《章氏遗书》的不足。另外，他还用了一部朱筠的《朱笥河文集》。他说："如参考章氏友人的诗文集等，应该更有所得，……其旁采博征留待他日增订的时候吧。"[3]但内藤谱不失为简明扼要，章氏一生的重要行踪、事迹都提及了，如居何地、依何师、与何人交往、何时应科举试、何时主讲某某书院等等，基本上每年都有所记录，少则几十字，多则三五百字。

内藤湖南除了上述对于章学诚年谱的开创之功外，还在他另外的著作中屡屡提及章学诚，如在《清朝史通论》中的"经学"部分对章学诚极尽赞赏之语，把章学诚与戴震并列为他最所崇敬的乾嘉学者之二；在《支那史学史》中有"章学诚的史学"一章，全面阐述章氏学术的成就；在《支那目录学》一书中，专设"章学诚的《校雠通议》——支那目录学的大成"一章，称"校雠学"是章氏学术中最优秀的部分。内藤湖南对乾嘉朴学有高度的评价，在赞扬他们对于古文献的批判精神和考据功夫这一点上，主要是肯定朴学所具有的"为学术而学术"的"实事求是"的实证观念

---

[1] 宫崎市定:《独创的な支那学者内藤湖南博士》，见《中国に学ぶ》，朝日新闻社，1971 年。

[2] 内藤湖南所藏章氏遗书的各种版本，详见 1986 年关西大学图书馆印行之《关西大学所藏内藤湖南文库汉籍古刊古抄目录》。

[3]《章实斋先生年谱》之"序说"，《内藤湖南全集》第七卷。

和方法，但同时，从另一角度看，内藤又是反对"为学术而学术"的"饾饤之学"的，因此，乾嘉学者中注重思想性、理论性的独特性学者章学诚、戴震，才是内藤最为尊敬的。对章氏的赞赏其实质就是对章学诚能在乾嘉时期朴学风靡天下的氛围中，独树一帜，强调学术的思想性和实用性，提出"学问所以经世""史学所以经世"的治学理想的赞赏和肯定。正如他在《章学诚的史学》一文中所说的：

> 清朝乾隆嘉庆时代是考据学极盛的时代，经学不必说，史学上也出现了钱大昕、王鸣盛等考据学的大家，史学风潮也完全倾向于考据。然而，在此时，浙江绍兴府出现一位特殊的学者，他能够独立于时代风潮，不以考据为史学，而从理论性的思考出发来作历史研究，他就是章学诚。[1]

这种治学理想也一直贯穿于内藤自己的为学生涯中。

在《支那史学史》中，内藤专辟"浙东学派的史学"一节，介绍了全祖望、邵晋涵、邵廷采，以及章学诚在内的浙东学派的主要学者的思想、学术。

胡适、姚名达的章学诚研究

1. 胡适撰《章实斋先生年谱》

内藤谱刊出后，迅速到达了北京大学教授胡适的手中。那是因为胡适正好于这年的9月起与京都大学的青木正儿先生有十分

---

[1]《支那史学史》附录"章学诚的史学"，《内藤湖南全集》第十一卷。

友好而频繁的通信和互赠书刊的学术交流。[1] 从胡适给青木氏的信上看，他分别于 1920 年 11 月 18 日和 12 月 14 日，也就是杂志出版的当月就收到了青木氏寄赠的《支那学》第一卷第三号和第四号。[2] 内藤谱立即引起了胡适的兴趣，他在给青木正儿的信中写道：

> 《支那学》第三号上有内藤先生作的《章实斋年普》一篇。我也是爱读章氏的书的人，但《章氏遗书》此时很不易得。《文史通义》之外的遗文，我仅搜得四、五十篇。内藤先生说他去年得抄本《章氏遗书》十八册。这句话引起我的"读书馋涎"不少！内藤先生是否有意刊布此项遗书？若一时不刊布，他能许我借观此书的目录吗？章实斋一生最讲究史法，不料他死后竟没有人好好地为他作一篇传！内藤先生的年谱确是极有用的材料。[3]

又说：

> 内藤先生的《章实斋年谱》，我已叫人去翻译了。此谱

---

[1] 胡适与青木正儿间的往来书信，是很有价值的学术史资料，可惜目前未能合璧。青木致胡适信、明信片共十六封，时间为 1920 年 10 月 1 日至 1922 年 2 月 17 日，收入黄山书社《胡适遗稿及秘藏书信》第 42 册。胡适致青木的信九封，时间为 1920 年 9 月 25 日至 1921 年 5 月 19 日，其摄映件现存京都大学文学部，承蒙友人钱鸥先生介绍，使我得以借阅并抄录了这些信。后来，这些书信被收入李庆编注《东瀛遗墨》，上海人民出版社，1999 年。

[2] 见胡适致青木正儿第三和第四封信。李庆编注：《东瀛遗墨》，上海人民出版社，1999 年，第 175-178 页。

[3] 见胡适致青木正儿第三和第四封信。李庆编注：《东瀛遗墨》，上海人民出版社，1999 年，第 175-178 页。

收集的极完备，使我非常佩服。[1]

过了一个月，即 1921 年 1 月，胡适就得到了浙江图书馆铅字排印的会稽徐氏抄本《章氏遗书》，并立即对之进行校读。京都方面，青木、内藤、石滨纯太郎等先生也都通过胡适购到了浙江本《章氏遗书》。同时，青木氏也给胡适寄来了手抄的内藤氏藏本《章氏遗书》的目录，浙江本与内藤本在篇目上互有出入。胡适通过青木氏向内藤氏借抄，读到了内藤本比浙江本多出的十五篇中重要的《礼教》《所见》两篇。[2] 这时，胡适又借得一抄本，此本比浙江本多出八篇，比内藤本也有所增益。[3] 另外，《中国学报》上登出的《史籍考目》及《史籍考序例》也是补足内藤本的重要资料。

胡适在得读内藤谱后的短短几个月内，迅速掌握了更多的《章氏遗书》资料，这是他重修年谱的文献基础。

胡适的《章实斋先生年谱》注重谱主思想学术的变迁，注重兼及谱主及师友的事迹，尤其突出把当时思想界有代表性的戴震、汪中、袁枚三人，与谱主作比较评论，为独立的人物传记式的年谱开了一条新路径。这种年谱形式后来确为学术界所借鉴，如汤志钧的《章太炎先生年谱长编》、胡颂平的《胡适之先生年谱长编》等就袭用胡谱风格，注重兼收传主同时代的重要学者的言行记录，

---

[1] 见胡适致青木正儿第七封信。李庆编注：《东瀛遗墨》，上海人民出版社，1999年，第 182 页。

[2] 内藤本比浙江本多出的十五篇，在后来的刘氏嘉业堂本中补上了十二篇，其余三篇在北大图书馆的章华绂抄本中有。所以 1985 年文物出版社版本中，十五篇全齐备了。

[3] 见胡适致青木正儿第七封信。从胡适《章实斋先生年谱》"自序"中看，疑即为马叙伦转抄的山阴何氏抄本。

并作比较评论。对于在一个时期内十分有影响力的重要历史人物，尤其是学者，这种内容广泛，注重人物品评的年谱确实比较合适，可以起到"不仅能考见实斋（谱主）个人的见地，又可以作当时思想史的材料"[1] 的作用。

至于在具体事实上胡谱对于内藤谱的补漏与纠谬，可见内藤在后来写的《读胡适之的新著章实斋年谱》一文，其中共提及十二条，计纠谬四条，补漏八条。内藤氏之误有误读汉籍而致者，如把章母父亲之名误为"耐恩"者；有对汉籍查读不审而致者，如把布政使陈东浦误为"道员陈东浦"者；也有一时疏忽而致者，如把嘉庆四年己未误为"戊午"者。在现在看到的《内藤湖南全集》第七卷所收《章实斋先生年谱》中，这四条都已更正了，并注明据胡谱改正。而胡谱增补的八条内容，大体是因为胡适掌握并阅读了比内藤氏更多的资料，除最后一条实斋卒月为11月，在《内藤湖南全集》的"章实斋先生年谱"中已补上外，其余未作增补。

胡谱于1922年2月由商务印书馆出版，胡适随即寄赠一册给内藤湖南先生，封面上写道"敬赠内藤先生 表示敬意与谢意 胡适"。这本书现存关西大学"内藤文库"中，成为记载着一段日中学者学术交流佳话的文献珍品。内藤氏的《读胡适之的新著章实斋年谱》最早刊于1922年5月发行的《支那学》第二卷第九号上。

2. 姚名达的研究与著述

姚名达对章实斋年谱的贡献，一是于1927年4月发表了一部

---

[1] 胡适：《章实斋先生年谱》"自序"。

新的章实斋年谱，即《会稽章实斋先生年谱》；二是在 1928 年 9、10 月间完成了对胡谱的增补工作，即 1931 年出版的《增补章实斋先生年谱》。

姚名达是胡适的学生辈。他在 1925 年 3 月，买读了胡谱，便起了研究章学诚之意。当年秋季，他进入清华学校史学研究院，受业于梁启超，正式确定自己的史学史专修题目为"章实斋的史学"。于是，"买浙本，借刘本"，[1] 开始了他极有步骤和条理的研究工作。

首先，作师承年谱。本着"考镜源流，辨彰学术"的目的，对于章学诚这样一位特立独行的学者，应该探求其学术师承渊源和背景，以见其思想学术并非凿空而来。所以姚名达先于 1926 年 1、2 月间作了一份《邵念鲁年谱》。邵氏是章学诚最为推崇的一位前辈学者，名廷采，清顺治、康熙年间浙江余姚人，著有《思复堂文集》，章氏著作中有十多处提及念鲁，引述《思复堂文集》。章学诚的本师朱筠，也是对章氏很有影响的人物，章学诚从乾隆三十二年（1767）入朱筠门到朱筠去世，前后十多年间亲炙受业，从德行到文章，得之于朱筠者颇多。所以，姚名达又于 1927 年 2、3 月间作成《朱笥河年谱》。

其次，重编章氏著作。姚名达在检读各种《章氏遗书》版本之时渐渐萌发了改编《章氏遗书》的想法。因为现行各个版本都不够理想，浙江本不全且校勘粗疏，错误不少；刘氏嘉业堂本虽堪称搜集最富，却也谈不上编排得当。更主要的是这些本子对章氏著作的写作年代都缺乏考订。姚名达于是重新立意，从方便读

---

[1] 胡著姚补《增补章实斋年谱》之"姚序"。

者、突出学术思想的宗旨出发，对刘氏嘉业堂本作了删减和重新编定。大致以篇为单位，以各篇的主旨归部，共设"论学""论文""论史"等十二部，删去一些无关学问的篇章，并于各篇之后，凡著述之年、地可考者，一一注明。这一工作于 1926 年冬完成，取名为《章实斋遗著》。[1]

再次，作成新的年谱。在做重编章氏著作的过程中，姚名达对章氏著作无疑有了更深的阅读和研究，于是得以不断地增补胡谱。胡适是在自己的《章实斋先生年谱》付刻后才知道刘氏嘉业堂正在刻印资料更为丰富的《章氏遗书》。所以，他在胡谱《自序》中表示："希望刘先生刻成全书时，我还有机会用他的新材料补入这部年谱。"[2] 没想到这一工作由姚名达代为进行了。但姚氏对年谱有自己的看法，又因为计划着要出版《章实斋遗著》，所以姚名达自己作了一个适合附于文集之后的"附见性"的新年谱。这就是 1927 年 4 月发表于《国学月报》第二卷第四期上的《会稽章实斋先生年谱》（以下简称姚谱）。

姚谱与胡谱的不同之处，姚氏在姚谱"引言"中作了介绍：

"一、适之先生做的有议论解释和批评，我做的只有记述。"

"二、适之先生做的多引实斋论文，我做的多引实斋自述的话。"

"三、适之先生做的多有遗漏或错误处，我都已补足或

---

[1] 见姚名达《章实斋遗书叙目》，《国学月报》第二卷第三期，1927 年 3 月。
[2] 胡适：《章实斋先生年谱》"自序"。

改正了。"[1]

　　姚谱的特点是力求简洁，客观记述。对于在年谱中怎样较好地反映谱主学术思想的变迁，姚氏认为引谱主论文不是一个好办法，而应该作以下两方面的努力。一是将谱主的最早的文章到其绝笔，一一排定其写作的时地，作成一表，让读者"循表读文"，自然可了解到谱主的学术大略及发展变迁；二是若谱主有关自己为学经过或学术思想的"自评自述"的话，把它依年月抄入年谱，可起到"自报家门"的作用。[2]关于章实斋著作写作时地的考定，是一项难度很大的工作，章实斋本人很注重"以文为史"，强调文人作者在写作时要留下写作时间。他说，前人因不明此意，往往不在自己的文章后注上撰写时间，所以后人在编定前人的文集、诗集时不得不竭尽心力，左右求证其写作时间，才勉强理出个前后始末来，还不免有穿凿附会、鲁莽失实之处。至于"诗人寄托、诸子寓言"，本来就隐晦不明，闪烁其词，给后人的考定时代更增添了困难。所以，"故凡立言之士，必著撰述年月，以备后人之考证，而刊传前达文字，慎勿轻削题注与夫题跋评论之附见者，以便后人得而考镜也"。[3]但不幸的是，当时流传的章氏著作的各个版本，绝大多数都已没有注各篇的撰述年月，这就给年谱的作者提出了一项任务。胡谱作了一部分著作年月的考

---

[1] 姚名达：《会稽章实斋先生年谱》"引言"，见《国学月报》第二卷第四期，1927年4月。

[2] 姚名达：《会稽章实斋先生年谱》"引言"，见《国学月报》第二卷第四期，1927年4月。

[3]《韩柳二先生年谱书后》，见《章学诚遗书》卷八，文物出版社版，1985年，第70页。

定，但尚有许多有待进一步搜求资料来作出考订。这就是姚名达所说的第一方面。他作了很大努力，但尚未能将章氏著作全部考定出来。所以，所谓"著述表"，在姚谱中并没有完成。然而，姚氏通过上述两方面的努力，使得姚谱以一万多字——只相当于胡谱的四分之三的篇幅，在记述事实方面却比胡谱增加了差不多一倍的内容。

1928 年 6 月开始，姚名达继续作《章实斋著述考》，力求把章氏著作的每一篇都考出年代来。8、9 月间，为了考定《文史通义》中若干篇的年代，他专门到浙江民间去寻访遗书的抄本，此行"犯暑蹈危，东奔西跑"，总算有所收获，访到了北京得不到的抄本，解决了不少问题。[1] 但要考出每一篇的年代来，几乎只是个"理想"，所以姚氏的《章实斋著述考》终未见正式发表，但其"著述考"的新收获，都反映在《增补章实斋先生年谱》中。

就在这一年，商务印书馆准备将胡谱收入"万有文库"，改排版式重新出版。胡适闻知后，即请姚名达为他的旧谱作增补工作，两人并商定了增补体例。由于姚的资料都是现成的，所以在浙江回来后不久，只用了两个星期，就于 1928 年 10 月中旬完成了这项工作。但不知为何，这个增补本于 1931 年才正式由商务印书馆作为"中国史学丛书"的一种出版。

姚氏的原则是"增补"，对胡谱原文几乎无所更动，"凡适之先生所遗漏的，当时尚未发现的史料，我都按照年月，分别插入原文，并不说明谁是新补，谁是原文"。

---

[1] 胡著姚补《增补章实斋年谱》之"姚序"。

3. 小结

关于年谱的编撰，从 1920 年的内藤谱到 1931 年的胡著姚补谱，章实斋年谱真可谓越来越出落成一个"完满润艳的美人"。[1]要说这几个年谱的特点，内藤谱功在首创，以前辈专家广阔深邃的学术敏锐和识见，提起了这样一位久为世人忽视、遗忘的重要学者；胡谱功在创新，以大胆的实践，扩充了历来"年谱"这一体裁的内容及功能，特别是引述章学诚同时代学者，尤其突出戴震、汪中、袁枚三人的事迹，以及章学诚对他们的评语，使年谱不仅反映谱主思想，而且折射时代之思想学风；姚名达的工作体现了一位对章学诚研究锲而不舍的学者的执著和功力。他对章学诚生平、事迹的考订，尤其是关于实斋学术的师承关系以及实斋著作年代的考定、研究，可谓网罗缜密，取证翔实，很好地增补了内藤谱、胡谱的内容。

在此以后，还出现过吴孝琳的《章实斋年谱补正》，载 1940 年 12 月至 1941 年 3 月的《说文月刊》第二卷九至十一期，以及孙次舟的《章实斋著述流传谱》，载 1941 年 9 月《说文月刊》第三卷二、三合期。[2]前者基本上是对于胡著姚补谱的补充和订正，从体例到重要史料方面都谈不上有什么新的创获，主要增补了章实斋的重要主张及对当时学术界相关人物的评论；后者主要记述实斋遗著的升沉显晦、考定事迹始末、版本源流，按年谱的形式

---

[1] 胡著姚补《增补章实斋年谱》之"姚序"。

[2] 香港崇文书店 1975 年印行了《章实斋先生年谱汇编》，作为"中国近三百年学术史参考资料六编"之一种，收录了胡著姚补《章实斋先生年谱》、姚名达《会稽章实斋先生年谱》、孙次舟《章实斋著述流传谱》及吴孝琳《章实斋年谱补正》4 种。

分年编次，是一份章氏遗书流传刊刻的年谱。但此谱不够周详，有详其显著略其沉晦的缺点。如上文述及之北京大学图书馆及燕京大学图书馆、北京图书馆藏之抄本，均未提及。

章学诚的学术属于清代学术中的浙东史学派，它大致是指清代产生于浙东地方，由黄宗羲开创，万斯大、万斯同、全祖望、章学诚等人继之的一派学术。但浙东史学不仅是一个以地域为名称的学术流派，更主要的是它们在学风上有自成系统的特色。一言以蔽之，就是"经世致用"的精神和反对"空谈"，务必"求实"的治学态度。这些学风特色，在其开创者黄宗羲的学术中表现尤为突出，他在明末现政治腐败、危机迭出之际，发表自己的忧患和思虑，揭露当时的弊端，提出"革新弊政""惠民图强"的种种改革思想，显示了鲜明的批判精神和反封建的启蒙思想。浙东史学"务实"的治学态度，首先是从批判宋明理学特别是王学末流"空言德性""侈谈性命"的基础上发展起来的。也惟有务实，才能更为适应明清鼎革之际激烈的社会斗争的需要，浙东史学派的一些学者就亲自参加过反清活动，并因而受到迫害。政治斗争的实际遭遇，使他们不可能"为学术而学术"，而是"重人事""讲实学"，主张以历史研究达到鉴往知来的经世目的。

内藤湖南之所以在方法上推崇乾嘉朴学的同时，也如此这般地欣赏章学诚及浙东史学的学说，原因即在于：浙东史学这种"经世致用"的学风和"求实"的态度，与内藤湖南的学术主旨十分接近。可以说，正像内藤湖南在方法论上追随乾嘉朴学一样，其在为学旨趣上，与浙东史学也存在一脉相承的学术继承关系。

内藤湖南年谱

（1）本年谱主要参考日本已有的两种简要年谱，即筑摩书房《内藤湖南全集》第十四卷之"年谱"，及中央公论社《日本的名著》41 册《内藤湖南》卷书末之"年谱"。在谱主到中国旅行、与中国学者交往的活动，以及谱主重要论著的出版时间这两个方面，作了增补。

（2）每年所记行事，以（a）中日关系史上的重大事件（b）谱主的主要活动（c）著作及重要论文出版发表情况（d）友人事宜等顺序排列。

（3）鉴于内藤湖南的大多数中国学研究著作发表于他去世以后，故特将他 1934 年去世以后的著作出版情况缀于谱尾。

1866 年　庆应二年　1 岁

8 月 17 日　出生于幕末南部藩鹿角郡毛马内（今秋田县鹿角市十和田町毛马内）的武士之家。父内藤调一具汉学素养，有勤王思想，因崇拜吉田松阴（寅次郎）而为其子取名虎次郎，字炳卿，号湖南。

1868 年　庆应四年（明治元年）　3 岁

明治维新。戊辰之役，南部藩与会津藩结盟，支持幕府，与官军作战，内藤之父调一从军参战。

1870 年　明治三年　5 岁

始习字。跟随父亲读《二十四孝》、四书。

1874 年　明治七年　9 岁

入尾去泽小学读书。

1877 年　明治十年　12 岁

跟随父亲读赖山阳《日本外史》。

1878 年　明治十一年　13 岁

始作汉诗。即《奉贺东巡》。此诗未收入《全集》。（见钱婉约、陶德民《内藤湖南汉诗酬唱墨迹辑释》，第 14 页。）

1880 年　明治十三年　15 岁

完成六年制小学学业。修得良好的汉学基础。

1881 年　明治十四年　16 岁

明治天皇到日本东北地方巡幸，作汉文《明治帝御巡幸奉迎文》，表现出文章写作方面的天赋，在地方上初得文名。

1883 年　明治十六年　18 岁

入秋田师范学校中等师范科。

1884 年　明治十七年　19 岁

跟从美国人史密斯学习英语。

1885 年　明治十八年　20 岁

7 月，秋田师范学校高等师范科毕业。遵循明治政府师范毕业生必须为家乡教育事业服务二年的规定。9 月，就职家乡北秋田郡缀子小学，任首席训导兼校长职务。

1887 年　明治二十年　22 岁

完成二年服务期，8月，从缀子小学辞职，离开家乡上京。经人介绍，入佛教界民族主义代表人物大内青峦主持的佛教杂志明教新志杂志社，任编辑。明治前期，社会上欧风盛行，在宗教界，西来的基督教文化以及政府扶植的神道教排斥佛教势力，出现"废佛毁释"的现象。《明教新志》是宗教界反对欧化主义，倡导佛教信仰自由的阵地。同时，在国民英学会学习英语。

1888 年　明治二十一年　23 岁

主持编辑《明教新志》的附属报刊《万报一览》，这是一份非宗教性质的半月刊，旨在综合介绍国内外新闻要事。内藤接手后，在新设的"时事评论"专栏上，展示其谈论时政，激扬文字的特长。

1889 年　明治二十二年　24 岁

编辑大内青峦主持的尊皇奉佛大同团机关杂志《大同新报》。读平田笃胤《出定笑语》，自此开始关注江户时期天才学者、佛教史研究家富永仲基的学术，日后的学术发展受到富永仲基学术思想的启发和影响。

1890 年　明治二十三年　25 岁

在京城渐有文名，由志贺重昂推荐，短暂出任《三河新闻》的主笔。不久，转任民族主义社团政教社机关杂志《日本人》的记者。政教社，1888 年成立，以三宅雪岭、志贺重昂、杉浦重刚等在野知识分子为主体，反对明治政府一味欧化的媚外主义文化政策，主张保存、维护和弘扬日本固有的文化精髓，是当时有代表性的民族主义思想社团。内藤成为政教社年轻而富有活力的笔杆子。

1891 年　明治二十四年　26 岁

《日本人》改名为《亚细亚》，继续任编辑。为三宅雪岭、志贺重昂、杉浦重刚代笔撰写有关著作和论文，如三宅雪岭的《真善美日本人》和《伪恶丑日本人》，即由内藤与长泽说笔录三宅雪岭的口述，整理编写而成。其中，甚至也直接添加进了内藤自己的相关文章，由此可见社内同人思想的一致性和互相影响。

1892 年　明治二十五年　27 岁

继续编辑《亚细亚》杂志，与好友长泽说、畑山吕泣等人一起，经常用"魑魅窝同人"的共同笔名，在杂志上发表《言论自由与国恶隐讳》《请行社会主义》等文章，批评明治政府，表示他们对于日本文化及日本国发展前途的激进思想。

1893 年　明治二十六年　28 岁

1 月，退出政教社。同时，成为大阪朝日新闻社客员（实际主笔）、主张保存国粹的代表人物高桥健三的私人秘书，协助参与《大阪朝日新闻》社论的写作。

1894 年　明治二十七年　29 岁

中日甲午战争爆发。

正式就任《大阪朝日新闻》记者，继续任高桥的秘书。

8—11 月间，发表《所谓日本的天职》《地势臆说》《日本的天职与学者》等重要文章，初步阐发中国文化中心沿着洛阳—长安—燕京（江南）这样的路线而移动发展的理论，构筑其"文化中心移动说"的文化史观。

1895 年　明治二十八年　30 岁

继续任《大阪朝日新闻》记者，在论时事的同时，发表《读史小言》《佛儒兴替说》等学术文章。

1896 年　明治二十九年　31 岁

4月至11月，在《大阪朝日新闻》上连载"关西文运论"。9月，与同乡田口郁子结婚，两人共得五男四女。高桥健三出任松方、大隈内阁的书记官长，内藤作为秘书协助高桥起草《内阁政纲》。12月，辞大阪朝日新闻社职。

1897年 明治三十年 32岁

4月，抱着对日本新获得的殖民地台湾实况的关心，赴台湾任新创刊的《台湾日报》的主笔。

1月，《关西文运论》更名为《近世文学史论》，由东华堂出版。6月，第一部中国史研究著作《诸葛武侯》和读书随笔《泪珠唾珠》，由东华堂出版。

1898年 明治三十一年 33岁

6-9月，中国发生戊戌维新运动。

4月，辞《台湾日报》职，回日本。在东京小石川区江户川町筑屋定居。5月，任黑岩泪香主持、具有鲜明的批判政府倾向的报刊《万朝报》的论说记者，与社会主义者幸德秋水、堺利彦、基督教和平主义者内村鉴三等人同事。

9-12月间，发表《清国改革的风气》《支那改革说的二时期》《梁启超政变论读后》等文章，分析中国维新运动的走势，比较中日维新变法的异同得失，可视为最早的中日维新运动的比较研究。

7月，高桥健三去世。

1899年 明治三十二年 34岁

3月，小石川区江户川町的家遭火灾，藏书尽焚毁。9-11月，第一次中国行，同事幸德秋水等人作汉诗送别。此行是作为《万朝报》的记者，受报社资助做考察报道。历经华北的京津和江南的上海、苏州、杭州、南京、武汉等地。与严复、文廷式、张元济、罗振玉等人会面、笔谈，畅谈中国的维新改革途径，介绍日本维新的经验教训，讨论中国古籍的版本鉴定与书画品鉴。关于这次旅行，有纪行文《禹域鸿爪记》，在《万朝报》上连载报道。另有日记《乙亥鸿爪记略》。

戊戌维新失败后，于1—8月间，陆续发表《清国最近的形势》《清国的现势与我国的外务方针》《清国改革之风气未烬》《助成支那改革的一种手段》及《支那改革的难易》等文。

4月，长男内藤乾吉生。

1900 年　明治三十三年　35 岁

中国义和团事变，日本称"北清事变"。

4月，退出万朝报社。7月，再次入大阪朝日新闻社，担任社论方面的主笔，直至1906年7月。六年间，在该报上发表大量关于中国时局、日中关系的时事评论文章。本年发表《支那问题与南京北京》《支那与西洋诸国的关系》《北清事变半岁史》等社论。

始读崔述《考信录》。

3月，《邦人的读书弊习》在《万朝报》发表；6月，《禹域鸿爪记》更名为《燕山楚水》，由博文馆出版。7月，《明东北疆域辨误》在《地理与历史》上发表，这是他的第一篇史学论文。同月，《清国创业时代的财政》在《太阳》上发表。

1901 年　明治三十四年　36 岁

4月，访问京都大学图书馆，第一次结识岛文治郎、狩野直喜等人。与赴日的文廷式屡次见面，将文氏介绍给那珂通世、白鸟库吉、桑原隲藏等东洋学家。

3月，《清朝衰亡的关键》在《太阳》发表。提出《应向支那派遣奇籍采访使》，主张到中国收集珍贵史籍。8月，发表《京都

大学的文科》《关西的文化与京都大学》《京都大学与朴学之士》
三文，初论京都大学应以远离政治，考据实证为学风。

5月，次子耕次郎出生。

1902年　明治三十五年　37岁

1月，文廷式赠送《蒙文元朝秘史》抄本，如获至宝，复印
转赠那珂通世，并作《蒙文元朝秘史》介绍之。

10月至次年1月，受大阪朝日新闻社派遣，第二次到中国旅
行，主要考察我国东北满洲的时局和形势，历经东北的哈尔滨、
奉天、旅顺口、营口，华北的京、津，江南的上海、南京、宁波、
余姚。会面政要肃亲王、荣禄、张百熙，学者名流沈曾植（获赠
"唐蕃会盟碑拓本"）、夏曾佑、曹廷杰、李盛铎、刘鹗（在刘寓所
初见甲骨文）、严复、罗振玉、汪康年。

在奉天喇嘛庙黄寺发现明代金字写本《大藏经》，自称是"东
洋学上非常的宝物"，但此时内藤尚不识满、蒙文字，将蒙文误认
为是满文，自此，认识到学习满、蒙文的重要，即在北京购买有
关满、蒙文语言的书籍，开始自学。

在杭州参观文澜阁《四库全书》及丁氏八千卷楼藏书。关于
此次旅行，有《游清记》《游清记别记》《游清杂信》，在《大阪朝
日新闻》上连载报导，另有日记《禹域鸿爪后记》。

初读章学诚《文史通义》《校雠通义》，倾倒于章氏学术。

1903年　明治三十六年　38岁

1月，归国。有感于在满洲所见俄国人对中国东北的积极经
营，发表《满洲撤兵》《欢迎满洲问题》《满洲的价值》《满洲论的
分派》等文，论述日本在满洲问题上，应对俄国持强硬主战的态
度。11月，在大阪中之岛公会堂举行的宣扬对俄强硬论的"东西

联合新闻记者演说大会"上，发表"相扑的比喻"演说词。

长女百合子出生。

1904年　明治三十七年　39岁

2月，日俄战争爆发，日本称"日露战争"。

发表《和战之决及其得失1—5》（1月）、《战局私见1—8》（4—5月间）、《辽阳战胜的价值》（9月）等有关战局的言论。

得到日本国内罕见的史籍《元典章》，作汉文《元典章跋》。

1905年　明治三十八年　40岁

3月，日俄战争日本告捷。7月至次年1月，受外务省委托，赴日本满洲军占领地中国东北作行政调查。借机作学术资料的调查收集和历史遗迹的考察踏访。此时，对满、蒙文已有基本掌握，在奉天故宫崇谟阁发现《满文老档》、满蒙汉文《清实录》、满蒙汉文《蒙古源流》、《五体清文鉴》、《汉文旧档》等清朝宫廷档案，视为珍贵史料。拍摄下《汉文旧档》、《蒙古源流》的蒙文部分，强行压价买下黄寺金字《蒙文大藏经》，及奉天北寺（法轮寺）的《满文大藏经》。由大里武八郎协助，踏访东北地方的历史遗迹，拍摄照片百余张，每张图片附上说明文字，编成《满洲写真帖》。关于这半年的中国经历，有日记《游清第三记》和《奉天宫殿所见图书》《奉天满蒙番汉文藏经解题》《烧失的满蒙文藏经》文。

1906年　明治三十九年　41岁

因外务省委托，接受对于间岛问题的调查任务。

7月，退出大阪朝日新闻社，同月至11月，赴中国东北和朝鲜京城，作间岛问题调查。在朝鲜京城滞留一月余，拍摄了1881—1904年以来清韩间有关间岛问题的往来文书一百多通，集成《间岛问题调查书》五册，交外务省。但这些文书的内容证明了间岛是中国的属地，不利于日本对此地的企图。故这些文献一直秘不示外，也未收入内藤《全集》，不为一般人注意。

此行同时进行东洋学学术资料的调查、收集，在大里武八郎、稻叶君山协助下，拍摄了《蒙古源流》的满文部分及其他有关文献。关于此次旅行，有《韩满视察旅行日记》。增拍《满洲写真帖》。

京都帝国大学文科大学开设，狩野亨吉任文科大学学长。12月，在东京与狩野亨吉会面，口头答应就任京都大学教授职。

3月，次女出生。

1907 年　明治四十年　42 岁

8月，日本强行派兵进驻间岛，实行对间岛的实际占领。引起清政府的抗议和当地人民的反抗。

1月，由大阪迁居京都市冈崎町宫胁98番地。5月，京都帝国大学文科大学史学科开设，9月开课，10月，受聘为京都大学文科大学讲师，开设东洋史概论（相当于中国古代史）和清朝史课程。

发表《那珂通世的成吉思汗实录》《韩国东北疆界考略》《日本满洲交通略说》等文。

1908 年　明治四十一年　43 岁

2月，与狩野直喜、富冈谦藏组织开始"史记研究会"。

8—10月，外务省再次派内藤赴间岛视察，调查对间岛实行殖民化是否有价值。大里武八郎随行，考察北韩、吉林的地理、历史状况以及日本人统治那里后的状况。关于此行，有《间岛吉林旅行谈》，分十三次连载在《大阪朝日新闻》上。据此，内藤另作成《间岛问题私见》调查报告书，上交外务省。

6月，《满洲写真帖》由东阳堂出版。

3月，父内藤调一去世。同月，那珂通世去世。4月，三男戊申生。

1909年　明治四十二年　44岁

中日政府谈判、签订《间岛条约》，确认间岛是中国的领土，日本退出占领区，但允许日本在此地开埠通商，享有领事裁判权和铁路修筑权。内藤的《间岛问题私见》是日方谈判的重要依据。

9月，受聘为京都大学教授，任东洋史学科首席讲座教授。新开中国近世史、朝鲜史、东洋史演习等课。初倡中国近世始于宋代说。11月，从罗振玉处获知伯希和发现中国敦煌古文书之事，同月，与狩野直喜等教授一起，在日本学界发布此消息，开启日后声誉卓著的日本敦煌学的端绪。

白鸟库吉发表《中国古传说之研究》文，提出"尧舜禹非实在论"。

1910年　明治四十三年　45岁

9—10月，受京都大学派遣，与狩野直喜、小川琢治、富冈谦藏、滨田耕作共赴北京，调查敦煌文献运抵北京的情况以及内阁大库的藏书情况。劫得部分敦煌佛经，拍摄部分内阁大库文书。结识王国维。参观端方所藏书画。有《派遣清国教授学术视察报告》，与诸教授共同执笔，于次年2月，发表在《朝日新闻》上。

10月，得文学博士学位。

发表《东洋史学的现状》《卑弥呼考》等文。

7月，四男茂彦出生。

章太炎在日本自办的《学林》杂志上，发表批判日本汉学家的文章《与罗振玉书》。

1911年　明治四十四年　46岁

10月，中国发生武昌起义，日本或称"中清革命动乱""中清事件"。

11－12月，在京都大学星期五演讲例会上，连续作"清朝的过去及现在"长篇演讲，预言革命军必胜，清朝必亡，中国的前途是共和国政体。12月，任古社寺保存委员会委员。

发表《支那史的价值》《支那学问的近状》《支那时局与新旧思想》等文。

1月，幸德秋水被处刑。11月，罗振玉、王国维亡命日本，受狩野直喜、内藤等京大友人的邀请，寓居京都东山百万遍。

1912年　大正元年　47岁

3－5月，受京大委派，与富冈谦藏、羽田亨同行，经大连，抵奉天故宫，设法获取1905年在崇谟阁发现的史料。结果将《满文老档》《五体清文鉴》的全书，拍摄成胶片，抄写了《四库全书》的部分珍本。关于此行，有《奉天访书谈》《奉天访书日记》。

3月，"清朝的过去及现在"以《清朝衰亡论》为书名，由弘道馆出版。发表《清朝姓氏考》《清朝学者与佛教》《清朝开国期的史料》等文。

1913年　大正二年　48岁

与西村天囚、藤泽南岳等在京都南禅寺和京都图书馆分别举办"兰亭会"，有《兰亭会缘起及章程》文记之。王国维作《京都兰亭会诗》。

发表《支那现势论》《古代的满洲与现今的满洲》《过去的满洲研究》《关于支那的书目》《史记的话》等文。

5月，五男夏五出生。

1914 年　大正三年　49 岁

3 月，《支那论》由文会堂出版。

本年新开课"支那史学史"，"满洲开发史"。

1915 年　大正四年　50 岁

2 月，在杨守敬追悼会上发表讲辞。反对日本政府对中国"二十一条"的政策，为犬养毅内阁提供攻击政府的材料。8 月，在京大夏季演讲会上作"清朝史通论"的讲演。

本年新开课"支那上古史"、"清朝的史学"、演习（唐以后公牍）。首次体系化地概括论述中国古代史，提出"中国史三区分说"的历史分期学说。

发表《关于历史的起源》《支那历史学家的蒙古研究》等文。

1916 年　大正五年　51 岁

出任日本史学研究会评议员。

本年新开课"曾国藩"。

7 月，《王亥》发表。同月《清朝书画谱》由博文堂出版。

2 月，王国维回中国。

1917 年　大正六年　52 岁

10—12 月，与稻叶延吉、高桥本吉巡游、视察中国各地。游历北京、青岛、潍县、济南；登泰山、诣孔庙；又南下南京、上海、杭州、苏州、汉口、长沙、岳阳。在北京见政界要员，文坛硕儒。在山东赞叹英美教会组织主办的医院、学校、博物馆等。在上海访王国维，赠送王国维"唐写本古文尚书残卷"影印本，王国维赋诗答谢。有《支那视察记》，在《大阪朝日新闻》分十二次连载。

发表《支那上古的研究状况》《关于支那古典学的研究方法》

《续壬亥》等文。

5月，三女旱苗子出生，未满周岁夭折。

1918年　大正七年　53岁

4月，在东京大学史学会大会上发表"拉萨的唐蕃会盟碑"讲演。10月，赴中国东北，为满铁读书会巡回讲演，会面张作霖，参观奉天故宫。

本年新开课"乾隆嘉庆朝的文化"。

发表《秦边纪略的嘎尔旦传》《圣德太子的内治外交》等文。

12月，富冈谦藏、大内青峦去世。

1919年　大正八年　54岁

由内藤发起编辑的《满蒙丛书》开始刊行。《满蒙丛书》，是在内藤的主持之下，由他的学生，对内藤及其同事历年在中国收集到的有关中国满蒙地区的珍贵史籍，进行标点，撰写题解，分册出版。自本年至1921年，共出版九册。

得到章学诚全集的未刊本《章氏遗书》抄本十八册，得悉章氏著作的全貌。本年新开课"史籍讲读（《文史通义》）"。

发表《日本上古的状况》《中国的通货——银》《东北亚细亚诸国的感生帝说》《再谈秦边纪略》等文。

6月，罗振玉回中国。

1920年　大正九年　55岁

4月，养病中，读章学诚《章氏遗书》。称赞章氏学术是要"独辟境地……建立一种新的史观"的"绝学"，是研究近代中国学术发展"绝不可轻易放过"的。11、12月，《章实斋先生年谱》在《支那学》第一卷第三、四号上连载刊出。胡适通过青木正儿的寄赠，于杂志出版当月得读内藤文，双方就各自拥有的不同版本的《章氏遗书》，互赠对方缺失的章氏著作的一些篇目，引起中日学者对章氏学术的关注和研究。

发表《地理学家朱思本》《元末的四大家》《都尔鼻考》等文。

10月，四女祥子出生。

1921年　大正十年　56岁

本年发表多篇重要学术论文。2月，第二次《续王亥》在《艺文》第十二卷2、4号连载。3月，《尚书稽疑》在《支那学》第一卷七号发表。4月，病中读《尔雅》。8月，在史学地理学同攻会上发表《关于应仁之乱》讲演。9—10月，《尔雅的新研究》在《支那学》第二卷第一、二号发表。另有《关于殷墟》《大阪的町人与学术》《日本文化是什么？（一）》等文发表。

1922年　大正十一年　57岁

从9月起，因黄疸卧床。

本年新开课"支那的绘画"。

发表多篇重要论文：1月，《清朝初期的继嗣问题》在《史林》发表；2月，《禹贡制作的时代》在《东亚经济研究》发表；5月，《概括的唐宋时代观》在《历史与地理》发表。另有《日本文化是什么?(二)》《胡适之的新著〈章实斋年谱〉读后》《日本文化的独立》《关于维新史资料》等文发表。

胡适《章实斋先生年谱》由商务印书馆出版，寄赠内藤，题词"敬赠内藤先生　表示敬意与谢意　胡适"。

1923年　大正十二年　58岁

3月，因胆结石入京都大学附属医院接受胆囊割除手术。夏，赴有马温泉疗养，根据听课者笔记，修订"支那上古史""支那史学史"讲义，以备付梓。

12月，《易疑》在《支那学》上发表。自费刊行汉文文集《宝左庵文》，主要为著作序文、书画题跋、往来书信等。

1924年　大正十三年　59岁

7月至次年2月，赴欧洲学术考察，历经英、法、德、意四国。长男乾吉、石滨纯太郎同行。在巴黎，会面伯希和。关于此行，有《航欧日记》。

在民间搜得散失已久的富永仲基《翁之文》，作《关于富永仲基的〈翁之文〉》介绍之，并将《翁之文》付梓印行。

本年新开课"满洲开国时代的研究"。

6月，《圣德太子》脱稿。9月，《日本文化史研究》《新支那论》刊行。发表《支那研究的变迁》等文。

春，王国维寄赠《观堂集林》，以《宝左庵文》答谢回赠。

1925年　大正十四年　60岁

2月，回到日本。4月，作"大阪的町人学者富永仲基"讲演。5月，东方文化总委员会在北京成立，出任委员。9月，出任朝鲜史编修会顾问。

本年新开课"演习（敦煌古书的研究）"。

发表《大英博物馆所藏太平天国史料》《唐朝文化与天平文化》等文。

1926年　大正十五年　61岁

1月，被授予帝国学士院会员。60岁甲子祝贺论文集《支那学论丛》出版，王国维、伯希和寄稿。8月，从京都大学退休。

本年新开课"支那目录学""演习（支那古代史料的研究）"。

从本年起至1930年，《支那绘画史讲话》在《佛教美术》上分六回连载发表。汉文《航欧集》刊行。发表《论民族文化与文明》《欧洲所见东洋学资料》《宋乐与朝鲜乐的关系》等文。

1927年 昭和二年 62岁

4月，受聘为京大文学部讲师，开设"支那中古的文化"新课。7月，受聘为京都大学名誉教授。8月，在京都府相乐郡瓶原村筑室隐栖，取名为恭仁山庄。

发表《古写本日本书纪》《建保古写本万叶集》《关于宋版礼记正义》等文。

6月，王国维去世，与狩野直喜、铃木虎雄、神田喜一郎等在五条坂袋中庵举行王静安先生追悼会，赋《哭王静安》诗二首。

1928年 昭和三年 63岁

本年多作讲演，计有：3月，"唐代的文化与天平文化"；5月，"宽政时代的藏书家市桥下总守"；7月，"近代支那的文化生活"；10月，"章学诚的史学"。

春，自费刊印汉文文集《玉石杂陈》。4月，中国史研究论文集《研几小录》刊行。

1929年 昭和四年 64岁

4月，东方文化学院京都研究所成立，东方文化学院是日本继欧美之后，将庚子赔款反归于中国的文化事业所建立的机构之一，分设京都研究所和东京研究所。京都方面侧重对中国历史文化的研究，内藤湖南、松本文三郎、狩野直喜、小川琢治、羽田亨等出任评议员。

8月，中国史研究文集《读史丛录》刊行。发表《日本国民的文化素质》《近获二、三史料》《奴尔干永宁寺二碑补考》《奉天宫殿书库书目》等文。

1930年 昭和五年 65岁

6月，门生、好友编辑颂寿纪念《史学论丛》。9月，派长子乾吉赴旅顺罗振玉家借金文拓本集册。11月，在东方文化学院京都研究所作"关于支那的古文书特别是关于过所"的讲演。

10月，《增订日本文化史研究》弘文堂出版刊行。发表《贾魏公年谱》《宋元版的话》《日本美术史序》等文。

1931年　昭和六年　66岁

"九一八事变"，日本侵占满洲。

为天皇进讲杜佑《通典》，讲稿在《支那学》上发表。

桑原隲藏去世。

1932年　昭和七年　67岁

1月，上海"一·二九事变"。3月，伪满洲国成立，郑孝胥任国务总理。

3月，在《大阪每日新闻》上发表《关于满洲国的建设》。7月，为冈崎文夫《魏晋南北朝通史》作序。

11月，郭沫若访问恭仁山庄。

1933年　昭和八年　68岁

6月，在支那学会上作"支那历史思想的起源"的讲演。10月，为"日满文化协会"的成立，抱病赴满洲，与溥仪、郑孝胥、罗振玉等会面，同行日方人员有服部宇之吉、滨田耕作、羽田亨、池内宏。

4月，杨钟羲访问恭仁山庄。

1934年　昭和九年　69岁

1月，胃溃疡发作。4月，郑孝胥访恭仁山庄。5月，吐血，病情恶化。6月26日，在恭仁山庄去世。29日，葬于京都东山鹿谷法然院墓地。

7月，《支那学》编成"内藤湖南先生追悼录"，包括内藤略历和著述目录。9月，周一良《日本内藤湖南先生在中国史学上之贡献》文在燕京大学《史学年报》上发表。

1936 年
《东洋文化史研究》，由弘文堂出版。

1938 年
《支那绘画史》，由弘文堂出版。

1944 年
《清朝史通论》，由弘文堂出版。
《支那上古史》，由弘文堂出版。

1946 年
《先哲的学问》，由弘文堂出版。

1947 年
《支那近世史》，由弘文堂出版。
《中国中古的文化》，由弘文堂出版。

1948 年
《目睹书谭》，由弘文堂出版。

1949 年
《支那史学史》，由弘文堂出版。

1969 年 –1976 年
《内藤湖南全集》十四卷，由筑摩书房陆续出版。

附录二

内藤湖南研究综述（2019 年止）

　　内藤湖南（Naitō Konan 1866–1934），本名内藤虎次郎，湖南为其号。他年轻时曾担任东京《万朝报》、大阪《朝日新闻》等重要报纸的中国问题评论员，时值晚清中日甲午战争、戊戌变法、庚子事变、日俄战争期间，他纵论中国局势和中日关系，是舆论界著名的"中国通记者"；辛亥前转任京都大学，直至退休，长期主持京大东洋史学科的教学和研究，是京都学派的缔造者之一，也是日本近代中国学的开创者和重要学者之一。内藤史学由今溯古，从晚清史、清史到中古史、上古史，一以贯通；研究范围也广泛涉及政治经济、思想文化、满蒙史地，到版本目录、珍籍清玩、书法绘画等等领域。他一生的著述，身前身后陆续编辑出版，1969 年至 1976 年间，由筑摩书房出齐《内藤湖南全集》十四卷。

　　日本学术界对内藤湖南的评价和定位，不仅仅是一位"支那学家""东洋史学者""中国学研究者"，同时也是近代日本民族主义者的代表，是那个时代东西方文化交会冲突下，深究东西方文化真谛、探求日本民族文化出路的思想家。[1]

追溯学术界对于内藤湖南的研究、评述，我们可以大致分为以下几个时期。

一、第一时期：追忆和反省（1934—1950 年代）

内藤去世的 1934 年当年和次年，各相关杂志发表了一批悼念文集、生平略历及著书目录等。有代表性的是《支那学》杂志的"内藤湖南先生追悼录""内藤湖南先生略历"及"内藤湖南先生著作目录"，[2]《书艺》《东洋美术》《支那学论丛》《史学论丛》等杂志也发了相关内容的"悼念号"或"著作年表"。中国方面最早的内藤研究，也是出现在内藤去世当年，即周一良所著《日本内藤湖南先生在中国史学上之贡献》一文。[3]

战后，日本思想文化界普遍出现对于战争的反思，内藤中国学中有关殖民心态和理论的言论，特别是《支那论》《新支那论》中关于中国辛亥以后时政论述的部分，受到学界的反省与批判，被指斥为"用学术为日本帝国主义侵略助言"。批判文章以 1946 年野原四郎的《内藤湖南〈支那论〉批判》为代表。[4] 于此前后，内藤的弟子、后人们则开始编辑整理内藤身前遗作、讲演稿，内藤重要著作的单行本《东洋文化史研究》（1936）、《清朝史通论》（1944）、《支那上古史》（1944）、《支那近世史》（1947）、《支那史

---

[1] 内藤湖南的著作，被列入德间书店的《近代日本的名著》、中央公论社的《日本的名著》以及朝日新闻社的《日本的思想家》、筑摩书房的《现代日本思想大系》等丛书中。

[2] 载《支那学》七卷三号，1934 年 7 月。

[3] 周一良文载《史学年报》第二卷第一号，1934 年 9 月

[4] 野原四郎文，载《中国评论》第一卷四号，1946 年 11 月。

学史》（1949）相继面世。

二、第二时期：学术研究的起步（1960—1970 年代）

从 1969 年到 1976 年间，筑摩书房陆续出齐《内藤湖南全集》十四卷。随着《全集》编辑整理工作的展开，自 60 年代起，学界有了对于内藤其人其学比较总体性的定位和较为全面的学术性研究。《全集》每卷之前有"月报"，分别由两三位专家、学人——大多为内藤的同事、学生、后人撰写，以随笔、小品的形式，介绍亲身接触到的内藤生平事迹、治学作风，评论其史学"本质"与"真相"，或就内藤在"满洲学""金石学"等专科领域的研究发表见解。这时期，除了出现一批内藤湖南研究的论文外，还有了几部传记著作问世，即青江舜二郎《龙的星座——内藤湖南的亚洲生涯》（《竜の星座——内藤湖南のアジア的生涯》，朝日新闻社 1966 年，1980 年、1994 年又由中央公论社重版、再版）、三田村泰助《内藤湖南》（中央公论社 1972 年），小川环树《内藤湖南的学问及其生涯》（《内藤湖南の学問とその生涯》，见于《日本の名著》第 41 卷——《内藤湖南》，中央公论社 1971 年）。在这些论述中，内藤湖南已不仅仅是"京都学派的开创者""东洋学巨擘"，同时，也被认为是对日本近代社会思想、对近代中日关系具有较大影响意义的思想家。

此外，如青木富太郎著《东洋学的成立及发展》（《東洋学の成立とその発展》，莹雪书院 1940 年出版）。石滨纯太郎著《东洋学史话》（《東洋学の話》，创元社 1943 年）、宫崎市定《学习中国》（《中国に学ぶ》，朝日新闻社 1971 年）、朝日新闻社编《日本の思想家》（1975 年）、五井直弘著《近代日本与东洋史学》（《近代日本と東洋史学》，青木书店 1976 年）、吉川幸次郎编《东洋学的创始者们》（《東洋学の創始者たち》，讲谈社 1976 年）、江上波夫编《东洋学系谱》（《東洋学の系譜》，大修馆书店 1992 年）等著作中，关于内藤湖南的论述也占有重要的位置。

在中国，这一时期，内藤湖南的名字见于五六十年代"外国资产阶级反动学者论中国历史"的批判资料集中，他与他的学生们的只言片语，成为当时所谓学术批判的靶子，[1] 而具有真正学术意义的研究成果并未出现。

三、第三时期：新时期的新视角（1980 年以来）

80 年代以来，随着日本及世界新的政治、经济、文化氛围的生成，对于内藤湖南及其学术，也有了扩大视野、深入挖掘的再认识。这里主要介绍这一时期的研究状况。

（一）80 年代

80 年代日本的内藤研究，呈现出一种将内藤湖南作为特定社会时代中一分子、一具体个案进行学术性、思想性分析、解剖的倾向，代表性论著有：1983 年谭汝谦《内藤湖南的魅力及情、理、意、识——寄语八十年代的日本》（《内藤湖南の魅力及び情、理、意、识——八十年代の日本に寄せて》，载《亚细亚研究所纪要》1983 年 6 月）文，从思想文化史的角度解读内藤学术的当代意义；增渊龙夫《历史学家对同时代的历史性考察》（《歴史家の同時代史の考察について》，岩波书店出版 1983 年），书中对内藤湖南中

---

[1] 参见中国科学院近代史研究所资料编译组编译《外国资产阶级是怎样看待中国历史的——资本主义国家反动学者研究中国近代历史的论著选译》一书，1961 年商务印书馆版。

国论述中仰视文化中国而鄙视现实中国这一内在矛盾及其思想由来，作了合乎情理的解析，受到学界的广泛重视。还有 1986 年千叶三郎的专著《内藤湖南与他的时代》（《内藤湖南とその時代》，国书刊行会 1986 年出版）、1987 年加贺荣治的专著《内藤湖南笔记》（《内藤湖南ノート》，东方书店 1987 年出版）。

80 年代初，日本成立了两个地方上、民间性的怀念内藤湖南的协会，都叫"内藤湖南先生显彰会"。一是在内藤湖南的家乡——秋田县鹿角市，家乡人常年积极致力于保留内藤遗物、搜集内藤研究资料，奖励内藤研究等等活动，1980 年成立"内藤湖南先生显彰会"，把内藤有关文物作为"鹿角市先人显彰馆常设展厅"的主要内容，并定期发行通讯刊物《湖南》，直至目前刊物和活动仍在持续。另一个是在内藤湖南退休后的住处，即晚年隐居地"恭仁山庄"所在地——京都府相乐郡加茂町。这些地方性民间纪念活动的长期存在，是否可以说，显示了内藤湖南所具有的超越其"学者身份和意义"的国民性价值。

在美国方面，出现了东亚史研究者傅佛果（Joshua A. Fogel）的专著《内藤湖南——他的政治学说与中国学》（*Politics and Sinology: the Case of Naitō Konan*）一书，[1] 此书首次超越日本的视野，结合中日双边政治关系、中日学术背景，论述了内藤一生在各个历史时期的政治立场、思想主张与中国学方面的成就与局限，以日、中以外的第三方视角，初步塑造了一个比较全面而客观的"内藤形象"。傅佛果教授目前在加拿大约克大学继续从事亚洲政

---

[1] 傅佛果 70 年代后期在京都大学专攻内藤研究，1980 年以本书初稿获得美国哥伦比亚大学博士学位，1984 年由哈佛大学出版社正式出版。1989 年日本出版了由井上裕正翻译的日文本。

治与思想文化的研究，近年，他与内藤湖南有关的研究论文有二：
《汉学京都学派：当时与现在——内藤湖南、狩野直喜、宫崎市定、
吉川幸次郎、岛田虔次、小野和子、谷川道雄》，及《关于内藤湖
南全集中的未收资料》。[1]

中国方面有夏应元《内藤湖南的中国史研究》（1981 年），[2] 谭
汝谦《内藤湖南的中日关系论》（1987 年），[3] 代表了新时期中国学
术恢复阶段的内藤研究动向。

（二）90 年代

90 年代最值得一说的是，由河合文化教育研究所主任研究员
谷川道雄教授倡议，1996 年 10 月，成立了隶属于研究所的"内
藤湖南研究会"。研究会成员由京都大学、名古屋大学、河合塾、
山口大学、德岛大学等教授组成，会员们持续有年地进行围绕内
藤湖南的读书、研究、讨论，以一月一次的频率定期举行讨论会，
至 2008 年 1 月，迎来第一百次讨论会。这是一个"内藤湖南著作
的读书会，关于内藤思想和学术的自由的讨论会，也是以内藤为
话题的酒会"。[4] 研究会成员历年的研究成果，反映在进入 21 世
纪的几个论文集中，见下一节介绍。

在八九十年代，尚有野村浩一著《近代日本的中国认识：走
向亚洲的航程》（《近代日本の中国認識——アジアへの航跡》，東

---

[1] 傅佛果文分别载于《从周边看中国》，中华书局，2009 年；《内藤湖南的新视
野——文化交涉学的视点》，关西大学《东亚文化交涉研究》别册第 3 号，大阪，
2008 年。

[2] 夏应元文，《中国史研究动态》1981 年 2 期。

[3] 谭汝谦文，载《日本的中国移民》，北京三联书店，1987 年。

[4]《内藤湖南研究——学问·思想·人生》书载山田伸吾"前言"，河合文化教育
研究所，2008 年，第 5 页。

京研文出版社 1981 年出版），[1] 及子安宣邦著《近代知识考古学：国家、战争与知识分子》（《近代知のアルケオロジー：国家と戦争と知識人》，東京岩波書店 1996 年出版）[2] 等书中，有专门论及内藤湖南的章节，在当时学界有较大的影响。

在中国，严绍璗教授出版《日本中国学史》（1991 年）一书，其中第八章第一节专论"内藤湖南与内藤史学"，反映了新时期中国学者对于日本中国学发展史及其特质的总体性把握，以及在此学术史背景下对于内藤湖南的理解和评判。另外，钱婉约连续发表《内藤湖南的中国行——"内藤湖南与中国"初论》（1998 年）、《内藤湖南及其内藤史学》（1999 年）、《"层累地造成说"和"加上原则"——中日近代史学之古史辨伪理论》（1999 年）等关于内藤史学的论文，表示中国国内新一代内藤研究者正在成长。

这期间，内藤的部分著作有了中译本出版，如商务印书馆出版了《日本文化史研究》（1998 年），光明日报出版社出版了《燕山楚水》（1999 年）。

（三）21 世纪 00 年代

这十年是内藤湖南研究的丰收期，主要成果有以下几项。

之一，河合研究所的内藤湖南研究会不断结出成果，2001 年该会编辑出版了《内藤湖南的世界——亚洲再生的思想》（《内藤湖南の世界——アジア再生の思想》），[3] 收集研究会成员的论

---

[1] 本书由张学锋译，以《近代日本的中国认识：走向亚洲的航程》为中译本书名，中央编译出版社，1999 年出版。

[2] 本书由赵京华译，以《日本近代思想批判——一国知识的成立》为中译本书名，吉林人民出版社，2004 年出版。

[3] 本书由马彪、胡宝华、张学锋、李济沧译，以《内藤湖南的世界》为中译本书名，三秦出版社，2005 年出版。

文十二篇，从"内藤湖南的历史、文化、政治论""内藤与同时代——日本与中国的近代""内藤湖南的史学""战后社会与内藤湖南"等几个方面，展开对内藤的再研究。2008年，同研究会再次推出《内藤湖南研究——学问·思想·人生》一书，收集论文十五篇，研究角度更为具体深入，如涉及内藤学术著作的写作编撰特色、财政史研究方法、新发现的内藤湖南往来通信、内藤湖南引录中国古诗文及自制汉诗的研究解读等。

之二，中国学者内藤湖南研究专著的出版，以及内藤学术在中国学术界关注升温。钱婉约所著《内藤湖南研究》，2004年由中华书局出版，这是国内亦即中文世界里第一部关于内藤湖南的研究性专著。作者在内藤湖南生前工作的京都大学进修和收集第一手资料，在吸取日美学术界前期研究的基础上，从中国人的视角立场出发，充分注意揭示内藤中国学所具有的兼涉学术与政治的双重特性，注意揭示内藤学术的中国思想学术史背景及与同时代中国政界学界的关系等。这是继傅佛果以后，又一部标志性的外国人解读内藤湖南学术体系的研究成果。随着中国国内国际汉学（中国学）研究的不断升温，作为日本方面的代表性人物内藤湖南，其著作和学术思想也越来越受到读书界和学术界的关注。他的著作继续被翻译成中文出版：夏应元、钱婉约等译《中国史通论》上下册，包含他的《中国上古史》《中国中古的文化》《支那近世史》《清朝史通论》《清朝衰亡论》五部单行本，社会科学文献出版社2004年出版；《燕山楚水》作为中华书局"近代日本人中国游记"之一种，2007年再次出版；马彪译《中国史学史》，上海古籍出版社2008年出版；栾殿武译《中国绘画史》，中华书局2008年出版；另外，印晓峰点校《内藤湖南汉诗文集》，由广西师范大学出版社 2009 年出版。

之三，在内藤湖南生前大部分藏书"内藤文库"收藏地的关西大学，其文化交涉学教育研究中心，2008 年 6 月，召开了"内藤湖南研究的新视野——文化交涉学的视点"国际学术研讨会。该中心主任暨会议发起者陶德民教授，2007 年出版了《明治的汉学家与中国：重野安绎、西村天囚、内藤湖南的外交策论》（《明治の漢学者と中国：安绎、天囚、湖南の外交論策》）一书，收录《内藤湖南〈支那论〉的成书与民国初期熊希令内阁的关系》和《内藤湖南 1905 年奉天调查中的学术与政治》等考证性论文，并挖掘内藤政论中所用"监护人"等关键词的历史含义，以分析战前日本对华观的特征。此次会议的参加者以河合研究所"内藤湖南研究会"成员谷川道雄、菹森健介、高木智见等为主体，另有日本京都产业大学狭间直树、京都大学高田时雄、神奈川大学大里浩秋等教授，日本国外则有傅佛果、钱婉约两位参加。会议期间，关西大学图书馆还同期举办了"近代日本知识界的巨匠——内藤湖南墨宝手迹及收藏文物展"，此次会议称得上是体现内藤湖南研究最新成果的专题国际会议。会后，出版了会议同名论文集《内藤湖南研究的新视野——文化交涉学的视点》（《内藤湖南への新しいアプローチ——文化交涉学の视点から》）。

之四，陶德民教授编辑整理出版《内藤湖南与清人书画》一书。[1] 编著者将关西大学"内藤文库"中部分清人书画收拢一册，分类编辑，影印出版。其中包括（一）内藤收藏的清代名人字画，

---

[1] 陶德民编著：《内藤湖南と清人書画：関西大学図書館内藤文库所藏品集》，关西大学出版部，2009 年。

如顺治帝御笔《达摩画》，戴震、章学诚、林则徐、杨守敬、罗振玉等名家条幅、横额等，（二）清人书赠内藤湖南本人的书法绘画作品，如皇室及其周边人物肃亲王、升允、陈宝琛、郑孝胥、罗振玉，学者王闿运、叶德辉、梁鼎芬、傅增湘、赵尔巽等人的字画作品，（三）一般清人的作品。如庄存与、顾广圻、宋翔凤、程瑶田、龚自珍、文廷式、王懿荣、吴昌硕、盛昱等人的字画。这些深藏在"内藤文库"中不为一般读者所见的珍品，不仅具有文物和艺术观赏价值，而且亦可从中窥见内藤与中国政界要员、文人学者交往的线索，对于研究内藤湖南的中国活动及所涉及的晚清人物的生平思想，亦具有辅佐和增进意义。

此外，近年来在包括东京大学和关西大学在内的一些大学中，均有中外硕、博士研究生，把关于内藤湖南的研究作为学位论文选题，预示着今后在这个研究领域里，仍将会有新人新著的出现。

（四）21 世纪 10 年代

这十年，内藤湖南的思想学术，引起学术界多学科领域研究者的广泛关注。2013 年 7 月，由关西大学和南开大学联合举办了"跨文化视野下的内藤湖南研究（日本会名）"暨"近代以来中国与世界的相互认知——内藤湖南与中国"国际学术研讨会（中文会名），来自中国、日本、美国、德国、加拿大的专家学者，就内藤湖南的史学、文献学、西学、艺术史等多个方面，发表了论文。2016 年，是内藤湖南诞辰 150 周年纪念，在日本，高木智见教授出版了《内藤湖南——近代人文学的原点》一书，筑摩书房出版，该书汇集了作者多年来研究内藤湖南的成果，深入挖掘和评析了内藤湖南的史学理论与历史认识，揭示了内藤史学的学术意义与人文精神。在中国，钱婉约、陶德民合作整理出版了《内藤湖南汉诗酬唱墨迹辑释》一书，中国国家图书馆出版社出版，这是利用关西大学图书馆内藤文库所藏内藤湖南与日本友人、与中国学者及官僚士大夫之间的往来汉诗酬唱墨迹资料编辑而成，兼具文物观赏性和学术资料性的价值。另外，内藤湖南著，玄幸子、高田时雄所编《内藤湖南敦煌遗书调查记录》一书，作为关西大学东西学术研究所资料集刊第 34 种，2013 年出版。傅佛果的《内藤湖南：政治与汉学（1866—1934）》一书的中文译本，也于2016 年得以面世，由陶德民、何英莺译，江苏人民出版社出版。

在中国，各类研究论文十年间出现不少，新增以内藤湖南为核心的硕、博士毕业论文，就有十数篇之多。

关于内藤史学与中国学术史的关联方面，是这个十年比较可喜的研究推进。2016 年，王云燕的论文《内藤湖南与赵翼史学关联考述》考证指出：内藤的中国史研究多取径于赵翼史学，《廿二史劄记》所锤炼的大量典型史料和精辟论断，多成为内藤《中国上古史》《中国中古的文化》《支那近世史》三书的史料来源和论述基础，尤以《支那近世史》最甚。此外，"中国文化中心移动说""中世贵族论"两大历史理论的构建，也与赵翼有关。[1]2017年，湖南大学岳麓书院单磊先生的两篇论文，通过细致的文本比对，从学术史的角度，进一步探析了内藤湖南与清代乾嘉学者赵翼论著的内在学术关联性，指出内藤湖南的《中国中古的文化》，

---

[1] 王云燕:《内藤湖南与赵翼史学关联考述》，载《史学理论与史学史学刊》2016
    年第 2 期。

承袭赵翼的《廿二史劄记》和《陔余丛考》之处甚多。[1] 另一方面，赵耀锋《陈寅恪"元白"诗研究以及内藤湖南的影响》一文则提出：陈寅恪在《王观堂先生挽词并序》中曰："东国儒英谁地主，藤田狩野内藤虎。岂便辽东老幼安，还如舜水依江户。"在王国维去世之际，陈寅恪最著名的三部学术论著尚未开始写作，内藤湖南在此时已经走入了陈寅恪的学术视野。认为陈寅恪的《元白诗笺证稿》在中唐历史的分水岭意义、唐宋变革的特征为文化的庶民化倾向等方面，都受到内藤湖南"唐宋变革说"的影响。[2]

关于内藤湖南"宋代近世说"及"唐宋变革说"，牟发松教授连发四篇：《内藤湖南和陈寅恪的"六朝隋唐论"试析》(《史学理论研究》2002 年第 3 期)；《"唐宋变革说"三题：值此说创立一百周年而作》(《华东师范大学学报》2010 年第 1 期)；《文化接受视野中的唐宋变革述论》(《历史教学问题》2013 年第 1 期)；《"唐宋变革说"诸问题述评》(《历史教学问题》2014 年第 4 期)，讨论了"唐宋变革论"理论的产生、内容及学术意义影响等。黄艳的博士论文《内藤湖南"宋代近世说研究"》，对内藤宋代近世说所用的依据，从"贵族政治"与"君主独裁""科举与党政"等视角，提出历史发展事实上的不同判断与质疑。[3] 杨永亮的博士

---

[1] 单磊：《内藤湖南〈中国中古的文化〉承袭赵翼著作略考》，载《国际汉学》2017 年第 1 期。同氏《赵翼的"唐宋史学变革"思想及其对内藤湖南的影响》，载《史学史研究》2017 第 3 期。

[2] 赵耀锋：《陈寅恪"元白"诗研究以及内藤湖南的影响》，载《浙江师范大学学报》，2017 年第 4 期。

[3] 黄艳：《"贵族政治"与"君主独裁"——内藤湖南"宋代近世说"中的史实问题》，载《古代文明》2014 年第 4 期。同氏《唐宋时代的科举与党争——内藤湖南"宋代近世说"中的史实问题》，载《古代文明》2015 年第 4 期。

论文《内藤湖南"宋代近世说"文化探赜》，从文化思想史的角度着笔，强调内藤史学的理论核心是"宋代近世说"，而不是"唐宋变革说"，挖掘宋代近世说的文化意义，强调内藤研究的"文化史观"立场，而不是具体的、单纯的史学研究。

关于内藤湖南辛亥以后的"支那论"与以此为中心的中国观，有南开大学梁栋梁和陶德民的重要论述，放在世界历史的大背景下，再次审视内藤进入民国以后的史学思想及对华观的复杂性。[1]

关于内藤湖南与中国学人的关系方面，稻畑耕次郎、钱婉约、李思清等人的论文，或从内藤湖南与傅增湘、赵尔巽的交往，或从内藤湖南的中国学人交往谱系整体的探究等方面，研究推进。另外，在史学史、满蒙史、绘画史方面，也有论文出现。恕不一一列举。

内藤著作的翻译也继续推进。新翻译出版有：《外国人眼中的中国人——诸葛亮》（《诸葛武侯》），东方出版社 2014 年出版，崔金英、李哲译，但本书出版后，翻译质量方面受到多方指谬。刘克申译《日本历史与日本文化》，商务印书馆 2012 年出版。夏应元、钱婉约等人合译的《中国史通论》，2018 年由九州出版社重新出版典藏版。

---

[1] 杨栋梁：《内藤湖南的"支那论"辨析》，《南开学报》2012 年第 1 期。《在学识与良知之间：国策学者内藤湖南的"支那论"》，《史学月刊》2014 年第 7 期。陶德民《日美中国通对中国辛亥革命的不同展望》，李廷江主编《晚清中国社会变革与日本》，2014 年。在这方面，陶德民稍前还有《试论辛亥革命之后内藤湖南的中国观——〈支那论〉的成书过程与熊希龄内阁的关系》，载《辛亥革命史丛刊》第 12 辑，章开沅主编，湖北人民出版社，2005 年。陶德民《内藤湖南的"支那论"的变迁：以对华"监护人"意识的形成为中心》，载《严绍璗学术研究》，北京大学出版社，2010 年。

　　总的来说，近四十年来的内藤湖南研究的主要特色，是将内藤湖南及其学术思想，放在东西方文化对话的时代氛围下，进行重新审视，凸现其学术体系中所蕴含的"文化范式"和"民族自觉"等人文精神内涵，并探讨其对于在当今全球化潮流和文化冲突并存的世界局势下，东亚社会如何谋求健康发展所隐含的思想意义。另一方面，内藤学术体系中"政治学""来华访书""超越宋代近世说""艺术鉴赏和研究""与同时代的关系"等等具体方面，也得到进一步挖掘和研究，这不仅是加深了对于内藤本人的研究，也有助于旁及增益相关课题的学术研究。

　　就研究的深度和广度而言，在对于内藤文本深入研读与挖掘，对于相关历史资料的广泛爬梳和宏博徵取方面，尚待突破性进展。期待未来的研究者对于内藤学术能够有内向性反思，寻求新的研究视角和出发点。同时，在数字媒体技术运用于史料整理的今天，也期待对于内藤文库进行全面数字化整理的成果，能够公开面世。

附录三

内藤湖南的当代意义——"内藤湖南与中国"
国际学术会议综述

2013 年 9 月 8、9 两日，在南开大学召开了"近代以来中国与世界的相互认知——内藤湖南与中国"国际学术研讨会，本次会议由南开大学世界近现代史研究中心、同校日本研究院、日语系与日本关西大学联合主办，来自中国大陆、台湾、香港以及日本、加拿大、德国等国家和地区的大学和学术机构的学者 31 人提交了论文，还有附近各地高校的硕士博士生前来参会。本次会议一则是南开大学世界近代史研究中心教育部人文社会科学研究重大攻关项目"近代以来日本的对华认识及其行动选择研究"〔06JDZ0023〕的学术集会，同时又是关西大学历时数年的"内藤湖南的亚洲观形成与近代日中学术交流"（日本学术振兴会科研费基盘研究〔编号 23330027〕）课题的结项会议。我作为关西大学课题组成员之一，参与了内藤湖南研究课题在大阪的启动会议、在韩国首尔的中期研讨，今天，又欣逢此次收获的盛会。现将两天会议的情况综述如下。

一、会议概况

在大会开幕式上，东亚文化交涉学会创会会长、关西大学教授陶德民先生以图片方式回顾介绍了近三十年来国内外内藤研究和翻译方面的主要书籍，提到其中不少作者参与了本次会议，是一次难得的大会师和当面交流的好机会。陶先生援用新渡户稻造把林肯比作人类文化史上的泰山之例，指出内藤湖南（1866-1934）在东亚文化史上也堪称一座显赫的山峰。他逝世不久便得到日本同仁后学的怀念评论和中国学者周一良的评介，将来仍可供人们从不同角度加以观察和研究。开幕式后，在全体会议上安排四个主题报告，报告者及论文分别为：关西大学内藤湖南课题组负责人井上克人的"内藤湖南历史认识的哲学性背景"，北京语言大学钱婉约的"内藤湖南与中国学人关系谱系——仰承与垂范的变奏"，南开大学世界近现代史研究中心主任、"近代以来日本的对华认识及其行动选择研究"项目负责人杨栋梁的"在学识与良知之间：民国初期内藤湖南的支那论"，和陶德民的"王羲之的仆人 熊希龄的顾问——从 1913 年内藤湖南的自我定位看其中国观的特征"。

井上克人以近代西方哲学影响日本哲学史的研究视野，深入挖掘了内藤湖南历史观中"天运螺旋形上升"哲学思想的中日西学术史背景，特别是揭示了其与德国黑格尔辩证法之间的关联性，这是以前的研究未有提及的。钱婉约首先揭示内藤湖南一生与中国政界学界交往时的价值取向，进而梳理和分析其与中国官僚知识分子、学者交往的实态，展示了内藤湖南与中国学人之间所构成的若干个关系圈、学术网络，并将近代中日学术互动影响的方式，尝试性地名之为"仰承与垂范"交替的关系。杨栋梁立足历史理性，对内藤湖南《支那论》和《新支那论》中蔑视中国主权、缺失历史良知的代表性言论，逐一进行直截了当的批判。陶德民选取1913年这个内藤湖南与中国关系的重要年份，从其当年春天主办有罗振玉和王国维参加的京都兰亭会纪念活动，及当年秋冬撰写《支那论》这一对其清末老友、时任民国总理熊希龄的国策建议这两个重大事件，蠡测管窥，以微见著，凸显了内藤湖南中国观的二重性及其立场和姿态上的特征，即在历史文化上仰视中国甘当学生，在现实政治中俯视中国自居顾问。陶文还介绍了内藤在日本"对华二十一条"引发两国关系危机时，提出双方应设身处地评价对方，相互不失尊敬心才能保证两国关系长久友好，以及效仿美国退回庚款来促进两国文化交流等见解和建议。

下午及第二天，会议将参会论文分成A、B两组，按不同主题分类进行小组发表和讨论。各小组的主题分别是：内藤湖南的思想与学术、内藤湖南与中日古代史研究、内藤湖南与中国美术史研究、内藤湖南与史料文献研究、内藤湖南的异文化理解与东亚、内藤湖南的人物形象及其影响等等。这些论文是近年来中日两国关于"内藤湖南新研究"的集大成展示，其研究特点主要有如下几端：

第一，推进专题领域的深入探研。在史学观上，有高木智见"关于'设身处地为支那人思考'再考"，有名和悦子的"内藤湖南关于间岛问题的国境领土论再考"，还有高木尚子细论"内藤湖南的时代区分学说"，吴伟明"从《诸葛武侯》看内藤湖南史学的形成"；在史料学方面，既有长谷部刚"内藤湖南的唐代文献研究简介"，林志宏"内藤湖南与满洲的文献搜集事业"这样断代或分领域的研究；又有西本昌弘"空海《文镜秘府论》的撰述理由和成立年代"、卢盛江"内藤文库藏《文镜秘府论》版本研究"这样针对《文镜秘府论》而进行的专书研究，这些论文均堪称专家专论，深入中肯，持之有故，资料翔实。刘岳兵"同时代京都学者眼中的内藤湖南"，则以内藤湖南去世当年他的同事、学生的回忆文章为素材，还原历史细节，提醒人们在进行内藤湖南研究时，应当关注内藤著作以外的相关资料。

第二，新研究领地的开拓。本次会议论文中涉及一些之前内藤湖南研究中较少涉及的领地，比如关于内藤湖南美术史方面的研究，有德国海德堡大学前田环先生的"内藤湖南与近代中日美术史学"，北京语言大学周阅先生的"内藤湖南的中国美术研究"，还有一篇来自上海社科院秦蓁先生关于内藤湖南旧藏顾亭林手书扇面二帧在中日之间流传、拍卖和真伪情况的考证。另外，北京外国语大学硕士生杨阳在陶德民先生的启发和导师李雪涛教授的指导下，撰写了《内藤湖南的西方学养》一文，全面爬梳并开列了内藤文库中所藏"西文书籍"的目录清单，又以内藤湖南欧洲访书活动为线索，论述了内藤史学与西学的关系，也颇有创新性。

第三，社会资源的参与。内藤湖南的家乡即日本秋田县鹿角市的先生们，也赶来参会。他们是鹿角市先人显彰馆馆长小田岛隆一、鹿角市内藤湖南显彰会会长胜田尚，他们向与会学者介绍了在内藤家乡成立先人显彰会，缅怀先贤思想业绩，编撰《湖南》纪念研究专刊等至今所走过的三十三年历程。他们还为会议带来了家乡博物馆珍藏的内藤书法手迹图片等，与陶德民先生精选出的关西大学"内藤湖南文库"相关资料一起，在会议期间，举办了"内藤湖南与中国"图片展。另外，独立学者印晓峰在小组发言建议，鉴于筑摩书房《内藤湖南全集》出版后，不断有集外佚文被发现,中国学人是否可以考虑,在全面汉译《内藤湖南全集》的基础上,编辑出版更为全备的汉文版《内藤湖南全集》?还有,利用"内藤湖南文库",可否梳理编辑出《恭仁山庄友朋书札》这样的内藤往来书信集?

另外,本次会议还涌现一批青年内藤湖南研究者,如朱琳、王凯、胡珍子、吕超、张硕、杨阳等,他们是大学青年教师或是在读的博士生硕士生,体现了内藤湖南研究队伍后继有人的喜人景象。

二、前景展望

大会最后的全体会议是闭幕式环节,首先由西本昌弘、长谷部刚、陶德民、胡宝华、刘雨珍、卢盛江六位组长,代表各组向大会作了小组论文的总结汇报。然后,分别由英语世界和汉语世界内藤湖南研究的代表学者加拿大约克大学傅佛果(Joshua A. Fogel)教授、北京语言大学钱婉约教授,做了大会的总结报告。

傅佛果教授回顾说:我完成关于内藤湖南生平与学术研究的博士论文是在 1980 年,著作问世到现在也近三十年了。这三十多年来,日本和中国研究内藤湖南的社会学术环境,有了很大的变化。中日两国,特别是中国,对于内藤湖南政治与学术的认识和评论,也有了很大的改观,研究不断拓展和加深,这从两个国家这些年涌现出的关于内藤湖南的研究著作和中文译本也可以得到证实。我想说,不管是西方学者、日本学者,还是中国学者,如果能够不是立足于这个或那个国家的国民立场,而是从学者个人的学术观点出发,来进行学者间的互相交流和讨论,那无疑将是一件很有意义的事情。另外,我也关心,内藤湖南去世到现在将近八十年了，为什么我们还在不断地研究他，谈论他？他的史学遗产对于今天的世界和学术界，到底意义何在？魅力何在？我们应该怎样充分地认识内藤湖南的中国历史观和中日文化关系论？值得深思。

钱婉约教授接着说：傅佛果先生提出了一个饶有兴趣的问题，即内藤湖南在今天的魅力和意义究竟是什么？这也是我参会这两天常想到的问题，我就接着这个话题，说一些自己的感想，借此机会求教于各位与会学者。

第一，内藤思想的放射能。不必说，"内藤史学"博大精深，戛戛独造，有些方面的成就至今无人董理总结，这是他仍值得研究的原因之一，更为重要的是，内藤史学蕴含的思想内核，代表了近代东与西、中与日纷繁复杂关系下的一种学术追求——一种超越纯学术，又绝不自甘为"政治或政府附庸"的学术追求，其以"史论为里、时论为表、预言未来"的经世情怀和慷慨言论，在当时的日本中国学家中堪称异数。战后日本思想界代表人物竹内好评论冈仓天心时曾说："天心是一位难以定论的思想家，在某种意义上说，又是一位危险的思想家。说他难以定论，因为他的思想包含着拒绝定型化的因素；说他危险，因为他的思想具有不断发散的放射能。"[1]一位学问家的思想，在其身后的时代里，在新的历史环境下，仍能对后世具有不断的启发意义，竹内好将之称为"具有发射能"，这个"放射能"的说法，移来评论内藤史学，我觉得正是十分贴切的。特别是，内藤史学所具有的这种放

---

[1] 竹内好：《冈仓天心：立足于亚细亚观的文明批判》，载《近代日本思想大系》之七《冈仓天心集》，筑摩书房，1976年，第369页。

射能，有时对于日本是正的，对于中国是负的；或者对于彼时是负的，对于此时是正的；对于政治是负的，对于学术是正的等等。内藤湖南到底留给了我们什么？这其实已经不是他的问题，而是他留给我们这些后人的问题，也是我们的责任所在了。

第二，学术与政治的并行不悖。从不同的考察视角出发，会得到不同的研究评说，这是内藤湖南研究中长期存在的一个特征，本次会议也不例外。大凡侧重研究内藤学术思想的，往往多肯定、叹服、赞誉内藤的创新性和独到见解；侧重研究内藤社会政治学说的，往往多批评、指责他的扩张殖民心态。如何调和和统一这似乎矛盾的两种价值判断？还是允许这样"专业化倾向"的存在，承认不同领域研究所得出的"片面深刻性"？正如傅佛果先生著作的书名——《内藤湖南：政治与支那学》已经昭示的，"政治与学术"是衡量内藤史学体系不可或缺的两面。学术史发展的历程告诉我们：与社会时事相关的政治学说，往往是长江后浪推前浪，与时俱进，不断更新，这多少制约了它的生命力长度；而学术作为民族文化大树上的一脉枝叶，是有本之木，有源之流，只要中日两国的民族文化还在，只要中日关系还是东亚世界一个不可回避的话题，内藤史学的学术史意义就将生命之树常青。

第三，治学风格上的示范意义。本次会议虽然展示了从多领域、多方面切入的内藤湖南研究成果，不过，也还留有令人期待之处。例如，缺少把内藤湖南放在日本中国学发生发展的学术史长河中进行史的考察的研究论文，也就是说，我们需要进一步思考：内藤湖南在中日近代学术史上的位置，他的承前启后性，他的示范意义何在？最近，日本当代一位重要的中国学研究者竹内实先生去世了，日本评论家对于竹内实的一生学问，给予了这样的评论："竹内中国学有两个突出特点，一是他对现代中国不仅怀有跟踪报道的新闻热情，重要的是结合中国传统，使现代中国在日本开始成为一门独立的学科；二是除了借助于文献思考之外，更热衷亲自观察和亲身体验当今中国，一生为促进日中友好，在两国之间奔波且乐此不疲。"[1] 虽然，竹内实的研究主要侧重现代中国，但上述他治学风格上令人瞩目的这两点，则恰好与八十年前去世的内藤湖南有"殊途同归"之感。换句话说，将"文本的中国通"与"现实的中国通"相结合，将文献的研究与经世的情怀相结合，这是否可以说，是内藤湖南留给日本中国学家的一种示范，一个启示？可惜在内藤身后这几十年，继承者可谓寥寥，竹内实是又一个异数。

---

[1] 程麻：《竹内实：可以走了》，《中华读书报》2013 年 9 月 4 日第 19 版。

后　记

内藤湖南的学术体系可谓博大庞杂，跨越多种学科领域。在中国研究方面，从对中国古籍的搜求考证，到对中国历史的时代区分，对中国文化发展大势的论证，对中国近代史重大事件的分析评论，以及在中国史学史、美术史、目录学史、敦煌学、满蒙史地等等领域，都卓然有所建树。在中国学之外，他的学问还广泛涉及中日关系史、中日韩关系史以及日本史诸领域，对于邪马台国的论争、对于江户时代町人的思想文化等有独到的见解。因此，从内藤湖南的学术体系看，本文的内藤湖南中国学研究，只是内藤总体学术中关涉中国研究的最主要的部分，其中暂时空缺了上述之美术史、目录学等部分的内容。

另一方面，内藤一生从事过两种职业，从明治二十年（1887）到明治四十年（1907）的整整二十年间，即内藤 21 岁到 41 岁之间，是新闻记者、时事评论员；自明治四十年（1907）起到大正十五年（1926），即 41 岁到 60 岁之间，任京都帝国大学教授；此后，以京都大学名誉教授的身份，在京都附近的相乐郡瓶原村自建的恭仁山庄栖隐八年而亡。也就是说，作为学者教授的内藤只是他事业生涯的后一半，而且，在这后一半的岁月中，他仍然经常给报刊写稿，保持着对新闻舆论界的影响。总之，作为舆论界一名有影响的评论员，内藤湖南一生以关注日本文化的前途及日本的对华政策为中心，对于佛教改革、条约改正、反对欧化、提倡国粹、社会主义、藩阀政治、地方自治、殖民政策、国民教育、文艺美术、学术独立、日韩日俄问题等等重大社会问题，都发表过自己的见解，影响及于新闻舆论界、思想学术界，乃至日本政府的决策层。因此，从内藤一生的事业活动看，本文的内藤湖南中国学研究，只是论述了内藤作为学者的一面，而对于其在新闻舆论界、思想界的具体活动和影响，亦付阙如。

在内藤湖南身后，日本学术界对他的评价和定位，不仅是一个"支那学者""东洋史学者"，而且，是将他作为明治、大正时期，在和、汉、洋三种文化空前交会的时代中，探求日本民族和日本文化出路的知识分子的代表之一看待的。他的姓名和著作列入德间书店的《近代日本的名著》、中央公论社的《日本的名著》以及朝日新闻社的《日本的思想家》、筑摩书房的《现代日本思想大系》等丛书中。可以说，内藤湖南的思想、学术上承冈仓天心、大内青峦、三宅雪岭、志贺重昂、高桥健三、杉浦重刚、陆羯南、井上圆了等人，与同时代的正冈子规、中村不折、田冈岭云、夏目漱石、狩野直喜、高濑武次郎、白鸟库吉、津田左右吉、西田几多郎，乃至内村鉴三、幸德秋水、堺利彦等人，共同创造了日本近代文化。内藤湖南无疑是日本近代思想史、文化史上重要的一员。作为内藤湖南研究的阶段性成果，希望在本文作成之后，能够看到中国人对于内藤湖南以及他所生活的那个时代的日本思想、文化的更为全面而深入的研究。

踏入内藤湖南的学术领域是在 1994 年的秋冬时节，那时，我有幸到京都大学人文科学研究所进修一年。本来，我所学专业是中国近现代史，计划调查和搜集近代中日学者相互交流的资料，以作为专业研究的扩展和充实。但是，当我在浏览、阅读众多近代日本中国学家而遇到内藤湖南时，不禁被深深吸引，一种要停留下来深入阅读的愿望，使我不得不修改初衷，把泛泛的人物活动普查改作以一个人为中心的阅读、研究，开始对内藤湖南作初步的研究。我把这一情况告诉我当时的指导教师狭间直树先生，作为中国近现代史专家的他，本来或许更希望我在同领域中有所交流与长进，但他仍支持我的选择，向我推荐相关专家，不时询问我的研究心得，对我质疑和指点。当我回国时，他慷慨地将自己年轻时代购读的内藤湖南著作的早年单行本《支那上古史》《清朝衰亡论·清朝史通论》《支那史学史》等书馈赠于我，看着那上面勾勾画画、写满蝇头小字的先生当年的阅读印记，我感到得到了远超出书籍本身的精神馈赠。甚至在我回国后，狭间先生还专门给我寄赠过一批由我开列书单的中日近代文化学术交流的日文书籍。可以说，在本文的全部研究、写作过程中，狭间直树先生的学风品格始终在无形地鼓励着我。

1997 年，我辞别工作多年的武汉大学，回到母校北京大学中文系，得以重新跟随严绍璗老师就学。虽然严老师的讲课在大学时代就给我留下很深的印象，但这几年的门墙亲炙，更使我对他的为学风范和治学方法，以及他对于日本中国学和中日文学关系等方面的开拓性贡献，有了进一步的体会。他以自己的言传身教反复向我们提出"注重元典实证、保持平稳心态、养成严谨学风"的要求，对我研究素质的养成和学问的长进，裨益深远。在本课题研究的进展过程中，严老师高屋建瓴的提示和具体的点拨，都融入了本书的字里行间。

　　我感谢严安生老师对我一贯的关爱和鼓励，感谢刘建辉老师给予的种种启发，感谢张哲俊、王新生、张学锋、田中千寿诸友给我资料上的帮助和学问上的切磋。

　　课题完成到现在，一晃又是三年过去了。它能够以现在这样的面目出版问世，尤其要特别感谢严绍璗老师对我的信任和敦促。还要感谢中华书局柴剑虹老师、马燕编辑的精心审阅及刊误指正。

2003 年 5 月 14 日

2003 年 12 月 19 日

新版后记

拙著《内藤湖南研究》2004年出版以后，作为大陆第一本针对内藤湖南中国学进行系统研究的专著，曾经发生过一些学术影响。出版几年以后，就有认识和不认识的朋友跟我说，想买书，买不到。有的朋友说，在香港的书店里，倒是买到了。2013年，内藤湖南故乡"鹿角市内藤湖南先生显彰会"的好几位内藤湖南的景仰者、研究者，到南开大学参加"近代以来中国与世界的相互认知——内藤湖南与中国"国际学术研讨会，索书于我，我也不免"囊中羞涩"。再后来，就哪里也买不到，连中华书局的存库本，也已经空了。作为中国人写的内藤湖南研究专著，到目前为止，这本书也仍然是唯一的一本吧。

近年来，内藤湖南对于中国的研究著作，越来越受到学界的关注、引重和研究，也包括批评和超越。特别是在"宋代近世说"及内藤湖南与中国学术的关联这两个大的方面，多有专家或新进博士生的研究成果问世。这十几年间，我在原来的基础上，也做了一些增补研究和撰写。

这次承蒙九州出版社好意，将《内藤湖南研究》重新出版，在不改原书内容和结构的前提下，只增订删改个别字句，将原来的第三章，增改为现在的第三、第四两章，又新增了第五章。现全书十章，分为上、下两编。又新增《内藤湖南研究综述》《内藤湖南的当代意义——"内藤湖南与中国"国际学术会议综述》二篇，作为附录。

应编辑之提议，书名改为《内藤湖南的中国学》。值此之际，对于一路走来鼓励本书研究与写作的师友，感念有加。对于原书的责编马燕女士和此次的责编周弘博女士，深致谢忱。

2019 年 12 月 12 日于京西畅春园